高等职业教育财经大类“十三五”规划教材

统计学原理与实务

Statistics Theory and Practice

宋建萍　宋　菊　编著

天津大学出版社
TIANJIN UNIVERSITY PRESS

内 容 简 介

本书是高等职业教育财经大类"十三五"规划教材，是依据教育部最新制定的《高职高专教育"统计学原理"课程教学基本要求》编写的。

全书共分10章：总论、统计调查、统计整理、总量指标和相对指标、平均指标和变异指标、动态数列、统计指数、抽样推断、假设检验、相关与回归分析。本书按照宏观系统化和微观项目化的思想，强调理论知识和方法的针对性、应用性、实践性。为了强化学生的动手能力，巩固理论知识和方法，在书的后面增加了实训内容。为了便于教与学，提高学生的学习兴趣，各章均有"案例导读""学习目标""主要内容"以及思考与练习题、参考答案和阅读专栏，以帮助学生对学习内容理解、消化和吸收。

本书不仅可以作为高职高专院校及大专院校财经类、管理类学生使用的教材，也可以作为成人教育、电大、函授大学学生及企业管理人员、各界统计工作者的自学参考用书。

图书在版编目(CIP)数据

统计学原理与实务 / 宋建萍，宋菊编著. — 天津 ：天津大学出版社，2017.2(2022.8 重印)
高等职业教育财经大类"十三五"规划教材
ISBN 978-7-5618-5764-9

Ⅰ.①统… Ⅱ.①宋… ②宋 Ⅲ.①统计学 - 高等职业教育 - 教材 Ⅳ.①C8

中国版本图书馆 CIP 数据核字(2017)第 026266 号

出版发行 天津大学出版社
地　　址 天津市卫津路92号天津大学内(邮编:300072)
电　　话 发行部:022-27403647
网　　址 www.tjupress.com.cn
印　　刷 廊坊市海涛印刷有限责任公司
经　　销 全国各地新华书店
开　　本 185mm×260mm
印　　张 19.75
字　　数 493千
版　　次 2017年2月第1版
印　　次 2022年8月第2次
定　　价 69.00元

前言

本教材的第1版、第2版是《统计学原理》，已经印刷6次，累计发行20 000多册，深受广大师生的认可。在此基础上，笔者按照国家高职高专教育改革的特点和高职高专教学培养目标，在充分体现高职高专教学“必需”“实用”“会用”“够用”特色的基础上重新编著，将书名更改为《统计学原理与实务》。

该教材有别于以往的统计教材，不仅将目前经济工作和日常生活中遇到的问题、取得的成绩及工作中经常出现的统计个案等资料融入教材内容中，而且全书注重统计思想的解读，概念讲解清晰、准确，层次分明，深入浅出，详略得当。该教材为了方便教师教学和学生自学，在每一章开始都有“案例导读”“学习目标”“主要内容”，并在每一章的后面附有小结和大量的判断、选择、思考与练习题，并增加阅读专栏，从而增加教材的趣味性，在保证教材的科学性、严谨性的同时，满足学生阅读教材的需求。与此同时，统计指标的计算和统计分析方法结合了统计软件解释结果，使学生能够深刻领会统计思想和方法。在书后还备有详细的参考答案，减轻了教师的教学工作量，帮助了学生对学习内容进行理解、消化和吸收，同时也方便了学生自主学习。所以，本书不仅可以作为高职高专院校及大专院校财经类、管理类学生使用的教材，也可作为成人教育、电大、函授大学学生及企业管理人员、各界统计工作者的自学参考用书。

本书由宋建萍担任第一主编、宋菊担任第二主编。宋建萍和宋菊设计全书内容框架、拟定编写大纲、进行全书的编著。宋菊对教材内容的结构安排、改进和增减内容进行了全面审核和校对工作，并对全书的“实用性、现代性、前瞻性”的策划理念提出有价值的建议和方案。

在此感谢高职高专教材审稿委员会老师们的指导和帮助。

为了帮助教师更好地备课，按照教学计划顺利完成教学任务，对选用本书作为教材的任课教师免费赠送教学光盘一套，从而提供全方位的教学资源增值服务。光盘内容包括电子教案、教学大纲、教学计划、教学课件，本门课程的电子习题库、电子模拟试卷及其答案等教学辅助资源（索取光盘的电子邮箱：zhaohongzhi1958@126.com）。

由于编者水平有限，书中难免有不足之处，恳请专家、同行和读者批评指正。

编者

2017年1月

目　　录

Contents

1 总 论

案例导读

“统计”应用在社会的各个领域。在经济领域,企业管理人员在做下一年的销量计划决策时,要考虑企业的利润目标及产品的价格指数变化情况,这要在对一些不确定因素做出预估的条件下进行;经济学家在预测通货膨胀率时,往往用计算的消费价格指数(CPI)反映,也可以用产出缺口进行检验或者替代,产出缺口是根据规模以上工业增加值计算得来的;在一定收入条件下,当经济学家获悉市场价格指数增长的百分比后,就可以计算出人们实际购买力下降的百分比。在营销领域,供应商从零售收银台购买由电子扫描设备收集的信息资料,进行加工后卖给生产商;销售管理商通过电子扫描设备收集的信息资料了解促销活动与销售之间的关系。在生产领域,产品的质量控制是统计的重要应用,许多统计质量控制图被用来控制某生产过程的质量;从事产品质检的人员常采用统计抽样的方法,对最终的产品质量做出是否合格的判断;环保机构对黄河的水质问题十分关注,其定期获取水样,检测并保持水质。在金融领域,金融顾问利用统计信息引导投资,如股票投资。在会计领域,公共会计师事务所为客户进行审计时常采用统计抽样等方法。

总之,经济学家需要理解统计的概念来做预测;心理学家需要统计学来解释变量之间的经验性关系;企业总裁需要了解决策中不确定因素的作用;生物学家需要了解生物体对刺激的反应的不确定性,了解每个个体的差异性。因此,学习统计学至少有三个原因:第一,统计数据渗透在工作、生活的各个方面,在日常生活和工作中都要接触到统计数据;第二,统计学用来帮助制定影响人们工作、生活的决策,因为正确的决策依赖于及时准确的信息;第三,在生活和工作中随时随地都会面临决策,要根据数据做出决策,统计学可以帮助人们做出更有效、科学的决策。正如哈尔·瓦里安(Hal Varian)所说,“数据随处可见,缺乏的是从中萃取智慧的能力”。统计学提供提高萃取智慧的能力的方法,这也正是学习统计学基础理论知识的目的所在。

学习目标

◆理解统计学概念

◆掌握为什么学习统计学

◆掌握统计研究的对象和特点

◆掌握和区分标志和指标

◆掌握和区分总体和总体单位

◆掌握和区分品质变异和数量变异以及离散变量和连续变量

主要内容

◆统计性质

◆统计研究的方法与过程

◆统计学中常用的几个基本概念

1.1 统计性质

1.1.1 统计的含义

一般来说,从事统计工作的人员可以是生产、销售的调研工作人员,他们深入基层收集资料并对资料进行进一步整理,进而分析资料,为管理机构提供决策依据;也可以是调研部门或咨询机构的人员,他们将收集到的资料(包括原始资料)经过整理、分析后形成系统的统计资料,并把这些统计资料作为产品出售;第三种是专门从事统计方法论学科研究的人员,例如教师。但无论干什么具体内容的工作,都属于统计工作。因此,对统计的含义可以从下面三个层面来理解,即统计工作、统计资料和统计学。

统计工作即统计实践,是指利用各种统计方法,对社会经济现象的总体进行统计设计、搜集、整理、分析研究和提供各种统计资料和统计咨询意见的活动的总称。

统计资料是统计工作过程中所取得的各项数据资料以及与之相联系的其他资料的总称。它包括数据资料和文字资料。它的表现形式有统计表、统计图、统计报告、统计年鉴及其他信息载体等,是统计工作的成果。

统计学分社会经济统计学和数理统计学。本书研究的是社会经济统计学。

统计学是关于数据的收集、整理、显示、分析和推断以及解释数据并得出结论的科学。目的在于探索数据内在的数量规律性,帮助人们做出更有效的决策。统计学作为统计工作实践的理论概括和科学总结,是一门系统化的知识体系,是一门方法论学科,为统计工作提供一整套科学的方法。

统计就是统计工作、统计资料和统计理论三者互相结合、密切联系形成的有机整体。

它们之间的联系是:

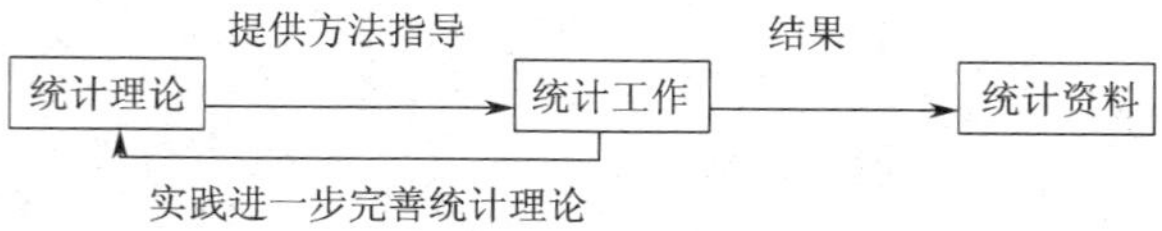

1.1.2 统计研究的对象和特点

1.1.2.1 统计研究的对象

统计研究的对象是大量社会现象的数量方面,即研究的是总体的数量规律性而不是个体的数量规律性。统计学是为统计工作的数量方面的研究提供方法论的一门学科。如研究一个企业的各个部门的劳动生产率情况,研究的目的不是为了了解各部门的劳动生产率的差异,而是想要了解各部门的劳动生产率的平均差异以及该企业劳动生产率的平均水平。

1.1.2.2 统计研究的特点

统计研究的大量社会现象的数量方面是在一定具体时间、地点、条件下的数量方面，但研究现象的数量方面必须和研究现象的质量方面结合起来，因为现象的质与量是密切联系、辩证统一的。例如要研究某地区的社会商品零售额情况，首先必须弄清楚什么是社会零售商品，明确社会零售商品的范围和内容。如果不明确社会零售商品的概念、范围和内容，就不可能准确地统计出该地区的社会商品零售额情况。因此统计工作具有以下特点。

(1)数量性。数量性是统计最基本的特点。反映现象的规模、水平、速度、结构、比例关系、差别程度和普遍程度及平均发展水平、速度等。例如，国家统计局发布的国民经济和社会发展统计公报中，2016 年全年国内生产总值 744 127 亿元，比上年增长 6.7%。其中：第一产业增加值 63 671 亿元，增长 3.3%；第二产业增加值 296 236 亿元，增长 6.1%；第三产业增加值 384 221 亿元，增长 7.8%。由此说明，统计的数量性包含数量的多少、数量的对比关系及数量质的界限。例如：60 分为及格和不及格的数量界限，某企业生产的螺钉的直径规定为(7 ± 0.01)mm，在此范围内为合格，那么，6.99 mm 和 7.01 mm 为数量的质的界限。

(2)总体性。统计研究的数量是总体的数量。例如，统计每一个工业企业的生产设备和生产的产品产量，进行登记、整理和分析，是为了得到我国整个工业企业的生产设备的规模、利用情况和生产的产品产量水平，以此来揭示我国整个工业企业产品的产值的发展趋势。要调查某地区在抽样调查中被抽中的每一个居民的购买力状况，是为了了解该地区所有居民的购买力情况。

(3)具体性。统计学研究的数量是具体的数量。任何社会现象都是质与量的统一，一定的质规定一定的量，而一定的量又表现一定的质。例如，2014 年我国国民总收入 634 043.4 亿元(按当年价格计算)是指一定的时间(2014 年)、地点(我国)、条件(按当年价格计算)下的反映我国国民总收入这个范畴的具有计量单位和计算方法的具体数值。与数学中抽象的数值是截然不同的。

(4)社会性。统计学研究的是社会经济现象，社会经济现象渗透着人与人之间的关系，要研究社会经济现象就必须处理好这些关系。

1.2 统计研究的方法与过程

1.2.1 统计研究的方法

统计研究对象的性质和特点决定了统计研究的方法。统计学常用的统计基本方法为大量观察法、统计分组法、综合指标法、统计模型法和统计推断法。

1.2.1.1 大量观察法

统计研究的是大量社会经济现象的数量方面，这个大量是指占据的资料足以说明要研究现象总体的特征和发展规律。但资料并不是越多越好，因为资料掌握得越多，消耗的经费、人力和时间也越多。大量资料可使现象间由偶然因素导致的个体差异相互抵消，从而揭示现象内在的发展规律。

1.2.1.2 统计分组法

根据所研究对象总体的特点和统计研究的任务，按照一定的标志，将研究现象的总体划分为不同性质或类型的组，这种方法在统计上叫做统计分组法。通过分组，把性质相同的部分划为一组，加大组与组之间的差异，从而进一步研究和区分总体的内部差异。研究不同商业企业的经营效果时，可利用统计分组法，按照经济成分、经营类型或经营的规模等标志分成不同的部分，研究它们的经营特点。统计分组法是统计整理阶段专门采用的一种方法，贯穿于统计工作的全过程。通过分组，可以揭示现象内部结构及其变化与现象间的依存关系等。

1.2.1.3 综合指标法

综合指标法也称综合分析法，是运用各种统计指标（总量指标、相对指标和平均指标等）对社会经济现象总体的数量关系进行对比分析的方法。采用的分析方法有平均指标分析法、动态分析法、指数分析法、相关分析法等。例如要研究商业企业的经营情况，就可以在统计分组的基础上，利用统计指标法对商品的销售额、商品销售额的构成、人均商品销售额、费用额、费用率、利润总额、人均利润率和资金利润率等多个指标进行分析，在分析这些相互联系的指标后揭示被研究现象的数量特征。

1.2.1.4 统计模型法

统计模型法就是对客观现象总体及其运动过程，利用仿真或模拟形式做出较为完整、近似的反映或描述的方法。一般有两种表达方式：一是利用现象间的数量关系，建立数学方程式或方程组，称为统计数学模型，如相关与回归分析，如果现象间的相关关系非常紧密，则根据它们之间的变化规律，拟合一条曲线，用这条曲线近似地反映相关现象间的变化规律；二是依据统计指标之间的逻辑关系，构筑框架式的物理模型，称为统计逻辑模型，如“期初库存 + 购进量 = 期末库存 + 销售量”。

1.2.1.5 统计推断法

由于社会经济现象具有相关联系性和近似性，很多社会经济现象没有必要或不可能对全部总体进行调查，而更多的是运用统计推断法，即用部分总体组成的样本的数量特征去推断总体。根据时间状态，统计推断法分为静态统计推断法和动态统计推断法，如抽样统计推断法和时间数列预测法分别为静态统计推断法和动态统计推断法。

1.2.2 统计工作过程

统计工作是运用各种特有的统计方法对社会经济现象进行调查研究，以认识其本质和规律性的一种认识活动，一般要经过统计设计、统计调查、统计整理和统计分析四个阶段才能实现由定性认识到定量认识，才能由定性认识和定量认识相结合过渡到新的更高层次的定性认识。这符合认识事物由感性认识到理性认识的辩证过程。

1.2.2.1 统计设计

统计设计就是根据统计工作的目的和任务，结合研究对象的性质及特点，对统计范围、指标体系、分类目录资料搜集、整理方法及要求、分析方法及有关组织工作等方面做出的整体规划。统计设计在统计工作中起着决定性作用。无论是统计范围、统计指标口径和计算方法、分类分组标准、搜集整理方法、分析方法等都必须统一，以做到统一认识、统一步骤、统一行动。统计设计的结果为统计调查方案或统计报表制度，简单的调查设计也可以表现为统计调查提纲。

1.2.2.2 统计调查

统计调查就是根据一定的目的，通过科学的调查方法，有组织、有纪律地对要研究现象的总体各个单位进行观察、登记，准确、及时、系统和完整地搜集社会经济现象实际资料的过程。统计调查是开展统计工作的第一阶段，是统计整理和统计分析工作的基础。统计调查的质量好坏直接影响到统计的后续工作。因此，统计调查是最后保证统计信息质量的最关键环节。

1.2.2.3 统计整理

统计整理是根据统计研究的目的，按照一定的标志，对原始资料进行分组、汇总和列表，使之条理化、系统化，以反映总体和各组数量特征的过程。统计整理是统计工作的中间环节，起着承上启下的作用。

1.2.2.4 统计分析

统计分析是将加工整理好的统计资料加以分析研究，准确采用各种统计分析方法，计算出分析指标，揭示现象活动过程的本质及其发展变化规律，做出科学的结论，进而提出合理的建议和进行预测的活动过程。统计分析是实现统计职能（即信息、咨询和监督职能）的关键。

统计工作的四个阶段，各有其特定的内容和作用。一般是依先后次序进行的。它们相互联系、相互制约，组成一个有机整体。任何一个阶段的失误都会影响到整个工作的进行。有时由于工作需要，各阶段要相互渗透、交叉进行。如在调查、整理阶段，做一些必要的分析，发现资料欠缺或设计不合理，则需要做补充调查或改进设计方案。

1.3 统计学中常用的几个基本概念

1.3.1 统计总体和总体单位

总体是指客观存在的、至少在某一性质方面相同的若干个体组成的整体。构成总体的每一个单位就是总体单位。例如，在研究全国国有工业企业的情况时，全国所有的国有工业企业就是要研究的总体。这是因为全国的每一个国有工业企业的经济职能和所有制性质是相同的，即这些工业企业都从事工业生产，其中每一个国有工业企业就是一个总体单位。每一个国有工业企业除了经济职能和所有制性质相同外，还存在着差异。如每一个国有工业企业的职工人数、经济规模等方面是不同的。因此，总体具有同质性、大量性和差异性特点。同质性是构成总体的基础，大量性和差异性才使统计研究成为必要。

1.3.1.1 统计总体和总体单位根据研究的目的可以互相转化

在统计活动中，统计总体和总体单位具有相对性，根据研究的目的可以相互转化。例如，研究某地区商业企业情况时，该地区的所有商业企业就组成总体，每一个商业企业就是一个总体单位。若研究的目的改变为要研究该地区某一个商业企业的职工收入情况，则该企业的所有职工是统计总体，该企业每一个职工是总体单位。

1.3.1.2 总体的类型

（1）总体按研究对象客观存在的形式分为实体总体和行为总体。以客观存在的实体为单位组成的总体称为实体总体，如研究某企业的职工收入情况，该企业的全部职工人数就是实体总体。以某种发生的“行为”或“事件”为单位组成的总体称为行为总体,如研究某地区某一年的交通事故,则该地区该年所发生的所有交通事故就是一个行为总体,每一起交通事故就是一个行为总体单位。许多总体单位用自然单位来计量,如人、台、座等;也可以用物理量单位来计量,如时间、长度、面积、容积等。

(2)按组成总体的总体单位数能否明确确定,总体可分为有限总体和无限总体。如对黄河水的水质进行检测,那么整个黄河水就是一个无限总体。

1.3.2 统计标志和统计指标

1.3.2.1 统计标志

统计标志是说明总体单位特征的名称。统计标志分为品质标志和数量标志。品质标志是用来说明总体单位质的特征的,只能用文字表示。例如:要调查某地区城镇居民的消费状况,则每一个城镇居民的性别、民族、职业、籍贯、社会阶层等是说明总体单位质的特征的,只能用文字说明,为品质标志;而城镇居民的年龄、工资总额、工作年限等是用数量表示城镇居民的特征的,为数量标志,所以,数量标志是用数值来表示总体单位量的特征的。

1.3.2.2 统计指标

统计指标是用来说明总体综合数量特征的。它反映现象在具体的时间、地点和条件下的综合数量表现。统计指标由指标名称和指标数值构成。指标的构成有六要素,包括指标的名称、内容口径、计算方法、时间限制、空间限制和具体的指标数值。统计指标具有以下特点:

①数量性,指标都是用数量表示的;

②综合性,指标是总体单位的每一个标志综合的结果;

③具体性,指标的数量性是在一定时间、地点和条件下的具体数量反映。

1. 统计指标的种类

(1)数量指标和质量指标。按说明总体内容的不同,指标可分为数量指标和质量指标。数量指标是反映总体范围、总体规模、总体水平的指标,随着总体范围的大小而变化,如全国国有企业总数、国内生产总值(GDP)、产品产量、销售额等;质量指标是反映总体内部数量关系和发展变化的指标,一般不随着总体范围的大小而变化,如工业企业的劳动生产率、企业技术人员占全部职工的比例、人口自然增长率、城镇职工的平均工资等这些反映总体现象质的属性的指标,一般表现为相对指标和平均指标。认识现象总体,不仅要了解现象总体的规模、发展水平,还要了解现象总体内部之间的结构、发展变化的程度及现象之间的对比关系。因此,要了解现象,需要把反映现象的数量指标和质量指标结合起来进行研究。

(2)总量指标、相对指标和平均指标。按对比关系不同,指标可分为总量指标、相对指标和平均指标。总量指标也称绝对数指标或数量指标,是最基本的指标。相对指标和平均指标都是以总量指标为基础计算的派生指标。相对指标是两个有联系的总量对比而形成的质量指标,如生产工人人数占全部职工的比重、计划完成程度、人均粮食产量、企业设备性能比、某企业产品产值的环比发展速度等;平均指标是反映总体各个单位某一数量标志在一定时间、地点、条件下达到的一般水平的综合指标,如职工的平均工资、工业企业的劳动生产率、某地区的粮食作物的平均亩产量、某商店的营业员的平均销售额等。

(3)时点指标和时期指标。按反映的时间状况不同,指标可分为时点指标和时期指标。

时点指标反映总体特征在某一点、某一瞬间的数量表现，如人口数、牲畜存栏头数、库存量、黄金储备量、银行储蓄存款余额等，一般表达为期末人口数或期初人口数等，时点指标与时间没有关系；时期指标反映总体特征在某一段时间内的数量表现，如产量、销售额等。时期指标与时间有关系，时间越长，指标数值越大（关于时期指标与时点指标的区别在第6章“动态数列”中详细介绍）。

（4）实物指标和价值指标。按计量单位的不同，统计指标分为实物指标和价值指标。实物指标是以实物为计量单位的指标。例如：有自然实物计量单位，如人口按人计；有标准实物计量单位，如不同发热量的煤以6 000焦/吨为标准折合计算来进一步汇总不同品种煤的产值；有国家度量衡单位，如度量面积用平方米，度量重量用千克等；有双重单位，如发电机用千瓦/台计；有复合单位，如货物运输量以吨公里计等。价值指标是以货币为单位计量的统计指标，有着广泛的综合性能，可以汇总或对比不同计量单位或不同使用价值的商品总量。如国内生产总值就是以货币为单位，将全国所有的工业企业、商业企业等不同行业的产品产值进行汇总计算的结果。

2. 统计标志与统计指标的区别和联系

（1）标志与指标的区别。指标是说明总体数量特征的，只能用数量表示，可以表现为绝对数、相对数和平均数。而标志是说明总体单位特征的，既可以用文字来表示，也可以用数量来表示。

（2）统计标志与统计指标的联系。指标是由数量标志汇总得到的，如全国各地区普通高等院校在校学生人数是由全国每一所普通高等院校的在校学生人数汇总得到的。指标和标志在一定条件下可以互相转化。例如：研究全国各地区普通高等院校在校学生情况时，每一所普通高等院校的在校学生人数是标志，对全国各地区每一所普通高等院校在校学生进行汇总就得到反映全国各地区普通高等院校在校学生人数指标。但若研究某地区某一所普通高等院校在校学生情况，则该数量标志就转化为指标。

3. 统计指标体系

由于社会现象非常复杂，所以表现出的特征往往是多个方面的，一个指标只能反映现象的一个方面，要想全方位、多侧面地反映现象特征，就需要用多个相互联系的指标来反映。如企业生产经济效益要通过资本收益率、销售利润率、资金利税率等指标来反映。通常把以共同的研究目的为核心的相互联系、相互依存、有内在逻辑关系的一系列指标构成的整体称为指标体系。如反映某城市或地区人口变动状况及数量特征，则需要用出生人口数、死亡人口数、迁入人口数、迁出人口数这四个相互联系的指标组成的指标体系来反映；又如商品销售额指数体系，由商品销售量指数、商品价格指数及销售额指数这三个有依存和内在逻辑关系的因素构成。

1.3.3 变异、变量和变量值

反映组成总体的各单位不同的具体表现为变异。变异分品质变异和数量变异。一般在数量上的变异为变量。变量的具体取值为变量值。如某厂5名职工的月工资额分别为1 050元、950元、1 200元、1 250元和1 000元。变量为月工资额，变量值分别为1 050元、950元、1 200元、1 250元和1 000元。变量按取值是否连续分为离散变量和连续变量。只能取整数的变量为离散变量,如人数、机器设备台数、工厂数、医院床位数等;在整数之间可以插入小数的变量为连续变量,如身高、总产量、利润等。

【本章小结】

本章介绍的内容共分三大部分,用模块表示如下:

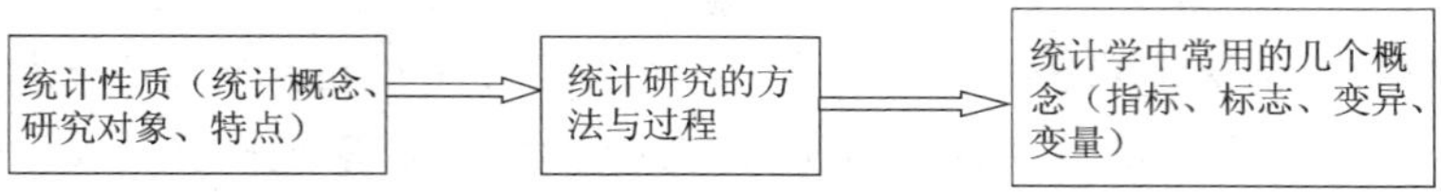

统计是统计工作、统计资料和统计学三者互相结合、密切联系形成的有机整体。统计工作即统计实践,是统计设计、搜集、整理、分析研究和提供各种统计资料和统计咨询意见的活动的总称。统计资料是统计工作过程中所取得的各项数据资料以及与之相联系的其他资料的总称,它包括数据资料和文字资料,是统计工作的成果。统计学是统计工作实践的理论概括和科学总结,是一门方法论学科。

统计研究的对象是大量社会现象的数量方面。统计具有数量性、总体性、具体性和社会性的特点。统计学常用的统计基本方法为大量观察法、统计分组法、综合指标法、统计模型法和统计推断法。统计工作过程一般分为统计设计、统计调查、统计整理和统计分析四个阶段。

统计学中常用的几个概念有:统计总体和总体单位,标志和指标,变异、变量和变量值。总体和总体单位、标志和指标随研究的目的不同,在不同条件下是可以互相转化的。指标有多种分类。其中,数量指标和质量指标,总量指标、相对指标及平均指标,时点指标与时期指标是经常采用的指标,要正确理解它们的含义。注意标志与指标的区别和联系。理解指标体系的概念。

【阅读专栏1】

你知道多少统计历史?

统计有几千年历史,统计英文为Statistics。我国最早的一本统计书籍是1907年彭祖植编写的《统计学》,在日本出版,同时在国内发行。

Lambert Adolphe Jacques Quetelet(1796—1874),比利时人,他对收集社会经验数据的兴趣促成了比利时与荷兰于1829年实施第一次人口普查,促成了伦敦统计学会的成立(现命名为皇家统计学会)。1835年出版《论人类及其能力的发展》一书,书中阐述了社会现象如犯罪或自杀是怎样以吃惊的规律重复出现的;他认为,这样的规律只能通过统计技术来发现,在这样的技术帮助下,可以将规律和原因联系起来。他被誉为“现代统计学之父”,在他的领导下,国际统计大会第一次会议于1853年在布鲁塞尔举行。

【思考与练习】

一、单项选择题

1. 统计有三种含义,其基础是(　　)。

A. 统计学　　B. 统计工作　　C. 统计资料　　D. 统计调查

2. 设某地区有12家生产相同产品的企业，要研究它们的产品生产情况，统计总体是(　　)。

A. 每个企业的产品　　B. 所有12家企业的每一件产品

C. 所有12家企业　　D. 每一个企业

3. 某班学生数学考试成绩分别为69分、79分、80分和87分，这4个数字是(　　)。

A. 指标　　B. 标志　　C. 变量　　D. 变量值

4. 下列属于品质标志的是(　　)。

A. 工人年龄　　B. 工人工种　　C. 工人体重　　D. 工人工资

5. 商业企业的机器设备台数、商品销售额是(　　)。

A. 连续变量　　B. 离散变量

C. 前者是连续变量，后者是离散变量　　D. 前者是离散变量，后者是连续变量

6. 要研究某市全部商店的商品零售额，以全部商店作为总体，每一个商店作为总体单位，则该市全部商店的商品销售额是(　　)。

A. 质量指标　　B. 数量指标　　C. 变量值　　D. 数量标志

7. 统计总体的基本特征是(　　)。

A. 同质性、广泛性、社会性　　B. 同质性、综合性、大量性

C. 同质性、大量性、变异性　　D. 同质性、社会性、大量性

8. 变异是指(　　)。

A. 标志和指标的具体表现不同　　B. 标志和指标各不相同

C. 总体的指标各不相同　　D. 总体单位的标志各不相同

9. “统计”一词的基本含义是(　　)。

A. 统计调查、统计整理、统计分析　　B. 统计科学、统计工作、统计资料

C. 统计方法、统计分析、统计预测　　D. 统计设计、统计分组、统计计算

10. 指标与标志之间存在着变换关系，是指(　　)。

A. 在同一研究目的下，指标和标志可以变换

B. 指标和标志可以互换

C. 在不同研究目的下，指标和标志可以变换

D. 在任何情况下，指标和标志都可以变换

二、多项选择题

1. 下列几对关系中(　　)有对应关系。

A. 标志与总体　　B. 总体与指标　　C. 指标与总体单位　　D. 总体单位与标志

E. 指标与品质标志

2. 下列标志中，属于数量标志的有(　　)。

A. 性别　　B. 工种　　C. 工资　　D. 年龄

3. 下列(　　)属于质量指标。

A. 产品合格率　　B. 废品量　　C. 单位产品成本　　D. 资金利润率

4. 数量指标反映总体某一特征的(　　)。

A. 规模　　B. 总量水平　　C. 强度　　D. 密度

5. 下列各项中属于连续变量的有(　　)。

A. 企业占地面积　　B. 职工人数　　C. 原材料消耗量　　D. 产值

6. 品质标志反映事物质的属性,数量标志反映事物量的属性。因此,(　　)。

A. 数量标志可以用数值表示　　B. 品质标志可以用数值表示

C. 两者都可以用数值表示　　D. 品质标志不可以用数值表示

7. 要研究某公司下属的 20 个企业职工的工资水平,则(　　)。

A. 总体是某公司　　B. 总体是某公司所属的 20 个企业

C. 总体是 20 个企业的全部职工　　D. 总体单位是每一个职工

E. 总体是 20 个企业的全部职工工资　　F. 总体单位是每一个职工的工资

8. 一家研究机构从 IT 行业中随机抽取 1 000 人作为样本进行调查,其中 60% 的人回答他们的月收入在 5 000 元以上,50% 的人回答他们的消费支付方式是使用信用卡。下面阐述正确的是(　　)。

A. 这一研究的总体是从事 IT 行业的所有人员

B. 这一研究的总体是抽取的 1 000 名 IT 行业的人员

C. 这一研究的总体单位是从事 IT 行业的每一位人员

D. 这一研究的总体单位是抽取的 1 000 人中的每一位人员

9. 某地区有 700 家工业企业,要研究这些企业的产品生产情况,(　　)。

A. 总体单位是每个工业企业　　B. 总体是 700 家工业企业

C. 总体单位每一件产品　　D. 总体是全部工业产品

10. 对某高校大学生的学习、生活情况进行调查。下面阐述正确的有(　　)。

A. 统计该校大学生的性别、出生、居住地等品质标志。

B. 统计该校大学生的年龄、身高、录取分数等数量标志。

C. 统计该校大学生的兴趣、生活习惯、月平均消费水平等指标。

D. 统计该校每一位大学生的各科成绩、月平均消费水平等变量。

三、简答题

1. 学习统计学的意义是什么?

2. 简述什么是统计,统计工作包括哪几个阶段。

3. 简述标志与指标的区别与联系。

4. 举例说明什么是变异、变量和变量值。

四、综合题

要调查某家电企业销售的全部手机情况,试指出总体、总体单位是什么,并试举出若干品质标志、数量标志、数量指标、质量指标。

2　统计调查

案例导读

2010年我国进行了第六次全国人口普查。人口普查标准时点为11月1日零时，人口普查主要调查的人口和住户的基本情况包括：性别、年龄、民族、受教育程度、行业、职业、迁移流动、社会保障、婚姻生育、死亡、住房情况等。人口普查的对象是在中华人民共和国（不包括香港、澳门和台湾地区）境内居住的自然人。2011年4月28日，国家统计局局长马建堂发布2010年第六次人口普查登记（已上报户口）的中国大陆总人口为1 332 810 869人。家庭户人口1 239 981 250人，年均增长率为0.57%。此次普查为科学制定国民经济和社会发展规划、统筹安排人民的物质和文化生活、实现可持续发展战略、构建社会主义和谐社会提供了科学准确的统计信息支持。

学习目标

◆熟练掌握统计调查的一般问题

◆能根据实际问题具有初步设计统计调查方案的能力

◆掌握各种统计调查方式和方法的特点及其应用条件

◆能够准确应用统计图和统计表显示统计数据特征

主要内容

◆统计调查概述

◆统计调查方案设计

◆统计调查组织方式与方法

◆调查表与调查问卷设计

2.1　统计调查概述

2.1.1　统计调查的含义

2.1.1.1　统计调查的概念

前面提到，统计研究的对象是客观事物总体现象的数量方面，统计工作的中心任务也是对从数据信息源上采集的数据进行分析、描述和揭示现象的变化规律或趋势，为人们的生产、生活决策提供依据，由此可见，数据好比统计的语言。统计数据质量的好坏直接影响统计分析的结果。统计数据的得来要通过对数据的搜集和采集，这是整个统计工作的基础环节。这一环节在统计学上称为统计调查。所谓统计调查，就是指根据统计研究的目的、任务，应用科学的调查方式方法，有计划、有组织地向数据信息源搜集各种真实、可靠的统计数据资料的工作过程。这里提到的统计数据资料包括原始资料和次级资料。

原始资料是指调查者直接从数据源上采集到的、未经过任何加工和整理的初级资料，又称为第一手资料。例如：在经济管理中，类似车船票、销售发票等会计处理账务时所依据的各种原始凭证；人口普查时由每户家庭填报的“家庭人口基本情况调查表”；在医学领域，通过临床试验得来的某种药物使用方法或治疗方案；在农业科研中通过实验的方法选取最优品种和最佳的种植方式等。

次级资料是指已经经过初步加工、整理的并能够在一定程度上说明总体现象的资料，即来源于别人调查和实验的资料，又称为第二手资料。例如，从各种报表、报刊、互联网络、新闻媒体、统计年鉴上搜集到的有关资料等。

统计调查一般指对原始资料的采集，并通过对采集到的原始资料进行加工整理，使其成为从描述个体事物特征过渡到描述事物总体特征的数据资料，但有时由于调查任务的需要也对次级资料进行搜集。

2.1.1.2 统计调查的要求

统计调查工作是由统计设计工作向统计整理工作过渡的中间环节，属于一种感性认识，它不仅能为统计资料整理提供丰富的感性信息，而且也为统计分析奠定基础。统计调查的质量直接关系到统计数据的质量。为了确保调查数据信息的质量，使之能够正确反映客观事物总体现象的变化趋势，对现象的未来做出合理的预测，为制定决策和经营管理提供更加科学的依据，因此，要求统计调查要做到准确性、及时性、完整性、经济性和系统性。

1. 准确性

准确性是指为保证统计调查得来的数据信息的真实可靠性，对数据不做任何修饰，保持调查数据的原貌，能如实地反映客观事实。这是保证统计资料质量的首要环节，也是统计工作的生命。如果调查资料不真实，必将给各阶段的统计工作带来不良影响。要做到统计调查的准确性，不仅要提高统计调查人员的业务水平和综合素质，使其具有丰富的调查经验、较高的调查技术水平，更要强调坚决执行统计制度和各项统计法规，不断维护统计资料的准确性和客观性。

2. 及时性

及时性是指在统计调查方案规定的时间内，统计调查资料搜集过程和上报过程的时效性。这关系到统计资料的使用价值。如果统计资料搜集得不及时，就会时过境迁，失去价值。另外，统计调查工作是一项系统性工作，任何一项统计数据上报不及时，都会影响整个统计调查的进程，使最终的统计分析结果失去应有的作用。做到统计调查的及时性不仅要强调调查人员遵守统计调查方案安排和统计制度，还要树立全局观念，培养团队协作精神。

3. 完整性

完整性是指被选中的所有调查单位不重复、不遗漏，所列调查项目的资料搜集齐全。如果统计资料残缺不全，就不可能如实地反映所研究对象的全貌和正确认识社会经济现象的总体特征，最终也就难以对客观事物的发展规律做出明确的评判，甚至会得出错误的结论。做到统计调查的完整性，不仅要求调查人员要对调查方案有较好的理解，还要树立良好的职业道德。

4. 经济性

统计调查资料的准确性、及时性和完整性是相互联系、相互依存的，其中准确性是基础，但准确性不一定建立在资料多的基础上，调查的资料越多，费用越高，要力求做到以准为先、准中求快、准中求全。

5. 系统性

系统性是指统计调查搜集的资料要有条理，合乎逻辑，不杂乱无章，便于汇总。

2.1.2 统计调查种类

由于社会经济现象之间存在着各种复杂联系，即使相对独立的客观事物的变化往往也会受到多因素的影响，因此在组织统计调查时，应根据不同的调查对象和调查目的、任务，选择不同的调查方式方法。统计调查可以从不同角度、按不同标志划分为若干类型。

2.1.2.1 全面调查和非全面调查

按统计调查对象包括的范围不同，统计调查分为全面调查和非全面调查。全面调查是指对被调查对象所包括的单位一一进行登记或观察。例如：要了解全国乳品产量时，对全国所有乳品企业进行的调查；要了解某班级学生身体状况时，对这个班级所有同学进行的调查。全面调查得到的是所有被调查单位的全面资料，从理论上讲这种调查得到的数据相对准确，不用通过推算就能直接反映总体现象的面貌和特征，但在实际操作时可能会出现较大的登记性误差，同时也将会耗用大量的人力、物力、财力和时间，因此，这种调查方式适用于有限总体或总体单位相对较少时，或者是在一些特殊规定下使用。

非全面调查是指只对被调查对象所包括的一部分单位进行调查登记。例如，要了解某种产品的出厂质量，每隔一定时间从生产线上抽取部分产品进行的调查。与全面调查相比，非全面调查需要调查的单位少，这就意味着耗用较少的人力、物力、财力和时间就能得到深入细致的资料。在以后章节中将要介绍到的抽样调查、重点调查和典型调查都属于非全面调查。

2.1.2.2 统计报表和专门调查

按搜集资料的组织方式不同，统计调查分为统计报表和专门调查。

统计报表是按照统一规定的表式要求及报送程序，自上而下统一布置、自下而上逐级上报的一种采集统计资料的调查方式，一般采用定期报表形式。

专门调查是为了研究某些问题专门组织的调查，如普查、抽样调查、重点调查和典型调查等。这部分内容将在下节中介绍。

2.1.2.3 经常性调查和一次性调查

按照调查登记时间是否连续，统计调查可分为经常性调查和一次性调查。经常性调查是指在规定的时期内，对被研究现象的发展变化情况进行不间断的跟踪登记的一种调查方式。其目的是取得某种事物在一定时期内的发展变化过程中所累积的总量，因此这种调查方式主要适用于对时期现象资料的搜集，如对降雨量资料的调查、对产品产量的调查等。一次性调查是指只对被研究现象在某一时刻的发展状况进行的一次性登记的调查方式，其目的是了解事物在某一时点上的发展状态，因此这种调查方式主要适用于对时点现象资料的搜集，如产品库存量调查、固定资产总额调查等。

2.2 统计调查方案设计

由于社会经济现象本身构成的复杂性和现象与现象之间的关联性,对其认识和研究时要全面考虑,因而统计调查工作涉及的面广,程序和步骤复杂多样,一项全国性调查往往要协调亿万人民群众才能完成,即使是个小型调查,有时也需要多部门、相关人员配合。可见,统计调查工作是一项围绕完成调查研究任务而展开的系统工作。为了在调查工作过程中思想统一、行动一致、内容系统、完成任务顺利,无论采用什么样的调查方式方法搜集资料,都要事先设计一个调查方案,使统计调查工作有序进行。一份完整的统计调查方案的撰写及所涉及的基本内容如下。

2.2.1 标题

标题,又称题目,即调查方案的名称。调查方案的标题设计要简明扼要,语言逻辑严密、通俗易懂,要突出调查任务的时空和事件。通常采用"开门见山"式,一般不对调查方案的题目做华丽的语言修饰,直接点题,如"关于某地区城镇居民消费的调查方案"。调查方案标题的格式一般是"调查时间+被调查地区或单位名称+调查任务关键词",但不是千篇一律,有时由于设计需要,构成方式也会有所变动。例如,调查了解带有普遍性的问题时,就可以省去从事调查的单位名称。但无论怎样变化,任何一个调查方案的标题都不能脱离调查任务关键词。所谓调查任务关键词是用来描述调查方案中所研究事件的中心词语。例如,在"关于××年××大学毕业生就业情况调查方案"这一标题中,"毕业生就业情况"就是调查任务关键词。

2.2.2 开头

开头,又称导语,是整个调查方案的引子,其主要内容是概括介绍调查方案的设计背景,也可以简单介绍开展调查活动的目的和意义。开头语格式一般采用"起笔点题,单刀直入"式,即语言简短精练,用寥寥数语清楚地交代题意,显得干脆、直接。从整个方案的章法上来看,切勿将开头语设计得过长,使整个方案头重脚轻、布局不协调。

2.2.3 主体

主体,又称正文,是一个调查方案的主要设计部分,一般包括以下几个部分。

2.2.3.1 调查目的和调查任务

做任何事情,首先要明白为什么要做这件事情,统计调查工作也不例外。在设计统计调查方案时首先要解决的问题就是确定调查目的和任务,即为什么要搞这次调查,要达到预定目的需要做哪些事情。调查研究的目的和任务不同,调查的内容和范围也不同,搜集资料的角度也不同。只有目的明确,才能有的放矢。如果目的不明确,就无法确定向谁调查、调查什么、怎样调查等一系列问题。调查目的应尽可能规定得具体、明确,突出中心。在具体设计格式上,有时将调查目的和调查任务合在一个小标题下,有时单独设立小标题,这要根据具体情况而定。一般情况下,在调查目的单一、调查任务简单时就不需要单独设立标题。若想突出或强调调查目的,可将调查目的单独设立标题。比如,在一次乡村社会经济调查中,为突出调查目的,便在设计调查方案时为调查目的单独设立了标题:"满足各级政府制定农村社会经济政策及农村社区发展战略的决策需要,向全社会提供优质的信息咨询服务。"

2.2.3.2 调查对象和调查单位

明确了调查的目的和任务，就可以确定出调查对象和调查单位，也就解决了向谁调查、由谁来具体提供统计资料的问题。所谓调查对象就是根据调查目的和任务所确定的需要进行调查研究的某一社会现象的总体，它是由性质相同的许多个别单位组成的，即调查中指标的承担者。在调查中不能把调查对象理解为被调查的个体。所谓调查单位就是指总体单位，在某项调查中登记其具体特征的单位，即调查项目的承担者。例如，调查某公司的生产设备状况，调查对象是该公司的全部生产设备，调查单位是该公司的每一台生产设备。

在调查方案中，有时还需要规定统计资料的报告单位。报告单位与调查单位在某些情况下是有区别的。所谓报告单位也称填报单位，它是负责向上报告调查内容、提交统计资料的单位。调查单位与报告单位有时一致、有时不一致。例如：进行公司生产设备状况调查时，调查单位是每台设备，而报告单位是公司，这里调查单位与报告单位不一致；而对学生身体状况进行调查时，调查单位与报告单位都是学生，这里调查单位与报告单位是一致的。

2.2.3.3 调查项目及其呈现

调查项目就是调查中依附于调查单位的基本特征，统计学上又称为标志。在调查活动中，这是解决向调查单位调查什么的问题，它完全由调查的目的、任务和调查对象的性质特点所决定。调查项目是标志值的载体，是调查最终要得到的指标数据的基础。调查项目制定的正确程度，将影响整个统计工作的质量。因此，确定调查项目时要紧紧围绕调查目的仔细推敲，周详考虑。具体来说，确定调查项目时要本着必要和可能的原则，应该少而精，不必要和不可能得到资料的项目就不列入了。另外，调查项目的含义要明确，项目之间尽可能做到相互联系、彼此衔接。

调查项目确定之后，就要将其以一定方式呈现出来，为下一步采集数据提供方便和可能。而调查表就是容纳调查项目、搜集原始资料的基本工具。所谓调查表是指用横纵交错的线条把调查项目呈现出来的表格，是统计表的一种。调查表的内容一般由表头、表体、表脚三部分组成。在调查方案中，调查表设计的科学性和合理性直接影响到采集数据的质量和速度。调查表的具体设计方法将在2.4节中详细阐述。

2.2.3.4 调查时间、期限和方法的确定

调查时间包括两个方面的含义。一方面是指调查资料本身所属的时间。如果所调查的是时期现象，就要明确规定反映的调查对象的起讫日期；如果所调查的是时点现象，就要明确规定统一的标准时点。另一方面是指对调查单位的标志进行登记的时间。调查期限，即整个调查工作的起止时限，包括搜集资料及报送资料等整个工作所需要的时间，为了保证资料的时效性，对调查期限的规定不宜过长。例如："在2010年11月1日0时至2010年11月10日24时进行的第六次全国人口普查期间，调查人员在2010年11月2日8时登记某家庭截至11月10日0时的人口数为4人。"在这个例子中，"11月1日0时"是调查资料（某家庭人口数为4人）所属的时间；"2010年11月2日8时"是对调查单位的标志进行登记的时间；"2010年11月1日0时至2010年11月10日24时"是调查期限。调查方法，包括调查的组织形式和搜集资料的具体方法的选择，将在下一节具体介绍。

2.2.3.5 统计调查的组织实施计划

制订统计调查的组织实施计划,是对调查方案的落实和具体实施,是使统计调查工作顺利进行的重要保证。统计调查的组织实施计划是调查方案设计的一个重要内容,主要包括调查工作的领导机构和办事机构、调查人员的配备、调查前的准备工作等等。具体设计如下。

(1)成立调查工作领导机构和办事机构。在组织实施计划中,要明确整个调查工作由谁主管、谁负责、谁实施,成立专门领导机构和办事机构,对工作进行周密的计划和合理安排。

(2)确定以时间为主线的调查步骤,明确各环节的负责单位、负责人和调查方式方法。主要设计环节有:①调查立项会议的策划;②开展宣传教育,对干部及工作人员进行培训;③落实调查方案等相关文件的拟定、论证(召开论证会议)、印发和传达布置;④明确在调查工作实施阶段,各负责人在相应时间内完成的工作内容;⑤明确对调查过程检查和质量控制的时间、环节和方法;⑥规定调查资料整理、汇总和分析的具体事项(是否需召开分析会议等);⑦制定撰写调查报告、提交调查结果的要求。

(3)制定调查经费的预算和开支计划。内容包括:①确定项目开支;②做出经费总预算;③费用筹措办法及报销的有关规定。

2.2.4 附件

在设计调查方案时,为了使方案便于理解和实施,往往会在方案正文中设计一些子方案、问卷等内容,若将这些内容放在方案正文中会使整个方案篇幅过长,这样不仅破坏了方案的整体结构,还会给阅读带来不便,建议在编制调查方案时将这些内容分别编好附件编码一并附后。

2.3 统计调查组织方式与方法

2.3.1 统计调查组织方式

2.3.1.1 统计报表

1.统计报表的含义

统计报表是依照国家有关法规的规定,自上而下地统一布置,以基层统计的原始记录为依据,按照统一的表式、统一的指标项目、统一报送时间和报送程序,自下而上地逐级提供基本统计资料的一种调查方式。统计报表包括的项目齐全,指标的内容和调查周期相对稳定,在我国计划经济时期,曾是采集数据信息的主要方式。随着我国社会经济状况、经济体制的变化,现在虽然已不作为获得统计资料的主要形式,但在某些方面统计报表仍发挥着不可替代的作用。

2.统计报表的特点

统计报表具有如下特点:

①统计报表属经常性调查,涉及的内容大部分相对稳定,有利于积累资料和历史对比;

②由于统计报表采取的是自下而上逐级报送的方式,因此,各级领导部门能得到管辖范围内的资料,可以了解本地区、本部门的基本情况;

③统计报表以基层单位按事先布置要求建立的原始资料为依据,这样不仅能使报表资料准确、及时、完整,而且基层单位也可以利用其进行生产、经营、管理。

3. 统计报表的资料来源

统计报表上的资料主要是以基层单位的原始资料为来源的，从原始资料到统计报表，中间还要经过统计台账和企业内部报表。原始资料是基层单位通过一定的表格形式对其生产经营活动进行的最原始记载，是反映社会经济活动的第一手资料，如企业原材料入库单、产量抽样检验记录、职工出勤考核表等。统计台账是指基层单位根据统计报表的汇总要求和填制办法并结合本单位的实际，以积累和整理原始资料为目的，按时间顺序对原始资料进行登记汇总的一种表册，如产品销量季度累计汇总表、原材料日出库累计等。统计台账的整理以原始记录为直接基础，统计报表的填制又以统计台账为直接基础，可见原始记录、统计台账和统计报表三者联系密切、层层递进。

4. 统计报表的种类

统计报表的种类很多，按调查对象报送的范围不同，统计报表可分为全面统计报表和非全面统计报表。全面统计报表要求调查对象中的每一个单位都填报。非全面统计报表只要求调查对象中的部分单位填报。目前的大多数统计报表都是全面报表。按报送时间不同可分为日报、旬报、月报、季报、半年报、年报等；按实施范围不同，可分为国家、部门、地方统计报表。国家统计报表是由国家统计部门统一制发，用以反映全国性的经济和社会基本情况的报表；部门和地方统计报表按部门和地区的要求填报，主要为部门和地方管理服务。统计报表必须经过法定审批程序，凡依法审批和制发的统计报表，有关地区、部门和单位必须切实执行。

2.3.1.2 专门调查

专门调查是指为了研究某些特定问题，由从事调查的单位专门组织的一种调查组织方式，属于一次性调查。专门调查包括普查、抽样调查、重点调查、典型调查。

1. 普查

普查是为某一特定目的而专门组织的一次性全面调查，如全国经济普查、人口普查、农业普查等，一般用来调查属于一定时点社会经济现象的总量，目的是掌握特定社会经济现象的基本全貌，为国家制定有关政策或决策提供依据。但也可以反映一定时期的现象总量，如出生人口数、死亡人口数等。普查是一种重要的调查方式，有以下三个主要特点。

(1)一次性或周期性。因为普查的规模大、指标多、任务重，耗费大量人力、物力和时间，不可能采用经常性调查，通常需要间隔较长的时间采用一次性调查，逐步走向规范化、制度化的道路。

(2)统一性和时点性。普查一般需要规定统一的标准调查时间，即规定某月某日的某一时刻作为登记普查对象有关项目资料的统一时间，以避免调查数据的重复或遗漏，保证普查结果的准确性。例如：第五次人口普查的标准时点为2000年11月1日0时；第一次全国经济普查的标准时点为2004年12月31日。

(3)全面性和准确性。普查对象范围广，调查内容详细，比其他调查方式的调查更能掌握全面、详尽的统计资料。由于普查是对被研究对象总体的全部单位进行逐一的调查，可能存在可以避免的登记性错误，而不存在不可避免的随机误差，并且规范化程度也较高，因此从理论上讲，普查的数据一般比较准确，可以为抽样调查或其他调查提供基本依据。

2. 抽样调查

抽样调查是指按照随机原则,从总体中抽选一部分单位进行观察研究,并根据这一部分单位的调查资料,从数量方面推断总体指标的一种非全面调查。与普查相比,抽样调查具有经济性、时效性强,适用面广等优点,特别是对于无限总体或总体单位分散的调查来说,抽样调查有着其他调查无法代替的优越性(抽样调查的理论和方法在第8章详述)。

3. 重点调查

重点调查是专门组织的从被研究现象总体中选取少数重点单位进行调查的一种非全面调查方式。这里提到的重点单位是指被研究的对象的标志值之和占总体全部单位标志总和的绝大部分的单位。例如,要了解现阶段我国乳品行业的发展状况,以在生产量、销售量上占有很大比重的几个乳品企业为重点进行调查。重点调查选取的重点单位从数目上可能不多,但这些单位的基本情况对被研究现象的全局工作的影响具有举足轻重的作用,因此可以通过重点调查及时了解总体现象的基本情况,掌握现象的基本发展趋势,从而指导全局。

在运用这种调查方式时有两点值得注意:一是重点调查单位的选取只从数量特征上考虑,着眼于所研究现象主要标志的总量,与技术创新、管理先进等其他主观因素无关;二是与抽样调查相比,重点调查也属于非全面调查,但与抽样调查区别的是,重点调查中重点单位的选取方式是人为有意识地选取,选取单位的多少与调查的目的和任务有关,且重点单位的标志值占总体绝大部分,统计机构完善;而抽样调查中的样本是按随机原则抽取的,无附加要求,因此重点调查的资料不具备推断总体总量的条件。利用重点调查的资料只能了解总体基本概况,而不能精确推断总体总量。

4. 典型调查

典型调查是根据调查目的和要求,在对所研究总体做全面分析的基础上,有意识地从中选取少数典型单位进行调查研究的一种非全面调查方式。这里提到的典型单位是指在同一事物中能最充分、最突出地体现现象总体共性的代表性单位。例如,为了了解在社会主义新农村建设上取得的经验和存在的问题,应在被研究对象中选取先进和落后的少数几个农村作为典型单位进行调查研究即可。典型调查通常有两种方法:一种是对个别典型单位进行的调查研究,被称为解剖麻雀式调查;另一种是先对现象总体按与研究目的有关的标志分类,然后再在各类型中选择典型单位进行调查研究,被称为划类选典法调查。无论用哪种方法,目的都是通过典型单位来描述或提示现象的本质和规律,因此所选择的典型单位应具有所研究问题的本质属性或特征。

典型调查主要是一种定性调查研究。典型单位的选择主要着眼于事物的属性,而不在数量特征上。因此,在应用典型调查时有两点值得注意:一是典型单位的选择必须建立在对调查对象全面分析的基础之上;二是典型调查的目的是发现问题、观察现象的发展趋势。典型单位的选取具有人为因素,所以典型调查与重点调查一样,不能直接以调查结果来推断总体。

2.3.2 统计调查方法

统计调查方法是指统计工作确定调查方式之后,向客观实际搜集资料的具体方法。统计调查的方法很多,这里主要介绍询问法、观察法、报告法、网络法和试验法等几种常用的调查方法。

2.3.2.1 询问法

询问法是指调查者与被调查者直接或间接接触以获得信息资料的一种方法，具体包括采访、问卷调查等。

1. 采访

采访是由调查人员向被调查者提问，根据被询问者的回答来搜集统计资料的一种调查方法，分为面谈采访、电话采访和开调查会三种。

（1）面谈采访。这是由调查者直接与被调查者接触，通过有目的的当面交谈获得资料的一种方法。这种方法简便灵活，提出的问题有很大的延展性和应变性，所发放的调查表回收率很高。但这种方法成本高，对调查人员的综合素质要求也很高。

（2）电话采访。这是调查人员利用电话同受访者进行交流获得信息的一种调查方法。这种方法时效快、成本低，但不便于深入调查。

（3）开调查会。又称集体访谈法，是召集被调查者到调查现场，对调查者提出的问题发表意见，从中获得调查资料的方法。这种方法可以通过被调查者之间的相互商讨和启发，使调查者对被研究的问题了解得更加深入，取得比较可靠的资料，但这种方法易受权威人士或第一个发言的人的观点影响。

2. 问卷调查

问卷调查是指调查者将调查项目编制成调查表或调查问卷，通过当面发放、邮寄、网络上传等形式传递给被调查者，由被调查者自愿、自由回复，以获取调查资料的方法。这种方法多用于主观指标的调查，运用得恰当可以真实地了解民情民意，但运用时要注意问卷问题的设计和问卷的发放形式。有关这部分内容在下一节还要详细介绍。

2.3.2.2 观察法

观察法是指调查人员亲临调查现场，有目的、有计划地凭借自己的感觉器官或运用各种工具如照相机、探测器、显微镜、望远镜等，通过直接清点、测定对比等方式对被调查单位的形态、行为和意识边观察、边记录以收集信息的方法。采用这种方法，调查人员不能强行介入，不能惊动受访者或受访者的管理部门、人员，在其没有任何反应、不知不觉的情况下获得比较真实、准确、可靠的信息资料。

2.3.2.3 报告法

报告法是由报告单位根据一定的原始记录和台账，依据统计报表的格式和要求，按照隶属关系，逐级向有关部门提供统计资料的一种调查方法。统计表就属于这种方法。报告法具有统一调查项目、统一表式、统一填报要求和上报程序等特点。在应用的过程中还具有法律或行政的强制性，一般用于机关团体和企事业单位以及当无法进行直接观察实验、采访的历史资料的搜集，不适于对个体单位的调查。

2.3.2.4 网络调查法

网络调查法是指运用互联网络进行调查以获取调查资料的统计调查方法，包括网络直接调查和网络间接调查两种办法。

网络直接调查是指调查者将设计好的调查问卷直接上传到网站上或以 E-mail 的方式发给被调查者，由被调查者自愿在网上填列或回复以获取信息的一种方法，网络直接调查获得的是第一手资料，并且方便、快捷、成本低，但无法核对填写者的真实身份和基本情况，不能很好地界定调查对象和调查单位，有时还有侵犯个人隐私之嫌。

网络间接调查是指调查者通过向网络搜索引擎提交调查项目关键字，访问相关网站或网页，以获取想要查找的相关信息资料的调查方法。此方法获得的是第二手资料，所以在使用时应注意：目前全球有超过8亿个WEB网页，在很多网站、网页上发布的信息都没有经过相关法律部门的确认，同时，在网络上搜集的资料也只能反映和代表网络用户的信息，因此建议调查单位尽可能到权威性网站、网页上搜索，并且在采用时应与实际情况相结合。

2.3.2.5 试验调查法

试验调查法是一种特殊的观察调查方法，它是在所设定的特殊试验场所、特殊状态下，对被调查对象进行试验以取得所需资料的一种调查方法。

根据场所的不同，试验调查法可分为室内试验法和市场试验法。室内试验法可用于广告认知的试验等。例如，在同日的报纸上，版面大小相同，分别刊登两种广告，然后将其散发给读者，以测定其反应结果。市场试验法可用于消费者需求调查等。例如，企业让消费者免费使用一种新产品，以得到消费者对新产品看法的资料。

根据调查目的的不同，试验调查法可分为研究性试验和应用性试验。研究性试验是以揭示试验对象的本质及其发展规律为主要目的的试验，通过多次试验，对某种理论进行证实。应用性试验则是以解决实际问题为目的的试验。例如，某企业为了扩大其产品在市场上的占有率，将产品的包装做了改进，把改进后的样品投放市场，检验其是否能够起到促销的作用。

2.4 调查表与调查问卷设计

2.4.1 调查表

调查表是统计表的一种，是指在统计调查中用于登记、搜集原始统计资料的表格，是调查项目的具体呈现形式。它主要用于统计调查阶段，是采集原始资料的基本工具，设计目的在于更方便地登记、采集、汇总、整理统计资料。

2.4.1.1 调查表的结构和分类

调查表由表头、表体和表脚三部分组成。表头是调查表的名称，在调查表的上方，用于标明调查内容及填报单位的名称、性质、隶属关系等。表体是调查表的主体部分，由表格、调查项目、栏号、计量单位等组成。表脚又称为表外附加，在调查表的下方，包括填表说明、项目含义、计算方法、调查人员或填报人员签名、审核人员签名、填报日期等。表2.1就是一种形式的统计调查表。

调查表式一般有单一表和一览表两种。单一表是指在一张调查表上只登记一个调查单位信息的表格，在调查单位数目不多且要从调查单位上了解的调查项目很多时一般采用单一表(如表2.2所示)；一览表是指一张调查表上登记若干个调查单位的表格，但容纳的调查项目很少(如表2.3所示)。

表2.1　××市高职高专院校2010年毕业生就业情况简易调查表　　表号：
院校名称：________________　　制表机关：　（表头）

（表体）

指标名称	指标代码	人数	比重
毕业生总数			
一次性签约			
一次性就业			
灵活就业			
自主创业			
合　计			

（表脚）

表内数据截止日期：　年　月　日　　报出时间：　年　月　日

单位负责人：________________　　填表人：________________

说明：1. 本表为月报单位负责人：________________

2. 本表由高职高专院校填报。

3. 毕业生总数比重一栏按该院校毕业生占整个地区毕业生总数的百分比计算。

表2.2　职业经理基本履历调查表(单一表式举例)　　编号：

姓名		性别		出生日期		政治面貌		民族	
学历			专业			毕业学校			
简历									
特长									

被调查者本人签字：　　所属上级领导签字：　　填表日期：

表2.3　企业员工基本情况调查表(一览表式举例)　　编　号：
班　组：

姓名	性别	出生日期	政治面貌	民族	学历	专业	工种	联系方式

填表人：　　填表时间：

2.4.1.2　调查表的设计要求

调查表的设计要本着科学、合理、简明、实用、美观的原则，具体设计要求如下：

①表头设计要简要，词语搭配合理，能清晰地反映统计资料的内容；

②指标名称和调查项目名称、范围设计要准确易懂，不能模糊不清、界限不明、相互重复、前后矛盾，并且要标明计量单位；

③合理安排表体布局，切勿设计得过长、过短、过宽、过窄，要使表格比例醒目美观；

④填表说明要简明、清楚、易于理解。

2.4.2 调查问卷设计

调查问卷是调查者依据调查目的、要求和被调查者的特征，按照一定的理论假设设计出来的，由一系列问题、调查项目、备选答案及说明组成的向被调查者搜集资料的一种工具，属于调查表的一种形式。调查问卷广泛用于民意调查和市场调查中，是收集资料最重要的工具。一份好的调查问卷由于设计的问题具体、内容突出、科学合理，在使用过程中不仅能得到被调查者的理解、支持和很好的配合，让调查者获得所需资料，同时，也能够清晰地反映出调查者的主要意图，达到开展调查活动的真正目的。

2.4.2.1 调查问卷的结构

调查问卷作为搜集资料的工具，由于调查者的研究目的、调查内容、调查方式各有不同，调查问卷的构成形式也不尽相同，在设计格调和使用方式上并非一致。通常来讲，一份完整的调查问卷是由标题、导入语、问卷主体、问卷附加等四个主要部分构成的。

1. 标题

标题又称为题目，是问卷的主题所在。调查问卷的题目设计应该准确、醒目、简明具体。要能准确而概括地表达问卷的性质和内容，观点要新颖，句式构成上富于吸引力和感染力。同时，也要考虑到与被调查者之间的心理距离和便于互动等因素，原则上不能有讥讽被调查者之意。

2. 导入语

调查问卷中的导入语包括封面信和被调查者的基本情况两部分。

封面信一般放在问卷的开头，内容包括对被调查者的问候、介绍调查者的身份、调查目的意义、调查结果的用途、对被调查者的保密承诺、参与奖励办法等。设计封面信的目的是为了通过与被调查者的友好沟通，让被调查者了解调查活动的目的意义，打消被调查者的疑虑，引起他们的重视和兴趣，得到他们的理解、支持和合作，从而取得真实的资料。封面信必须态度诚恳、口吻亲切、通俗易懂、长短适中。切勿使用一语双关、含蓄、刺激、讽刺和批评被调查者的语言。比如，“周末不要休息，把此问卷认真填完，星期一必须亲自交到……（地点）”，像这样的语句就显得较为生硬，有命令被调查者之嫌，不易与被调查者沟通，最好不要出现在导入语中。

设计被调查者的基本情况有两种方式：当被调查者是个人时，设计内容应包括姓名、性别、民族、年龄、文化程度、职业等个人基本信息；当被调查者是单位时，设计内容应包括单位名称、经济类型、行业类型、职工人数、规模等单位基本信息。被调查者基本情况的设计形式和项目取舍要根据调查目的、调查对象的特点、调查方式及对调查结果的使用等设计情况而定。设计这部分内容一方面可以筛选掉与调查事项有直接关系的人，以达到避嫌的目的，从而甄别出合格的被调查者；另一方面可以对调查资料进行分类研究。设计这部分内容时要本着实用和尊重被调查者的原则进行。

3. 问卷主体

问卷主体包括调查项目的问题和答案,这是调查问卷最主要、最基本的组织部分。从设计问题的形式上看有开放式问题和封闭式问题两种。

开放式问题是指对每个被调查者而言问题都是同一的,但不设计备选答案,由被调查者围绕问题的中心自由发挥,描述出自己对问题所持的态度、意见和建议。采用这种设计方式的问卷可以获得比较深入、丰富而生动的资料,但答案五花八门,不易整理和定量研究。

封闭式问题是指在提出问题的同时,给出可供被调查者备选的答案,由被调查者在其中选择符合自己实际情况的答案,主要用于了解被调查者的基本意向。比如,“针对食品而言,你认为使用效果最好的广告媒体应是(　　)A. 报纸　B. 广播　C. 电视　D. 杂志”,这个问题是让被调查者从给出的 4 个选项中选中一个或几个,从而了解对于食品而言,哪种广告媒体比较容易被消费者所接受。采用这种设计方式的问卷易于整理,适于定量分析,但在一定程度上抑制了被调查者的创造力和想象力的发挥,不利于发现新问题。

4. 问卷附加

这部分内容包括问卷的填报说明、要求及注意事项,调查项目的解释,对被调查者的答谢语等内容。其目的主要是指导被调查者顺利填写调查问卷,保证问卷资料的采集质量。

2.4.2.2 调查问卷的设计要求

在问卷设计时,为保证问卷的回收率及调查质量,应注意以下几个方面。

(1)在设计问卷之前必须制定出问卷的设计提纲,按照问卷提纲的要求来设计问卷。问卷的设计提纲是围绕调查目的、任务制定的,主要内容是规定完成调查任务应从几个方面搜集数据资料,每一方面要设计几个问题,是哪几个问题,设计什么样的问题。

(2)要站在被调查者的角度设计问卷,问卷篇幅不宜过长,要设计被调查者熟悉和易回答的问题。

(3)要本着尊重被调查者的原则设计问题。例如:类似年龄、收入等涉及被调查者个人隐私的问题最好设计区间式答案;对女士进行公开式调查时,问卷上千万不要出现类似“你今年的年龄是(　　),你的体重是(　　)……”等这样的问题。对于敏感性问题可采用假定法或转移法。例如,“假如国家不限制对未出生婴儿进行性别鉴定,您认为是否有做鉴定的必要”,采用这样的假定法比直接问要好一些,因为像这样的问题如果直接问的话,被调查者回答时会有一定的顾虑,有时甚至会回避。

(4)要注意询问语句的措辞和语气,问题要提得清楚、明确、具体、简短,避免用引导性问题或带有暗示性的问题。例如,“穿皮衣显得高档,但要经常护理,与其相比,穿休闲服会让人觉得随便得多,下面几款夹克,你比较喜欢的是(　　)A. 皮款　B. 休闲款　C. 西装款”,这是一个典型的暗示和引导被调查者的问题,对于整个调查来说,这样的问题没有任何意义。

(5)问题的排列要按先易后难的顺序,且要符合逻辑性。

(6)问卷设计最好要通过小规模的访谈进行修改,使问卷设计得更加科学、适用。

例如,现在许多学校对在校学生通过问卷调查来进一步了解在校学生的思想倾向性、心理健康状况、家庭基本情况及对学院教育管理进行摸底,以便采取相关措施,从多方位、多角度提高学生的综合素质。当然，学校的实际情况不同，在校学生各方面的表现也不一样，需要调查了解的层面和角度也是不尽相同的，因此调查问卷的设计内容也有所不同，并不是千篇一律的。

【本章小结】

本章介绍的内容共分四大部分，用模块表示如下：

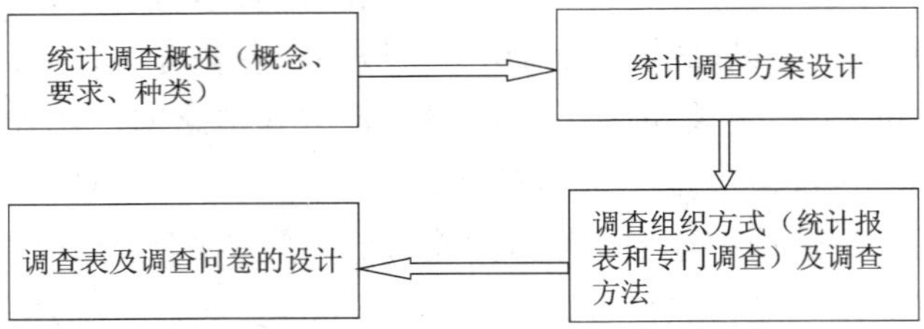

本章涉及以下知识点：统计调查概念、要求、种类；统计调查方案设计内容、调查组织方式；统计报表和专门调查及调查方法；调查表的结构、种类；调查问卷的结构、注意事项及如何设计。

统计调查在实际操作时，要求具有准确性、及时性、完整性、经济性和系统性。统计调查可以从不同角度、按不同标志划分为若干类型。按统计调查对象包括的范围不同，可分为全面调查和非全面调查；按搜集资料的组织方式不同，可分为统计报表和专门调查；按照调查登记时间是否连续，可分为经常性调查和一次性调查。

为了在调查工作过程中统一思想、行动一致、内容系统从而顺利完成任务，要事先设计一个调查方案，使统计调查工作有序进行。一份完整的统计调查方案应包括标题、开头、主体、附件等几部分。了解统计调查方案的基本内容，掌握统计调查的组织方式；掌握统计报表、普查、抽样调查、重点调查和典型调查的具体调查方式；掌握统计调查的方法，如询问法、观察法、报告法、网络调查法和试验调查法等几种常用的调查方法。了解调查表的构成、要求及制作方法。了解调查问卷是由标题、导入语、问卷主体、问卷附加等四个主要部分构成及制作问卷的注意事项，并能简单制作调查问卷。

【阅读专栏2】

我国现有的普查项目包括哪些？现行普查项目的年份和时点是怎样安排的？

1994年，国务院批转国家统计局《关于建立国家普查制度改革统计调查体系的请示》的通知，明确了普查在统计调查体系中的基础地位，正式确立了周期性的普查制度。当时的普查项目包括人口普查、农业普查、工业普查、第三产业普查和基本单位普查5项，其中，基本单位普查每5年进行一次，其余4项普查每10年进行一次。

2003年，国家统计局、国家发展和改革委员会、财政部联合发出通知，对国家普查项目和周期安排做出重大调整，将原来的工业、第三产业和基本单位3个普查合并为经济普查，每5年进行一次，在逢3、8的年份实施；全国经济普查每5年进行一次，标准时点为普查年度的12

月31日。2003年由于“非典”的特殊原因，第一次全国经济普查延至2004年实施。截止到2013年底，经济普查的年份为：2004年，2008年，2013年；人口普查每10年进行一次，标准时点为普查年度的11月1日零时。人口普查的年份为：1953年，1964年，1982年，1990年，2000年，2010年；全国农业普查也是每10年进行一次，在尾数逢6的年份实施，标准时点为普查年度的12月31日24时。到目前为止农业普查的年份分别为：1996年，2006年，2016年。

【阅读专栏3】

如何在国家统计局官网上查找统计数据？

目前，国家统计局官方网站提供四种查询数据方式。

1.“最新发布”——获取最新统计数据的首选

国家统计局官网是国家统计局发布统计信息的主要渠道之一，每逢月、季、年度等统计信息发布日，在官网“最新发布”栏目 http://www.stats.gov.cn/tjsj/zxfb/，都会发布新闻稿。它与“国家统计信息发布日程表”一致，是公众获取最新统计数据的首选。

2. 国家统计数据库(http://data.stats.gov.cn/)——快速查询统计指标及系列数据的渠道

国家统计数据库包括历年月、季、年度数据，可通过数据库“搜索”、选择“指标”等方式，方便、快捷地查询到历年、分地区、分专业的数据，是公众快速查阅统计指标及系列数据的最便捷方法。有关统计数据库内容及使用说明，请见“帮助”。

(http://data.stats.gov.cn/ifnormal.htm? m = help&u = /files/html/help/help.html&h = 690)。

3.“统计出版物”——网上查阅年鉴类书籍

“统计出版物”栏目 http://www.stats.gov.cn/tjsj/tjcbw/提供有《中国统计年鉴》《统计公报》《国际统计年鉴》《金砖国家联合统计手册》四类图书的电子版，方便公众查阅。

4. 关键字检索

在官网首页 http://www.stats.gov.cn 上，通过“输入关键字”检索，可以查看历年的新闻稿件。

【思考与练习】

一、单项选择题

1. 要对某企业生产设备状况进行调查，则该企业“每一台生产设备”是(　　)。

A. 调查对象　　B. 调查单位　　C. 报告单位　　D. 调查项目

2. 对占煤炭开采量95%的大矿井进行劳动生产率调查；统计机关在住有全国城市人口一半以上的各大城市的超市对产品销售量水平进行系统调查。这些都是(　　)。

A. 全面调查　　B. 抽样调查　　C. 重点调查　　D. 典型调查

3. 抽样调查与典型调查的根本区别在于(　　)。

A. 调查的范围不同　　B. 选取调查单位的方法不同

C. 组织方式不同　　D. 作用不同

4. 普查的标准时点是(　　)。

A. 调查人员进行登记时的统一时刻　　B. 普查登记工作所进行的时间

C. 普查工作的期限　　D. 以上三个时间概念都不对

5. 填报单位是指(　　)。

A. 调查项目的承担者　　B. 构成调查对象的具体单位

C. 负责向上级报告调查内容的单位　　D. 按照统计报表制度要求填报统计报表的单位

二、多项选择题

1. 以下说法正确的是(　　)。

A. 抽样调查是非全面调查,因而也无法最终推算得到总体的全面资料

B. 现行的统计报表制度是采用报告法搜集资料的

C. 重点调查既可以是一次性调查,也可以是经常性调查

D. 典型调查应和其他调查结合起来使用,以避免出现片面性

E. 统计报表的内容包括表式和填表说明两个方面

2. 我国进行的六次人口普查属于(　　)。

A. 全面调查　　B. 不定期调查　　C. 定期调查　　D. 经常性调查

E. 一次性调查

3. 下列调查中,调查单位与填报单位不一致的有(　　)。

A. 对某市工业企业生产设备的使用情况调查

B. 全国工业企业的生产情况调查　　C. 省市家庭生活水平调查

D. 学校教学设备普查　　E. 农村绿色食品部门食品质量调查

4. 我国第五次人口普查规定的标准时间是2000年11月1日0时,下列哪些人口现象应计算在人口总数之内(　　)。

A. 2000年11月1日出生的婴儿

B. 2000年10月31日8时出生,20时死亡的婴儿

C. 2000年10月31日21时出生,11月1日8时死亡的婴儿

D. 2000年10月31日3时死亡的人口　　E. 2000年11月1日死亡的人口

5. 我国工业企业设备普查中(　　)。

A. 每台设备是调查单位　　B. 每台设备是填报单位

C. 每台设备是调查对象　　D. 每个工业企业是填报单位

E. 所有设备是调查对象

6. 统计报表要(　　)。

A. 自上而下统一布置　　B. 自下而上逐级填报

C. 按照规定的报送时间报出　　D. 按照统一的表式和项目填报

E. 以一定的原始记录为根据

7. 普查和统计报表这两种调查方式(　　)。

A. 都是全面调查　　B. 都是经常性调查

C. 调查对象都要根据调查目的选择　　D. 都是专门组织的一次性调查

E. 普查资料可以采用统计报表形式收集

8. 统计专门调查包括(　　)。

A. 统计报表　　B. 抽样调查　　C. 普查　　D. 重点调查

E. 典型调查

三、简答题

1. 普查、抽样调查、重点调查、典型调查四者有何联系和区别?

2. 简述抽样调查和普查的特点。

3. 统计调查方案包括哪几个方面的内容?

4. 什么是调查单位、调查对象与报告单位?

3 统计整理

案例导读

在实际统计工作中,统计整理工作阶段是处于统计调查工作与统计分析工作之间的一个必不可少的承上启下环节,因为在统计调查工作环节中会通过各种渠道搜集到大量形式多样的数据资料,这些资料有的是从事调查单位亲自从信息源上取得的,有的是通过其他途径得到的与所研究的问题有一定关联的资料,但通常这些数据资料都是杂乱无章、没有规律、不成体系的。例如,在一年一度的人大和政协两会期间,会务组都要向与会代表征集议案,会务组每天通过电话、书信、网络、微博、微信和手机短信等方式收集到来自全国各地代表们成千上万的议案,但有的议案不是很成熟,要再通过将代表们的议案公布于众的方式听取群众的意见,最后再将提案提交大会予以督办。在整个工作过程中,统计整理显得尤为重要,因为要想弄清代表们提出的议案是否具有代表性、对于成熟的议案又应由大会转交哪个部门办理、每年代表们提出的议案的类型结构如何等一系列问题,会务组就必须将收到的所有杂乱无序的提案进行统计整理,为大会下一步对议案的分析和处理提供依据。在日常生活和科学研究中,这样的案例很多,可见统计整理工作的重要性。本章将结合通俗易懂的案例,由浅入深地介绍在统计整理工作中应用到的相关统计学知识。

学习目标

◆掌握统计整理的意义、内容,认识统计整理在统计活动中的作用

◆掌握统计分组的基本理论和方法

◆能熟练进行统计分组、编制分配数列和统计图、统计表

主要内容

◆统计整理概述

◆统计分组

◆次数分布

◆统计表和统计图

3.1 统计整理概述

3.1.1 统计整理的含义

3.1.1.1 统计整理的概念

统计资料的整理,属于统计工作的第三阶段。所谓统计整理,就是根据统计研究任务的要求,对统计调查所搜集到的原始资料进行科学的分类、汇总或对已经加工整理过的次级资料进行再加工,使之条理化、系统化,把反映总体单位的大量原始分散资料转化为反映总体的综合

特征的汇总资料的统计工作过程。

3.1.1.2 统计整理的意义

统计调查是从总体单位入手的,所以取得的原始资料是仅反映总体单位具体情况的资料,这些资料往往是杂乱无序的、不系统的、分散的,还可能带有一定的片面性,不能深刻说明事物的本质,难以显示出事物的发展规律。但是,统计工作的目的是研究现象总体的特征,最终需要的是反映总体特征的统计资料,因此需要进行统计资料整理。

统计整理介于统计调查和统计分析之间,在统计工作中起到承上启下的作用,既是统计调查阶段的继续,又是统计分析的基础和前提,是人们对社会经济现象从感性认识上升到理性认识的过渡阶段。统计整理结果的质量决定统计资料的科学价值,也直接影响到统计分析的准确性和可靠性。可见,统计整理绝不是一个单纯的汇总技术问题,它在统计研究中有着重要地位。

3.1.2 统计整理的步骤

统计整理是通过对统计调查获得的反映总体单位特征的杂乱无序的资料进行条理化和系统化加工,从而来认识、研究事物的总体。因此,统计整理工作是一项细致的、科学性很强的工作。整理的内容通常包括:根据研究任务的要求确定分组标志,进行具体的分组;对统计资料进行汇总、计算;对汇总结果进行描述等。统计整理的步骤由内容来决定,大体分为以下几个步骤。

3.1.2.1 拟定统计整理方案

统计整理方案是开展统计整理工作的指导性纲要,是在进行统计整理工作之前,根据统计研究的目的和要求制定的,主要是为了确定统计资料预处理办法、确定统计分组和汇总指标、选择统计整理的组织形式。因此,统计整理的首要工作就是拟定整理方案,整理方案设计的结果表现为一整套空白表格。统计整理方案设计的正确性和合理性是统计整理工作有计划并顺利进行的保证。

3.1.2.2 统计资料的预处理

统计资料的预处理是在对数据分类或分组之前所做的必要处理,包括数据的审核、筛选等。

1.数据的审核

在统计资料采集过程中,常常会由于某些原因出现一些差错,在进行资料整理之前,必须对调查得来的资料进行审核,以保证统计资料整理的质量。资料的来源渠道不同,审核的内容和方法也有区别。

对直接调查取得的原始资料(直接资料)应主要从资料的完整性和准确性两个方面去审核。完整性审核主要是检查应调查的单位及其调查项目是否有遗漏。准确性审核主要是审核数据资料的内容是否符合实际,数据的计算是否正确。准确性审核有逻辑审核和计算审核两种方法。逻辑审核是从定性角度审核调查项目之间是否相互矛盾;计算审核是从定量角度来检验调查表中的各项数据在计算结果和计算方法上的正确性。

对以间接方式取得的二手资料的审核,除了对其完整性和准确性进行审核外,还应对这部分资料的适用性和时效性进行审核。适用性审核主要是从资料的来源渠道、数据口径、背景资料等几方面确定资料是否符合分析研究的需要。时效性审核主要是根据所要分析研究的问题的时效性来判断所取得资料的及时性,有无过于滞后的数据。

2. 数据的筛选

对数据的筛选是伴随对数据的审核工作展开的,目的是对资料审核过程中发现的不能纠正、无法弥补、没有价值的错误资料在进行正式整理之前进行剔除,以避免人力、物力和时间的浪费。数据的筛选主要是将符合某种特定条件的数据筛选出来,对不符合特定条件的数据、不符合要求的数据和有明显错误的数据予以剔除。

3.1.2.3 统计分组、汇总和计算

统计分组员按照一定的组织形式和方法,根据分组原则选择分组标志,从而对原始资料进行科学的分组。对分组后的资料,要选择适当的汇总技术进行汇总并对各组单位数和合计数进行必要的计算,从而使得反映总体单位特征的资料转化为反映总体数量特征、揭示事物的本质和规律的资料。统计汇总的组织形式主要有逐级汇总、集中汇总、综合汇总。逐级汇总是统计汇总中最常使用的一种汇总组织形式,它是按照一定的统计管理体制,自下而上逐级整理汇总统计资料;集中汇总是将全部调查资料集中到组织统计调查的最高一级机关直接进行汇总;综合汇总是将逐级汇总和集中汇总结合起来运用的一种组织方式,即将最基本、最重要的指标实行逐级汇总,以满足各地区、各部门管理的需要,然后再将全部原始资料集中到最高一级机关实行集中汇总。

为保证统计汇总的质量,在对统计资料汇总时需对统计资料进行审核,统计汇总资料审核主要包括汇总前的审核和汇总后的审核两个环节。汇总前的审核是把握统计汇总质量的关键,在进行统计汇总之前,要对直接调查取得的原始资料和间接取得的二手资料的完整性、准确性、适用性和时效性等几个方面进行审核,这一点前面已经做了详细叙述。汇总后的审核是对汇总工作质量的检查,以保证资料的准确性,其主要是从表表审核、对照审核、复计审核、表实审核四个方面对已经分组、汇总的统计资料再次进行审核:①表表审核,即按照表与表之间的关系,在不同表中出现的同一指标应该一样;②对照审核,即在不同业务核算体系中,如在统计、会计、业务核算中出现的同一指标数值应该一样;③复计审核,主要是对计算的指标数值重新再计算一遍;④表实审核,即将表中计算的指标数值返回到客观实际中,观察是否与客观实际相符合。通过这些手段,可以减少由于人为因素导致的登记误差。

统计资料的汇总技术主要有手工汇总和电子计算机汇总。手工汇总是借助于算盘和小型计算器等手工操作方式进行的汇总,常用方法有划记法、记录法、折叠法和卡片法。电子计算机汇总与手工汇总的处理方法相比具有运算速度快、精确度高等优点。电子计算机数据处理大致需要经过以下步骤:①选择合适的统计软件或编写程序,现在适合统计工作的软件不断问世,如 SAS、SPSS、SARP、Excel 等,在数据处理过程中,用户可以根据实际情况来选择合适的软件,同时,用户还可以根据统计研究的需要,自行编写程序,以完成数据处理工作;②编码,就是把调查表中的汉字信息符号(代码)化的工作;③数据输入,是指经过编码后的数据和实际数字通过输入设备记载到存储介质上的工作;④资料错误信息的检查和修正,指按照预先给定的一套逻辑检查规则对已输入到电子计算机的原始数据进行分析、比较、筛选、整理等;⑤运行程序,是指按照程序运行规则进行信息处理的过程;⑥提供统计资料,即把经过运行处理的统计资料，以汇总表的形式，通过输出设备把结果打印出来，从而提供统计资料汇总整理的结果。

3.1.2.4 绘制统计图表

统计表和统计图是表达统计资料整理结果的重要形式，是将汇总得到的各项指标数据按照表格所列的项目填列在相应的栏目内，根据研究的目的可编制形式各异的统计表和绘制形状不同的统计图，用来更加简明、直观地反映被研究事物的发展趋势和内在规律。关于统计表和统计图的绘制将在3.4节中详细介绍。

3.2 统计分组

3.2.1 统计分组的概念

统计分组就是根据统计研究目的、任务的要求和现象总体的内在特征，按照某一标志或某些标志，把统计总体划分为类型或性质不同的若干个组成部分的一种统计方法。被划分的总体的这些组成部分，统计学上称为“组”，其实就是大总体中的小总体。统计总体是由性质相同的许多单位组成的，这是统计总体的同质性特征。但这种同质性是相对的，总体各单位之间还存在着质与量的差别。通过分组，可以将统计总体区分为性质不同的几个部分，使同一组内的各单位性质相同，不同组的单位性质不同，这样就可以把复杂的社会现象总体内部进行结构分类，揭示现象各部分之间的差异，认识现象总体的发展和变化规律。例如：我国将居民人口按农业和非农业性质分为农业人口和非农业人口两组，在农业人口这一组内的所有居民性质都相同，而又与非农业人口这一组内的居民非农性质不同；企业也可按资金规模分为大型企业、中型企业和小型企业等。

可见，统计分组是在统计总体内部进行的一种定性分类，是统计特有的方法。统计分组过程包括两个方面的工作：一方面，对总体而言是“分”的过程，即将总体按某些标志划分为若干个性质上相异的各个组成部分；另一方面，对总体单位而言是“合”的过程，即将具有某种相同性质的总体单位组合起来。对总体进行分组研究，是由总体单位之间存在的差异性标志所决定的，为了研究问题的需要，就必须对总体进行分组，以便从数量和结构方面深入了解、研究现象总体的特征。

3.2.2 统计分组的作用

3.2.2.1 将总体划分为不同的类型

社会经济现象是错综复杂的，要了解各种社会经济现象的性质、特点和发展规律，必须把现象总体划分为性质不同的类型进行研究。通过统计分组，对现象分门别类地研究，可以从数量方面说明不同类型现象的数量特征，表明不同类型现象的本质和发展规律。例如，将企业按所有制类型分组，大致可分为国有企业、集体所有制企业、股份制企业、外商投资企业、私营企业等几个类型。通过对各类型企业的资金筹措与运用、职工人数、劳动生产率、成本降低率、资金利润率等指标的调研，就可以揭示不同类型企业的特征，以便进一步研究其发展规律。

3.2.2.2 反映现象总体的内部结构

从数量上反映总体内部的结构是统计研究的重要任务。通过统计分组，可以计算出各组在总体中的比重或各组之间的比例关系,用以说明总体内部的构成。各组比重大小不同,说明它们在总体中所处地位不同,其中比重数相对较大的部分决定着总体的性质或结构类型。

如某班男女生某科成绩结果分布情况如表 3.1 所示。从表中可知,该班女生只有 8 人,占总人数的 18.18%,男生 36 人,占总人数的 81.82%。说明该班为工科班。从成绩分布来看,成绩在 70~80 分的人数最多,占总体人数的 34.1%。这些数值还能说明什么问题,在第 4 章会得到解释。

表 3.1 某班男女生某科成绩结果分布情况

分数	人数(人)	人数(人)		比重(%)		比重(%)
		女生	男生	女生	男生	
60 分以下	5	0	5	0	100	11.36
60~70	8	3	5	37.5	62.5	18.18
70~80	15	2	13	13.33	86.67	34.10
80~90	9	2	7	22.22	77.78	20.45
90 以上	7	1	6	14.29	85.71	15.91
合计	44	8	36	18.18	81.82	100.0

3.2.2.3 分析现象之间的依存关系

任何社会经济现象都不是孤立的,而是相互依存和相互联系的。这种依存关系,常常表现为因果关系。统计中把那些表现为事物发展变化原因的标志称为影响标志,而把表现为事物发展结果的标志称为结果标志。利用统计分组分析现象之间的依存关系,首先用影响标志对总体进行分组,然后计算出结果标志的数值,从而分析两个标志的联系程度和方向。例如,分析工时利用率与生产计划完成指标的依存关系,见表 3.2。

表 3.2 工时利用率与生产计划完成指标的关系

按工时利用率分组(%)	班(组)个数	各组生产计划完成指标(%)
70 以下	3	85.0
70~80	12	92.5
80~90	16	105.3
90 以上	5	110.0
合 计	36	103.4

表 3.2 中数据表明:工时利用率越高,生产计划完成指标就越好;反之,工时利用率越低,生产计划完成指标就越差。体现了生产计划完成指标对工时利用率的数量依存关系。

统计分组的 3 个作用并不是完全孤立的,而常常是相互补充的,可以结合起来运用。例如,划分类型后即可表示结构,有了结构就可以进行依存关系的分析。

3.2.3 分组标志的选择

统计整理的关键在于统计分组,而统计分组的关键又在于分组标志的选择。分组标志是将统计总体划分为几个性质不同部分的标准或依据。分组标志选择直接影响统计分组的科学性和统计整理的准确性并最终影响统计分析结论的正确性与真实性。同时,也是统计分组能否充分发挥作用的前提。正确选择分组标志,应遵循以下原则。

3.2.3.1 根据统计研究的目的和任务选择分组标志

总体单位有许多标志,选择什么样的标志作为分组标志,是由统计研究的目的和任务决定的。统计研究的目的不同,对分组的要求也不同,选择分组标志也应有所不同。应根据研究的目的和任务,选择与之最密切相关的分组标志。例如,对企业的所有生产设备状况进行研究,企业的所有生产设备为总体,每一台生产设备为总体单位,每台生产设备都具有出厂日期、使用年限、额定功率等标志。如果研究的目的是生产设备的损耗程度,则选择使用年限这个标志进行分组;如果研究的目的是生产设备的功率,则选择额定功率这个标志进行分组。

3.2.3.2 选择能够反映现象本质特征的标志

总体单位的标志多种多样,有时在围绕说明同一研究目的上也有很多相关标志,但在这些标志中有的是能够反映事物的本质的主要标志,而有的则是非本质的次要标志。例如,研究企业经济效益时,可供选择的分组标志有销售收入、总产值、总成本、利税额等,而其中最能反映企业效益的标志是利税额,故应选择这一标志作为分组标志。

3.2.3.3 选择分组标志要考虑现象发展的历史条件和经济条件

社会经济现象总是随着时间、地点、条件的变化而不断发生变化的,这就会使一些过去能较好地反映现象本质特征的主要标志变得不再适用,因此,选择分组标志时,应根据历史的发展,具体情况具体分析,客观选择分组标志。例如:研究工业企业的生产能力,在机械化程度低下的情况下,应选择职工人数作为主要分组标志;在机械化程度较高的情况下,应选择固定资产作为主要分组标志。再如:研究企业规模,对于劳动密集型企业,应选择职工人数作为主要分组标志;对于资金密集型和技术密集型的企业,则应选择固定资产价值或技术拥有量作为主要分组标志。

3.2.4 统计分组的方法

标志按性质分为品质标志和数量标志。在分组中,分组标志一经确定,就要在选定标志的变异范围内,找出总体的性质差异或数量差异,因此,按分组标志的性质不同,统计总体可按品质标志分组,也可按数量标志分组。

3.2.4.1 按品质标志分组

按品质标志分组,是指选择反映事物属性差异的品质标志作为分组标志,根据其变异范围划分各组界限,将总体区分为若干个性质不同的组成部分。例如:研究工业企业总体时,按"所有制"分组,划分为国有企业、集体所有制企业、私营企业等;按"资金规模"分组,可分为大型企业、中型企业、小型企业等。再如:研究人口构成状况时,可按"性别"分组,划分为男和女;按"民族"分组,划分为汉族、少数民族等。

一般情况下,由于事物的质量属性的差异是客观存在的,比较稳定,按品质标志分组比较简单,分组标志一经确定,各组所占的地位比较明确,组与组的界限也十分清晰。比如人口按性别分为男、女两组。但是,对于有些事物构成比较复杂,组数可多可少,组与组之间的界限不易划分,分组比较复杂,统计学上将对复杂问题的分组称为分类。例如,人口按职业分类,产品按品种分类,等等。它们不仅涉及复杂的分组技术,而且也涉及国家的政策和有关科学理论,因而在分类时一定要慎重。为了避免由于认识上的不同而造成的混乱,保证分组的科学性和统一性,国家规定了统一的划分标准或者分类目录,如《工业产品目录》《职业分类目录》等。

3.2.4.2 按数量标志分组

按数量标志分组,是指选择反映事物数量差异的数量标志作为分组标志,根据其变异范围划定各组界限,将总体划分为若干个性质不同的组成部分。它通过量的差异来揭示事物质的特征。例如,工人按年龄分组,企业按固定资产价值分组,等等。按数量标志分组的目的是通过各组现象变量值的差异明确反映现象性质上的区别,因此,在分组时应当根据研究的目的,首先确定总体在已选定的数量标志的特征下有多少种性质不同的组成部分,然后再确定各组成部分的数量界限。按数量标志分组有单项式分组和组距式分组两种方式。关于分组的具体问题将在下一节详细介绍。

3.2.5 统计分组的形式

统计分组可以采用单一标志作为分组标志,也可以同时采用多个标志作为分组标志。按选择分组标志的多少及其排列形式,可将统计分组区分为简单分组、复合分组和并列分组。

3.2.5.1 简单分组

简单分组也称为单一分组,就是对总体只按一个标志进行分组。例如:工人按政治面貌分为党员、团员、群众;企业按生产规模分为大型、中型和小型三个组等。

3.2.5.2 复合分组

复合分组是指对所研究的总体按两个或两个以上的标志进行的重叠式分组,即在对总体按某一标志分组的基础上再按另一个或几个标志进行进一步的分组。例如:企业在按所有制分组的基础上再按生产规模进行分组;工人在按年龄分组的基础上再按性别进行分组,如表3.3所示。复合分组形成复合分组体系,其优点是能够深入全面地研究总体各个方面的结构,其特点是分到一个组的单位在所有分组标志上的表现都是相同的。

表3.3 某企业不同年龄和学历的工人人数分布情况表 单位:人

按年龄分组(岁)	按性别分组	学历		
		本科以下	本科	本科以上
25~35	男	20	30	10
	女	12	16	4
35~45	男	28	42	7
	女	20	12	2
45~55	男	12	28	2
	女	8	23	1
合计		100	151	26

3.2.5.3 并列分组

并列分组是同时用两个或两个以上的标志进行不重叠式多种分组。见表3.4。

表 3.4 各地区社会消费品零售总额 单位:亿元

按地区分组	按商品品性质和用途分类		按城乡分组		按经济类型分组			
	社会消费品零售总额	农业生产资料销售额	城镇	乡村	国有	集体	个体	其他
北京								
天津								
……								

3.3 次数分布

3.3.1 次数分布的意义和种类

3.3.1.1 次数分布的意义

次数分布,又称为分配数列或分布数列,是指将总体各单位按分组标志分组后所形成的总体单位个数在各组之间的分布,用来反映总体各单位在各组中的分布状态和分布特征的统计数列。其中,分布在各组的总体单位个数被称为次数或频数,各组次数与总次数之比被称为频率或比重、比率。频数和频率从不同角度反映了各组标志值出现的频繁程度,说明总体各单位在各组间的分布,是分配数列的两种表达形式。

次数分布主要由按某一标志分成的各组(或各组变量值)及落在各组中的总体单位个数两部分构成。可见,将数据按分组标志进行分组的过程,实际上就是次数分布形成的过程。统计分组是次数分布的基础。例如,工人按工种分组后,落在每组的工人数所形成的数列,企业按资金规模分组后,落在每一组的企业个数所形成的数列,等等,都是次数分布数列。

次数分布是统计整理的一种重要形式,也是进行统计分析的基础,它可以描述总体单位的结构状况,为研究总体中某种标志的一般水平及其变动规律提供依据。

3.3.1.2 次数分布的种类

根据所选择的分组标志的性质不同,次数分布可分为品质分布数列和变量分布数列两种。

(1)品质分布数列。这是指按品质标志分组而形成的次数分布数列,又简称品质数列。例如,某企业职工按政治面貌分组后所形成的分配数列如表 3.5 所示。

表 3.5 某企业职工按政治面貌分组汇总表

按政治面貌分组	人数(人)	比重(%)
党员	180	18.04
团员	320	32.06
群众	498	49.90
合计	998	100.00

(2)变量分布数列。这是指按数量标志分组而形成的次数分布数列,又简称变量数列。变量数列按分组方式不同可分为单项式变量数列和组距式变量数列两种。单项式变量数列是指按数量标志分组后用一个不重复的变量值代表一个组,顺序排列而形成的分配数列。在单

项式变量数列中，有多少个不重复的变量值就分多少个组。表 3.6 为单项式变量数列。组距式变量数列是指按数量标志分组后，用变量值变动的一定范围（即区间）代表一个组所形成的数列。表 3.7 为组距式变量数列。

表 3.6 某地区连锁商店职工人数分组

按职工人数分组（人）	连锁店数	频率（%）
12	1	11.10
15	2	22.25
20	1	11.10
22	3	33.30
25	2	22.25
合　计	9	100.00

表 3.7 某企业工人日加工零件数分组

按零件数分组（件）	频数（人）	频率（%）
100～150	9	11.8
150～200	15	19.7
200～250	34	44.7
250～300	18	23.8
合　计	76	100.0

单项式变量数列一般适用于对离散型变量的分组，并且仅在变量值变动的幅度小、不重复的变量值较少时采用。连续型变量的分组必须采用组距式变量数列形式。对于变量值变动幅度较大、不重复变量值较多的离散型变量分组也可以采用组距式变量数列。

3.3.2 变量数列的编制

分布数列的编制分为品质数列的编制和变量数列的编制两种。对于品质数列，一般情况下，事物的质量属性的差异是客观存在的、比较稳定的。如果分组标志选择得当，分组标志一经确定，组与组的界限也十分清晰，分配数列的编制是比较简单的。但当有些事物构成比较复杂，组与组之间的界限不易划分时，编制分配数列应参照国家统一规定的划分标准或者分类目录。关于品质数列的编制在此不做过多介绍。对于变量数列，现象在数量上的差异表现得比较显著，而在性质上的差异却不明显，在编制分布数列时，决定现象性质差异的数量界限往往依赖于人的主观意识，因此本节将着重对变量数列的编制方法进行叙述。变量数列次数分布的编制分为单项式变量数列的编制和组距式变量数列的编制两种情况。

3.3.2.1 单项式变量数列的编制

当所研究的总体单位变量是离散型变量且变量值的数目不多时，宜编制单项式变量数列，具体办法如下：

①将原始资料按变量值大小排序；

②用一个变量值作为一组，对已经排序的所有变量值进行依次分组，对于重复者只取一个；

③分别找出落在每组中的变量值的个数；

④将分组后的各组变量值及各组变量值出现的次数依次对应排列在一张表格中，这张表格则被称为单项式变量数列分布表，这也是分布数列编制的结果所现。

【例 3－1】 下面是对某车间一周内某产品日产量进行调查的资料(单位：件)，对该资料进行编制单项式变量分布数列，并绘制频数分布表。

100　　110　　100　　115　　98　　100　　115

为便于分组，首先将给出的调查资料按从小到大的顺序依次排序，结果为：

98　　100　　100　　100　　110　　115　　115

然后，以每一个不重复的变量值作为一组，对所有变量值进行分组，共分为 4 组，分别为 98、100、110、115。同时，找出每组变量值出现的次数，结果为：98 出现 1 次，100 出现 3 次，110 出现 1 次，115 出现 2 次。

最后，将变量值及其出现的次数依次对应排列在一张表格中，见表 3.8。

表 3.8　某车间一周内某产品日产量

按日产量分组(件)	天数(天)
98	1
100	3
110	1
115	2
合计	7

3.3.2.2　组距式变量数列的编制

组距式分组是将全部变量值依次划分为若干个区间，并将每一区间的变量值作为一组。在单变量分组中，是以每一个变量值为一个组对所有变量值进行分组的。如果所研究的数据资料是连续型变量或离散型变量且变量值个数较多、变动幅度较大，就不再适宜采用这种分组方式。因为，两个连续型变量值之间还可以细分为无数个变量值，以一个变量值为一组进行分组时势必会遗漏变量值。另外，当变量值较多且变动幅度较大时，采用单项式分组由于组数过多，分布表过长，不便对变量值的整体变动趋势和变化规律进行观察研究，采用组距式分组方式能够很好地解决这些问题。在组距式变量分组中，被分成的每组不是一个具体数值，而是数值描述区域，在这个区域内表示各组界限的变量值叫组限，其中较大的变量值称为上限，较小的变量值称为下限。各组上限与下限之间的距离叫组距，上限与下限之间的中点值叫组中值，即组中值＝(上限＋下限)÷2。采用组距式分组编制变量数列次数分布表比较复杂，一般需要经过以下几个步骤。

1. 对数据进行排序并确定组数

统计调查得来的原始数据通常都是杂乱无章的数据资料，为便于统计分组，在分组之前首先要对原始数据按数值大小依次进行排序，然后确定组数。对一组原始数据应分为多少组比较合适，是由被研究数据的多少及数据本身所描述事物的特点来决定的。如果分的组数较少，数据的分布就会过于集中；如果分的组数较多，数据的分布就会过于分散，这都不利于对数据整体变化的观察研究。对于组数的确定应以尽可能反映总体单位的分布特征和规律为目的，但必须突出组内同质性和组间差异性这一特点。在实际操作中，可以参考斯德吉斯（H. A. Sturges）提出的经验公式确定组数：

$$K = 1 + \lg n / \lg 2$$

式中　K 为确定的组数；n 为被研究数据的个数；lg 为取以 10 为底的对数（可以用 Excel 中提供的 $\log_{10}$(　)函数求得）。K 值的计算结果不宜采用四舍五入，而是采用逢小数向上取整的方法，当然还要结合实际情况来确定。

2. 确定组距和组限

组距是一个组的上限与下限的差，即组距 = 上限 - 下限。在实际分组时，只有正确确定了组距，才能对数据进行合理的分组，根据分组后每组组距是否相等，可对数据进行等距分组和异距分组。对于等距分组来说，组距可根据全部数据的最大值和最小值及所分的组数来确定，即组距 =（最大值 - 最小值）÷ 组数，如表 3.7 所示。对于异距分组来说，组距要根据所研究数据描述事物本身的特点或特定研究需要来决定。比如，对人口年龄的分组，可根据人口成长的生理特点进行异距分组，如表 3.9 所示。注意，确定组距和组数的顺序不是绝对的，要考虑现象本身特征，要本着最能反映现象本质特征的原则进行。

表 3.9　某地区人口年龄构成统计表

按年龄分组（岁）	人口数（万人）	比重（%）
0 ~ 6 岁（婴幼儿组）	60	7.90
7 ~ 17 岁（少年儿童组）	220	28.9
18 ~ 59 岁（中青年组）	380	50.0
60 岁以上（老年组）	100	13.2
合　　计	760	100.0

组限是对数据进行统计分组后，界定分组标志在各组取值区间的边界值。每组的起点界定值即最小值为下限，每组的终点界定值即最大值为上限。确定组限时应本着对所有数据"不重不漏"的原则。"不重"是指一项数据只能分在其中的某一组内，不能在其他组重复出现；"不漏"是指被研究数据中的每项数据都能分在其中的某一组内，分组时不能遗漏数据。为遵循这一原则，对离散型变量分组时，既可采用相邻两组组限自然间断的办法，也可以采用相邻两组组限重叠且规定不含上限或下限的办法来解决；对连续型变量分组时，必须采用相邻两组组限重叠且规定不含上限或下限的办法来解决，因为两个连续型变量值之间可能有无限多个中间值，变量值不能一一列举。对要求变量值越高越好的现象对象分组研究时，通常规定"上限不包括在内"，将上组限放在变量值大的一组内，依此类推，最后一组也就是最大组将多一个变量值，这样对分析研究有利。

此外，当一组数据中的两个极值相差悬殊时，通常采用设置开口组的办法来避免因出现空白组而使分组不合理。开口组的设置形式是将最小组设置为"××以下"，将最大组设置为

"××以上",如表3.9所示。开口组组距通常采用相邻组的组距。开口组组中值的确定办法是:缺下限的最小组组中值=上限-相邻组的组距÷2;缺上限的最大组组中值=下限+相邻组的组距÷2。

3. 编制变量数列频数分布表

确定了组距、组数和组限,经过整理便可编制组距式变量数列频数分布表。

【例3-2】 根据下列离散型变量数据资料编制组距式变量数列分布表。

21	20	32	45	33	25	28	40	54	55
54	28	35	38	47	57	35	38	51	32

(1)对原始数据进行排序。

20	21	25	28	28	32	32	33	35	35
38	38	40	45	47	51	54	54	55	57

(2)确定组数、组距和组限。

经观察,这组数据在两个极值间的变动较均匀,每一个10进制数范围内都有变量值分布,为便于整理和分析,所以在这里取组距为10。根据组数=全距(最大值-最小值)÷组距,则组数=(57-20)÷10=3.7,为不遗漏变量值,故取组数为4。因为这是一组离散型变量,可采取相邻两组组限自然间断的办法来确定组限。

(3)编制变量数列,如表3.10所示。

表3.10 组距式变量数列分布表编制举例(离散型变量)

变量值	频数	比重(%)
20~29	5	25
30~39	7	35
40~49	3	15
50~59	5	25
合计	20	100

【例3-3】 根据下列连续型变量数据资料编制变量数列分布表。

98	99	101	2	100	99	115	100	108	114
120	125	121	126	136	131	104	138	980	

(1)对原始数据进行排序。

2	98	99	99	100	100	101	104	108	114
115	120	121	125	126	131	136	138	980	

(2)确定组数、组距和组限。

经观察,在这组变量值中最小值2和最大值980与中间值相差较悬殊,且中间值主要集中在90~140之间,故应采用设置开口组的形式,可将组距确定为10,所以组数为(140-90)÷10+2=7;又因为这是一组连续型变量,所以必须要采用相邻组组限重叠且不含上限的办法划分组限。

（3）编制变量数列，如表 3.11 所示。

表 3.11 组距式变量数列分布表编制举例（连续型变量）

变量值	频数	比重（%）
90 以下	1	5.3
90～100	3	15.8
100～110	5	26.3
110～120	2	10.5
120～130	4	21.0
130～140	3	15.8
140 以上	1	5.3
合计	19	100.0

3.3.3 分布数列的呈现

3.3.3.1 分布表的编制

分布表又称为频数分布表或次数分布表，将频数分布用表格的形式表现出来就是频数分布表。频数分布表是对变量值进行分组和编制次数分布的结果体现，如表 3.10、表 3.11 都属于对数据分组后而编制的频数分布表。

3.3.3.2 分布图的编制

分布数列所表示的次数分布状态，还可以用次数分布图更加形象和直观地反映出来。显示分组数据频数分布特征的图形有直方图、折线图和曲线图等，都是以频数分布表为数据的来源和绘制基础。

1. 直方图

直方图是用矩形的宽度和高度来表示频数分布的图形。在平面直角坐标中，以横轴表示各组的组限，纵轴表示次数，依据各组组距的宽度与次数的高度来绘制，如依据表 3.7 资料绘制的直方图如图 3.1 所示（虚线部分）。

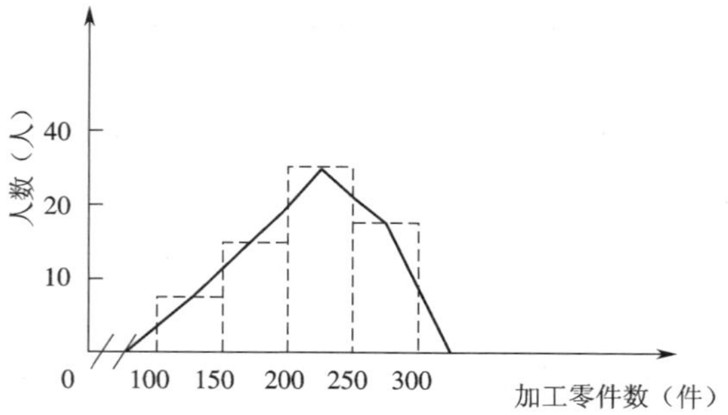

图 3.1 某企业工人日加工零件数分组频数分布直方图

绘制直方图应注意的是直方图的外形很像条形图，但它与条形图是有区别的。主要区别是：①直方图是依据频数分布表绘制的，在对数据进行分组编制频数分布表时遵循“不重不漏”的原则，对数据分组具有连贯性，因此，据此绘制的直方图中的各个矩形是连续排列的，而在条形图中的各个矩形是间隔排列的；②直方图是用每个小矩形的面积来表示每组次数的多少,因此,直方图的高度和宽度都有意义,而条形图是用高度来表示各组数量的,宽度的大小没有实际意义;③在等距分组的情况下直方图中各矩形的宽度相等,在异距分组情况下直方图中各矩形的宽度不同,而在条形图中各矩形的宽度是固定的。

2. 折线图

在直方图的基础上,把相邻条形的顶边中点连接起来形成一条折线,再把折线两端通过两端直方图竖边中点连接到横轴,就构成了次数分布折线。如果数列分的组很多,组距会越来越小,折点也就多了,折线就渐趋近于一条光滑曲线,这就是频数分布曲线,如图 3.1 所示(实线部分)。

3.4 统计表和统计图

3.4.1 统计表

3.4.1.1 统计表的结构

统计表是指为表现统计数据内容或各指标间的数量关系而按照一定的结构和顺序设计的表格。广义的统计表包括统计工作各个阶段所用的一切表格,设计统计表的目的是为使统计数据资料更加条理化,更能清晰地表述统计数据之间的相互联系,同时也便于对统计数据的计算、比较和检查。

统计表的形式多种多样,根据使用者的要求和统计数据本身的特点,可绘制各种形式的统计表,但一般来说统计表的构成包括总标题、横栏标题、纵栏标题和指标数值,必要时可以在表的下方加上表外附加,如表 3.12 所示。

总标题是统计表的名称,用以概括说明整个表的内容,一般位于表的上端中央位置。横栏标题通常也称为主词,是横栏内容的名称,用来说明统计资料反映的总体及其分组的名称,一般位于表的左边。纵栏标题是纵栏内容的名称,用来说明主词情况的统计指标名称,一般位于表内上方。统计数字是各项指标的具体数值,位于各横栏标题与各纵栏标题的交叉处。纵栏标题和统计数字统称为宾词栏。表外附加主要包括资料来源、对指标的注释及必要的说明等内容,通常放在表的下方。

总标题

表3.12 内蒙古自治区2010年人口年龄构成表

纵栏标题

按年龄分组	人数(人)	比重(%)
0~14岁	3 482 599	14.10
15~64岁	19 355 565	78.34
64岁以上	1 868 157	7.56
合计	24 706 321	100

横栏标题

指标数值

主词栏

宾词栏

资料来源:国家统计局2010年人口普查数据。

表外附加

3.4.1.2 统计表的分类

统计表按用途可分为调查表、汇总表和分析表。

调查表是在统计调查工作阶段用于搜集原始数据的表格，已经在第2章进行了详细介绍；汇总表是在统计整理工作阶段用于对资料进行汇总整理的表格，一般属于中间过渡工具表格，表3.8就是一张对原始数据进行汇总整理的表格；分析表是用于统计分析的表格，表3.9至表3.12都是统计分析表。

统计表按统计数据的性质可分为时间表和空间表。

时间表又称动态表或时间序列，是指反映现象在同一空间、不同时间条件下所呈现的统计数据的表格，用以描述社会经济现象在不同时间上的变动过程，如反映历年某企业产量的变化情况。空间表又称为静态表，是指反映现象在同一时间、不同空间条件下出现的统计数据的表格，表3.13即为空间表。

表3.13 2014年某企业市场销售额统计表(空间数列表举例)

销售市场	销售额(万元)	比重(%)
甲市场	120	34.3
乙市场	150	42.9
丙市场	80	22.8
合计	350	100

统计表按对主词的分组情况不同可分为简单表、分组表和复合表。

简单表指主词未经任何分组的统计表，主词按全部总体单位或时间顺序排列，如表3.13所示。

分组表指主词按一个标志进行分组的统计表，如表3.14所示。

表3.14 某高校学生基本情况统计表

按学历分组	学生人数	比重(%)
研究生	800	13.3
本科生	2 000	33.3
专科生	3 200	53.4
合计	6 000	100

复合表指主词按两个或两个以上标志进行层叠或交叉分组而形成的统计表，如表3.15所示。

表3.15 某高校学生基本情况统计表(层叠式复合表)

按学历分组	学生人数
研究生	800
男生	300

续表

按学历分组	学生人数
女生	500
本科生	2 000
男生	1 100
女生	900
专科生	3 200
男生	1 400
女生	1 800
合　计	6 000

此复合组表属于层叠式；另外，表 3. 15 还可以列成交叉式形式，如表 3. 16 所示。

表 3. 16　某高校学生基本情况统计表（交叉式复合表）

按学历分组	学生人数		
	男生	女生	合计
研究生	300	500	800
本科生	1 100	900	2 000
专科生	1 400	1 800	3 200
合计	2 800	3 200	6 000

3. 4. 1. 3　统计表的设计

由于所研究的现象特点不同，统计工作在不同阶段使用的表格不同，所设计的统计表的形式也是不一样的，但设计上的基本要求是一致的，要本着科学、实用、简练、美观的原则，在具体设计时应注意以下问题。

(1) 总标题的设计要突出统计表中数据资料采集的时间、地点、含义，既要精练概括，又要重点突出。

(2) 横栏标题、纵栏标题的确定要准确、简明、严谨，使人一目了然，便于分析，位置安排要合理，因为这关系到整个表的结构，避免出现过宽或过长的表格形式。

(3) 表内凡是有计量单位的指标，必须要标明计量单位，如果表内所有的计量单位一致，最好放在表的右上角；如果指标的计量单位较多，也可以放在指标栏内。

(4) 表中的上下两条横线一般用粗线，中间的其他线用细线，这样看起来清晰、醒目，通常统计表的左右两边是开口的；当统计表的栏目较多时，可以加栏目编号，用以说明其相互关系。

(5) 一张填好的统计表不应出现空白单元格。当表内单元格中的数字是 0 时，要写出"0"；对于没有数字的单元格一般用"——"表示；无法取得的数字资料用"……"表示；如果某项数字与邻项数字相同，仍应填写数字，切勿用"同上"或其他符号代替。

(6) 必要时可在表的下方对表内的相关内容加以注释，特别要注明资料的来源，以表示对他人劳动成果的尊重，方便读者查阅使用。

3. 4. 2　统计图

统计图是指用几何图形或具体符号来呈现资料整理结果，反映现象数量关系的一种重要形式。与统计表相比,统计图在表现数量关系上显得更直观、更形象、更通俗易懂。一个完整的统计图一般由统计图名称、图体、图例(当在一个图中表示两个以上总体时)组成,根据研究的需要,统计图可以绘制成多种样式,但常用的主要有线形图、条形图和圆形图。

3.4.2.1 线形统计图

线形图又称为折线图或曲线图,是利用曲线的升、降变化来反映社会经济现象在不同时间发展变化趋势的一种图形。绘制统计图时要注意以下几点:①在绘制两个现象依存关系的统计图时,要将表示原因的指标放在横轴上,把表示结果的指标放在纵轴上;②在绘制现象随时间变化的统计图时,要将时间放在横轴上,将指标放在纵轴上;③图中纵横坐标的尺度都要由零点开始,当零起点和第一个刻度的距离与其他相邻两个刻度的距离在数量上表现较悬殊时,要用折点省略的方式表示,以避免因纵横坐标的比度不适当而造成图形比例失调,既不美观又不便于使用。

图 3.2 是根据表 3.17 的数据绘制的我国 2005—2014 年税收额线形统计图;图 3.3 是我国 2005—2014 年各种税收额线形统计图。

表 3.17　2005—2014 年我国部分税收统计表　　单位:亿元

年份	总合计	国内增值税	国内消费税	营业税	企业所得税	个人所得税	关税
2005	28 778.54	10 792.11	1 633.81	4 232.46	5 343.92	2 094.91	1 066.17
2006	34 804.35	12 784.81	1 885.69	5 128.71	7 039.60	2 453.71	1 141.78
2007	45 621.97	15 470.23	2 206.83	6 582.17	8 779.25	3 185.58	1 432.57
2008	54 223.79	17 996.94	2 568.27	7 626.39	11 175.63	3 722.31	1 769.95
2009	59 521.59	18 481.22	4 761.22	9 013.98	11 536.84	3 949.35	1 483.81
2010	73 210.79	21 093.48	6 071.55	11 157.91	12 843.54	4 837.27	2 027.83
2011	89 738.39	24 266.63	6 936.21	13 679.00	16 769.64	6 054.11	2 559.12
2012	100 614.28	26 415.51	7 875.58	15 747.64	19 654.53	5 820.28	2 783.93
2013	110 530.70	28 810.13	8 231.32	17 233.02	22 427.20	6 531.53	2 630.61
2014	119 158.05	30 849.78	8 906.82	17 781.62	24 632.49	7 376.57	2 843.19

资料来源:《中国统计年鉴(2014)》。

3.4.2.2 条形统计图

条形图也称为柱形图,是以宽度相等的各个小矩形高度或长度表示被研究现象总体指标数值大小的一种图形。当用来表示各类别的小矩形放在纵轴时,称为条形图;当用来表示各类别的小矩形放在横轴时,称为柱形图。在绘制条形图或柱形图时应注意以下几点:①用各个小矩形的高度表示各类别指标值的大小,小矩形的宽度大小没有实际意义;②绘制条形统计图或柱形统计图时,各个小矩形应为固定宽度且间隔相等;③与绘制线形图一样,为避免因纵横坐标的比度不适当而造成图形比例失调,在刻度表示上要采用折点省略的方式。图 3.4 为条形统计图。

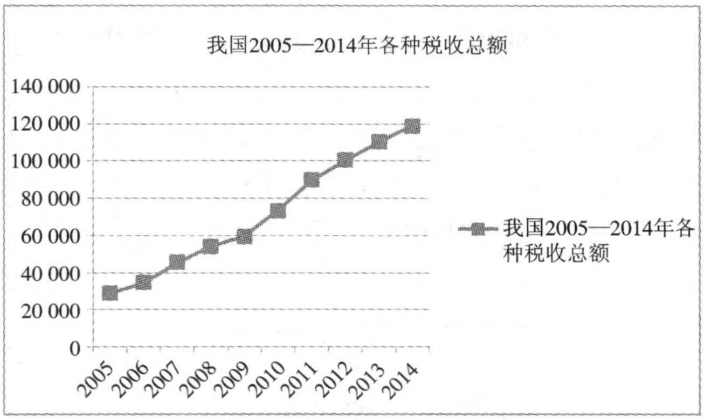

图 3.2　我国 2005—2014 年税收额线形统计图

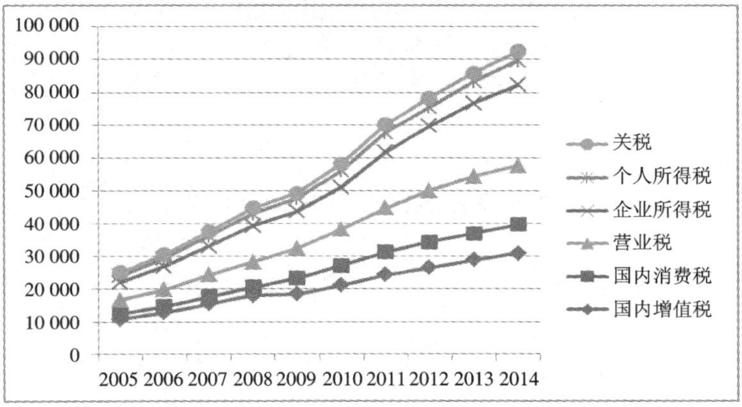

图 3.3　我国 2005—2014 年各种税收额线形统计图

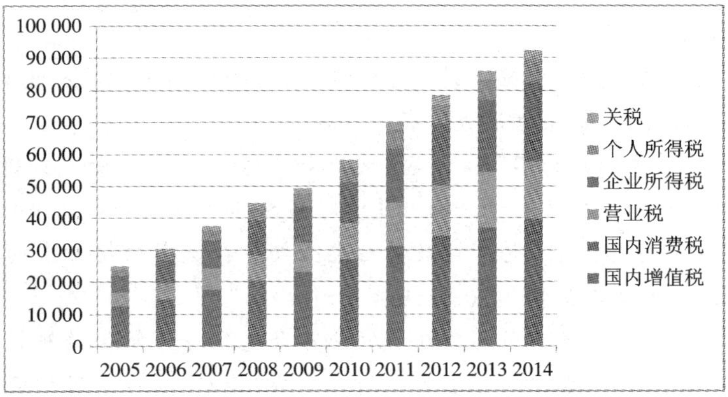

图 3.4　我国 2005—2014 年各种税收额条形统计图

3.4.2.3　圆形统计图

圆形图又称饼形图,是用圆形或圆内扇形的面积大小来显示统计资料的一种图形。它主要是以圆内扇形面积的大小来表明各组成部分占总体的比重,从而反映现象的内部结构及其变化。绘制圆形图时应注意以下几点:①用来表示每个类型的扇形面积的大小取决于圆心角,因此,在绘制圆形图时,应以整个圆的面积为100%,从中根据相应部分在圆内所占整个圆心角的度数来分割圆内面积,其方法是将圆的总度数360°按各部分所占总频数的比例进行分配;②在绘制圆形图时必须将表示每部分的扇形的圆心角标在图形的相应位置上;③每个图形都要标明图例。图3.5为2014年我国各种税收所占比重圆形统计图。

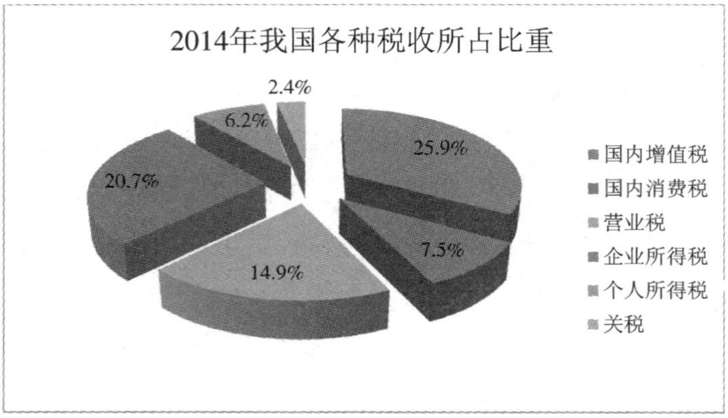

图3.5　2014年我国各种税收所占比重圆形统计图

【本章小结】

本章内容共分4大部分,用模块表示如下:

统计整理 ⇒ 统计分组 ⇒ 次数分布 ⇒ 统计表和统计图

本章从统计整理概述、统计分组、次数分布、统计分析数据的显示等几个部分叙述了统计整理工作的有关知识。

统计整理的内容通常包括:根据研究任务的要求,选择确定分组指标进行具体的分组;对统计资料进行汇总、计算;对汇总结果进行描述等。

统计分组具有将总体划分为不同的类型、反映现象总体的内部结构、分析现象之间的依存关系等作用。统计分组的关键又在于分组标志的选择和各组限的划分。按分组标志的性质不同,统计总体可按品质标志分组,也可按数量标志分组。按选择分组标志的多少及其排列形式,可将统计分组区分为简单分组、复合分组和并列分组。

次数分布,用来反映总体各单位在各组中的分布状态和分布特征的统计数列。根据所选择的分组标志的性质不同,次数分布可分为品质分布数列和变量分布数列两种。分布数列的编制也分为品质数列的编制和变量数列的编制两种。其中变量数列次数分布的编制可分为单项式变量数列的编制和组距式变量数列的编制两种情况。

统计表是指为表现统计数据内容或各指标间的数量关系而按照一定的结构和顺序设计的表格。统计表的构成包括总标题、横栏标题、纵栏标题和统计数字,必要时可以在表的下方加上表外附加。

【阅读专栏4】

表1 我国1981—2010年人口平均预期寿命变化情况 单位:岁

年份	合计	男	女	男女之差
1981	67.77	66.28	69.27	-2.99
1990	68.55	66.84	70.47	-3.63
2000	71.40	69.63	73.33	-3.70
2010	74.83	72.38	77.37	-4.99

2010年世界人口的平均预期寿命为69.6岁,其中高收入国家及地区为79.8岁,中等收入国家及地区为69.1岁。可见,我国人口平均预期寿命不仅明显高于中等收入国家及地区,也大大高于世界平均水平,但比高收入国家及地区平均水平低5岁左右。从提高幅度看,2000—2010年我国人口平均预期寿命提高3.43岁,比世界平均寿命提高2.4岁快1岁左右。一般说来,平均预期寿命越高,提高速度越慢。但随着医药技术的发展和改善,一些平均预期寿命已处于较高水平的国家同期提高的速度也比较快,比如韩国提高4.9岁、新加坡提高3.6岁、巴西提高3.0岁、越南提高2.9岁、英国提高2.7岁、法国提高2.4岁、澳大利亚提高2.5岁、德国提高2.1岁等。

【思考与练习】

一、判断题

1. 各组名称和各组分配次数是分配数列的两个要素。(　　)

2. 单项数列只有一栏数值。(　　)

3. 单项数列和组距数列的分组方法均对总体按某标志分组。(　　)

4. 连续型变量只能进行组距式分组。(　　)

5. 简单表就是将总体各单位按一个标志分组所形成的统计表。(　　)

6. 确定组限时,一般来说,最小组下限应高于最小的变量值,而最大组的上限应低于最大的变量值。(　　)

7. 离散变量的分组只能是单项式分组。(　　)

8. 组中值反映了各组标志值的一般水平。(　　)

9. 开口组的组中值采用相邻组的组中值代替。(　　)

10. 两组相邻,都用到同一个组限,如果变量值刚好等于组限,遵照惯例,应归入先下限所在组。(　　)

二、单项选择题

1. 下列属于品质标志分组的是(　)。

A. 企业按职工人数分组　　　　B. 企业按工业总产值分组

C. 企业按经济类型分组　　D. 企业按资金占用额分组

2. 下列属于按数量标志分组的是(　　)。

A. 工人按政治面貌分组　　B. 工人按年龄分组

C. 工人按性别分组　　D. 工人按民族分组

3. 变量数列中各种频率的总和是(　　)。

A. 大于100%　　B. 小于100%　　C. 等于100%　　D. 不等于100%

4. 在编制等距数列时,如果全距等于52,组数为6,则组距为(　　)。

A. 6　　B. 8　　C. 7　　D. 9

5. 某变量数列,如第一组为75以下、第二组为75~85、第三组为85~95、第四组为95以上,则数据(　　)。

A. 85在第一组　　B. 75在第二组　　C. 95在第三组　　D. 85在第二组

6. 某小组5个学生的统计课考试成绩分别为80分、70分、62分、86分和76分,这5个数字是(　　)。

A. 标志　　B. 标志值　　C. 变量　　D. 指标

7. 说明统计表名称的词句,在统计表中成为(　　)。

A. 横栏标题　　B. 纵栏标题　　C. 总标题　　D. 指标数值

8. 统计表的纵栏标题是用来说明(　　)。

A. 统计表的名称　　B. 各组的名称　　C. 统计指标的名称　　D. 指标数值

9. 在填列统计表时,若某项统计数据免填,其符号为(　　)。

A. ……　　B. ×　　C. ——　　D. 0

10. 区分简单表与分组表是看(　　)。

A. 对总体是否分组　　B. 对总体按几个标志分组

C. 宾词部分有几栏数值

三、多项选择题

1. 对统计调查所搜集的原始资料进行整理,是因为这些原始资料是(　　)。

A. 零碎的　　B. 系统的　　C. 分散的　　D. 具体的

2. 统计分组的关键是(　　)。

A. 正确计算组距和组中值　　B. 正确选择分组标志

C. 按数量标志分组　　D. 正确划分各组界限

3. 下列属于按品质标志分组的是(　　)。

A. 按工资分组　　B. 按职业分组　　C. 按产业分组　　D. 按地区分组

E. 按人均收入分组

4. 下列属于按数量标志分组的是(　　)。

A. 按性别分组　　B. 按工种分组　　C. 按人数分组　　D. 按平均工资分组

E. 按工龄分组

5. 构成分配数列的要素是(　　)。

A. 各组名称或各组变量值　　B. 组距　　C. 组数

D. 各组次数　　　　E. 指标数值

6. 统计表按对总体分组情况可分为(　　)。

A. 调查表　　　　B. 简单表　　　　C. 简单分组表　　　　D. 整理表

E. 复合表

7. 从形式上看,统计表的构成包括(　　)。

A. 总标题　　　　B. 主词栏　　　　C. 横栏标题　　　　D. 指标数值

E. 纵栏标题　　　　F. 宾词栏

四、计算题

1. 对某企业 30 名职工的产品日生产情况进行调查,某原始资料如下(单位:件):

98	81	95	84	93	86	91	102	100	103
105	100	104	108	107	108	106	109	112	114
109	117	125	115	120	119	118	116	129	113

根据上面的数据编制组距为 10 的分布数列,并绘制次数分布图。

2. 某统计专业班 40 名学生期末考试中,《统计学》考试成绩分别为:

49	81	49	84	86	87	75	73	72	68	75	82	92	89
68	89	55	79	86	95	76	71	60	90	65	76	76	77
86	85	89	89	64	57	82	87	78	87	70	68		

假设规定:60 分以下为不及格,60 ~ 70 分为及格,70 ~ 80 分为中,80 ~ 90 分为良,90 ~ 100 分为优。请完成下列问题。

(1)将该班学生分为不及格、及格、中、良、优 5 组,编制一张次数分配表。

(2)指出分组标志及分组的类型、分组方法的类型。

4 总量指标和相对指标

案例导读

统计中的总量指标和相对指标在统计工作中有着十分广泛的应用。小到利用企、事业单位的指标分析进行预测和决策,大到国民经济的运行及宏观经济的调控等等,方方面面都离不开总量指标和相对指标。例如:2016 年国内生产总值 744 127 亿元,比上年增长 6.7%。其中:第一产业增加值 63 671 亿元,增长 3.3%;第二产业增加值 296 236 亿元,增长 6.1%;第三产业增加值 384 221 亿元,增长 7.8%。前者为总量指标,后者为相对指标,它们分别反映了我们国家各产业的基本经济状况和经济实力以及它们所处的地位和发展的快慢程度。

从微观角度讲,学习和生活等各方面也都离不开总量指标和相对指标。例如,教师要对各门课程的考试成绩进行全面的分析评价,分析各个班的考试总成绩以及每一个班考生的优、良、中、及格、不及格各占多大比例,作为今后教学工作绩效评定和教学工作改进的一个依据。在企业生产经营管理工作中,会涉及一系列反映一定时间、地点条件下企业的经营状况指标,如产量、利润总额、利税额、市场占有率等;会涉及反映企业的负债水平和偿还债务能力的指标,如总资产负债率、速动比率;会涉及反映企业营运能力指标,如存货周转次数等。

这一章针对总量指标和相对指标的概念、作用、种类及计算方法进行学习研究。

学习目标

◆掌握总量指标和相对指标的概念及种类

◆注意区别时期指标和时点指标

◆能够熟练计算各种相对指标,对总体做出准确评价

主要内容

◆总量指标

◆相对指标

4.1 总量指标

4.1.1 总量指标的概念和作用

4.1.1.1 总量指标概念

总量指标是反映社会经济现象规模大小和数量多少的综合指标,具体表明一定时间、地点和条件下,某种社会经济现象的总体规模或水平。它的数值表现是绝对数,故又称为绝对指标或数量指标。例如:以一个学校为总体,学校的学生或教师的人数、学校的占地面积等是总量指标;若以一个国家为总体,其该国家的人口数、国土面积、耕地面积、国民生产总值、国内生产总值、工业或农业产值等等都是总量指标。

4.1.1.2 总量指标的作用

总量指标的计算和应用在社会经济统计学中具有重要作用，具体表现如下。

(1)总量指标是认识社会经济现象的起点。它可以用来反映一个国家的国情和国力，反映一个地区、部门或单位的规模、水平、基本经济状况和经济实力。例如：一个国家的粮食产量、钢铁产量等；一个地区的商品零售额、零售商业机构数量等；一个企业的职工人数、利润总额等。如，我国的国土面积是960万平方公里，第六次人口普查人口数为133 972.46万人，通过这两个总量指标可以了解到我国幅员辽阔、人口众多。又如，2016年国内生产总值744 127亿元，等，以此来反映我国的经济发展水平。所以，我国的国民经济发展情况也可以从这些总量指标中看出来。

(2)总量指标是制定政策、编制计划、进行科学管理的重要依据。无论是宏观调控或是微观管理，都要从客观实际出发，建立在科学的基础上。各项计划的制订往往是通过总量指标的形式确定的。因此，在制定政策和检查政策执行情况、编制计划和检查计划执行情况时，都要以总量指标作为重要依据。

(3)总量指标是计算相对指标和平均指标的基础。相对指标和平均指标是总量指标的派生指标，因此，总量指标计算是否正确会直接影响到相对指标和平均指标计算的准确性。

4.1.2 总量指标的种类

4.1.2.1 总体单位总量指标和总体标志总量指标

总量指标按反映现象总体的内容不同，分为总体单位总量指标和总体标志总量指标。总体单位总量指标简称总体总量或单位总量。总体总量是总体内所有单位数的总和，表示总体本身的规模大小，如一个班级的学生人数、全市的企业数、全国高等学校总数等。总体标志总量指标简称标志总量，是反映总体单位某种标志值总和的总量指标，如某地区工业总产值，某企业工资总额、利税总额等。

4.1.2.2 时期指标和时点指标

总量指标按反映的时间状况不同，分为时期指标和时点指标。其中时期指标是反映某种社会经济现象在一段时间内发展变化结果的总量指标，如某地区某年出生或死亡人数、某企业某年(某月)产值或产量等。时点指标是反映社会经济现象在某一时点(瞬间)上达到的规模或水平的总量指标，如我国人口普查得到的人口总数、商品库存量、企业数等。

时期指标与时点指标有如下三个相互对应的特点。

(1)时期指标数值可以累加，累加结果表示更长一段时期内事物发展过程的总量；而时点指标数值不能直接相加，其相加结果没有现实意义。

(2)时期指标数值的大小受时期长短的制约，时期越长，指标数值越大；而时点指标数值的大小与现象活动过程的长短没有直接关系。

(3)时期指标数值一般是通过经常性调查得到的；而时点指标数值是通过一次性调查得到的。

4.1.2.3 实物指标、价值指标和劳动量指标

总量指标按计量单位的不同，可以为实物指标、价值指标和劳动量指标。

实物指标是根据事物的自然属性和物理属性单位计量的统计指标。其计量单位包含以下

几种。

(1)自然单位,是按照事物的自然状态来度量其数量的单位。例如,机器以“台”为单位,牲畜以“头”或“只”为单位,鞋以“双”为单位等。

(2)度量衡单位,是按照统一的度量衡制度的规定来度量事物数量的单位。例如,长度以“米”来度量,重量以“千克”来度量等。

(3)双重单位或复合单位,是两个或两个以上的单位结合使用对事物进行计量的单位。例如:发电机按“千瓦/台”计量,重型设备按“吨/台”计量等,这是复合单位;货运量按“吨公里”,发电量按“千瓦小时”计算等,这是双重单位。

(4)标准实物单位,是按统一折算的标准来度量被研究现象数量的一种计量单位。例如,一个标准大气压等于 101 325 帕斯卡,则标准大气压就是衡量大气压强的标准实物单位。如果是高原地区,大气压强就会低于一个标准大气压,而盆地则高于一个标准大气压。

(5)价值指标,是指以货币单位计量的总量指标,所以又称为货币指标,如工农业总产值、国民生产总值、社会消费品零售总额、工资总额等。价值指标的最大特点在于它代表一定的社会必要劳动量,因此具有最广泛的综合性和概括性。也就是说,它能使不能直接相加对比的现象过渡到可以相加对比。比如,社会经济统计中有“社会总产值”却没有“社会总产量”指标。就是因为直接统计所有的社会产品的总产量是没有实际意义的,只能将其转化为价值指标,统计出社会产品总价值来反映。价值指标也有局限性,它脱离了物质内容,比较抽象,有时不能准确反映实际情况。因此在实际工作中,价值指标和实物指标常常结合运用,才能比较全面地认识问题。

4.1.2.4 劳动量指标

劳动量指标是以劳动时间作为计量单位的总量指标,如工时、工日等。劳动量指标是评价劳动时间利用程度和计算劳动生产率以及编制和检查生产计划的依据。由于各个企业的具体情况不同,不同企业的劳动量指标是不具有可比性的,因此,劳动量指标只限于在企业内部使用。

4.1.3 应用总量指标应注意的问题

应用总量指标应注意如下问题。

4.1.3.1 统计总量指标时应明确含义和范围

在计算总量指标数值时,首先应对总量指标的含义作明确的规定,这样才能正确计算指标数值。例如,要统计某市工业企业总数就应明确界定什么是工业企业。其次,要明确总量指标统计的空间范围和时间范围。例如,统计某地区的工业总产值,若该地区有过行政区划的变动,则应准确界定其空间范围,尤其利用历年资料进行动态分析时,应将其空间范围统一。另外,要划定总量指标统计的时间范围,这时要区分总量指标是时期指标还是时点指标,因为这两种指标的统计方法是不同的。

4.1.3.2 计算实物指标要注意现象的同类性

现象的同类性是计算绝大部分实物指标的前提条件。同类性代表着同类(种)的事物,它们的使用价值和经济内容是相同的,因此是可以综合汇总的。例如,一个国家的粮食总产量或一个商场的服装销售量都是这样汇总计算出来的。而对于不同类现象计算实物指标时,则不能将其直接相加汇总。例如,要统计一个商场商品的销售情况,就不能将各种商品的销售量简单相加,而应将其转化为价值指标即商品销售额来反映。

注意现象的同类性也不是计算实物指标的绝对条件,在某些实物指标的计算中,则不必关注现象的同类性。例如,货物运输总量和港口货物的吞吐量。虽然在这两个指标的计算中会涉及成千上万不同种类的货物,但前者是以"吨公里"为单位计量的,所以它只要求计算货物的重量和运输里程;后者是以"吨"为单位计量的,则它只要求计算出经过港口进出口货物的总重量即可。

4.1.3.3 有统一的计量单位

在计算总量指标时,必须统一计量单位,因为不同的计量单位代表不同类现象或是同类现象的不同计量尺度,所以若计量单位不统一,就会造成统计上的差错或混乱。在统计时,若计量单位不一致,应进行单位换算使其统一,这样便于进行比较和分析。若是统计实物指标尤其是重要的实物指标时,应按照全国统一规定的指标目录中的单位计量。

4.2 相对指标

4.2.1 相对指标的概念和作用

4.2.1.1 相对指标的概念

相对指标又称相对数,是由两个有联系的指标数值进行对比得到的,是用来说明现象之间的数量对比关系的综合指标。例如:我国第六次人口普查统计显示:我国 2010 年末全国大陆总人口为 136 782 万人,比上年末增加 710 万人,其中城镇常住人口为 74 916 万人,占总人口比重为 54.77%。全年出生人口 1 687 万人,出生率为 12.33‰;死亡人口 977 万人,死亡率为 7.14‰;自然增长率为 5.21‰。全国人户分离的人口为 2.98 亿人,其中流动人口为 2.53 亿人。这些以百分数或千分数为计量单位计量的指标都是相对指标。

4.2.1.2 相对指标的作用

相对指标被广泛应用于社会经济统计,它发挥着重要的作用。这些作用表现如下。

(1)相对指标可以反映现象内部与现象之间的相对水平,说明现象的发展过程和速度,与总量指标相比可以更深入地说明和分析现象的状况。如表 4.1 所示的我国 2005—2014 年部分税收资料只能说明部分税收规模、水平,无法揭示现象内部与现象之间的相对水平。如果用部分税收占其年度总税收的比重来表示,则由表 4.2 可知,从横向来看,各种税收所占比重相对稳定,增值税是我国税收主要来源,其次是企业所得税、营业税、个人所得税、消费税和关税。现营业税改为增值税。从纵向来看我国税收总额从 2005 年到 2014 年趋于不断增加状态,十年期间平均发展速度为 2.78%。由于税改政策使增值税的比重在下降,关税所占比重在下降,企业所得税比重在增加。

表 4.1 我国 2005—2014 年部分税收资料统计汇总表 计量单位:万元

年份	总合计	国内增值税	国内消费税	营业税	企业所得税	个人所得税	关税
2005	28 778.54	10 792.11	1 633.81	4 232.46	5 343.92	2 094.91	1 066.17
2006	34 804.35	12 784.81	1 885.69	5 128.71	7 039.6	2 453.71	1 141.78
2007	45 621.97	15 470.23	2 206.83	6 582.17	8 779.25	3 185.58	1 432.57
2008	54 223.79	17 996.94	2 568.27	7 626.39	11 175.63	3 722.31	1 769.95
2009	59 521.59	18 481.22	4 761.22	9 013.98	11 536.84	3 949.35	1 483.81
2010	73 210.79	21 093.48	6 071.55	11 157.91	12 843.54	4 837.27	2 027.83
2011	89 738.39	24 266.63	6 936.21	13 679	16 769.64	6 054.11	2 559.12
2012	100 614.28	26 415.51	7 875.58	15 747.64	19 654.53	5 820.28	2 783.93
2013	110 530.7	28 810.13	8 231.32	17 233.02	22 427.2	6 531.53	2 630.61
2014	119 158.05	30 855.36	8 907.12	17 781.73	24 642.19	7 376.61	2 843.41

表 4.2 我国 2005—2014 年部分税收占其年度税收的比重资料统计汇总表

年份	总合计	增值税	消费税	营业税	企业所得税	个人所得税	关税
2005	4.0%	37.5%	5.7%	14.7%	18.6%	7.3%	3.7%
2006	4.9%	36.7%	5.4%	14.7%	20.2%	7.1%	3.3%
2007	6.4%	33.9%	4.8%	14.4%	19.2%	7.0%	3.1%
2008	7.6%	33.2%	4.7%	14.1%	20.6%	6.9%	3.3%
2009	8.3%	31.0%	8.0%	15.1%	19.4%	6.6%	2.5%
2010	10.2%	28.8%	8.3%	15.2%	17.5%	6.6%	2.8%
2011	12.5%	27.0%	8.3%	15.2%	17.5%	6.6%	2.9%
2012	14.0%	26.3%	7.8%	15.7%	19.5%	5.8%	2.8%
2013	15.4%	26.1%	7.4%	15.6%	20.3%	5.9%	2.4%
2014	16.6%	25.9%	7.5%	14.9%	20.7%	6.2%	2.4%
合计	100.0%						

(2)利用相对指标可以使不能利用总量指标直接对比分析的统计指标取得可以比较的基础。例如,将两个企业的资金占用额相比较,无法说明哪个企业的资金利用效果好,因为它们缺乏共同对比的基础。如果采用每百元固定资产与流动资金提供的利税额这一个相对指标,就是两者有了共同比较的基础,从而能够说明两个企业经济效益和管理水平的好坏及差别程度。可见,相对指标在统计对比分析中具有特殊的作用。又如:2014 年内蒙古自治区生产总值为 17 769.51 亿元,年末常住人口 2 505 万人;辽宁省生产总值为 28 626.58 亿元,年末常住人口 4 391 万人;两者比较来看是辽宁省的生产总值水平更高、社会财富更多。如果按各自的年末常住人口来计算,内蒙古自治区人均生产总值 7.09 万元/人,而辽宁省人均生产总值达到 6.52 万元/人,结果我们得到了相反的结论。(资料中数据来源:中华人民共和国国家统计局 http://data.stats.gov.cn/)

(3)利用相对指标可以表明事物的内部结构和比例关系。例如,某高校在校生有 5 000 人,其中男生是 2 700 人,女生是 2 300 人。则男生占全校总人数的 54%,女生为 46%,另外,男女生的性别比例为 117:100(以女生为 100)。

(4)相对指标是进行经济管理和考核企业经济活动成果的重要指标。如计划完成情况相对指标,可以用来检查、监督计划执行情况;如资产负债率、销售收入利润率等,可以反映出企业的经营状况和经济效益。

4.2.2 相对指标的表现形式

相对指标有两种表现形式,即有名数和无名数。

4.2.2.1 有名数

有名数主要是用来表现强度相对指标的数值,它是以相对指标中分子与分母指标数值的双重计量单位来表示的。例如,人口密度用“人/km^2”表示,人均国民生产总值用“元/人”表示,人口拥有汽车量用“辆/万人”表示,等等。相对指标中,大量的是以无名数来表示的。

4.2.2.2 无名数

无名数是一种抽象化的数值,常以系数、倍数、翻番数、成数、百分数、千分数等表示。系数和倍数是将对比的基数抽象为 1 而计算的相对数。两个指标对比,若分子数值小于分母数值,且两者相差不大时,用系数来表示;若分子数值大于分母数值,且相差较大时,用倍数表示。成数是将对比的基数抽象定为 10 而计算的相对数,如某县粮食产量今年比去年增长二成,即增产 2/10。翻番数是指两个相比较的数值中,一个数是另一个数的“2^m”倍,则上标 m 是翻番数。例如:某企业 2010 年的工业产值是 200 万元,计划 2015 年翻一番,则 2015 年应达到 400 万元;若计划翻两番,则应达到 800 万元;翻三番,为 1 600 万元。百分数是将对比的基数抽象地定为 100 而计算的相对数。千分数是将对比的基数抽象地定为 1 000 而计算的相对数。当对比的分子数值比分母数值小得多的时候,宜采用千分数表示。

另外,人们经常能听到百分点这个词。百分点是百分比中相当于 1% 的单位,它与百分数不同。如某企业 2005 年的劳动生产率计划提高 3%,实际提高了 7%,那么劳动生产率实际比计划任务超额完成了 4 个百分点,这 4 个百分点是指实际提高的百分数与计划提高的百分数之差,即 $(7\% - 3\%) \div 1\% = 4$。

4.2.3 相对指标的种类和计算方法

由于统计研究的目的和任务不同,相对指标的对比基础也不同,所以形成了各种相对指标。这些指标包括结构相对指标、比例相对指标、比较相对指标、动态相对指标、强度相对指标和计划完成情况相对指标。它们从不同的角度分析现象的相对水平、内部结构、比例关系发展程度、密度强度及完成情况等。

4.2.3.1 结构相对指标

结构相对指标是在总体分组的基础上,总体部分单位占总体全部单位或总体部分数值占总体全部数值的比重,故又被称为比重指标。它可以表明总体内部的构成情况,计算公式为

$$\text{结构相对指标} = \frac{\text{各组或部分总量}}{\text{总体总量}} \tag{4-1}$$

公式中分子、分母的总量指标必须同属于一种总量指标,即分子、分母或同为单位总量,表明总

体单位数的结构，或同为标志总量，表明总体标志总量的结构。

结构相对指标数值可以采用百分数、系数或成数等无名数来表示。在计算结构相对指标时须注意以下几个方面：第一，要将总体进行统计分组，这样才能形成各组（或部分），这是计算结构相对指标的前提；第二，分子属于分母所代表的总体范畴，所以结构相对指标的数值小于 1 或 100%，分子、分母不可以互换位置；第三，同一个总体中的结构相对指标数值之和等于 1 或 100%。

结构相对指标在统计研究中应用非常广泛，它的作用表现如下。

(1)利用结构相对指标对事物总体结构进行分析来说明事物的性质和特点。例如，某所高等学校男女生分别占总人数的 61.8% 和 38.2%，说明该校的专业设置更适合男性，属于理科类院校。

(2)利用结构相对指标对现象内部结构进行分析，反映现象在发展的不同阶段量变引起质变的过程。如某所高等学校近几年的招生情况如表 4.3 所示，表中资料反映出，该校逐年招收的男生比重有所下降，而女生比重却在上升，体现该校正从理科类院校向综合类院校转变。

表 4.3　某高等学校 2006—2010 年的招生情况

	2006 年		2007 年		2008 年		2009 年		2010 年	
	人数(人)	比重(%)	人数(人)	比重(%)	人数(人)	比重(%)	人数(人)	比重(%)	人数(人)	比重(%)
男生	640	59.3	700	58.3	790	57.2	850	53.1	920	51.7
女生	440	40.7	500	41.7	590	42.8	750	46.9	860	48.3
合计	1 080	100.0	1 200	100.0	1 380	100.0	1 600	100.0	1 780	100.0

(3)利用结构相对指标，可以反映事物总体的质量或工作的质量，反映人力、物力、财力的利用情况。例如：产品合格率、产品返修率等指标可以反映企业的产品质量；工时利用率、设备利用率等指标可以反映企业的物力资源的利用情况；职工出勤率、职工晋升率、职工对企业的满意度等指标可以反映企业的人力资源的利用情况；资本保值增值率、资金周转率等指标可以反映企业的资金利用情况。

4.2.3.2　比例相对指标

比例相对指标是总体中不同部分数量对比形成的统计指标，反映总体内各个组（或部分）之间的比例关系是否达到了协调与平衡状态。其计算公式为

$$\text{比例相对指标} = \frac{\text{总体中某一部分数值}}{\text{总体中另一部分数值} } \tag{4-2}$$

比例相对指标可以用百分数表示，也有将对比基数定为 1、100、1 000 的表现形式，但习惯上较多采用 $1:n$ 的形式表示，若反映总体中三个或三个以上部分之间的比例关系，可采用 $1:m:n$ 的连比形式来表示，但连比的组数不宜过多。

【例 4－1】　某市某年末人口数为 270 万人，其中男性为 138.5 万人，女性为 131.5 万人。则该市的男性人口数是女性人口数的 105.32%，男女人口性别比为 105.32:100。

比例相对指标虽然也反映总体内部的结构及比例关系，但它和结构相对指标是不同的。

结构相对指标的分子与分母是一种包含关系,分子是分母的一部分;比例相对指标的分子与分母是一种并列关系,故分子与分母可以互换位置。

比例相对指标一般以总量指标进行对比,也可以根据分析目的和资料的不同,运用总体内部各部分的相对指标和平均指标进行对比。

4.2.3.3 比较相对指标

比较相对指标是同一时期同类指标在不同空间(不同地区、部门、单位之间)的对比,用来反映同类事物在不同空间条件下数量对比关系及差异程度的综合指标。其计算公式为

$$\text{比较相对指标}=\frac{\text{某地区(或某部门)的某类指标数值}}{\text{另一地区(或部门)的同类指标数值}} \tag{4-3}$$

公式中分子与分母可以互换位置,便于从不同角度来说明同一问题。比较相对指标一般用百分数表示,也可以用系数、倍数表示。

【例 4-2】 某市的甲、乙两个企业是食品企业,2010 年甲企业的人均工资是 2 080 元,乙企业是 2 000 元,则甲企业人均工资是乙企业的 1.04 倍。甲企业的净利润是 500 万元,乙企业是 550 万元,则甲企业净利润是乙企业的 90.91%。由此可见,虽然甲企业的工资水平略高于乙企业,但经济效益却不及乙企业。

比较相对指标所对比的指标可以是总量指标,也可以是相对指标或平均指标。不论采用哪种指标对比,都必须注意分子指标与分母指标的可比性,即指标含义、计算方法、计算口径、计量单位及所属时间必须一致。它既可以用于不同国家、地区、单位的比较,也可以用于先进与落后的比较,还可以用于和标准水平或平均水平的比较。通过对比,可以揭示同类现象之间先进与落后的差异程度。

比较相对指标和比例相对指标之间存在着一定区别。比例相对指标反映的是比例关系,有时这个比例关系是有客观标准的,违背了这个标准,就会造成比例失调,如男女性别比例;而比较相对指标反映的是事物之间的对比关系,一般不存在比例失常或失调的问题。

4.2.3.4 动态相对指标

动态相对指标是将同类现象在不同时间上的指标数值进行对比,用来反映现象在时间上发展变化的方向和程度。其计算公式为

$$\text{动态相对指标}=\frac{\text{报告期水平}}{\text{基期水平}}\times 100\% \tag{4-4}$$

通常动态相对指标被称为发展速度,多用百分数表示,也可以用倍数表示。

【例 4-3】 我国社会消费品零售总额 2012 年为 4 572.5 亿元,2014 年为 5 657.6 亿元,则 2014 年相对于 2012 年的发展速度为

$$\text{发展速度}=\frac{5\ 657.6}{4\ 572.5}\times 100\%=123.73\%$$

动态相对指标将在第 6 章中详细介绍,这里不再详述。

4.2.3.5 强度相对指标

强度相对指标是两个性质不同但存在一定联系的总量指标数值之比,用来说明现象的强度、密度及普遍程度。其计算公式为

$$强度相对指标 = \frac{某一总量指标数值}{另一有联系而性质不同的总量指标数值} \tag{4-5}$$

强度相对指标既可以表现为有名数的形式,也可以用无名数表现。有名数的强度相对指标是分子与分母原有计量单位复合而成的,如人口密度、人均国民生产总值、人均钢铁产量等。无名数的强度相对指标多采用百分数、千分数或系数、倍数等表示,如人口出生率、死亡率及自然增长率、流通费用率等。

【例4-4】 2014年,全国粮食产量2 753.01万吨,国内生产总值636 463亿元,以我国第六次人口普查得到的我国人口数1 339 724 852人来计算人均粮食产量和人均国内生产总值这两个强度相对指标。

人均粮食产量=2 753.01(万吨)/133 972.485 2(万人)=20.549公斤/人

人均国内生产总值=636 463(亿元)/1 339 724 852(人)=47 506.99元/人

某些强度相对指标的分子、分母可以互换位置,从而形成正指标和逆指标。正指标是指强度相对指标的数值大小与现象的发展程度或密度呈正向变化;逆指标是指强度相对指标的数值大小与现象的发展程度或密度呈反向变化。如商业网点密度指标如下:

每千人拥有商业机构数=某地区零售商业机构数(个)/某地区人口数(千人)(正指标)

每个商业机构服务人口数=某地区人口数(千人)/某地区零售商业机构数(个)(逆指标)

有些强度相对指标只有正指标,没有逆指标,如一个国家的铁路网密度等。计算强度相对指标必须注意社会经济现象之间的内在本质联系,这样两个总量指标的对比才会有现实的经济意义。如人口数与土地面积相比,能够说明人口的密度,但若用钢产量与土地面积相比,就没有意义了。

强度相对指标与其他相对指标比较,在社会经济统计中还具有如下重要作用。

首先,它可以反映一个国家或地区经济实力的强弱程度。一个国家或地区的经济实力若通过一些经济总量指标反映是不足以说明问题的,但如果将这些总量指标按人口分摊形成人均经济指标则有较强的说服力,如人均国内生产总值、人均粮食产量等。

其次,强度相对指标可以反映现象的密度和普遍程度。这点又大多能揭示出国家的经济社会发展状况、人民的生活质量,如人口密度、商业网点密度、森林覆盖率、手机拥有率等。

再次,强度相对指标是企业财务管理的依据和经营成果。例如,企业可以通过资产负债率来了解企业的负债状况,衡量企业利用债权人提供资金进行经营活动的能力,反映债权人发放贷款的安全程度。若该比率过高,企业就应减少举债,进行安全经营。另外,销售利润率、成本费用利润率、盈利现金比率等强度相对指标可以反映企业的获利能力和经营成果。

4.2.3.6 计划完成情况相对指标

计划完成情况相对指标又被称为计划完成百分数或计划完成程度相对指标,是用来检查、监督计划执行情况的相对指标。计划完成情况相对指标是用现象在某一时期的实际完成数与其计划任务数相比,用来说明现象的计划完成情况。该指标一般用百分数表示,计算公式为

$$计划完成情况相对指标 = \frac{实际完成数}{计划任务书} \times 100\% \tag{4-6}$$

公式中分子是根据实际完成情况进行统计得到的数据，分母是下达的计划任务指标数。分子与分母在指标含义、计算方法、计量单位、空间范围和时间范围等方面应完全一致。由于计划任务数是衡量计划完成情况的标准，所以分子、分母不能互换位置。

计划任务数可以按总量指标下达，也可以按相对指标或平均指标的形式下达，所以计划完成情况相对指标也相应地采取不同的计算形式。

1. 计划任务数为绝对数

当计划任务以总量指标形式下达，对计划执行情况的检查按计划期长短分为短期计划完成情况检查和长期计划完成情况检查两种。

1）短期计划执行情况的检查

在检查短期计划执行情况时，根据检查的目的和时间不同，可以进行两个方面的检查：一是计划执行进度检查，这是在计划执行过程中进行的；二是计划执行情况检查，这是在计划期结束时进行的检查。

在实际工作中，计划执行期内会随时了解或监督计划的执行进度，即用计划期内多长时间完成了计划任务的多少，这时就应该计算计划执行进度，用来检查计划执行的均衡性。其计算公式为

$$\text{计划执行进度}=\frac{\text{累计至本期止实际完成数}}{\text{全期计划任务数}}\times 100\% \tag{4-7}$$

当短期计划（一般为年度计划）的计划数为绝对数时，一般适用于考核社会经济现象的规模或水平的计划完成情况。其计算公式为

$$\text{计划完成情况}=\frac{\text{实际水平}}{\text{计划水平}}\times 100\% \tag{4-8}$$

【例 4－5】 某企业某年计划产值 500 万元，第一季度实际产值 130 万元，第二季度为 150 万元，则该企业第一季度和第二季度产值的计划完成情况以及截至第二季度产值的计划执行进度如何？

全年计划产值 500 万元，则每季度计划产值 125 万元。

第一季度产值计划完成情况 $=(130/125)\times 100\%=104\%$

第二季度产值计划完成情况 $=(150/125)\times 100\%=120\%$

截至第二季度产值的计划执行进度 $=[(130+150)/500]\times 100\%=56\%$

该企业第一季度和第二季度产值分别超额 4% 和 20% 完成计划，产值完成的速度较快，使计划执行进度走在了时间的前头，即用 50% 的时间完成了 56% 的任务。

2）长期计划执行情况的检查

长期计划一般是为期五年及五年以上的计划，多以五年计划为主。长期计划对于计划指标的规定有两种形式：一是规定计划期末年应达到的水平；二是规定整个计划期内累计应达到的总量。所以，长期计划执行情况的检查也相应地采取水平法和累计法两种方法。

A. 水平法

在制订长期计划时，有些计划指标是规定计划期末应达到的水平，这时就应用水平法来检查计划的完成情况。用水平法检查计划完成情况是以计划期末实际达到的水平与计划规定期

末应达到的水平相比来确定是否完成了计划。其计算公式为

$$计划完成情况=\frac{计划期末实际达到的水平}{计划规定期末应达到的水平}\times100\% \qquad (4-9)$$

【例 4-6】 某厂 2012—2016 年的计划中规定 2016 年的产值要达到 360 万元,而实际 2016 年该厂产值为 412 万元,则

五年计划完成情况 =(412/360)×100% =114.44%

计算结果表明,该厂超额 14.44% 完成了五年计划,则 2016 年计划实现产值 360 万元的任务一定是提前完成的。五年计划中后两年实际完成情况如表 4.4 所示。

表 4.4 某厂 2012—2016 年产值实际完成情况 单位:万元

2012—2016年	2015年				2016年			
	第一季度	第二季度	第三季度	第四季度	第一季度	第二季度	第三季度	第四季度
…	75	78	83	87	90	100	107	115

(2015年第三季度至2016年第二季度:连续一年已达到360万元;2016年第三、四季度:提前完成计划)

表中数据显示,该厂提前半年完成了五年计划。

按水平法检查计划执行情况,若超额完成计划,则可以计算提前完成计划的时间。只要连续一年的时间(不用按完整的日历年度,只要连续 12 个月或 4 个季度甚至 365 天都可以)实际完成情况正好达到计划规定任务,那么截至此时到计划期结束的剩余时间就是提前完成计划的时间。如上例,计算时可采用“倒推法”。2016 年实际完成 412 万元,远高于计划 360 万元的任务,于是往前推一个季度。自 2015 年第四季度至 2016 年第三季度的一年时间里实际完成了 384 万元,还高于计划,继续往前推一个季度。自 2015 年第三季度至 2016 年第二季度的一年时间里实际完成 360 万元,正好完成计划任务,则 2016 年第三季度至年末的时间是提前完成计划的时间,即提前半年完成了五年计划。

B. 累计法

在制订长期计划时,计划任务数是规定在整个计划期间应完成的累计数时,用累计法来检查计划完成情况。例如,基本建设投资额、新增生产能力、造林面积等指标的计划执行情况的检查均应使用累计法。用累计法检查计划执行情况,就是将整个计划期间实际完成的累计数与计划规定完成的累计数对比,来检查计划的完成情况。其计算公式为

$$计划完成情况=\frac{计划期间实际完成的累计数}{计划规定完成的累计数}\times100\% \qquad (4-10)$$

【例 4-7】 某省林业部门计划五年植树造林面积 5 000 亩,实际五年完成了 5 100 亩,则

$$造林面积的计划完成情况=\frac{5\ 100}{5\ 000}\times100\%=102\%$$

计算结果表明,该林业部门超额 2% 完成了五年计划,则五年计划造林面积 5 000 亩的任务一定是提前完成的。造林面积的各年实现情况如表 4.5 所示。

表 4.5　某省林业部门计划五年植树造林实际完成情况　　单位:亩

第一年	第二年	第三年	第四年	第五年			
				第一季度	第二季度	第三季度	第四季度
1 000	1 100	1 180	1 250	80	230	160	100

已达到计划5 000亩的累计总量　　提前完成计划

表中数据显示,该林业部门提前一个季度完成计划。

用累计法检查计划执行情况,若超额完成计划,则说明是提前完成了计划。提前完成计划的时间的确定与水平法不同。只要在计划期内从开始直到实际累计完成量等于计划累计任务量,则此时到计划期末的剩余时间为提前完成计划的时间。如上例,从第一年到第五年第三季度植树造林面积已累计达到 5 000 亩,则剩余的一个季度为提前完成计划的时间。

2. 计划任务数为相对数

当计划任务以相对指标的形式下达时,检查计划完成情况的计算公式为

$$计划完成情况 = \frac{实际完成百分数}{计划完成百分数} \times 100\% \tag{4-11}$$

实际工作中,计划数常以社会经济现象的提高率或降低率来规定。所以,若以提高率规定计划任务,则

$$计划完成情况 = \frac{1 + 实际提高率}{1 + 计划提高率} \times 100\% \tag{4-12}$$

以降低率规定计划任务,则

$$计划完成情况 = \frac{1 - 实际提高率}{1 - 计划提高率} \times 100\% \tag{4-13}$$

【例 4-8】　某企业今年计划劳动生产率比去年提高 5%,实际提高了 4%;计划甲产品的单位成本降低 3%,实际降低了 5%,则

$$劳动生产率计划完成情况 = \frac{1+4\%}{1+5\%} \times 100\% = 99.05\%$$

$$甲产品单位成本计划完成情况 = \frac{1-5\%}{1-3\%} \times 100\% = 97.94\%$$

从计算结果看,这两个指标均没有完成计划,其实不然。劳动生产率计划提高 5%,实际才提高了 4%,所以没有完成计划;甲产品单位成本计划降低 3%,实际降低了 5%,成本多降低了 2 个百分点,所以超额 2.06%(100% -97.94%)完成计划。

3. 计划任务数为平均数

当计划任务以平均指标的形式下达时,检查计划完成情况的计算公式为

$$计划完成情况 = \frac{实际平均水平}{计划平均水平} \times 100\% \tag{4-14}$$

【例 4-9】　某企业计划 2016 年三种产品的平均单位成本为 200 元,实际为 190 元,则该企业产品平均单位成本的计划完成情况为

$$计划完成情况 = (190/200) \times 100\% = 95\%$$

计算结果表明，该企业产品平均单位成本实际比计划降低了5%，降幅10元，超额完成了计划。

4.2.4 计算和应用相对指标应注意的问题

计算和应用相对指标应注意如下问题。

(1)选择好对比的基数。基数是相对指标对比的基础和关键，基数选择是否合理，直接影响相对指标的质量。选择时要根据研究对象的性质、特点以及研究目的和所处的时期的特点来选择。

(2)注意对比指标的可比性。只有两个有联系的指标进行对比，才能得出相对指标，所以一定要注意指标应具有的可比性。除了两个指标应有一定的联系外，还应注意两个指标在经济内容上是否一致，在计算范围上是否相同，在计算方法和单位上是否可比等。例如，我国的社会总产值不能和资本主义国家的国民生产总值相对比，因为两者含义不同，计算方法也不同。

(3)相对指标和总量指标应结合应用。总量指标能够反映事物发展的总规模、总水平，却不易看清事物的差别程度；相对指标能够反映现象的对比关系和差异程度，却又将现象的具体规模和水平抽象化了。所以，两者应结合起来应用，才能对客观事物有全面的认识。例如，我国的国内生产总值位于世界前列，但人均国内生产总值却在世界排名百位以后。由此看来，要了解一个国家的经济实力，不能仅从经济总量指标入手，还应考察其人均的相对经济指标，这样才能得到正确的结论。

(4)各种相对指标应结合应用。一种相对指标仅能从某一个侧面说明现象的数量特征，要想全面、深入地分析现象，反映现象的数量特征，就应该将多种相对指标结合起来应用。例如，要分析一个企业的生产情况，可以考察多种相对指标，如生产设备利用率、劳动生产率、职工出勤率、生产计划完成情况、产品的合格率等指标，这样可以对企业的生产情况有一个全面的评价。

(5)结合经济内容进行分析评价。不能仅靠经济指标而应结合具体的经济内容进行分析。例如，评价高校的办学效果，不能仅从学生的成绩以及就业率来分析，还应看高校的各种条件，包括学生的素质以及入学前的文化层次。

【本章小结】

本章内容共分为两大部分，用模块表示如下：

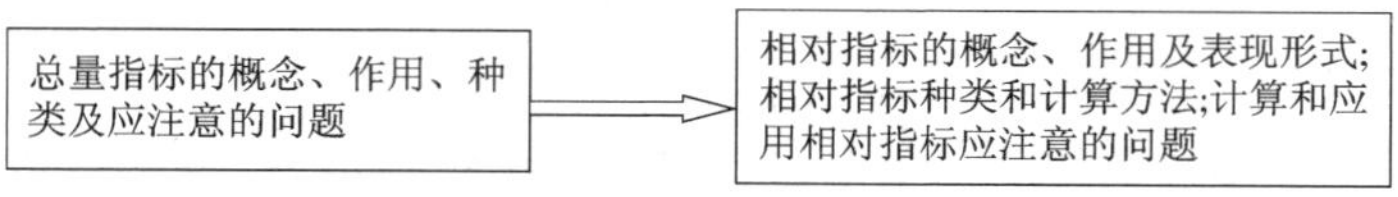

本章介绍了两个综合指标即总量指标和相对指标，它们可以分别从绝对数量和相对数量两方面对现象进行分析。因此，在实际工作中，两者往往需要结合运用，以便能更全面地认识被研究现象。

总量指标是表明社会经济现象达到的总规模或总水平的综合指标，指标数值的大小会随着总体范围的变化而变化。从指标内容上看,它分为总体标志总量指标和总体单位总量指标;从指标反映的时间状况上看,它分为时期指标和时点指标;从指标计量单位上看,分为实物指标、价值指标和劳动量指标。其中时期指标和时点指标是重点应区别的内容。它们有三个相互对应的特点,这正是它们之间的区别。相对指标是表明社会经济现象相对数量水平的综合指标,能反映现象的内部结构、比例关系、发展速度、完成情况以及密度和普遍程度等,在对社会经济现象的统计研究中发挥着重要作用。相对指标可分为结构相对指标、比例相对指标、比较相对指标、动态相对指标、强度相对指标和计划完成情况相对指标等六种类型的相对指标。

相对指标中除动态相对指标外,其他的都用于对现象的静态分析。结构相对指标是表明部分占总体的比重,一个总体内的比重指标数值之和等于 1 或 100%。计划完成情况相对指标是表明实际完成了计划规定任务的多少,是用于检查计划执行情况的统计指标。它既可以检查年度计划的执行情况,也可以进行长期计划的检查。对于长期计划来讲,若规定计划末期应达到的水平,则用水平法来检查计划完成情况;若规定整个计划期累计应达到的任务总量时,就应用累计法检查计划完成情况。计划任务数既可以绝对数下达,也可以相对数或平均数下达。其中若以相对数下达计划任务,应以“$1+x\%$(提高率)”或“$1-x\%$(降低率)”计算计划完成情况相对指标。强度相对指标表明现象的强度、密度或普遍程度,其中大部分指标的分子和分母可以互换位置从而形成正指标和逆指标。另外一小部分指标的分子和分母不可以互换位置,如人口出生率、死亡率等,若互换,则指标无任何意义。比例相对指标和比较相对指标虽然只一字之差,但其含义和计算方法却截然不同。比例相对指标是表明同一总体内不同部分之间的数量对比关系,重在研究其比例是否协调、合理;比较相对指标是表明同类指标在不同空间的数量对比关系,重在研究该指标在不同空间的先进和落后的对比,找出差距,以便总结经验或教训。

【阅读专栏 5】 何为“规模以上工业企业”?

1998 年,国家统计局将工业统计范围划分为规模以上和规模以下两部分。“规模以上工业企业”,在 1998 年至 2006 年,是指全部国有企业和年主营业务收入在 500 万元及以上的非国有企业;2007 至 2010 年,统计范围调整为年主营业务收入在 500 万元及以上的工业企业;2011 年开始至今,统计范围为年主营业务收入在 2 000 万元及以上的工业企业,这些企业需经过国家统计局审批相关资料(财务表、资产负债表、纳税申报单、营业执照等)后,便可入企业名录库,入库以后便可以上报。

【思考与练习】

一、单项选择题

1. 直接反映总体规模大小的指标是(　　)。

A. 平均指标　　B. 相对指标　　C. 总量指标　　D. 变异指标

2. 某单位某月份职工的出勤率是 95%,这个指标是(　　)。

A. 结构相对指标　　B. 比较相对指标　　C. 比例相对指标　　D. 强度相对指标

3. 将对比的基数抽象为 10,则计算出来的相对数称为(　　)。

A. 倍数　　B. 百分数　　C. 系数　　D. 成数

4. 2010—2014 年间，甲地的农业生产总值平均增长速度比乙地高 5%，这是(　　)。

A. 动态相对指标　　B. 比例相对指标　　C. 比较相对指标　　D. 强度相对指标

5. 由反映总体各单位数量特征的标志值汇总得出的指标是(　　)。

A. 总体单位总量　　B. 总体标志总量　　C. 质量指标　　D. 相对指标

6. 某企业工人劳动生产率计划提高 5%，实际提高了 10%，则提高劳动生产率的计划完成程度为(　　)。

A. 104.76%　　B. 95.45%　　C. 200%　　D. 4.76%

7. 某厂 2004 年完成产值 200 万元，2005 年计划增长 10%，实际完成 231 万元，则超额完成计划为(　　)。

A. 15.5%　　B. 5.5%　　C. 115.5%　　D. 5%

8. 某商场销售洗衣机，2005 年共销售 3 000 台，年底库存 50 台，这两个指标是(　　)。

A. 时期指标　　B. 时点指标

C. 前者是时期指标，后者是时点指标　　D. 前者是时点指标，后者是时期指标

9. 在相对指标中，计算结果必定小于 100% 的是(　　)。

A. 比较相对指标　　B. 比例相对指标　　C. 结构相对指标　　D. 强度相对指标

10. 全国粮食产量与全国人口数对比的指标为(　　)。

A. 平均指标　　B. 比较相对指标　　C. 比例相对指标　　D. 强度相对指标

二、多项选择题

1. 下列统计指标中属于总量指标的是(　　)。

A. 工资总额　　B. 商业网点密度　　C. 商品库存量　　D. 人均国民生产总值

E. 进出口总额

2. 下列指标中属于时期指标的是(　　)。

A. 人口出生数　　B. 毕业生人数　　C. 年末人口总数　　D. 在校学生人数

E. 出勤人数

3. 下列指标中属于时点指标的有(　　)。

A. 某地区人口数　　B. 某地区死亡人口数　C. 企业的设备台数　　D. 电视机销售台数

E. 某企业月末职工人数

4. 下列指标属于相对指标的是(　　)。

A. 某地区平均每人生活费　　B. 某地区人口出生率

C. 某地区粮食产量　　D. 某企业利润计划完成程度

E. 某地区人口自然增长率

5. 经调查得知，某地区 2004 年人口自然增长率为 12.1‰。这一指标属于(　　)。

A. 总量指标　　B. 相对指标　　C. 质量指标　　D. 数量指标

E. 强度相对指标

6. 相对指标中，分子、分母可以互换的有(　　)。

A. 结构相对指标　　B. 比较相对指标　　C. 大部分强度相对指标

D. 比例相对指标　　E. 计划完成情况相对指标

7. 全国人口数、商品库存量、人口出生数、出口总额这4个指标(　　)。

A. 都是总量指标　　B. 都是质量指标　　C. 都是数量指标

D. 有两个时期指标，两个时点指标　　E. 都是时期指标

8. 下列指标中属于强度相对指标的有(　　)。

A. 人口自然增长率　　B. 每一万人中有20名大学生

C. 流动资金周转次数　　D. 甲地区人口密度是乙地区的2倍

9. 下列指标中属于比较相对指标的有(　　)

A. 甲地区总人口较乙地区多20万　　B. 甲厂产值是乙厂的2倍

C. 某地每万人中有科技人员160人　　D. 甲地的粮食产量是乙地的140%

10. 当相对指标的分子与分母相差很大时，通常采用(　　)表示。

A. 系数　　B. 千分数　　C. 倍数　　D. 百分数

三、判断题

1. 能计算总量指标的总体必须是有限总体。(　　)

2. 总体单位总量与总体标志总量可以随研究对象的变化而发生变化。(　　)

3. 同一个总体中，时期指标值的大小与时期长短成正比，时点指标值的大小与时间间隔成反比。(　　)

4. 以国有商业企业为总体，则所有的国有商业企业的总数就是总体单位总量，所有的国有商业企业的职工人数、商品流转额、利税额的合计就是标志总量。(　　)

5. 我国某地区人均粮食产量为420公斤，这一指标是平均指标。(　　)

6. 用总体部分数值与总体全部数值对比求得的相对指标，说明总体内部的组成状况，这个相对指标是比例相对指标。(　　)

7. 某厂生产某种产品的单位成本，计划在去年的基础上降低4%，实际降低了3%，则单位成本降低的计划完成程度为99.04%。(　　)

8. 国民收入中积累额与消费额之比为1:3，这是一个比较相对指标。(　　)

9. 某公司的产品销售额今年比去年相比增加了10%，这是比例相对指标。(　　)

10. 检查长期计划的完成程度时，若计划任务规定的是长期计划期末应达到的水平，检查计划完成程度应采用水平法。(　　)

四、简答题

1. 什么是总量指标？它在社会经济统计中有何作用？

2. 结构相对指标、比例相对指标和比较相对指标有什么不同特点，请举例说明。

3. 强度相对指标与其他相对指标的主要区别是什么？

4. 时期指标与时点指标有什么区别和联系？

六、计算题

1. 某地区土地面积为4.4万平方公里，人口资料如表4.6所示。

表 4.6　某地区人口统计资料　　单位:万人

人口分布	2010 年
城市	240
农村	160
合计	400

要求:根据上述资料计算出所有可能的相对指标,并指明其种类。

2. 某公司所属三个厂近两年产量完成情况如表 4.7 所示。

表 4.7　某公司所属三个厂 2015—2016 年完成产量情况

	上年实际产量(吨)	本年计划		本年实际		本年计划完成程度(%)	本年为上年的(%)
		产量(吨)	比重(%)	产量(吨)	比重(%)		
甲厂	90		20	110		110	
乙厂		150				100.7	115
丙厂	230	250		237			
合计		500		498			110.3

要求:填出空格中的数字。

3. 某企业 2015 年某产品单位成本为 520 元,2016 年计划规定在上年的基础上单位成本降低 5%,实际降低了 6%,试确定 2016 年单位成本的计划数和实际数,并计算 2016 年成本计划的完成情况指标。

4. 某企业 2016 年产品销售量计划为上年的 108%,实际销售量为上年的 114%,试计算 2016 年产品销售计划完成程度。

5 平均指标和变异指标

案例导读

如果说上一章向大家介绍的两个基本统计指标可以分别从绝对数与相对数方面分析社会经济现象,那么这一章介绍的平均指标和变异指标又从总体数量的趋向性和离散性方面来分析社会经济现象。这四种统计指标通常又被称为综合指标,利用它们可以全方位、多角度地对现象总体进行全面、细致、客观的评价。

从宏观角度来讲,平均指标和变异指标被广泛地运用于国民经济领域中。例如,2016 年全年粮食产量 61 623.9 万吨,比上年减少 520.1 万吨,减产 0.8%,全年粮食种植面积 11 302.82 万公顷,比上年减少 31.47 万公顷,减少 0.3%,那么 2016 年粮食平均亩产量计算结果约为 363.5 公斤/亩。这一指标代表各种粮食产量的一般水平。它的代表性大小有待考察(资料来源:国家统计数据库)。又如,我国 2016 年城镇居民家庭平均每人全年消费性支出为 23 079 元(资料来源:国家统计数据库),这一指标是将全国城镇居民各个收入阶层以及综合了全部可能的消费项目而计算出的平均值,它能大致代表我国城镇居民的年人均消费水平。那它的代表性有多强呢?这要看各个收入阶层消费支出的差距有多大。这就是平均指标和变异指标要说明的问题。

从微观角度讲,我们的日常生活和学习都离不开平均指标和变异指标。例如,对某班的某门课程的考试成绩进行分析时,除了要了解各个成绩等级所占的比重、考试的通过率等指标外,还应计算其平均成绩,以了解该班该课程考试成绩的一般水平。那么这个平均成绩是否可以代表该班考试成绩的一般水平呢,这就是变异指标的研究内容了。在生产领域,企业管理人员经常利用标志变异指标衡量企业生产过程的稳定性和均衡性;利用平均指标进行企业间的对比,如利用劳动生产率的比较来反映企业的管理水平的高低,利用标志变异指标来反映企业各个部门的劳动生产率差别大小等。

本章就来介绍平均指标和变异指标的概念、作用、种类及其计算方法和应用。

学习目标

◆掌握平均指标和变异指标的概念和种类

◆掌握算术平均数和调和平均数的异同,能够熟练运用

◆掌握如何区别算术平均数和强度相对指标

◆能够正确运用公式进行各种平均指标和变异指标的计算,并能利用其对总体进行全面、准确的分析

主要内容

◆平均指标

◆变异指标

5.1 平均指标

5.1.1 平均指标的概念和作用

5.1.1.1 平均指标的概念

平均指标又称为平均数，是同类社会经济现象在一定时间、地点和条件下，将总体内各单位的数量差异抽象化，反映其一般数量水平的综合指标。平均指标一般表现为有名数，其计量单位与标志值的计量单位一致。

在同一总体中，最能代表某一标志数量水平的就是该总体内各单位该标志值的平均数。从这个意义上讲，平均数又是总体各单位某一数量标志值的代表水平，它能说明总体各单位某一数量标志值的集中趋势。

5.1.1.2 平均指标的作用

平均指标在统计工作中应用十分广泛，其重要作用主要体现在以下几方面。

(1)利用平均指标，可以反映分布数列中各变量值分布的集中趋势。总体中各单位的标志值是不相同的，标志值从小到大形成一定的分布。通常，标志值很小或很大的单位都比较少，而平均数周围的单位却很多，占最大比重。所以平均指标反映了标志值变动的集中趋势。例如，一个班学生的考试成绩中，高分或低分相对较少，而大部分学生的成绩不算高也不算低，那么平均成绩就介于高分与低分之间，反映出学生考试成绩的集中趋势。

(2)利用平均指标，可以比较同一时期的同类现象在不同地区、不同单位、不同部门之间的一般水平，从而评价同类现象在不同空间的高低、优劣。例如，要了解某市工业企业职工的收入水平，只看每个企业的工资总额是不行的，因为每个企业的类型不同、规模不同，所以工资总额这个总量指标在不同的企业之间是不具有可比性的。若了解平均工资这一指标，就能比较客观、清楚地说明不同企业之间职工收入水平的差异了。

(3)利用平均指标，可以比较同类社会经济现象的平均水平在不同时间上的变化，用来说明现象总体的发展过程和趋势。例如，我国人民的平均寿命逐年上升，说明我们的物质生活水平和精神生活水平在逐渐提高，医疗卫生水平在不断进步。

(4)利用平均指标，可以分析现象之间的依存关系。在社会经济现象中，有些现象并不是孤立的，存在着某种相互联系、相互制约的关系。利用平均指标，就可以分析现象之间的这种依存关系。例如，在其他条件一定的情况下，将化肥施用量和农作物的平均亩产量进行比较，会发现在一定的范围内，平均亩产量会随着化肥施用量的增加而增加，即两者存在依存关系。

(5)平均指标可以作为某些科学预测、决策的依据，利用平均指标可以推算、估算其他指标。例如，企业中某些定额和标准如劳动定额、生产定额、物质消耗额等都是根据相应的平均指标确定的。在抽样推断中，根据样本平均数可以推断总体平均数。

5.1.2 平均指标的种类及计算方法

平均指标按计算方法不同，分为算术平均数、调和平均数、几何平均数、中位数和众数。其中前三种是根据总体的所有标志值计算的，被称为数值平均数；后三种是根据标志值所处的位置确定的，被称为位置平均数。

5.1.2.1 算术平均数

算术平均数是统计中最基本、最常用的一种平均数。它的基本计算形式是总体单位某一数量标志值之和(总体标志总量)除以总体单位总数(总体单位总量),计算公式为

$$算术平均数 = \frac{总体标志总量}{总体单位总量} \tag{5-1}$$

【例 5-1】 某企业 2016 年 6 月的工资总额为 384 200 元,共有 320 名职工,则该企业职工的月平均工资是

$$平均工资 = \frac{384\ 200}{320} = 1\ 200.63(元)$$

算术平均数和强度相对指标的计算形式很相似,尤其有些强度相对指标名称中也有"均"字,但实际上两者是不相同的。平均数是同一个总体标志总量与总体单位总数之比,标志总量是随着总体单位总数的变动而变动的;而强度相对数是两个性质不同但有联系的总量指标之比,作为分子的总量指标并不随着作为分母的总量指标的变动而变动。另外,算术平均数与强度相对数的根本区别在于:算术平均数的分子与分母必须同属于一个总体,且它们是一一对应的,即有一个总体单位,就一定有一个标志值与之相对应;而强度相对数的分子与分母不存在这样的对应关系。例如,人均粮食产量和人均工资这两个指标:前者是粮食总产量与总人口进行对比,总人口的多少并不会直接影响到粮食产量,而且总人口中只有农民才真正进行粮食生产,其他人与粮食没有对应关系;后者是所有挣工资的人去除这些人工资总额,工资总额是所有人的工资额之和。若分母每增加(或减少)一个人,分子的工资总额也必然会增加(或减少)一个人的工资额,所以这种分子与分母的一一对应关系是算术平均数区别于强度相对数的显著特点。

根据所掌握的资料和计算形式的不同,算术平均数又分为简单算术平均数和加权算术平均数两种。

1. 简单算术平均数

如果掌握的分子资料是总体各单位的标志值,而不是标志总量,那么就采用简单算术平均法计算平均数。这时的平均数就被称为简单算术平均数,计算公式为

$$\bar{x} = \frac{x_1 + x_2 + \cdots + x_n}{n} = \frac{\sum x}{n} \tag{5-2}$$

式中 $\bar{x}$——算术平均数;

x——各单位的标志值;

n——总体单位数;

$\sum$——总和符号。

【例 5-2】 一个学习小组有 5 名学生,他们一天内背诵单词量分别为 18 个、20 个、25 个、28 个和 29 个,则 5 名学生平均背诵单词量为

$$\bar{x} = \frac{\sum x}{n} = \frac{18 + 20 + 25 + 28 + 29}{5} = 24(个)$$

简单算术平均数是最简单的一种计算平均数的方法,一般在各个标志值(变量值)出现次

数相同的条件下采用。若总体经过分组,各个变量值出现的次数不相同时,就应采用加权算术平均法来计算。

2. 加权算术平均数

总体经过分组后,形成了变量数列,变量数列中每组的变量值出现的次数(又称为频数)各不相同。这时用各组变量值乘以其次数求得各组标志总量,然后将各组标志总量相加后除以各组次数的总和。其计算公式为

$$\bar{x}=\frac{x_1f_1+x_2f_2+\cdots+x_nf_n}{f_1+f_2+\cdots+f_n}=\frac{\sum xf}{\sum f} \tag{5-3}$$

式中 f——各组次数;

x——各单位的标志值。

计算加权算术平均数时,根据分组情况,可以依据单项式变量数列计算,也可以依据组距式变量数列计算。

1)根据单项式变量数列计算

将总体分组后,形成单项式变量数列。由于每组只有一个变量值,且变量值和次数是已知的,故可以直接利用式(5-3)计算。

【例 5-3】 一个生产小组有 10 名工人,日产件数分别为 15、15、16、16、17、17、17、18、18、19,求他们的平均日产量。因为这些变量值出现次数不同,所以,可将以上资料进行分组。分组资料如表 5.1 所示。

表 5.1 某生产小组工人日产量统计表

按日产量分组 x	工人数 f	各组总产量 xf
15	2	30
16	2	32
17	3	51
18	2	36
19	1	19
合计	10	168

该生产小组工人的平均日产量为

$$\bar{x}=\frac{\sum xf}{\sum f}=\frac{168}{10}=16.8(件)$$

从公式及例题中可以看出,影响算术平均数的因素不只是各组变量值,还有另一个因素是各组次数,二者共同影响着算术平均数的大小。次数大的组,其变量值对平均数的影响就大;反之,次数小的组,其变量值对平均数的影响就小。也就是说,当标志值较大而次数较多时,平均数就接近于较大标志值;当标志值较小而次数较多时,平均数就接近于较小标志值。由此看来,次数的多少对平均数的大小起着权衡轻重的作用,所以,统计上又把次数称为权数,把变量值乘以权数的过程称为加权,这样计算出来的算术平均数称为加权算术平均数。从实质上说,

权数对于算术平均数的影响不是决定于次数(各组单位数)的多少,而是决定于次数占总次数,即各组单位数占总体单位数的比重(又称为权重系数)的大小。哪一组单位数所占比重大,则该组标志值对平均数的影响就大。所以,许多情况下,可以直接利用权重系数计算。其计算公式为

$$\bar{x} = \sum x \cdot \frac{f}{\sum f} \tag{5-4}$$

式中 $\frac{f}{\sum f}$ ——权重系数。

因 $\sum x \cdot \frac{f}{\sum f} = \frac{\sum xf}{\sum f} = \bar{x}$

故利用权数和权重系数计算的算术平均数结果是完全一致的。如上例,可以采用式(5-4)计算,即见表5.2。

表5.2 某生产小组工人日产量统计表

按日产量分组 x	工人数 f	工人数比重 $\frac{f}{\sum f}$	$x \cdot \frac{f}{\sum f}$
15	2	0.2	3
16	2	0.2	3.2
17	3	0.3	5.1
18	2	0.2	3.6
19	1	0.1	1.9
合计	10	1	16.8

该生产小组工人的平均日产量为

$$\bar{x} = \sum x \cdot \frac{f}{\sum f} = 16.8(\text{件})$$

请注意:当各组单位数(次数或频数)相等时,各组单位数所占的比重(权重系数)也相等,此时权数并不发挥作用,加权算术平均数就等于简单算术平均数。

2)根据组距式变量数列计算

将总体进行组距式分组后,由于各组有若干变量值,且各组变量值采用上下组限的形式表示,所以必须先将各组的组中值计算出来,作为各组变量值的代表性数值,即用组中值作为 x,然后再代入公式计算加权算术平均数。

【例5-4】 某班50名学生,英语考试成绩如表5.3所示。

表5.3 某班英语考试成绩统计计算表

按考试成绩分组(分)	人数 f	组中值 x	各组总成绩 xf
60以下	4	55	220
60~70	7	65	455

续表

按考试成绩分组(分)	人数 f	组中值 x	各组总成绩 xf
70 ~ 80	18	75	1 350
80 ~ 90	16	85	1 360
90 以上	5	95	475
合计	50	—	3 860

该班英语的平均成绩为

$$\bar{x}=\frac{\sum xf}{\sum f}=\frac{3\,860}{50}=77.2(\text{分})$$

根据组距式变量数列计算的加权算术平均数，是假定各单位标志值在组内的分布是均匀的，而实际分布是不可能完全均匀的，那么各组组中值与组平均数就会存在一定误差，所以用组中值计算出来的加权算术平均数是一个近似值。其近似程度与组距大小有一定关系，即组距越大，组中值与组平均数的差距会越大，加权算术平均数的近似程度就越大；反之，组距越小，近似程度越小，加权算术平均数越接近于实际水平。

3. 算术平均数的数学性质

(1)如果将各变量值加或减任意数 A，则所得的算术平均数也相应地增加或减少任意数 A，即

简单算术平均数：$\frac{\sum (x\pm A)}{n}=\frac{\sum x}{n}\pm\frac{\sum A}{n}=\bar{x}\pm A$

加权算术平均数：$\frac{\sum (x\pm A)f}{\sum f}=\frac{\sum xf}{\sum f}\pm\frac{\sum Af}{\sum f}=\bar{x}\pm A$

(2)如果将各变量值乘以或除以任意数 A，则所得的算术平均数也乘以或除以任意数 A。对简单算术平均数

$$\frac{\sum xA}{n}=A\cdot\frac{\sum x}{n}=A\bar{x}$$

或 $\frac{\sum \frac{x}{A}}{n}=\frac{1}{A}\cdot\frac{\sum x}{n}=\frac{\bar{x}}{A}$

对加权算术平均数

$$\frac{\sum xAf}{\sum f}=A\cdot\frac{\sum xf}{\sum f}=A\bar{x}$$

或 $\frac{\sum \frac{x}{A}f}{\sum f}=\frac{1}{A}\cdot\frac{\sum xf}{\sum f}=\frac{\bar{x}}{A}$

(3)算术平均数与次数的乘积等于变量值与次数的乘积的总和，即

简单算术平均数：$\bar{x}n=\sum x$

加权算术平均数：$\bar{x}\sum f=\sum xf$

例如在例 5－2 中，一个学习小组 5 名学生一天内平均单词背诵量为 24 个，则 5 名学生的总背诵量为 120 个单词（24×5）。

再如例 5－4，某班 50 名学生英语考试平均成绩为 77.2 分，则全班的英语考试总成绩为 3 860 分（77.2×50）。

这个性质说明，平均数是所有变量值的代表数值，并且根据平均数与次数可以推算出数量标志的总和，即总体标志总量。

（4）所有变量值与算术平均数的离差之和等于零，即

简单算术平均数：$\sum(x-\bar{x})=0$

加权算术平均数：$\sum(x-\bar{x})f=0$

在理论上，这个性质说明，在算术平均数中，变量值之间这方面或那方面的偏差可以相互抵消，即算术平均数将总体各单位标志值之间差异抽象化了。

（5）所有变量值与算术平均数离差平方和为最小值，即

简单算术平均数：$\sum(x-\bar{x})^2=\min$（最小值）

加权算术平均数：$\sum(x-\bar{x})^2f=\min$（最小值）

这个性质，有助于理解方差和标准差的意义。

5.1.2.2 调和平均数

调和平均数是平均数的一种，是根据变量值的倒数计算的。它是变量值倒数的算术平均数的倒数，所以又称其为倒数平均数。在社会经济统计中，往往由于缺乏总体的单位数资料，不能直接采用算术平均数，就需要把算术平均数的形式加以改变而采用调和平均数。所以调和平均数是算术平均数的变形。调和平均数也分为简单调和平均数和加权调和平均数。

1. 简单调和平均数

【例 5－5】 在收购某农产品时，根据质量差别，从高到低分为一级、二级和三级。该农产品一级收购价是 1 元/公斤，二级是 0.8 元/公斤，三级是 0.5 元/公斤。若向农户分别花 1 元钱收购各级的该种农产品，那么该农产品的平均收购价是多少？

在计算平均收购价时，首先想到的一种方法是将各级价格直接平均，即

$$\bar{x}=\frac{1+0.8+0.5}{3}=\frac{2.3}{3}=0.77\text{（元/公斤）}$$

还有另一种方法，用总金额除以收购的总数量，即，

$$\bar{x}=\frac{1+1+1}{\frac{1}{1}+\frac{1}{0.8}+\frac{1}{0.5}}=\frac{3}{4.25}=0.71\text{（元/公斤）}$$

同样计算平均价格，两种方法的结果却不同。第一种方法是直接对价格求平均，也就是说对平均价格的影响只有各级产品的价格，而它们的购买量没有起任何作用。换句话说，这种直接求平均的方法，适合于各级产品的购买量是相同的。第二种方法是用收购总金额除以收购总数量来计算平均价格，体现出各级收购数量对平均价格的影响。各级农产品都花了 1 元，由

于各级单价不同,则各级收购量也不相同。价格最低的三级,收购量最多;价格最高的一级,收购量最少。由此看来,对平均价格影响最大的是三级农产品,影响最小的是一级农产品,所以第二种方法计算的平均价格比第一种低。此题适用第二种方法,计算公式为

$$H=\frac{n}{\frac{1}{x_1}+\frac{1}{x_2}+\cdots+\frac{1}{x_n}}=\frac{n}{\sum\frac{1}{x}} \tag{5-5}$$

式中 H——调和平均数。

2. 加权调和平均数

简单调和平均数是在各变量值对平均数起同等作用的条件下应用的,但是在许多条件下,各变量值对于平均数的作用是不同的。如上例中,如果各级农产品不是各买1元,而是各买了不同金额,那么每种价格所起的作用就不同,这时就应用加权调和平均数,计算公式为

$$H=\frac{m_1+m_2+\cdots+m_n}{\frac{m_1}{x_1}+\frac{m_2}{x_2}+\cdots+\frac{m_3}{x_n}}=\frac{\sum m}{\sum\frac{m}{x}} \tag{5-6}$$

式中 m——各组的标志总量。

【例5-6】 根据上例资料,现在收购一级农产品花费3元,收购二级农产品花费2元,收购三级农产品花费1元,则平均价格应为

$$H=\frac{\sum m}{\sum\frac{m}{x}}=\frac{3+2+1}{\frac{3}{1}+\frac{2}{0.8}+\frac{1}{0.5}}=\frac{6}{7.5}=0.8(\text{元/公斤})$$

从结果看,平均价格提高了,说明花3元收购的一级农产品对平均价格的影响最大,而三级农产品只花费了1元,对平均价格的影响最小,所以农产品平均价格高于上例。

【例5-7】 某百货公司本月购进三批同种商品,每批价格及采购金额如表5.4所示,求三批商品的平均价格。

表5.4 某百货公司某种商品本月购进情况

	价格(元/件)x	采购金额(元)m	采购量(件)$\frac{m}{x}$
第一批	50	1 100	22
第二批	55	2 750	50
第三批	60	1 800	30
合计	—	5 650	102

这三批商品平均价格为

$$H=\frac{\sum m}{\sum\frac{m}{x}}=\frac{5\ 650}{102}=55.39(\text{元/件})$$

加权调和平均数是以标志总量 m 为权数,以标志值 x 为变量值计算的平均数。如例5-7,分子是采购金额之和,即总体标志总量,分母是采购量之和,即总体单位总数。所以,调和平

均数在经济内容和计算结果上与算术平均数一致，只是由于计算时依据的资料不同，因而采用不同的方法而已。通过加权调和平均数的计算公式可以得到

$$H=\frac{\sum m}{\sum \frac{m}{x}}=\frac{\sum xf}{\sum f}=\bar{x}$$

其中，$m=xf$，都表示标志总量。

由此可见，加权调和平均数实质上是加权算术平均数的变形。在实际工作中，如果掌握了分母资料即总体单位数，而分子即标志总量是需要计算的，就应采用加权算术平均法计算平均数；如果掌握了分子资料，而分母资料需要计算，则采用加权调和平均法计算平均数。

5.1.2.3 由相对数或平均数计算平均数

在实际工作中，被平均的变量值除了表现为绝对数外，还可以表现为相对数或平均数。根据所掌握的资料的不同，可以采用算术平均数或调和平均数来计算。下面以相对数变量为例，讲述如何由相对数或平均数计算平均数。

【例 5－8】 某市工业局所属的 20 个工业企业某年一季度产值计划完成情况如表 5.5 所示，求该工业局所属企业的产值平均计划完成情况。

表 5.5 某市工业局某年一季度所属企业产值计划完成情况

计划完成情况(%)	组中值(%)x	企业数	计划完成产值(万元)f 或 $\frac{m}{x}$	实际完成产值(万元)xf 或 m
90 以下	85	2	500	425
90～100	95	5	1 300	1 235
100～110	105	9	2 400	2 520
110 以上	115	4	1 200	1 380
合计	—	20	5 400	5 560

用以上资料来计算时，很容易以企业数为权数进行加权算术平均，这是不对的。因为要平均的对象是计划完成情况相对指标，它是由实际数与计划数对比得到的百分数表示的。所以，这道题的计算思路是用全部企业实际完成产值总量去对比它们的计划完成产值总量来求出它们的平均计划完成情况。

若以上资料只有计划完成产值而缺乏实际产值，就应该先求出实际产值，再进行对比求平均数，即以计划完成情况的组中值为变量值，以计划完成产值为权数，进行加权算术平均。所以，该市工业局所属企业的平均产值计划完成情况为

$$\bar{x}=\frac{\sum xf}{\sum f}=\frac{5\ 560}{5\ 400}=102.96\%$$

若以上资料只有实际完成产值，而计划完成产值是未知的，就应该先求出计划产值，再进行对比求平均数，即以计划完成情况的组中值为变量值，以实际完成产值为权数，进行加权调和平均。所以，该市工业局所属企业的平均产值计划完成情况为

$$H=\frac{\sum m}{\sum \frac{m}{x}}=\frac{5\ 560}{5\ 400}=102.96\%$$

同一问题,两种方法的计算结果完全一致。通过此题,可以得出如下结论。

当被平均的现象(变量)为相对数或平均数时,无论总体单位数的多与少都对平均数的计算不产生任何影响,而是通过其分子指标之和与分母指标之和对比计算的。当给出分母资料却缺少分子资料时,应以分母资料为权数进行加权算术平均;当给出分子资料而缺少分母资料时,应以分子资料为权数进行加权调和平均。

5.1.2.4 几何平均数

几何平均数是一种具有特殊用途的平均指标。它的计算方法是将 n 个变量值连乘后,再开 n 次方根。它适用于各变量值的连乘积等于总体标志总量的现象,是计算平均比率和平均速度最常用的方法。由于掌握资料的不同,几何平均数也可以分为简单几何平均数和加权几何平均数两种。

1. 简单几何平均数

当每个变量值出现的次数相同时,应采用简单几何平均数,其计算公式为

$$G=\sqrt[n]{x_1\cdot x_2\cdot\cdots\cdot x_n}=\sqrt[n]{\prod x} \qquad (5-7)$$

式中 G——几何平均数;

x——各变量值,且为相对数;

n——各变量值个数。

【例 5-9】 某工业企业生产一种产品,该产品需要经过三个生产车间才能完工。本月一车间产品合格率为95%,二车间为97%,三车间为98%,那么该产品的车间平均合格率应为多少?

由于该产品最终合格率并不是三个车间合格率之和,而表现为三个车间合格率的乘积关系,所以车间的平均合格率为

$$G=\sqrt[n]{\prod x}=\sqrt[3]{95\%\times 97\%\times 98\%}=96.67\%$$

2. 加权几何平均数

当每个变量值出现的次数不相同时,应采用加权几何平均数,其计算公式为

$$G=\sqrt[f_1+f_2+\cdots+f_n]{x_1^{f_1}\cdot x_2^{f_2}\cdot\cdots\cdot x_n^{f_n}}=\sqrt[\sum f]{\prod x^f} \qquad (5-8)$$

利用几何平均数可以对现象进行动态分析和计算平均发展速度,其计算方法详见第 6 章。

5.1.2.5 众数

众数是在现象总体中出现次数最多或最为普遍的那个变量值。它是属于平均数中的位置平均数,也就是说,它不受变量值大小的影响,而完全决定于变量值出现的次数。众数有别于算术平均数,可以从另一角度说明社会经济现象的一般水平。例如,某班 32 名学生中,17 岁的有 2 名,18 岁的有 5 名,19 岁的有 20 名,20 岁的有 4 名,21 岁的有 1 名。所以,该班学生的年龄众数为 19 岁,则 19 岁代表该班学生年龄的一般水平。在实践中,众数有它不可替代的作

用。如在衣服、鞋帽等商品的购销中，掌握其规格、型号的众数，可以更好地组织货源以适应消费者的需求，不至于造成商品的积压或脱销。众数是根据特殊位置确定的。如果总体中变量值的分布较为均匀，没有明显的集中趋势时，那么该总体中就不存在众数。

众数存在时，众数可分别根据单项式数列和组距式数列确定。

1. 根据单项式数列确定众数

如果掌握的资料是单项式数列，只要找到次数最多的那个组，其所对应的变量值就是众数。

【例 5-10】 某生产小组工人日产量情况如表 5.6 所示。

表 5.6 某生产小组工人日产量资料

日产量(件)	工人数(人)
50	5
55	8
60	15
70	2
合计	30

从表中资料显示出，有 15 个工人日产量都是 60 件，所以 60 件就是工人日产量的众数。

2. 根据组距式数列确定众数

如果掌握的资料是组距式数列，确定众数首先要找到众数组，即次数最多的那一组，然后用众数组的上限或下限代入公式进行计算，其计算公式是

$$下限公式：M_o = L + \frac{\Delta_1}{\Delta_1 + \Delta_2} \times d \tag{5-9}$$

$$上限公式：M_o = U - \frac{\Delta_2}{\Delta_1 + \Delta_2} \times d \tag{5-10}$$

式中 M_o——众数；

L——众数组下限；

U——众数组上限；

d——众数组组距；

Δ_1——众数组次数与前一组次数之差；

Δ_2——众数组次数与后一组次数之差。

【例 5-11】 某大学 200 名男生月生活费资料如表 5.7 所示。

表 5.7 某大学 200 名男生月生活费资料统计表

按月生活费分组(元)	人数(人)
800 以下	50
800～1 000	70
1 000～1 200	60

续表

按月生活费分组(元)	人数(人)
1 200 以上	20
合计	200

表中资料显示,月消费在 800 ~ 1 000 元这一组的学生人数最多,所以这一组为众数组,然后,将相关数据代入到下限公式或上限公式进行计算。

按下限公式计算:$M_o = L + \frac{\Delta_1}{\Delta_1 + \Delta_2} \times d$

$$= 800 + \frac{70 - 50}{(70 - 50) + (70 - 60)} \times 200 = 933.33(\text{元})$$

按上限公式计算:$M_o = U - \frac{\Delta_2}{\Delta_1 + \Delta_2} \times d$

$$= 1\ 000 - \frac{70 - 60}{(70 - 50) + (70 - 60)} \times 200 = 933.33(\text{元})$$

计算结果表明,该大学学生月生活消费水平的众数为 933. 33 元。两个公式计算结果完全一致,所以实际工作中,任选择其中一个公式计算即可。

5. 1. 2. 6　中位数

将总体各单位的值按大小顺序排列后,位于中间位置的那个标志值就是中位数。它属于位置平均数,不受变量数列中极端值的影响。在变量数列中,有一半单位的变量值大于中位数,另一半单位的变量值小于中位数,所以中位数又称为分割值。

由于掌握资料的不同,中位数的确定(计算)方法也不同。但不管是什么方法,中位数的位置都用如下公式确定:

$$\text{中位数位置} = \frac{n + 1}{2} \quad (\text{未分组资料}) \tag{5-11}$$

$$\text{中位数位置} = \frac{\sum f + 1}{2} \quad (\text{分组资料}) \tag{5-12}$$

1. 由未分组资料确定中位数

若掌握的资料未经过任何分组,则只要确定中位数的位置即可。其步骤如下。

第一步,将各变量值按大小顺序一一排列。

第二步,用公式(5 - 11)确定中位数的位置。若变量值项数为奇数,中位数是位于整个序列中间位置的那个变量值;若变量值项数为偶数,中位数是位于整个序列中间两项变量值的算术平均数。

【例 5 - 12】　有 5 名学生的"统计学"考试成绩分别为 40 分、60 分、68 分、75 分和 83 分,则"统计学"考试成绩的中位数应是多少?

由于资料未分组,共有 5 个变量值且已按从小到大的顺序排列,所以

$$\text{中位数的位置} = \frac{n + 1}{2} = \frac{5 + 1}{2} = 3$$

即成绩序列中，位于第三项的变量值 68 分是 5 名学生“统计学”考试成绩的中位数。

若在以上 5 名学生中再增加 1 名学生，成绩为 85 分，则此时

$$中位数的位置=\frac{n+1}{2}=\frac{6+1}{2}=3.5$$

即成绩序列中，中位数位于第三项和第四项中间，也就是 68 分和 75 分的算术平均数，即 $\frac{68+75}{2}=71.5$ 分，为“统计学”考试成绩的中位数。

2. 由分组资料确定中位数

1）由单项式数列确定中位数

根据单项式数列确定中位数时，首先应利用公式（5－12）确定中位数的位置；其次，通过计算累计次数确定中位数的位置（所在的组）。在累计次数中，略大于中位数位置的组所对应的变量值就是中位数。

【例 5－13】 以例 5－10 的资料说明用单项式数列确定中位数的方法。

表 5.8 某生产小组工人日产量情况统计计算表

按工人日产量分组（件）	工人数（人）	累计次数（人）	
		向上累计	向下累计
50	5	5	30
55	8	13	25
60	15	28	17
70	2	30	2
合计	30	—	—

$$中位数位置=\frac{\sum f+1}{2}=\frac{31}{2}=15.5$$

如表 5.8 所示，按向上累计，中位数位置 15.5 包含在向上累计次数为 28 的组内；按向下累计，中位数位置 15.5 包含在向下累计次数为 17 的组内。两种累计方法都表明中位数是同一组的变量值，即第三组的变量值是中位数。所以工人日产量的中位数 $M_e=60$ 件。

2）由组距式数列确定中位数

如果所给的资料是组距式数列，除了需要确定中位数所在组之外，还需要计算中位数的近似值。具体步骤如下。

第一步，根据公式（5－12）确定中位数的位置；

第二步，根据向上累计或向下累计次数，找出中位数所在的组；

第三步，将相关数据代入下限公式或上限公式计算中位数的近似值，计算公式为

$$M_e=L+\frac{\frac{\sum f}{2}-S_{m-1}}{f_m}\times d \quad （下限公式） \qquad (5-13)$$

$$M_e = U - \frac{\frac{\sum f}{2} - S_{m+1}}{f_m} \times d \quad （上限公式） \tag{5-14}$$

式中 M_e——中位数；

L——中位数所在组的下限；

U——中位数所在组的上限；

f_m——中位数所在组的次数；

S_{m-1}——中位数所在组以前的累计次数（向上累计）；

S_{m+1}——中位数所在组以后的累计次数（向下累计）；

d——中位数所在组的组距。

【例 5-14】 以例 5-11 的资料说明用组距式数列确定中位数的方法。

表 5.9 某大学 200 名男生月生活费资料统计表

按月生活费分组（元）	人数（人）	累计次数（人）	
		向上累计	向下累计
800 以下	50	50	200
800～1 000	70	120	150
1 000～1 200	60	180	80
1 200 以上	20	200	20
合计	200	—	—

根据表 5.9 中的资料确定中位数的过程如下：

$$中位数位置 = \frac{\sum f + 1}{2} = \frac{200+1}{2} = 100.5$$

其中，$L=800$，$U=1\ 000$，$f_m=70$，$S_{m-1}=50$，$S_{m+1}=80$，$d=200$。

$$按下限公式计算：M_e = L + \frac{\frac{\sum f}{2} - S_{m-1}}{f_m} \times d$$

$$= 800 + \frac{\frac{200}{2} - 50}{70} \times 200 = 942.86（元）$$

$$按上限公式计算：M_e = U - \frac{\frac{\sum f}{2} - S_{m+1}}{f_m} \times d$$

$$= 1\ 000 - \frac{\frac{200}{2} - 80}{70} \times 200 = 942.86（元）$$

计算结果表明，采用下限公式或上限公式计算中位数的近似值，结果是一致的。实际工作中，任选择其中一个公式计算即可。

5.1.3 众数、中位数和算术平均数的比较

5.1.3.1 众数、中位数和算术平均数的关系

众数、中位数和算术平均数均按不同的方法确定,而且含义也不相同,但都是反映总体一般水平的平均指标,彼此间存在着一定的数量关系。在对称的正态分布条件下算术平均数、众数、中位数三者相等,在非对称分布情况下,三者的差别取决于偏斜的程度。偏斜的程度越大,它们之间的差别越大;偏斜的程度越小,它们之间的差别越小。当数据分布呈左偏(负偏)时,算数平均数受极小值影响,有 $\bar{x} < M_e < M_o$,中位数总是介于众数与平均数之间。如图 5.1。

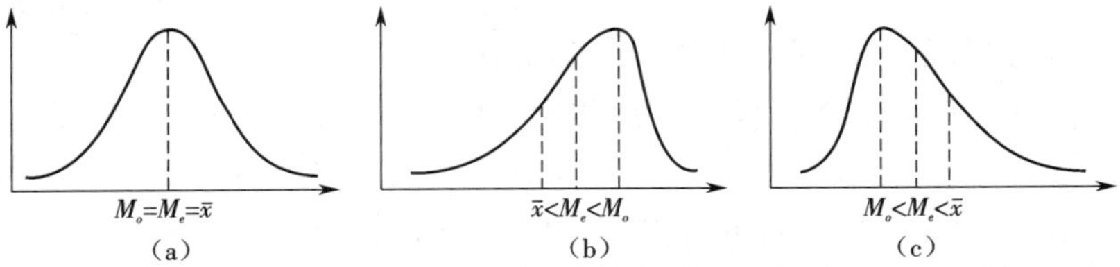

图 5.1 三种正态分布图

在存在轻微偏斜的情况下,众数、中位数和算术平均数三者之间数量关系的经验公式为算术平均数和众数的距离约等于算术平均数和中位数距离的 3 倍,即:

$$\bar{x} - M_o = 3(\bar{x} - M_e) \tag{5-15}$$

5.1.3.2 众数、中位数和算术平均数的特点及应用场合

众数、中位数和算术平均数各自具有不同的特点,掌握它们的关系及各自具有的不同特点,有助于在实际应用中选择合理的度量值来描述数据的集中趋势。

众数是一组数据分布的峰值,它是一种位置代表值,不受极端值的影响。其缺点是具有不唯一性,对于一组数据可能有一个众数,也可能有两个或多个众数,也可能没有众数。众数只有在数据量较多时才有意义,当数据量较少时,不宜使用众数。虽然对于顺序数据以及数值型数据也可以计算众数,但众数主要适合于作为分类数据的集中趋势测度值。

中位数是一组数据中间位置上的代表值,其特点是不受数据极端值的影响。当一组数据的分布偏斜程度较大时,使用中位数也许是一个好的选择。中位数主要适合于作为顺序数据的集中趋势测度值,虽然对于顺序数据也可以使用众数,但以中位数为宜。平均数是对数值型数据计算的,而且利用了全部数据信息,它是实际中应用最广泛的集中趋势测度值。平均数主要适合于作为数值型数据的集中趋势测度值,虽然对于数值型数据也可以计算众数和中位数,但以平均数为宜。当数据呈对称分布或接近对称分布时,3 个代表值相等或接近相等,这时则应选择平均数作为集中趋势的代表值。但平均数主要缺点是易受数据极端值的影响,对于偏态分布的数据,平均数的代表性较差。因此,当数据为偏态分布,特别是当偏斜的程度较大时,可以考虑选择众数或中位数等位置代表值,这时它们的代表性要比平均数好。例如工资增长问题,属于右偏态分布,在国际上用中位数来反映,而不是均值。

5.1.4 运用平均指标应注意的问题

平均指标在实际工作中虽然得到了广泛运用,但为了使其能更科学、合理地分析被研究的社会经济现象,在运用平均指标时应注意以下三方面。

5.1.4.1 必须保证平均指标分析研究的是同质总体

平均指标运用的前提就是总体各单位具有某一相同性质,能够形成一个总体,只有这样才能说明该总体内数量特征的一般水平,平均指标才具有实际意义。若将平均指标用于不同总体,由于不同总体的性质、数量水平等都不相同,平均指标就缺乏分析研究的必要条件,从而掩盖现象的真实情况,不但无法起到它应有的作用,反而会误导信息受众,使他们作出错误的判断和决策。

5.1.4.2 必须注意用组平均数补充说明总平均数

在对总体进行一般数量水平分析,计算出的是总平均数。要想对现象作出更准确的评价,还要以总体内各组或各部分的平均数进行补充说明,见下例。

【例 5-15】 甲、乙两个企业职工工资情况如表 5.10 所示。

表 5.10 甲、乙两个企业职工工资情况统计表

按岗位分组	甲企业				乙企业			
	人数(人)	比重(%)	工资额(元)	平均工资(元)	人数(人)	比重(%)	工资额(元)	平均工资(元)
生产工人	100	87	118 000	1 180	90	78	103 500	1 150
管理人员	15	13	25 500	1 700	25	22	42 250	1 690
合计	115	100	143 500	1 248	115	100	145 750	1 267

表中数据显示,从总体上讲,职工人数相同的情况下,乙企业平均工资 1 267 元高于甲企业平均工资 1 248 元,平均高出 19 元,从表面上看,乙企业的工资水平要高于甲企业,但如果对两企业的具体情况作深入分析,则是另一种结论:甲企业的生产工人与管理人员的平均工资都高于乙企业,也就是说,实际上甲企业的工资水平要高于乙企业,为什么经深入分析却得出与开始相反的结论?究其原因,两个企业生产工人与管理人员的比重不同,甲企业生产工人的比重高于乙企业,管理人员比重却低于乙企业,所以甲企业的工资总额比乙企业低,最终导致平均工资低于乙企业。而实际上,不论从生产工人还是管理人员,甲企业的工资水平都要高于乙企业。

5.1.4.3 必须注意用分布数列补充说明总平均数

平均数反映了总体的一般数量水平,所以它把总体各单位的数量差异抽象化了,无法说明各单位的数量差别和分布状况,因此,必须用分布数列补充说明总平均数,见下例。

【例 5-16】 某工业局所属的 20 个企业某年第一季度的产值平均计划完成程度为 101.5%,表明超额完成计划,具体完成情况如表 5.11 所示。

表 5.11 某工业局所属企业某年第一季度产值计划完成情况统计表

企业按产值计划完成程度分组(%)	企业数(个)	比重(%)
90 以下	3	15
90~100	5	25
100~110	8	40
110 以上	4	20
合计	20	100

虽然 20 个企业平均产值计划完成情况为 101.5%，表明超额完成了计划，但实际情况却有 40% 的企业没有完成各自计划，另有 20% 的企业超额 10% 以上完成了各自的计划，所以要用现象的分布数列补充说明其总平均数列，这样可以更全面、准确地说明现象总体数量特征。

5.1.4.4 要注意一般与个别现象相结合、平均数与典型事例相结合

在同一总体内，若只考察一般数量水平，就无法全面地分析现象，如果在用平均数分析现象时，忽视了个别情况，就不利于成功经验的推广和失败教训的总结，今后有可能在同一问题上重蹈覆辙。所以在应用平均数时，要结合个别的典型事例进行综合分析评价，这样有利于发现新生事物并加以总结推广，推动事物的发展。

5.1.4.5 要注意平均指标和变异指标的结合运用

变异指标对平均指标具有补充说明的作用，它可以反映平均指标是否对总体数量水平具有代表性以及代表性的强弱，具体内容见 5.2“变异指标”。

5.2 变异指标

5.2.1 变异指标的概念和作用

5.2.1.1 变异指标的概念

变异指标通常称为标志变异指标或标志变动度，是测定总体各单位标志值变动范围大小及差异程度的综合指标。它一般与平均指标结合起来全面地分析社会经济现象的数量特征。

实际工作中，可以借助总量指标和平均指标认识现象总体的数量规模和一般数量水平，但这还远远不够。因为它们对现象总体数量分析并不全面，两者都只是现象数量特征的初步分析，并不能深入地反映总体各单位的数量差异情况。例如，总体的最大标志值与最小标志值相差多少，总体各单位标志值的平均差异程度有多大，等等。所以标志变异指标可以反映出这些差异程度，弥补平均指标的不足。如果用平均指标说明分布数列中变量值的集中趋势，那么标志变异指标就可以说明变量值的离中趋势。

5.2.1.2 变异指标的作用

标志变异指标在统计研究中具有重要作用，主要表现如下。

(1)标志变异指标是衡量平均指标代表性的依据。平均指标是总体数量特征的代表性水平。平均指标是否具有代表性或代表性的强弱能够反映出平均指标是否有价值，标志变异指标能够直接衡量平均指标的代表性。二者呈反比关系，即标志变异指标数值越大，说明总体各单位的变量值分布越分散(离差越大)，则平均指标的代表性就越弱，平均指标的价值就越小；反之，标志变异指标数值越小，说明总体各单位的变量值的分布越集中(离差越小)，则平均指标的代表性就越强，平均指标的价值也就越大。

【例 5-17】 有两个学习小组，每组 5 名学生，他们某天背诵英语单词的数量如下。

第一组:5,10,15,20,25。

第二组:11,13,15,17,19。

经计算，两个小组英语单词平均背诵量均为 15 个，那么这个平均数在哪个小组更具有代表性呢？很显然，是第二小组。因为第二小组 5 个人的背诵量较第一小组更为接近，每个人平

均相差 2 个单词，而第一小组每个人平均相差 5 个单词，所以算术平均数 $\bar{x}=15$ 个，在第二小组更有代表性，更有价值。

(2)标志变异指标可以用来衡量社会经济现象发展的稳定性和均衡性。标志变异指标可以表明生产过程的节奏性和社会经济活动过程的均衡性。如企业可以利用变异指标反映其在不同时间内生产任务完成的差异情况，如果表现为前松后紧或是前紧后松都说明生产过程节奏变化大或不够均衡。企业还可以利用变异指标进行质量管理，如产成品的检验可以按照其完工时间连续登记。如果产品质量参差不齐，出现了较大的波动，质量管理部门就应提高警惕，找出产生问题的原因，及时排除质量隐患。另外，农业生产上也会经常用到标志变异指标，比如能高产的作物却不能稳产，经常会因为外界因素的一点变化就导致产量的大幅起落，那么这样的农作物不宜推广。

(3)在抽样调查中，标志变异指标是科学测定必要抽样数目的依据之一。在进行抽样调查时，要根据总体单位标志值的离差程度来确定具体的抽取样本的数目。若标志变异指标数值大，说明总体各单位变量值的离差程度大，为了使抽样调查更准确，就应该多抽取一些样本单位；反之，标志变异指标数值小，总体各单位变量值差异程度小，就可以少抽取一些样本单位，这样既不会影响抽样推断的准确程度，也能有效地控制调查成本，可谓一举两得。

5.2.2 标志变异指标的种类和计算方法

标志变异指标主要有全距、平均差、标准差及变异系数。

5.2.2.1 全距(R)

全距又称为极差，是总体各单位标志值中最大值与最小值之差，一般用 R 表示。其计算公式为

$$R=x_{max}-x_{min} \tag{5-16}$$

式中 x_{max}——极大值；

x_{min}——极小值。

如例 5-17，第一组的全距 $R=25-10=15$(个)，第二组的全距 $R=19-11=8$(个)。很显然，第一组的全距高于第二组，表明第一组的标志变动程度大于第二组。

对于未分组资料或单项式数列，均可以用公式(5-15)计算全距。如果是用组距式数列计算全距，则计算公式为

$$\text{全距}=\text{最高组上限}-\text{最低组下限} \tag{5-17}$$

全距是一个最基本的变异指标，它能从总体的绝对数方面分析总体数量水平的最大差异程度。全距这一变异指标简单、易懂，在实际工作中，被广泛应用于检查产品质量的均衡性和稳定性。在质量管理中，运用全距和平均数结合起来进行产品质量控制。全距对标志离差程度的分析是比较粗略的，它只能反映总体中两个极端变量值的离差范围，而中间数值的差异程度却无法体现。另外，开口组式的组距数列无法计算全距，所以实际工作中，由于全距指标的局限性，使得它的应用范围较小，通常用其他的变异指标来测量标志的变异程度。

5.2.2.2 平均差($A.D$)

平均差是总体各单位标志值与其算术平均数的离差绝对值的算术平均数，一般用 $A.D$ 表示。平均差实质上是以算术平均数为中心，测量各标志值与平均数的平均离差。若平均差越

大，说明各标志值的离差程度越大，则平均数的代表性也就越小；反之，平均数的代表性就越大。

平均差的一个重要特点就是要对各标志值与算术平均数的离差计算绝对值。因为总体各单位的标志值与其算术平均数的离差之和等于零，即 $\sum(x-\bar{x})=0$。所以对离差取绝对值进行计算，才能消除正、负离差的影响。

由于掌握资料的不同，平均差的计算可以相应地采用简单算术平均法和加权算术平均法。

1. 简单平均式

如果掌握的是未分组的资料，就应采用简单算术平均法。其计算公式为

$$A.D=\frac{\sum|x-\bar{x}|}{n} \tag{5-18}$$

式中 x——给定的变量值；

$\bar{x}$——各变量值的平均数。

【例 5-18】 某商业企业每月都要统计营业员的销量。运动休闲服装有两个销售小组，每组 6 人，本月每组各个成员的销售量资料如表 5.12 所示。

表 5.12 平均差计算表

第一组			第二组		
销售量(套)	离差	离差绝对值	销售量(套)	离差	离差绝对值
x	$x-\bar{x}$	$\|x-\bar{x}\|$	x	$x-\bar{x}$	$\|x-\bar{x}\|$
6	-4	4	4	-6	6
7	-3	3	7	-3	3
10	0	0	8	-2	2
11	1	1	10	0	0
12	2	2	15	5	5
14	4	4	16	6	6
合计	0	14	合计	0	22

$$A.D_1=\frac{\sum|x_1-\overline{x_1}|}{n}=\frac{14}{6}=2.33(\text{套})$$

$$A.D_2=\frac{\sum|x_2-\overline{x_2}|}{n}=\frac{22}{6}=3.67(\text{套})$$

计算结果表明，两组的平均销售量是相同的，但两组变量值的离差程度不同。第一组的平均差为 2.33 套，小于第二组的 3.67 套。由此看来，相同的平均数在第一组的代表性要高于第二组。

2. 加权平均式

如果掌握的是分组资料，不论是单项式分组还是组距式分组，都应采用加权算术平均法。其计算公式为

$$A.D=\frac{\sum|x-\bar{x}|f}{\sum f} \qquad (5-19)$$

【例 5-19】 已知第一组工人的平均工资为 767 元，平均差为 80 元；第二组工人的工资情况如表 5.13 所示。

表 5.13　平均差计算表

按工资水平分组(元)	组中值	工人人数	工资总额	离差的绝对值	离差绝对值乘以次数
	xfx	f	xf	$\|x-\bar{x}\|$	$\|x-\bar{x}\|f$
500～600	550	2	1 100	216.67	433.343
600～700	650	3	1 950	116.67	350.01
700～800	750	5	3 750	16.67	83.35
800～900	850	6	5 100	83.33	499.98
900 以上	950	2	1 900	183.33	366.66
合计	—	18	13 800	—	1 733.34

$$\bar{x}=\frac{\sum xf}{\sum f}=\frac{13\ 800}{18}=766.67(\text{元})$$

根据表中的资料，其平均差的计算如下：

$$A.D_2=\frac{\sum(x-\bar{x})f}{\sum f}=\frac{1\ 733.34}{18}=96.30(\text{元})$$

计算结果表明，两组工人的平均工资是相同的，但第一组工人工资的平均差为 80 元，小于第二组工人工资的平均差 96.30 元，说明第一组变量值的离散程度小于第二组，那么相同的平均数在第一组的代表性要高于第二组。

平均差虽然能比较准确地计算出总体标志变异程度的大小，从而揭示平均数代表性的强弱，但由于在计算中采用取绝对值的形式来消除 $\sum(x-\bar{x})=0$ 的影响，这样不便于进行数学运算，因此在实际工作中较少采用。

5.2.2.3　标准差(σ)

标准差是总体各单位标志值与其算术平均数离差平方的算术平均数的正平方根，又称为均方差，一般用 σ 表示。标准差的平方是方差，也是一种常用的标志变异指标，一般用 σ^2 表示。

标准差的意义与平均差基本相同，也能表明各标志值与平均数的平均离差程度。但它与平均差不同的是，用离差的平方来消除正负离差的影响，而这种方法便于进行数学运算，这又恰恰弥补了平均差的不足，因此标准差得到了广泛的应用。

1. 标准差的一般计算方法

由于掌握资料的不同，标准差的计算也分为简单平均式和加权平均式两种。

1）简单平均式

当掌握的资料是未分组的资料时,应该用简单平均式来计算标准差,计算公式为

$$\sigma = \sqrt{\frac{\sum (x-\bar{x})^2}{n}} \tag{5-20}$$

式中 σ——标准差。

【例 5-20】 以例 5-18 的资料,介绍如何用简单平均式计算标准差。计算过程见表 5.14。

表 5.14 标准差计算表

第一组			第二组		
销售量(套)	离差	离差平方	销售量(套)	离差	离差平方
6	-4	16	4	-6	36
7	-3	9	7	-3	9
10	0	0	8	-2	4
11	1	1	10	0	0
12	2	4	15	5	25
14	4	16	16	6	36
合计	0	46	合计	0	110

$$\sigma_1 = \sqrt{\frac{\sum (x_1-\bar{x}_1)^2}{n}} = \sqrt{\frac{46}{6}} = 2.77(\text{套})$$

$$\sigma_2 = \sqrt{\frac{\sum (x_2-\bar{x}_2)^2}{n}} = \sqrt{\frac{110}{6}} = 4.28(\text{套})$$

计算结果表明,第二组的标准差是 4.28 套,远远大于第一组的标准差。说明第二组的标志离散程度大,所以平均数 $x=10$ 套在第二组的代表性不及在第一组的代表性强,这个结论和平均差的结论完全一致。

2)加权平均式

当掌握的资料是分组资料时,应该用加权平均式计算标准差,计算公式为

$$\sigma = \sqrt{\frac{\sum (x-\bar{x})^2 f}{\sum f}} \tag{5-21}$$

【例 5-21】 已知第一组工人的平均工资为 767,其标准差为 92 元;第二组工人的工资如表 5.15 所示。

表 5.15 标准差计算表

按工资水平分组(元)	组中值	工人人数	离差	离差平方	离差平方乘以次数
	x	f	$x-\bar{x}$	$(x-\bar{x})^2$	$(x-\bar{x})^2 f$
500~600	550	2	-217	47 089	94 178
600~700	650	3	-117	13 689	41 067

续表

按工资水平分组(元)	组中值	工人人数	离差	离差平方	离差平方乘以次数
	x	f	$x-\bar{x}$	$(x-\bar{x})^2$	$(x-\bar{x})^2f$
700 ~ 800	750	5	-17	289	1 445
800 ~ 900	850	6	83	6 889	41 334
900 以上	950	2	183	33 489	66 978
合计	—	18	13 800	101 445	245 002

第二组工人平均工资为 767 元,根据表中资料,其标准差计算如下:

$$\sigma_2=\sqrt{\frac{\sum(x-\bar{x})^2f}{\sum f}}=\sqrt{\frac{245\ 002}{18}}=116.7(\text{元})$$

如表 5.15 所示,第二组工人平均工资为 767 元。根据表中资料,标准差计算如下:

$$\sigma_2=\sqrt{\frac{\sum(x-\bar{x})^2f}{\sum f}}=\sqrt{\frac{245\ 002}{18}}=116.7\ (\text{元})$$

计算结果表明,两组工人的平均工资相同,但第一组工人工资的标准差为 92 元,小于第二组工人工资的标准差 116.7 元,说明第一组变量值的离散程度小于第二组。那么相同的平均数在第一组的代表性要高于第二组。

2. 标准差的简捷计算方法

标准差的计算过程较为烦琐,要对各离差平方后再求和,往往数值很大,既增加了工作量,又比较容易出错,所以实际工作中,还可以采用简捷计算方法来计算标准差。

由于 $\sigma^2=\overline{x^2}-(\bar{x})^2$,故 $\sigma=\sqrt{\overline{x^2}-(\bar{x})^2}$

对未分组资料:$\sigma=\sqrt{\frac{\sum x^2}{n}-\left(\frac{\sum x}{n}\right)^2}$ (5-22)

对分组资料:$\sigma=\sqrt{\frac{\sum x^2f}{\sum f}-\left(\frac{\sum xf}{\sum f}\right)^2}$ (5-23)

标准差的简捷计算方法可以表述为:标准差是各标志值平方的算术平均数减去算术平均数的平方后的算术平方根。

【例 5-22】 现根据表 5.16 的资料,采用简捷计算法计算标准差如下:

表 5.16 标准差(简捷法)计算表

按工资水平分组(元)	组中值	工人人数	离差	离差平方	变量值平方乘以次数
	x	f	$x-\bar{x}$	$(x-\bar{x})^2$	$(x-\bar{x})^2f$
500 ~ 600	550	2	1 100	302 500	605 000
600 ~ 700	650	3	1 950	422 500	1 267 500
700 ~ 800	750	5	3 750	562 500	2 812 500
800 ~ 900	850	6	5 100	722 500	4 335 000

续表

按工资水平分组(元)	组中值	工人人数	离差	离差平方	变量值平方乘以次数
	x	f	$x-\bar{x}$	$(x-\bar{x})^2$	$(x-\bar{x})^2f$
900 以上	950	2	1 900	902 500	1 805 000
合计	—	18	13 800	2 912 500	10 825 000

$$\sigma = \sqrt{\frac{\sum x^2 f}{\sum f} - \left(\frac{\sum xf}{\sum f}\right)^2} = \sqrt{\frac{10\ 825\ 000}{18} - \left(\frac{13\ 800}{18}\right)^2} = \sqrt{601\ 388.9 - 587\ 777.78}$$

$$= 116.7(\text{元})$$

简捷计算法的计算结果与一般计算法是一样的,但计算过程却简化了。

3. 是否标志的标准差

是否标志又称为交替标志或是非标志,它是一种特殊的品质标志。这种标志只有两种标志表现,也就是说,对标志的回答只有两种情况,非此即彼。例如,人的性别不是男性就是女性,对学习效果的考核不是及格就是不及格。从产品质量角度把产品分为合格品和不合格品,等等。所以类似这些用"是和否"或"有和无"来表示的标志称为是否(是非或交替)标志。

虽然是否标志是只有两种标志表现的品质标志,但仍然可以将其量化,便于进行统计分析。可以用 1 表示具有某种标志表现,用 0 表示不具有某种标志表现。全部总体单位用 N 表示,其中具有某种标志表现的单位数用 N_1 表示,不具有某种标志表现的单位数用 N_0 表示,则 $N=N_1+N_0$,$N_0=N-N_1$。这两部分单位数占总体单位数的比率(或成数)可表示如下:

具有某种标志表现的单位数所占的比率为 $p=\dfrac{N_1}{N}$;

不具有某种标志表现的单位数所占比率为 $q=\dfrac{N_0}{N}$;

两个比率之和等于 1。即

$$p+q=1;q=1-p$$

是否标志的平均数、标准差的计算见表 5.17。

表 5.17 是否标志的平均数、标准差计算表

是非标志值(变量值)	总体单位数比重(成数)	变量乘总体单位数比重(成数)	离差	离差平方	离差平方加权
x	$\dfrac{f}{\sum f}$	$x\dfrac{f}{\sum f}$	$x-\bar{x}$	$(x-\bar{x})^2$	$(x-\bar{x})^2f$
1	p	p	$1-p$	$(1-p)^2$	$(1-p)^2p$
0	q	0	$0-p$	$(0-p)^2$	$(0-p)^2q$
合计	1	p	—	—	$(1-p)^2p+(0-p)^2q$

是否标志的算术平均数为

$$\bar{x}=\frac{\sum xf}{\sum f}=\frac{1\times p+0\times q}{p+q}=\frac{p}{1}=p \tag{5-24}$$

是否标志的标准差为

$$\sigma=\sqrt{\frac{\sum(x-\bar{x})^2f}{\sum f}}=\sqrt{\frac{(1-p)^2p+(0-p)^2q}{p+q}}$$

$$=\sqrt{\frac{q^2p+p^2q}{1}}=\sqrt{pq(p+q)}=\sqrt{pq}=\sqrt{p(1-p)}$$

上式中的

$$\sigma=\sqrt{pq}=\sqrt{p(1-p)} \tag{5-25}$$

为计算是否标志标准差的简化公式。

从上面计算可知,是否标志的标准差就是具有某一标志的单位在总体中的成数和不具有某一标志值的单位在总体中的成数二者乘积的平方根。也就是以这两个成数的变量值的几何平均数。

【例 5-23】 某灯泡厂某月生产了 3 000 只灯泡,其中 2 910 只是合格品,灯泡合格率为 97%,其是否标志的平均数和标准差如表 5.18 所示。

表 5.18 是否标志的平均数、标准差计算表

是非标志值(变量值)	总体单位数比重(成数)	变量乘总体单位数(成数)	离差($\bar{x}$=0.97)	离差平方	离差平方加权
x	f	xf	$x-\bar{x}$	$(x-\bar{x})^2$	$(x-\bar{x})^2f$
1	0.97	0.97	0.03	0.000 9	0.000 873
0	0.03	0	-0.97	0.94	0.028 2
合计	1	p	—	—	0.029 1

是否标志的算术平均数和标准差为

$$\bar{x}=\frac{\sum xf}{\sum f}=\frac{0.97}{1}=0.97\text{ 或 }97\%$$

$$\sigma=\sqrt{\frac{\sum(x-\bar{x})^2f}{\sum f}}=\sqrt{\frac{0.029\,1}{1}}=0.17\text{ 或 }17\%$$

计算结果表明,该灯泡厂某月灯泡的平均合格率为 97%,标准差为 17%。

上述计算,也可直接利用简化公式:

$$\bar{x}=p=0.97\text{ 或 }97\%$$

$$\sigma=\sqrt{p(1-p)}=\sqrt{0.97\times(1-0.97)}=\sqrt{0.0291}=0.17\text{ 或 }17\%$$

5.2.2.4 变异系数(V)

全距、平均差、标准差这三个标志变异指标从绝对数方面来分析总体内各标志值的离差程度,它们与平均数的计量单位是一致的。这些指标数值的大小不仅受各标志值之间离差程度的影响，还取决于标志平均水平的高低。因此，在比较两个总体或数列的标志变动程度、衡量其平均指标代表性强弱时，如果两个总体或数列的性质不同、计量单位不同或水平不同，就不能采用全距、平均差、标准差中任意一个标志变异指标来直接衡量其离差程度，而应从相对数方面进行分析，即分析标志变异指标的相对指标——变异系数，它一般用 V 表示。它是全距、平均差、标准差与其算术平均数的对比值，分别称为极差系数、平均差系数和标准差系数。它们的计算公式为

$$V_R = \frac{R}{\bar{x}} \times 100\% \tag{5-26}$$

$$V_{A.D} = \frac{A.D}{\bar{x}} \times 100\% \tag{5-27}$$

$$V_\sigma = \frac{\sigma}{\bar{x}} \times 100\% \tag{5-28}$$

对于平均数不同的两个总体或数列而言，变异系数大的一方的标志值离散程度大，它的平均数代表性就弱，而另一方的平均数代表性就强。在实际工作中，标准差系数的应用最为普遍。

【例 5-24】 有相邻的甲、乙两个村子，每村各户年收入情况如表 5.19 所示，计算两村农户年收入的平均数并测定平均数的代表性。

表 5.19　甲、乙两村农户年收入情况统计表

甲村			乙村		
按农户年收入分组(元)	组中值 x	户数(户) f	按农户年收入分组(元)	组中值 x	户数(户) f
1 500 以下	1 250	8	800 以下	700	8
1 500～2 000	1 750	17	800～1 000	900	9
2 000～2 500	2 250	25	1 000～1 200	1 100	12
2 500～3 000	2 750	12	1 200～1 400	1 300	5
3 000 以上	3 250	5	1 400 以上	1 500	2
合计	—	67	合计	—	36

$$\bar{x}_{甲} = \frac{\sum xf}{\sum f} = \frac{145\ 250}{67} = 2\ 167.9(\text{元})$$

$$\bar{x}_{乙} = \frac{\sum xf}{\sum f} = \frac{36\ 400}{36} = 1\ 011.1(\text{元})$$

$$\sigma_{甲} = \sqrt{\frac{\sum (x-\bar{x})^2 f}{\sum f}} = \sqrt{\frac{19\ 798\ 507}{67}} = 543.6(\text{元})$$

$$\sigma_{乙} = \sqrt{\frac{\sum (x-\bar{x})^2 f}{\sum f}} = \sqrt{\frac{1\ 875\ 555.56}{36}} = 228.3(\text{元})$$

由于两村的农户年平均收入不相同，所以不能直接用标准差进行对比，而应将两村不同的

平均水平的影响先消除掉，再测定平均年收入的代表性。因此，要计算标准差系数，才能了解两村农户年收入水平离差的相对情况。

$$V_{\sigma甲}=\frac{\sigma}{\bar{x}}\times100\%=\frac{543.6}{2\ 167.9}\times100\%=25.07\%$$

$$V_{\sigma乙}=\frac{\sigma}{\bar{x}}\times100\%=\frac{228.3}{1\ 011.1}\times100\%=22.58\%$$

从计算结果来看，乙村的标准差系数22.58%小于甲村的标准差系数25.07%，说明乙村的农户年收入离差程度小，其1 011.1元的农户年平均收入的代表性要强于2 167.9元对于甲村的农户年平均收入代表性。

【本章小结】

本章共分为两大部分，用模块表示如下：

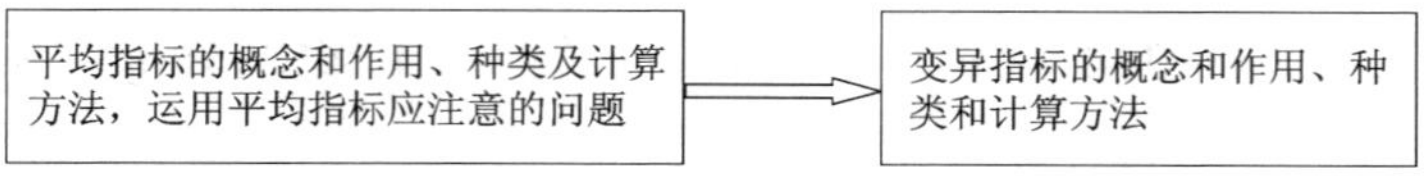

本章介绍了两个综合指标即平均指标和变异指标，它们可以分别对现象总体某一数量标志值的集中性和离中性进行分析。换句话说，平均指标反映的是现象的一般数量水平（平均水平），而变异指标反映的是平均水平对于现象总体的代表性，即现象总体的各个变量值与平均水平的差距。若这个差距大，则平均指标的代表性低；反之，平均指标的代表性就高。

按平均指标计算方法的不同分为算术平均数、调和平均数、几何平均数、众数和中位数，如下所示：

- 平均指标
  - 数值平均数
    - 几何平均数（其中计算平均发展速度）→用于动态分析
      （其中计算平均比率）
    - 算术平均数
    - 调和平均数
  - 位置平均数
    - 众数
    - 中位数用于静态分析

（算术平均数、调和平均数、众数、中位数）用于静态分析

算术平均数和调和平均数的实质内容和计算结果均相同，只是由于所掌握资料的不同而采用不同的计算形式而已。两者都分为简单平均法和加权平均法。加权算术平均数是以变量数列中各组的单位数或其占总体单位数的比重进行加权的，而加权调和平均数是以各组的标志总量来加权的。如果构成现象的因素呈加总关系，采用算术平均法或调和平均法计算现象的平均数，那么几何平均数则是由于构成现象的因素呈乘积关系所采用的计算方法，它通常被用于计算平均比率或平均发展速度。以上三种平均指标都被称为数值平均数，因为它们的大小直接受各变量值大小的影响，而众数和中位数被称为位置平均数，因为其指标数值的大小与各变量值的大小无关，而是与各变量值在变量数列中所处的位置及变量值出现的次数有直接关系。众数是变量数列中出现次数最多的那个变量值，而中位数则是各变量值按大小顺序排列后位于中间位置的那个变量值。

变异指标分为全距、平均差、标准差和变异系数四种。它们衡量平均指标的代表性的规则是一样的，即变异指标数值越大，说明总体内各标志值的离差程度越大，则平均指标对总体的代表性就越弱。但这里值得注意的是，全距、平均差和标准差是从绝对数量方面来衡量平均指标的代表性的，也就是说，它们反映的是各变量值与平均数的绝对离差；而变异系数是反映各变量值与平均数的相对离差。变异系数的应用前提是：当比较两个不同总体的平均数代表性时，两个总体的平均数是不同的，这时用前三种变异指标无法准确地进行比较，就应该用计算变异系数进行比较。变异系数是前三种变异指标与其相应的平均数进行对比。这是为了把不同总体的不同数量水平的影响先消除掉，再来进行对比。这样获得的结果就能准确地反映总体中各变量值的离散程度。在实际工作中，标准差及其系数应用最为广泛。

【阅读专栏6】 研究大数据意义？

出版《大数据》一书的作者涂子沛说，大数据意味着从信息时代、知识时代向智能时代迈进，是下一个社会发展阶段的石油和金矿，应当精细化管理，人与人之间的合作、任务之间的对接会更准确，国家和社会的运行成本会降低。

百分点 CEO 张韶峰说：“大数据的真正魅力是打通不同领域的数据，一个公司内部数据可以产生量变，一定是数量级的提升。”

麦肯锡将大数据定义为：大数据的商业价值表现为四个方面：对顾客群体细分，针对性营销；模拟实境，发掘新需求；提高大数据成果在各相关部门的分享程度，提高整个管理链条和产业链条的投入回报率；进行产品、服务和商业模式的创新。

最新的大数据应用：沃尔玛会利用数据分析结果来调整库存和价格。联邦快递对递送路线的优化一直为人称道，航空公司和通信公司则利用大数据向客户提供体贴入微的服务。

在 Twitter 上根据民众情绪买卖股票；根据求职网站的岗位数量推断就业率；根据网民搜索跟踪全球范围的流感等病疫传播等。

资料来源：经济学知识科普：漫谈中国的宏观经济统计数据——数据造假与研究数据的意义(2010－11－08)

【思考与练习】

一、单项选择题

1. 计算平均指标最常用的方法和最基本的形式是(　　)。

A. 中位数　　B. 众数　　C. 调和平均数　　D. 算术平均数

2. 计算平均指标的基本要求是所要计算的平均指标的总体单位应是(　　)。

A. 大量的　　B. 同质的　　C. 有差异的　　D. 不同总体的

3. 已知某工业局所属各企业职工的平均工资和职工人数资料，要计算该工业局职工的平均工资，应选择的权数是(　　)。

A. 职工人数　　B. 平均工资　　C. 工资总额　　D. 职工人数或工资总额

4. 由组距式数列计算算术平均数时，用组中值代表组内变量的一般水平，有一个假定条件，即(　　)。

A. 组的次数必须相等　B. 各组的变量值必须相等
C. 各组变量值在本组内呈均匀分布　D. 各组必须是封闭组

5. 平均数反映的是同质总体(　　)。
A. 各单位不同标志值的一般水平　B. 某一单位标志值的一般水平
C. 某一单位不同标志值的一般水平　D. 各单位某一数量标志的标志值的一般水平

6. 权数对平均数的影响作用,实质上取决于(　　)。
A. 作为权数的各组单位数占总体单位数比重的大小
B. 各组标志值占总体标志总量比重的大小
C. 标志值本身的大小　D. 标志值数量的多少

7. 用标准差分析比较两个同类总体平均指标代表性的前提条件是(　　)。
A. 两个总体的标准差应相等　B. 两个总体的平均数应相等
C. 两个总体的单位数应相等　D. 两个总体的离差之和应相等

8. 已知两个同类型企业职工平均工资的标准差分别为:$\sigma_{甲}=5$ 元,$\sigma_{乙}=6$ 元,则两个企业职工平均工资的代表性是(　　)。
A. 甲大于乙　B. 乙大于甲　C. 一样的　D. 无法判断

9. 对于数据3,3,2,3,6,3,10,3,6,3,2。①这组数据的众数是3;②这组数据的众数与中位数的数值不等;③这组数据的中位数与平均数的数值相等;④这组数据的平均数与众数的数值相等。其中正确的结论有(　　)
A. 1 个　B. 2 个　C. 3 个　D. 4 个

10. 假如各个标志值的频数都减少一半,那么其平均数(　　)。
A. 增加　B. 减少　C. 不变　D. 为零

二、多项选择题

1. 在各种平均指标中,不受极端值影响的平均指标是(　　)。
A. 算术平均数　B. 调和平均数　C. 中位数　D. 几何平均数
E. 众数

2. 加权算术平均数的大小受哪些因素的影响?(　　)
A. 受各组频数或频率的影响　B. 受各组标志值大小的影响
C. 受各组标志值和权数共同的影响　D. 只受各组标志值大小的影响
E. 只受权数大小的影响

3. 平均指标与变异指标结合运用体现在(　　)。
A. 用变异指标说明平均指标代表性的大小
B. 以变异指标为基础,用平均指标说明经济活动的均衡性
C. 以平均指标为基础,用变异指标说明经济活动的均衡性
D. 以平均指标为基础,用变异指标说明经济活动的节奏性
E. 以平均指标为基础,用变异指标说明总体各单位的离散程度

4. 众数是(　　)。
A. 位置平均数　B. 在总体中出现次数最多的变量值

C. 不受极端值的影响　　　　　　　　D. 适用于总体次数多,有明显集中趋势的情况

E. 处于数列中点位置的那个标志值

5. 在(　　)条件下,加权算术平均数等于简单算术平均数。

A. 各组次数相等　　B. 各组变量值不等　　C. 变量数列为组距数列

D. 各组次数都为1　　E. 各组次数占总次数的比重相等

6. 分配数列中,各组标志值与频数的关系是(　　)。

A. 各组标志值作用大小从频数大小中反映出来

B. 频数越大的组,标志值对于总体标志水平所起的影响也越大

C. 频数越大,则组标志值也越大　　　　D. 标志值很小的组,相应的频数也就小

E. 组标志值相应的频数很小,对于总体标志水平所起的作用就小

7. 下列指标中与总体范围大小关系不密切的有(　　)。

A. 相对指标　　B. 数量指标　　C. 总量指标　　D. 质量指标

E. 平均指标

8. 标志变异指标中标准差和变异系数的区别是(　　)。

A. 两者的作用不同　　　　B. 两者的计算方法不同

C. 两者的适用条件不同　　D. 指标表现形式不同

E. 与平均数的关系不同

三、判断题

1. 算术平均数的大小只受总体各单位标志值大小的影响。(　　)

2. 总量指标和平均指标反映了现象总体的规模和一般水平,但掩盖了总体各单位的差异情况,因此通过这两个指标不能全面认识总体的特征。(　　)

3. 权数对算术平均数的影响作用取决于权数本身绝对值的大小。(　　)

4. 在特定条件下,加权算术平均数等于简单算术平均数。(　　)

5. 标志变异指标数值越大,说明总体各单位标志值的变异程度越大,则平均指标的代表性就越小。(　　)

6. 中位数和众数都属于平均数,因此它们的数值大小受到总体内各单位标志值大小的影响。(　　)

7. 对任何两个平均数相等的两个性质变量数列,比较其平均数的代表性,都可以采用标准差指标。(　　)

8. 标准差系数是测量标志变异程度的一个相对指标,因此其数值的大小与标志值之间的差异程度无关。(　　)

四、填空题

1. 平均指标说明分配数列中各变量值分布的________趋势,标志变异指标说明各变量值的________趋势。

2. 权数在平均数的形成中起着一种________作用,在__________情况下,简单算术平均数与加权算术平均数的计算结果相同。

3. 已知三种产品的合格率分别为49%、36%和79%,则这三种产品的平均合格率为

______。

4. 变异指标的种类有________、____________、____________和__________。

5. 在平均指标的计算过程中，其平均值的大小受各标志值大小影响的平均指标是______和__________。

6. 已知某数列各值的平均数为7，各值平方的平均数为65，则该数列的标准差系数为______。

五、简答题

1. 试分析平均指标和强度相对指标的区别。

2. 加权算术平均数与加权调和平均数有何区别与联系？

3. 简述标志变异指标的意义和作用。

4. 什么是变异系数？变异系数的应用条件是什么？

5. 某厂生产一批男衬衫，经过抽样调查70名中年男子，得知所需衬衫型号的人如表5.20所示。

表5.20　男衬衫型号抽样调查表

型号(单位:cm)	70	72	74	76	78
人数	8	12	15	26	9

(1)哪一种型号衬衫的需要量最少？有人认为可以不生产。

(2)这组数据的平均数是多少？是否可按这个型号生产？

(3)这组数据的中位数是多少？有人认为这种型号的衬衫产量要占第一位。

(4)这组数据的众数是多少？有人认为这种型号的衬衫产量要占第一位。

求出上述各个问题，并回答你认为哪一个正确，你还有什么补充。

六、计算题

1. 某车间有甲、乙两个生产组，甲组平均每个工人的日产量为36件，标准差为9.6件；乙组工人日产量资料如表5.21所示。

表5.21　乙组工人日产量统计表

日产量(件)	工人数(人)
15	15
25	38
35	34
45	13

要求：(1)计算乙组平均每个工人的日产量和标准差；(2)比较甲、乙两个生产小组哪个组的日产量更有代表性。

2. 已知某企业资料如表5.22所示。

表 5.22　计划完成情况统计表

按计划完成百分比分组(%)	实际产值(万元)
80 ~ 90	68
90 ~ 100	57
100 ~ 110	126
110 ~ 120	184

试计算该企业平均计划完成百分比。

3. 某市共有 50 万人,其中市区人口占 85%,郊区人口占 15%。为了解该市居民的收入水平,在市区抽查了 1 500 户居民,每人年平均收入为 1 400 元;在郊区抽查了 1 000 户居民,每人年平均收入为 1 380 元。若这两个抽样数字具有代表性,则计算该市居民年平均收入应采用哪一种形式的平均数计算?

4. 某厂三个车间一季度生产情况如下:

第一车间实际产量为 190 件,完成计划的 95%;第二车间实际产量 250 件,完成计划的 100%,第三车间实际产量 609 件,完成计划的 105%。则三个车间产品产量的平均计划完成程度是多少?一车间产品单位成本为 18 元,二车间为 12 元,三车间为 15 元,请计算三个车间的平均单位成本。

5. 某年某月份两个农贸市场某农产品价格和成交量、成交额资料如表 5.23 所示。

表 5.23　农贸市场交易情况统计表

品种	价格(元/斤)	甲市场成交额(万元)	乙市场成交量(万斤)
甲	1.2	1.2	2
乙	1.4	2.8	1
丙	1.5	1.5	1
合计	—	5.5	4

问哪一个市场农产品价格高?为什么?

6. 某市招收各类职业人员资料如表 5.24 所示。

表 5.24　各类职业人员招收情况统计表

	男性		女性	
	报考人数	录用率(%)	报考人数	录用率(%)
技工	350	20	50	40
教师	200	25	150	30
医生	50	6	300	8
合计	600	—	500	—

请分别计算男、女职业人员的总录用率,并说明各组总录用率高低不同的原因。

7. 某企业一车间工人加工零件情况如表 5.25 所示。

表 5.25　一车间工人加工零件情况分组表

按加工零件数分组(件)	工人数
20 以下	2
20 ~ 30	8
30 ~ 40	20
40 ~ 50	50
50 ~ 60	10
60 ~ 70	5
70 以上	5
合计	100

要求:确定该车间工人加工零件数的众数和中位数。

6 动态数列

案例导读

随着时间的推移,任何社会经济现象都在不断变化和发展。统计研究社会经济现象的数量方面,不仅要从静态上分析,而且还要从动态上分析,以便揭示社会经济现象变化过程及发展规律,预测发展趋势。例如,某商店不仅要对自己2016年的不同部门的销售额状况作统计,以便获得2016年该商店的全部销售额,同时还要知道该商店历年的销售额情况,以便找出在环境相对稳定的条件下该商店的销售额历年变化规律,以此作为来年制订销售额计划的参考依据。在实际问题中,反映一个现象的发展程度不仅要用绝对指标(水平指标),而且还要用相对指标和平均指标。因为不同的基数,当以一个共同的增长速度增长时,努力的程度是不一样的。正如中小企业的成长过程,起初增长速度是非常快的,当中等规模的企业发展为接近大企业时,以同样的速度发展时,发展的步伐是非常艰难的。需要通过改进公司组织结构、制度的革新及选用合适人才及加强管理等来完成。在商业企业中总是想以最小的投入做好仓储和促销工作,以便获得最大的收益;或商店一周内哪天游客最多;或一天内哪些时间交通最拥挤等问题,利用动态数列的长期趋势和季节变动分析并通过研究商业企业的趋势变化和季节变化规律,解决这些问题。

学习目标

◆掌握动态数列的种类及编制方法

◆掌握常用的动态分析指标:平均发展水平、平均发展速度、发展水平、发展速度、增长量、平均增长量及增长1%的绝对值等

◆掌握动态数列的测定

◆分析动态数列的实际运用

主要内容

◆动态数列的含义和种类

◆动态数列的水平指标

◆动态数列的速度指标

◆动态数列的因素分析

6.1 动态数列的含义和种类

6.1.1 动态数列的概念和作用

6.1.1.1 动态数列的概念

某统计指标在时间上变化发展的一系列指标数值,按时间(年、季、月)先后顺序排列而形

成的统计数列,称为动态数列或时间数列,如表 6.1 所示。

表 6.1　2010—2014 年我国经济发展情况及人口统计表

时间	2010 年	2011 年	2012 年	2013 年	2014 年
国内生产总值(亿元)	408 903.0	484 123.5	534 123.0	588 018.8	636 138.7
人均国内生产总值(GDP)(元)	30 567	36 018	39 544	43 320	46 629
年末人口数(万人)	134 091	134 735	135 404	136 072	136 782
城镇登记失业人员(万人)	908	922	917	926	952
人口自然增长率(‰)	4.79	4.79	4.95	4.92	5.21
货物周转量(亿吨公里)	141 837.42	159 323.60	173 804.46	168 013.80	185 837.42
居民消费价格指数(%)	103.3	105.4	102.6	102.6	102.0
社会消费品零售总额(亿元)	156 998.4	183 918.6	210 307.0	242 842.8	271 896.1
社会消费品零售总额累计增长百分比(%)	16.5	17.0	14.3	13.2	12.0
教育国有单位就业人员平均工资(元)	39 166	43 436	47 995	52 283	56 974

资料来源:中华人民共和国国家统计局编《中国统计年鉴(2015)》,中国统计出版社。

从表 6.1 中可知,动态数列由两个基本要素构成:一个是资料所属的时间,如表 6.1 中 2010 年、2011 年等;另一个是各时间内的统计指标数值,如表 6.1 中各年的国内生产总值、年末人口数、居民消费价格指数等。习惯上称之为动态数列中的发展水平。

6.1.1.2　动态数列的作用

通过动态数列的编制和分析,可以确定研究动态数列具有如下重要的作用:

①可以描述社会经济现象的发展状况和结果;

②可以研究社会经济现象的发展速度、发展趋势,探索现象发展变化的规律并据以进行统计预测,为统计决策提供基本统计数据;

③可以利用不同的但有互相联系的数列进行对比分析或相关分析,揭示现象之间的联系程度及动态演变关系。

例如,分析我国各年的国内生产总值的具体数值,可以反映我们国家经济发展水平在不断提高,而且发展的速度很快,经济实力在不断强大。通过建立数学模型,进一步研究其变化规律并预测我国未来经济发展状况。

6.1.2　动态数列的种类

动态数列按统计指标表现形式的不同,可以分为总量指标动态数列、相对指标动态数列和平均指标动态数列三种。其中,总量指标动态数列是基本数列,相对指标动态数列和平均指标动态数列则是由总量指标动态数列派生而形成的数列。

6.1.2.1　总量指标动态数列(也称绝对数动态数列)

将现象某一总量指标在不同时间的数值按时间先后顺序所形成的数列,称为总量指标动态数列。它反映社会经济现象在各期达到的总水平或规模及其变化发展的状况。按照总量指标所反映的社会经济现象所属的时间不同,总量指标动态数列又可分为时期数列和时点数列两种。

1. 时期数列

在总量指标动态数列中,如果各项指标都是反映某种现象在一段时期内发展过程的总量,这种总量指标动态数列就称为时期数列。表 6.1 中所列的我国 2010—2014 年国内生产总值、社会消费品零售总额就是时期指标组成的两个时期数列。

从表 6.1 可知:国内生产总值、社会消费品零售总额随时间都呈不断增加趋势,反映的是一段时期内的数量总量,属于时期指标。

时期数列具有如下特点。

(1)数列中各个指标的数值是可以相加的,即相加具有一定的经济意义。由于时期数列中每个指标的数值是表示在一段时期内发展过程的总量,所以相加后的数值就表示现象在更长一段时期内发展过程的总量。

(2)数列中每一个指标数值的大小与所属的时期长短有直接的联系。在时期数列中,每个指标所包括的时期长度,称为“时期”。时期的长短,主要根据研究目的而定,可以是一日、一旬、一月、一季、一年或更长时期。一般来说,时期愈长,指标数值就愈大,反之就愈小。

(3)数列中每个指标的数值通常是通过连续不断的登记而取得的。

2. 时点数列

在总量指标组成的动态数列中,如果各项指标都是反映现象在某一时点上(瞬间)所处的数量水平,这种总量指标组成的动态数列就称为时点数列。如表 6.1 中所列的我国 2010—2014 年全国年末人口数、城镇登记失业人数就是时点数列,即时点指标组成的数列就为时点数列。

时点数列具有如下特点。

(1)数列中各个指标的数值是不能相加的,相加不具有实际经济意义。这是由于时点数列中每个指标都是表明某一时点上瞬间现象的数量,相加以后无法说明属于哪一时点的数量。例如,某企业工人的出勤人数,今天的出勤人数和明天的出勤人数,如果除去病、事假或离职或刚进厂的工人之外是一样的,相加后没有实际意义。

(2)数列中每一个指标数值的大小与其时间间隔长短没有直接联系。在时点数列中两个相邻指标在时间上的距离叫作“间隔”。由于时点数列每个指标数值只表明现象某一时点上的数量,年末数值可能大于月末数值,也可以小于月末数值,因此,它的指标数值大小与时间间隔长短没有直接联系。

(3)数列中每个指标的数值通常是通过一定时期登记一次而取得的。例如,第六次人口普查是在 2010 年 11 月 1 日零点进行,表明在这一时点瞬间人口的数量资料是一次登记取得的。

6.1.2.2 相对指标动态数列

将现象某一相对指标按时间先后顺序排列起来而形成的动态数列称为相对指标动态数列,即由相对指标构成的动态数列就是相对指标动态数列。这些相对指标包括结构相对指标、比例相对指标、比较相对指标、计划完成相对指标及强度相对指标等。它反映现象对比关系的发展变化情况,说明社会经济现象的比例关系、结构、速度的发展变化过程。例如,表 6.1 中,用人口自然增长率、居民消费指数、人均 GDP、货物周转量、社会消费品零售总额累计增长百分比等指标来反映社会经济现象的强度、速度的发展变化过程。注意:相对指标动态数列中的各个指标数值是不能相加的。

6.1.2.3 平均指标动态数列

将现象某一平均指标按时间先后顺序排列起来而形成的动态数列称为平均指标动态数列,即由平均指标组成的动态数列就是平均指标动态数列,它反映社会现象一般水平的发展趋势。由于平均指标包括静态平均指标和动态平均指标,因此平均指标动态数列分静态平均指标动态数列和动态平均指标动态数列。

1. 静态平均指标动态数列

静态平均指标即一般算术平均指标,用总体的标志总量除以总体的单位数计算得到。它反映总体某一数量标志在一定时间上的一般水平。由静态平均指标按时间先后顺序排列形成的动态数列叫静态平均指标动态数列。如表 6.1 中所列教育国有单位就业人员平均工资就是一个静态平均指标组成的动态数列。注意:静态平均指标组成的动态数列中的各期指标数值,也是不能相加的。

2. 动态平均指标动态数列

动态平均指标动态数列是由序时平均数或动态平均数按时间先后顺序排列形成的动态数列。如表 6.2 某商场各月的月平均售货员人数指标组成的动态数列为动态平均指标动态数列。注意:动态平均指标也是不能相加的。但在计算序时平均数时作为一种计算方法进行相加是可以的。

表 6.2 某商场 1 至 6 月份月平均售货员人数

月份	1	2	3	4	5	6
人数(人)	210	210	215	240	254	254

在实际工作中,为了对社会经济现象的发展过程进行全面分析,总是把上述各种动态数列结合起来运用。

6.1.3 动态数列的编制原则

编制动态数列的目的是通过同一指标不同时间的数值对比反映社会经济现象的发展过程及其规律性。因此,保证数列中各个指标之间的可比性就成为编制动态数列应遵守的基本原则。具体来说,应注意以下四点。

(1)时期数列的时期长短应一致,时期数列和时点数列的间隔均应一致。在时期数列中,由于各个指标数值的大小与时期长短有直接的关系,因此,各个指标所属的时期长短应当前后统一。时间越长,指标数值就越大,反之就越小。时期长短不一,往往就很难做直接比较。但这个原则也不能绝对化,有时为了特殊的研究目的,也可以将时期不等的指标编成时期数列,对于时点数列来说,由于各个指标均反映现象在某一时点的状态,所以不存在时期长短应该统一的问题,两时点间的间隔长短对时点指标数值的大小没有直接影响,但为了更有利于对比,时点间隔均应保持一致。

(2)总体范围应该一致。总体范围通常是指现象的空间范围。例如,研究某省人口发展情况,必须注意该省的行政区划有无变动。这种变动会使人口数量变动,这样人口资料的前后期就不可比,要进行适当调整,使得前后总体范围一致,才能对比。又如,某企业计算年产值的计划完成相对指标为150%,比上年增长了50%,究其原因是这个厂第二年兼并了一个小厂,前后年范围不一样,就不能直接计算,应去掉第二年这个小厂的生产产值,才能和第一年的产值对比。

(3)指标的经济内容应该相同。指标的内容与指标所反映的现象的性质是密切联系着的。当指标所反映的现象性质发生变化,虽然指标名称不变,但属于另一性质的规定性。指标的内容和含义不同,不能混合编制成一个动态数列。例如,内资企业和外商投资经营企业经济内容不是完全相同的,不能把内资单位数目和外商投资企业单位数目混合起来,编制一个动态数列进行比较分析。又如,比较前后两年的作物产量时,如果两年的作物种类不同,也不能直接进行对比。

(4)计算口径应该统一。计算口径主要是指计算方法、计算的价格及计量单位等。例如,在研究某企业劳动生产率的增长情况时,如果各期指标的计算方法不一致,有的按产品的实物量计算,有的按价值量计算;或有的按生产工人计算,有的按全部职工计算;或有的按小时计算,有的按实际工作日计算。这样,各指标之间显然没有可比性,从而也就不能运用动态分析方法来正确说明该企业劳动生产率的变动情况。又如,2005年的工业产值和1995年的产值就不能直接进行对比,因为1995年的工业产值采用的不变价格是1990年的不变价格,2005年的工业产值采用的是2000年的不变价格,对比时必须采用价格指数换算。

6.2 动态数列的水平指标

动态数列可以研究现象的发展变化规律和发展结果,要通过详细地研究它的变化程度、各期的增减量、变化的速度来更深刻地揭示现象变化的各个方面。需要计算动态数列水平和动态数列的速度指标。这一节讲述动态数列的水平指标,下一节讲述动态数列的速度指标。动态数列水平指标也就是现象发展水平。反映现象发展水平的指标有发展水平、平均发展水平、增长量和平均增长量。

6.2.1 发展水平和平均发展水平

6.2.1.1 发展水平

在动态数列中,各项具体的指标数值叫作发展水平或动态数列水平。它反映社会经济现象在不同时期所达到的水平,是计算其他动态分析指标的基础。发展水平一般是指总量指标,即绝对数,如国内生产总值(GDP)、工农业总产值、年末人口数等;也可用相对指标来表示,如工业总产值占工农业总产值的比重;或用平均指标来表示,如全国职工年平均工资等。在动态数列中,由于发展水平所处的位置不同,有最初水平、最末水平、中间各项水平、基期水平和报告期水平之分。在动态数列中,第一个指标数值叫最初水平,最后一个指标数值叫最末水平,其余各指标数值叫中间项水平。在对两个时间的发展水平作动态对比时,作为对比基础时期的水平称为基期水平，作为研究时期的指标水平称为报告期水平。如果用符号 a_0、a_1、…、a_n 代表动态数列中各个发展水平，则 a_0 就是最初水平，a_n 就是最末水平，其余就是中间各项水平，如表6.1所示，有10个动态数列表。其中2010年对应的指标值为最初水平，2014年对应的指标值为最末水平，其余各项数值为中间项水平。

6.2.1.2 平均发展水平（动态平均指标、序时平均数）

1. 动态平均指标与静态平均指标的区别和联系

将不同时期的发展水平加以平均而得的平均数叫平均发展水平，在统计上又称为序时平均数或动态平均数。它与前面讲的一般平均数有相同的一面，又有明显的区别。

相同的是，两者都是将现象的个别数量差异抽象化，概括地反映现象的一般水平。

区别有如下两个方面。

（1）平均发展水平是同一现象在不同时期上发展水平的平均，从动态上说明其在某一段时间内发展的一般水平，它是根据动态数列来计算的；而一般平均数即静态平均指标，是同质总体内各单位标志值的平均，从静态上说明其在具体历史条件下的一般水平，它是根据变量数列来计算的。

（2）平均发展水平是对同一现象不同时间上的数值差异的抽象化，而一般平均数是对同一时间总体某一数量标志值差异的抽象化。此外，平均发展水平还可解决动态数列中某些可比性问题。例如，由于各月的日历天数不同，会影响企业总产值的大小。如果以计算出各月的日平均总产值指标来进行对比，就具有可比性，更能反映总产值的发展变化情况。如表6.3所示，给出了动态平均指标与静态平均指标的区别和联系。

表6.3 动态平均指标与静态平均指标的区别和联系

平均指标类型	区别	联系
动态平均指标	（1）同一现象在不同时期发展水平的差异抽象化 （2）根据动态数列来计算 （3）同一指标不同时间数值的平均	将现象的个别数量差异抽象化，反映现象的一般水平
静态平均指标	（1）同一时间总体某一数量标志值差异的抽象化 （2）根据变量数列来计算 （3）同质总体内各单位标志值的平均	

2. 平均发展水平（序时平均数）的计算

由于动态数列包括绝对数动态数列、相对数动态数列及平均数动态数列，因此可以根据绝对数动态数列计算，也可根据相对数动态数列或平均数动态数列计算平均发展水平。其中绝对数动态数列的平均发展水平的计算方法是最基本的方法。

1）由绝对数动态数列计算平均发展水平

由于绝对数动态数列分时期数列和时点数列，它们各具有不同性质，因而计算序时平均数的方法也就不一样。

A. 时期数列计算平均发展水平

由于数列中各项指标数值相加等于全部时期的总量，因此，可直接用数列中各时期指标值

之和除以时期项数即得序时平均数。其计算公式为

$$\bar{a}=\frac{a_1+a_2+a_3+\cdots+a_n}{n}=\frac{\sum a}{n} \tag{6-1}$$

式中 $a_1,a_2,\cdots,a_n$——各期发展水平;

n——动态数列时期项数。

【例 6-1】 已知某企业 2016 年上半年各月的销售额资料如表 6.4 所示。计算该企业 2014 年上半年的月平均销售额。

表 6.4 某企业 2016 年上半年各月销售额 单位:万元

月份	1 月	2 月	3 月	4 月	5 月	6 月
销售额	21	26	25	24	23	22

该企业上半年月平均销售额

$$\bar{a}=\frac{\sum a}{n}=\frac{21+26+25+24+23+22}{6}=23.5(\text{万元})$$

B. 由时点数列计算平均发展水平

时点数列是反映现象发展过程中某一时点上现象的数字。由于不可能掌握现象发展过程中每一时点上的数字,只能间隔一段时间后统计其余额。一般把最短的时间确定为天。这样,每天给出的时点数值特征的资料组成的动态数列叫连续时点数列;不是逐日给出的资料叫间断时点数列。所以时点数列的序时平均数是假定在某一时间间隔内现象的增减变动比较均匀或波动不大的前提下推算出来的近似值。现分别对几种不同情况加以叙述。

(1)根据连续时点数列计算平均发展水平。在连续时点数列中分间隔相等的连续时点数列和间隔不等的连续时点数列两种情况。

对于间隔相等的连续时点数列求平均发展水平。如果连续时点数列每日的指标数值都有变动,称为间隔相等的连续时点数列。可用简单算术平均法求平均发展水平,其计算公式为

$$\bar{a}=\frac{\sum a}{n} \tag{6-2}$$

例如,已知某企业一个月内每天的工人人数,要计算该月内每天平均工人人数,可将每天的工人人数相加,除以该月的日历日数即得。

【例 6-2】 某地区 6 月份 1 至 7 日的最低和最高气温见表 6.5,计算这一周的平均最低温度和平均最高温度。

表 6.5 某地区 6 月份 1 至 7 日气温资料表

时间(日/月)	1/6	2/6	3/6	4/6	5/6	6/6	7/6
温度(℃)	15~21	14~22	16~24	17~25	17~24	16~26	17~27

$$平均最低温度=\frac{\sum a}{n}=\frac{15+14+16+17+17+16+17}{7}=16(℃)$$

$$平均最高温度=\frac{\sum a}{n}=\frac{21+22+24+25+24+26+27}{7}\approx 24.1(℃)$$

(2)根据间隔不等的连续时点数列求平均发展水平。如果被研究现象不是逐日变动，而是间隔几天变动一次，这样的数列称为间隔不等的连续时点数列。可用加权算术平均法计算序时平均数，计算公式为

$$\bar{a}=\frac{a_1t_1+a_2t_2+\cdots+a_nt_n}{t_1+t_2+\cdots+t_n}=\frac{\sum at}{\sum t} \tag{6-3}$$

式中 a——时点动态数列发展水平；

t——变动的间隔天数。

【例 6-3】 某企业 4 月 1 日职工有 300 人，4 月 11 日新进厂 9 人，4 月 16 日离厂 4 人，如表 6.6 所示，计算该企业 4 月份平均职工人数。

表 6.6 某企业 4 月份职工人数表

时间(日/月)	1/4	11/4	16/4
职工人数(人)	300	309	305

则该企业 4 月份平均职工人数为

$$\bar{a}=\frac{\sum at}{\sum t}=\frac{300\times 10+309\times 5+305\times 15}{10+5+15}=304(人)$$

(3)根据间断时点数列计算序时平均数。在间断时点数列中有间隔相等和间隔不等两种情况。

对间隔相等的间断时点数列求平均发展水平。在实际统计工作中，对时点性质的指标，为了简化登记手续，往往每隔一定时间登记一次，如商业企业中商品储存额、流动资金占用额、企业职工人数等等，只统计月末数字，这就组成间隔相等的间断时点数列。假定相邻时点间的数值变动是均匀的，可采用简单算术平均法计算平均发展水平。其计算公式如下：

$$\bar{a}=\frac{(a_1+a_2)/2+(a_2+a_3)/2+(a_3+a_4)/2+\cdots+(a_{n-1}+a_n)/2}{n-1}$$

$$=\frac{\frac{1}{2}a_1+a_2+\cdots+\frac{1}{2}a_n}{n-1} \tag{6-4}$$

此法也称为“首末折半法”。

【例 6-4】 某企业 2013 年第二季度月末库存额资料如表 6.7 所示。

表 6.7　某企业第二季度月末库存额

月份	3	4	5	6
月末库存额(万元)	90	96	104	114

根据表 6.7 的资料,可计算各月和第二季度的平均商品库存额。

解题思路:假定该企业的库存额在相邻两个时点间的间距的变动是均匀的,然后求相邻两个时点间隔内的平均数,再对这些平均数进行简单算术平均法。各月的平均库存额为

$$4\text{ 月份的平均库存额}=\frac{90+96}{2}=93(\text{万元})$$

$$5\text{ 月份的平均库存额}=\frac{96+104}{2}=100(\text{万元})$$

$$6\text{ 月份的平均库存额}=\frac{104+114}{2}=109(\text{万元})$$

则第二季度的平均商品库存额等于三个月的库存额除以 3,即:第二季度的月平均商品库存额为

$$\left(\frac{90+96}{2}+\frac{96+104}{2}+\frac{104+114}{2}\right)/3=(90/2+96+104+114/2)/(4-1)=100.7(\text{万元})$$

对间隔不等的间断时点数列求序时平均数的计算公式为

$$\bar{a}=\frac{\frac{a_1+a_2}{2}f_1+\frac{a_2+a_3}{2}f_2+\cdots\frac{a_{n-1}+a_n}{2}f_{n-1}}{f_1+f_2+f_3+\cdots+f_{n-1}} \tag{6-5}$$

式中　$f_1,f_2,\cdots,f_{n-1}$——为相邻发展水平之间的时间间隔。

【例 6-5】　某企业 2016 年职工人数统计资料如表 6.8 所示。求该企业 2016 年年平均职工人数。

表 6.8　某企业 2016 年职工人数统计表

时间(日/月)	1/1	1/3	1/8	1/10	1/12	30/12
职工人数(人)	1 000	1 030	1 010	1 120	1 150	1 145

解题思路:假定相邻两个时点间的间距的变动是均匀的,然后求相邻两个时点间隔内的平均数。再将这些平均数作为变量值,以时间间隔长度为权数对其进行加权算术平均。

如该企业 2016 年年平均职工人数

$$\bar{a}=\frac{\frac{1\,000+1\,030}{2}\times2+\frac{1\,030+1\,010}{2}\times5+\frac{1\,010+1\,120}{2}\times2+\frac{1\,120+1\,150}{2}\times2+\frac{1\,150+1\,145}{2}\times1}{12}$$

$$=1\,057(\text{人})$$

由于假定相邻两个时点间的间距的变动是均匀的,因此计算出的值 1 057 人只是近似值,时间间隔的距离越短,接近真值的程度就越高。

2）由相对数动态数列计算平均发展水平

相对数动态数列是派生数列，即其中各项指标都是由两个相互联系的总量指标对比计算出来的。由于相对数不能相加，按照数列的性质，要求利用其相应的两个总量指标动态数列分别计算分子数列的序时平均数和分母数列的序时平均数，而后加以对比，即可求得。而分子数列的序时平均数和分母数列的序时平均数的求法，按照前面绝对数动态数列的计算方法，如是时期指标就按照时期指标的计算方法去求，如是时点指标就按照时点指标的不同条件的不同计算方法去求。相对数动态数列的平均发展水平的计算公式如下：

$$\bar{c}=\frac{\bar{a}}{\bar{b}} \tag{6-6}$$

具体计算时又可分为以下几种情况。

A. 由两个时期数列对比而成的相对数动态数列求平均发展水平

【例 6－6】 某企业 2016 年 7 至 9 月份生产计划完成情况的资料如表 6.9 所示，现计算其第三季度的平均计划完成程度。

表 6.9 某企业 7 至 9 月份生产计划完成情况

月份	7	8	9
a 实际产量（件）	500	618	872
b 计划产量（件）	500	600	800
c 产量计划完成（%）	100	103	109

根据表 6.9 资料代入公式，得

第三季度平均每月计划完成程度 $\bar{c}=\frac{\bar{a}}{\bar{b}}=\frac{\sum a}{\sum b}=\frac{(500+618+872)/3}{(500+600+800)/3}=104.7\%$

如计划产量未知，$b=\frac{a}{c}$ 这时：$\bar{c}=\frac{\bar{a}}{\bar{b}}=\frac{\sum a}{\sum \frac{a}{c}}$

如实际产量未知，$a=bc$ 这时：$\bar{c}=\frac{\sum bc}{\sum b}$，这个公式实际就是加权算术平均数公式。

B. 由两个时点数列对比而成的相对数动态数列求平均发展水平

【例 6－7】 某企业第三季度生产工人人数及其构成资料如表 6.10 所示。计算该企业第三季度生产工人人数占全部职工人数的比重。

表 6.10 某企业第三季度各月末生产工人人数统计表

月末日期	6	7	8	9
b 全体职工人数（人）	500	570	580	600
a 其中：生产工人人数（人）	420	450	485	512

续表

月末日期	6	7	8	9
c 工人占全部职工的比重(%)	84.0	78.9	83.6	85.3

工人占全部职工比重动态数列是一个相对数动态数列,由工人数和全体职工数这两个时点数列对比而得到。由于时点数列的各项指标不能相加,需要采用分段平均后再平均的方法计算其数列的平均发展水平。因此该企业第三季度生产工人人数占全部职工人数的比重为

$$\bar{c}=\frac{\frac{420}{2}+450+485+\frac{512}{2}}{\frac{500}{2}+570+580+\frac{600}{2}}=\frac{1401}{1700}=82.4\%$$

C. 由一个时点数列和一个时期数列对比而成的相对数动态数列求平均发展水平

【例 6-8】 某商场 2016 年下半年商品流转统计资料如表 6.11 所示。该商场第三季度月平均商品流转次数是多少?

表 6.11 某商场 2016 年下半年商品流转统计资料

月份	6	7	8	9	10	11	12
零售额(万元)	—	165	175	240	200	245	270
月末库存额(万元)	45	55	45	75	25	95	45

解题思路:商品流转次数是一个时点数列,它的计算公式是

$$\text{商品流转次数}=\bar{c}=\frac{\text{商品月平均销售额}}{\text{商品月平均库存额}}=\frac{\bar{a}}{\bar{b}}=\frac{\frac{165+175+240}{3}}{\frac{\frac{45}{2}+55+45+\frac{75}{2}}{4-1}}=3.625(\text{次})$$

即该商场第三季度平均月商品流转次数是 3.625 次,那么第三季度该商品的流转次数是

$$3.625\times3=10.88(\text{次})$$

或

$$\text{第三季度该商品的流转次数}=\frac{\text{第三季度商品销售额}}{\text{商品月平均库存额}}=\frac{165+175+240}{\frac{\frac{45}{2}+55+45+\frac{75}{2}}{4-1}}=\frac{580}{53.3}=10.88(\text{次})$$

由此可见,求由相对数指标构成的动态数列的平均发展水平时,由于相对数不能相加,实际上就是求构成这个相对数的分子和分母的平均发展水平。然后将分子和分母数值对比,则可得出由相对数指标构成的动态数列的平均发展水平。

3)根据平均动态数列计算平均发展水平

A. 由静态平均数时间数列求平均发展水平

静态平均数时间数列实质上也是由两个绝对数时间数列相对比形成的。分子数列是总体

标志总量指标数列,分母数列是总体单位总量指标数列。因此,要计算静态平均数时间数列的平均发展水平,和相对数时间数列一样,也应先分别计算分子数列和分母数列的平均发展水平,然后再对比求得静态平均数时间数列的平均发展水平。其公式为

$$\bar{c}=\frac{\bar{a}}{\bar{b}}$$

【例 6-9】 根据表 6.12 的资料,计算该厂 2016 年第三季度月平均工资。

表 6.12 某厂 2016 年第三季度各月平均工资资料

月份	6	7	8	9
月末职工人数(人)	1 200	1 280	1 290	3 100
月平均工资 c(元)	—	2 000	1 980	1 960
工资总额(万元)$a=bc$	—	248.0	254.43	430.22
月平均职工人数(人)b	—	1 240	1 285	2 195

解题思路:因为各月的平均工资基础不同,所以不能直接将 3 个月的平均工资之和除以 3 来计算平均工资,而应通过计算第三季度工资总额的序时平均数与月平均职工人数的序时平均数对比求得。虽没有工资总额的资料,但可由月平均工资乘以各月的平均人数求得,即 $a=bc$。

$$\bar{c}=\frac{\bar{a}}{\bar{b}}=\frac{\sum bc}{\bar{b}}=\frac{248+254.43+430.22}{\frac{1\ 200}{2}+1\ 280+1\ 290+\frac{3\ 100}{2}}=1\ 975.95(\text{元})$$

计算结果:该厂 2016 年第三季度月平均工资为 1 975.95 元。

B. 由动态平均数时间数列(序时平均数所形成的时间数列)计算平均发展水平

如果数列各个时期的时间长度相等,可直接采用简单平均法计算,即 $\bar{c}=\frac{\sum c}{n}$。

【例 6-10】 根据表 6.13 中数据计算某厂 2016 年第二季度月平均库存量。

表 6.13 某厂 2016 年第二季度某物资各月平均库存量

月份	4	5	6
平均库存量(吨)	80	83	90

第二季度月平均库存量为

$$\bar{c}=\frac{\sum c}{n}=\frac{80+83+90}{3}=84.3(\text{吨})$$

如果数列中各个时期的时间长度不等,则应以长度为权数,用加权算术平均数公式计算,即

$$\bar{c}=\frac{\sum ct}{\sum t}$$

式中 t——各段动态平均指标

c——相邻指标之间的时间间隔。

6.2.2 增长量和平均增长量

6.2.2.1 增长量

增长量是说明社会经济现象在一定时期内所增长的绝对数量，它是报告期水平与基期水平之差，反映报告期比基期增长或减少的水平量。其计算公式为

$$增长量=报告期水平-基期水平 \tag{6-7}$$

由于采用的基期不同，增长量可以分为逐期增长量和累计增长量。逐期增长量是指报告期水平与前一期水平之差，它表明本期比上一期增长的绝对数量；累计增长量是指报告期水平与某一固定时期（基期）水平之差，它表明本期水平比某一固定时期增长的绝对数量，也即说明在某一段较长时期内总的增长量。这两个指标可用公式表示如下。

逐期增长量：$a_1-a_0,a_2-a_1,a_3-a_2,\cdots,a_n-a_{n-1}$

累计增长量：$a_1-a_0,a_2-a_0,a_3-a_0,\cdots,a_n-a_0$

逐期增长量与累计增长量的关系是：累计增长量等于相应时期的逐期增长量之和，即

$$a_n-a_0=(a_1-a_0)+(a_2-a_1)+(a_3-a_2)+\cdots+(a_n-a_{n-1})$$

两个相邻累计增长量之差，等于相应报告期的逐期增长量，即

$$(a_i-a_0)-(a_{i-1}-a_0)=a_2-a_1$$

在实际工作中，常计算年距增长量指标，它是报告期水平与上年同期水平之差，用公式表示为

$$年距增长量=报告期水平-上年同期发展水平$$

【例 6-11】 根据表 6.14 计算我国 2005—2014 年国内生产总值增长量。

表 6.14 我国 2005—2014 年国内生产总值资料及相关指标计算表

年份	发展水平（亿元）	增长量		发展速度		增长速度		增长 1%的绝对值
		累计	逐期	定基	环比	定基	环比	
	(1)	(2)	(3)	(4)	(5)	(6)	(7)	(8)
2005	185 895.8	—	—	—	—	—	—	—
2006	217 656.6	31 760.8	31 760.8	117.1%	117.1%	17.1%	17.1%	1 859.0
2007	268 019.4	82 123.6	50 362.8	144.2%	123.1%	44.2%	23.1%	2 176.6
2008	316 751.7	130 855.9	48 732.3	170.4%	118.2%	70.4%	18.2%	2 680.2
2009	345 629.2	159 733.4	288 77.5	185.9%	109.1%	85.9%	9.1%	3 167.5
2010	408 903.0	223 007.2	63 273.8	220.0%	118.3%	120.0%	18.3%	3 456.3
2011	484 123.5	298 227.7	75 220.5	260.4%	118.4%	160.4%	18.4%	4 089.0
2012	534 123.0	348 227.2	49 999.5	287.3%	110.3%	187.3%	10.3%	4 841.2

续表

年份	发展水平	增长量		发展速度		增长速度		增长1%的绝对值
	（亿元）	累计	逐期	定基	环比	定基	环比	
	（1）	（2）	（3）	（4）	（5）	（6）	（7）	（8）
2013	588 018.8	402 123.0	53 895.8	316.3%	110.1%	216.3%	10.1%	5 341.2
2014	636 138.7	450 242.9	48 119.9	342.2%	108.2%	242.2%	8.2%	5 880.2

资料来源：《中国统计年鉴（2015）》，本表按当年价格计算。

6.2.2.2 平均增长量

平均增长量是指现象在某一定时期内平均每期增减的绝对数量，即各期增长量的序时平均数，反映现象逐期增减的一般水平。无论是时期指标还是时点指标，其增长量不能反映某一点或某一瞬间的现象特征，所以都是时期指标。由于是时期指标，所以求时期指标的平均发展水平即平均增长量，可按简单算术平均法计算，即

$$平均增长量 = \frac{\sum 逐期增长量}{数列项数 - 1} \tag{6-8}$$

可用表6.14中的资料计算我国国内生产总值（GDP）的平均增长量：GDP的平均增长量＝累计增长量/(10－1)＝450 242.9/9＝50 027.0（亿元）

6.3 动态数列的速度指标

动态数列的速度指标是反映国民经济速度的主要指标，有发展速度、增长速度、平均发展速度和平均增长速度。这四种指标联系密切，其中发展速度是基本的速度分析指标。

6.3.1 发展速度和增长速度

6.3.1.1 发展速度

发展速度是表明社会经济现象发展快慢程度的相对指标。它根据两个不同时期发展水平（即报告期水平和基期水平）相对比而求得，一般用百分数或倍数表示。其计算公式为

$$发展速度 = \frac{报告期水平}{基期水平} \tag{6-9}$$

由于采用的基期不同，发展速度可分为定基发展速度和环比发展速度。

（1）定基发展速度是指以报告期水平与某一固定时期水平之比计算的发展速度，公式为

$$定基发展速度 = \frac{报告期水平}{固定基期水平} \tag{6-10}$$

用符号表示为

$$\frac{a_1}{a_0}, \frac{a_2}{a_0}, \frac{a_3}{a_0}, \frac{a_4}{a_0}, \cdots, \frac{a_n}{a_0}$$

如表6.14中（4）栏的计算结果。它用来说明报告期水平已经发展到了固定时期水平的百分之几或多少倍或翻几番，表明这种现象在较长时期内总的发展程度，因此也叫作“总速度”。

(2)环比发展速度是以报告期水平与前一时期水平之比计算的发展速度,公式为

$$环比发展速度 = \frac{报告期水平}{前期水平} \tag{6-11}$$

用符号表示为

$$\frac{a_1}{a_0}, \frac{a_2}{a_1}, \frac{a_3}{a_2}, \frac{a_4}{a_3}, \cdots, \frac{a_n}{a_{n-1}}$$

表6.14中(5)栏的计算结果,用来说明报告期水平已经发展到了前一期水平的百分之几或多少倍或翻几番,表明这种现象逐期的发展程度。

(3)定基发展速度和环比发展速度的关系是$\frac{a_n}{a_0} = \frac{a_1}{a_0} \times \frac{a_2}{a_1} \times \frac{a_3}{a_2} \times \frac{a_4}{a_3} \times \cdots \times \frac{a_n}{a_{n-1}}$,即:定基发展速度等于各时期环比发展速度的连乘积;两个相邻定基发展速度之比,等于相应报告期的环比发展速度,即$\frac{a_i}{a_0} \div \frac{a_{i-1}}{a_0} = \frac{a_i}{a_{i-1}}$。

6.3.1.2 增长速度

增长速度是表明社会经济现象增长程度的相对指标。它可以根据增长量与基期发展水平对比求得,通常用百分比或倍数表示。其计算公式为

$$增长速度 = \frac{报告期增长量}{基期水平} = \frac{报告期水平 - 基期水平}{基期水平} = 发展速度 - 1 \tag{6-12}$$

1. 增长速度和发展速度既有区别又有联系

两者的区别在于概念不同,增长速度表示社会经济现象报告期比基期增长的程度,而发展速度则表示报告期与基期相比发展到了什么程度。两者的联系见公式(6-13)、(6-14)。

2. 增长速度种类

由于发展速度有定基发展速度和环比发展速度,所以增长速度也有定基增长速度和环比增长速度之分。定基增长速度是累计增长量与某一固定时期水平之比的相对数,它反映社会经济现象在较长时期内总的增长程度。环比增长速度是逐期增长量与前一期发展水平之比的相对数,它表示社会经济现象逐期的增长程度。定基增长速度和环比增长速度这两个指标是不能直接进行换算的。如要进行换算,须先将环比增长速度转换为环比发展速度,再连乘得到定基发展速度,然后再减去1,这样才能求得定基增长速度。其计算公式为

$$定基增长速度 = 定基发展速度 - 1(或100\%) \tag{6-13}$$

$$环比增长速度 = 环比发展速度 - 1(或100\%) \tag{6-14}$$

由此可见,发展速度不仅说明现象的发展程度,而且还表明现象发展的方向。发展速度大于1,则增长速度为正值,说明社会经济现象增长的程度时用“增加了”表示;反之,发展速度小于1,则增长速度为负值,说明社会经济现象降低的程度时用“降低了”表示。

3. 增长1%的绝对值

速度指标只是一个相对指标,只表明现象的发展和增长程度,抽象了现象的绝对水平;而总量指标只反映现象的规模和水平。在分析现象发展情况时,除了要描述现象发展的速度和增长程度,还要结合现象的规模或水平数值。增长1%的绝对值这一指标就是把绝对指标和

相对指标结合起来进行分析说明的。因为同样的增长速度，由于起点不一样，所需要付出的努力是不同的，计算公式为

$$\text{增长 }1\%\text{ 的绝对值}=\frac{\text{逐期增长量}}{\text{环比增长速度}} \tag{6-15}$$

用符号表示为

$$\text{增长 }1\%\text{ 的绝对值}=\frac{a_n-a_{n-1}}{\dfrac{a_n-a_{n-1}}{a_{n-1}}\times 100}=\frac{a_{n-1}}{100}$$

即

$$\text{增长 }1\%\text{ 的绝对值}=\frac{\text{前期水平}}{100} \tag{6-16}$$

注意：从公式中可以看出，增长 1% 的绝对值是绝对数而不是相对数，如表 6.14 中的(8)栏的计算结果。

6.3.2 平均发展速度和平均增长速度指标

6.3.2.1 平均发展速度

平均发展速度是反映现象在一个较长时期内逐期平均发展变化的程度指标，是各时期环比发展速度的序时平均数。由于环比发展速度是根据同一现象在不同时间发展水平对比而得的动态相对数，因此，它不能应用上述计算序时平均数的方法计算。在实际工作中，计算平均发展速度的方法主要有两种，即几何平均法和高次方程法。两种方法依据不同现象，具体计算和应用场合是不一样的。

1. 几何平均法

对于一些现象，如产量、产值、销售额或工人人数等适合用年发展水平来反映它们的规模，计算平均发展速度时，因为总速度不等于各期环比发展速度的算术总和，而等于各期环比发展速度的连乘积，所以不能应用算术平均法，而要应用几何平均法计算。在实践中，如果用水平法制订长期计划，主要根据某一基期水平和按照此法计算得到的平均发展速度来推算最末一期水平应等于最末一期的实际水平。因此用几何平均法计算平均发展速度，按此平均发展速度发展，可以保证在最后一年达到规定的水平。所以几何平均法也称“水平法”。即从最初水平 a_0 出发，以平均发展速度代替各环比发展速度，经过 n 期发展，正好达到最末水平 a_n。用公式表示

$$\bar{X}=\sqrt[n]{\frac{a_1}{a_0}\times\frac{a_2}{a_1}\times\frac{a_3}{a_2}\times\cdots\times\frac{a_n}{a_{n-1}}}=\sqrt[n]{\frac{a_n}{a_0}} \tag{6-17}$$

设各时期的环比发展速度分别用 $X_1,X_2,\cdots,X_n$表示，即

$$X_1=\frac{a_1}{a_0},X_2=\frac{a_2}{a_1},\cdots,X_n=\frac{a_n}{a_{n-1}}$$

则

$$\bar{X}=\sqrt[n]{X_1X_2X_3\cdots X_n}=\sqrt[n]{\prod X}=\sqrt[n]{R}=\sqrt[n]{\frac{a_n}{a_0}} \tag{6-18}$$

式中　R——n 期的定基发展总速度；

a_n——动态数列的最末水平；

a_0——动态数列的最初水平；

n——环比发展速度的个数，等于数列项数减去1。

从公式 $\bar{X}=\sqrt[n]{\dfrac{a_n}{a_0}}$ 中推得 $a_0\bar{X}^n=a_n$ 该公式共有4个变量，已知任意3个变量，就可以求得第4个变量。

2. 高次方程法

在实践中，一般长期计划按累计法制定。如国家制订的长期固定资产投资额计划，是以最初水平作为依据，各期以固定的平均发展速度去发展，这样计算出的各期理论水平累计总和应与各期实际投资额的拨款累计总和相等。高次方程法就是按照此思路建立起方程式，以此求出平均发展速度。建立方程过程如下。

在数列中，现象报告年实际发展水平之和为

$$a_1+a_2+a_3+\cdots+a_n=\sum a \Rightarrow a_0\bar{X}+a_1\bar{X}+a_2\bar{X}+\cdots+a_{n-1}\bar{X}=\sum_{i=0}^{n-1}a_i$$

$$a_0\bar{X}+a_0\bar{X}^2+a_0\bar{X}^3+\cdots+a_0\bar{X}^n=\sum_{i=0}^{n-1}a_i$$

$$\bar{X}+\bar{X}^2+\bar{X}^3+\cdots+\bar{X}^n=\frac{\sum_{i}^{n}a_i}{a_0} \tag{6-19}$$

用这个高次方程计算是比较复杂的，实际工作中都根据事先编好的平均增长速度查对表计算，详见附录2。

【例6-12】 我国2005—2009年的造林面积资料如表6.15所示，计算2005—2009年我国造林面积的平均发展速度和增长速度。

表6.15 我国2005—2009年的造林面积资料

年份	2005	2006	2007	2008	2009
造林面积（公顷）	3 647 942	2 717 925	3 907 711	5 354 387	6 262 330

资料来源：《中国统计年鉴（2010）》。

由于 $\left(\dfrac{\sum a_i}{a_0}\times 100\%\right)/n=120.01\%>100\%$ 属于增长，在增长部分查表。见表6.16。

表6.16 累计法递增速度查对表 （间隔为1～5年）

平均每年增长（%）	$\dfrac{\sum a_i}{a_0}\times 100\%$				
	1年	2年	3年	4年	5年
6.1	106.10	218.67	328.11	464.84	599.30
6.2	106.20	218.98	338.75	465.95	601.04

计算得：$\frac{\sum a_i}{a_0}\times 100\% = 600.07\%$，从 $n=5$ 年可知：$\frac{\sum a_i}{a_0}\times 100\% = 600.07\%$ 是在 599.30%与 601.04%之间。

按比例计算得：$\frac{600.07-599.30}{601.04-599.30}=0.4425$，则 $6.1+(6.2-6.1)\times 0.4425=6.144(\%)$，即平均增长速度为 6.144%，平均发展速度为 106.144%。

6.3.2.2 平均增长速度

平均增长速度是各期环比增长速度的序时平均数，它表明现象在一定时期内逐期平均增长变化的程度。由于定基增长速度与环比增长速度之间并不存在数量变换关系，所以，一般根据增长速度与发展速度之间的运算关系，要计算平均增长速度，首先要计算出平均发展速度指标，然后将其减“1”（或 100%）求得，即

$$平均增长速度 = 平均发展速度 - 1(或 100\%) \qquad (6-20)$$

平均发展速度大于“1”，平均增长速度就为正值，表示某种现象在一个较长时期内逐期平均递增的程度，这个指标也叫作“平均递增速度”或“平均递增率”；反之，平均发展速度小于“1”，平均增长速度为负值，表示某种现象在一个较长时期内逐期平均递减的程度，这个指标也可叫作“平均递减速度”或“平均递减率”。

如上例中平均增长速度为 8.21%，平均发展速度为 108.21%。

6.3.3 计算和运用平均发展速度时应注意的问题

计算和运用平均发展速度时应注意以下几个问题。

（1）根据统计研究目的选择计算方法。平均发展速度的计算方法有几何平均法（水平法）和方程法（累计法）两种。这两个方法在具体运用上各有特点和局限性。当研究的目的在于考察最末一年发展水平而不关心各期水平的波动时，如产品产量、产值、销售额等，可采用水平法；当目的在于考察各期发展水平总和而不关心最末一年水平时，如固定资产投资额、造林面积等，可采用累计法。

（2）要关注和掌握社会经济现象发展变化的特点。采用水平法计算平均发展速度适合于社会经济现象发展变化比较稳定地逐年上升或逐年下降时。采用累计法计算平均发展速度适合于现象的发展不是有规律地逐年上升或下降，而是经常表示为升降交替，但当现象出现中间有几年环比速度增长或降低，出现显著的悬殊和不同的发展方向，这时计算现象的平均发展速度不能确切说明实际情况，因而采用这样的资料计算的平均发展速度会降低这一指标的意义，一般不计算这个指标。

（3）应采取分段平均速度来补充说明总平均速度。这在分析较长历史时期的资料时尤为重要。因为根据一个总的平均速度指标只能笼统概括地反映其在很长时期内逐年平均发展或增长的程度，对深入了解这种现象的发展过程和变化情况往往是不够的。例如，要分析新中国成立以来历年粮食产量的平均发展速度和平均增长速度时，就有必要分别以国民经济恢复时期、各个五年计划时期和各个特定时期（如某几年受自然灾害的影响，产量逐年下降）分段计算平均速度加以补充说明。

（4）平均速度指标要与其他指标结合应用。首先要与发展水平、增长量、环比速度、定基

速度等各项基本指标结合应用,起到分析研究和补充说明的作用,以便对现象有比较确切和完整的认识。其次,按照辩证唯物主义的观点,任何现象都不是孤立存在的,彼此之间互相联系、互相作用。在分析现象的生产或经营的平均发展速度时,要与有关经济现象,如同行的生产、经营的规模水平、平均发展速度、实现利税的平均速度以及宏观经济的平均发展速度,我国及地方的 GDP 平均发展速度等结合运用。

6.4 动态数列的因素分析

在分析社会经济现象动态变化时,不仅要用动态数列的水平指标和速度指标去描述现象变化的特征,而且要测定影响现象发展变化的主要因素的变化状况,从而认识经济现象发展变化的规律,并预测现象的未来发展变化,为决策者作出科学、正确的决策提供依据。

6.4.1 动态数列的因素构成

任何社会经济现象的发展变化都是许多错综复杂的因素共同作用的结果。在这些因素中,有对现象发展变化起决定性作用的系统因素,使现象发展变化呈现一定规律性;也有对现象发展变化起局部、临时非决定性的偶然因素,使现象的发展变化无常。要深入了解现象的发展变化规律,就必须了解这些因素对现象的影响程度。统计分析中一般按影响因素的作用方式分为长期趋势、季节变动、循环变动和不规则变动四种。

6.4.1.1 长期趋势

长期趋势用符号 T 表示,是指动态数列中某种经济现象在某一个较长时期内持续上升或持续下降的发展变化趋势。长期趋势是受某种固定的、起根本性作用的因素影响的结果。例如,随着科学技术的进步和劳动生产率的提高,国内生产总值和工人的工资总额等呈现逐年上升趋势;又如,在播种面积一定的条件下,随着人口的增长,住宅使用面积将越来越小,房地产价格将越来越高;再如,矿区的采掘状况呈现由繁荣走向衰退等。

6.4.1.2 季节变动

季节变动用符号 S 表示,是指一年以内的由于季节变化或社会因素的影响使现象呈现有规律性的周期性重复变动。季节变动的周期最多为一年,也可以是一个月、一旬、一周、一日。

例如,农业生产的用工量有农忙和农闲之分,农产品的产量有淡季和旺季之分,某些商品的销售额在短期内呈现规律变化,铁路运输量、蔬菜的生长、某旅游景点的游客人数、公交车一天中的乘客人数等都存在季节变动。研究季节变动的目的主要是为了认识它、掌握它,从而克服季节变动而引起的不良影响,以便为合理组织生产、安排人民经济生活提供资料。

6.4.1.3 循环变动

循环变动用符号 C 表示,是指围绕长期趋势出现的、受多种因素影响的、在若干年中发生的周期性的涨落起伏波动。循环波动的周期和幅度各期表现不同,波动的性质与原因也各异。但每一个周期都呈现出盛衰起伏的状况,如大气温度、人口自然增长率等往往呈现出同期波动,资本主义社会周期性的经济危机等也是。常见的周期变动是商业周期。

6.4.1.4 不规则变动

不规则变动用符号 I 表示,是指由于偶然因素所引起的或不明原因引起的无规则的变动。

不规则变动无法预计且无法确认，如地震、火灾、战争、自然灾害等引起的变化。不规则变动又称随机变化。

社会经济现象的变动一般都是以上四种构成要素或其中一部分要素形成的。动态数列分析的根本任务是对现象的动态变化特征进行描述，对影响现象发展的主要因素进行统计测定与分析，从而揭示现象变动的规律与特征，为决策者提供科学依据。

根据时间数列变动的构成因素和影响方式的不同，可以将四种因素之间的关系用加法模型和乘法模型来表示。乘法模型为

$$Y = T \cdot S \cdot C \cdot I$$

加法模型为

$$Y = T + S + C + I$$

式中 Y——动态数列观察值；

T——长期趋势值；

S——季节变动值；

I——不规则变动值；

C——循环变动值。

乘法模型假定四个因素对现象发展的影响是相互的，以长期趋势值的绝对量为基础，其余因素均以比率（相对量）表示。加法模型假定四个因素的影响是独立的，每个因素都是独立的，每个因素都以绝对量表示。这里进行的因素分析是建立在乘法模型基础上的。

6.4.2 长期趋势的测定与预测

6.4.2.1 长期趋势的测定

测定长期趋势的方法有多种，下面介绍几种常用的方法。

1. 时距扩大法

当原来的动态数列表现出时高时低、规律不太明显时，将原来动态数列的时距扩大，采用简单算术平均数的方法，以消除偶然因素的影响，使其明显反映现象发展变化趋势。注意：该法适用于时期数列，时距的选择以能明显反映现象变化特点为准则，而且时距的间隔应前后一致，具有可比性。

【例 6－13】 某企业 2016 年各月的平均劳动生产率情况如表 6.17 所示。

表 6.17 某企业 2016 年各月的平均劳动生产率情况

月份	产品产量（吨）	平均生产工人人数（人）	月劳动生产率（吨/人）	月份	产品产量（万吨）	平均生产工人人数（人）	月劳动生产率（万吨/人）
1	3 000	120	25	7	3 500	110	31.8
2	3 200	110	29.1	8	3 200	120	26.7
3	3 100	115	27.0	9	3 400	124	27.4
4	3 300	123	26.8	10	3 400	115	29.6
5	3 200	120	29.1	11	3 500	125	28.0
6	3 400	110	30.9	12	3 400	120	28.3

从表 6.17 中可以看出,第一个动态数列的变化趋势不太明显,将时距由月扩大为季,组成一个新的动态数列,见表 6.18。

表 6.18 某企业 2016 年各季度的产品产量

季度	1	2	3	4
月平均产品产量	3 100	3 300	3 367	3 433
各季产品产量	9 300	9 900	10 100	10 300

显然从表 6.18 中可看出各个季度的产品产量呈递增趋势。

2. 序时平均法

与时距扩大法所不同的是,序时平均法主要针对时点数列,因为时点数各个水平相加无独立存在的意义,需通过序时平均法消除偶然因素的影响,以反映现象变化趋势。表 6.17 中第二个动态数列的变化趋势不太明显,将时距扩大为季,以计算序时平均数组成新的动态数列,见表 6.19。

【例 6-14】 上例某企业 2016 年各季度的月平均生产工人人数计算如下:

第一季度月平均生产工人人数 =(120 + 110 + 115)÷3 = 115(人),以此类推,结果如表 6.19 所示。

表 6.19 某企业 2016 年各季度的平均生产工人人数

季度	1	2	3	4
月平均生产工人人数(人)	115	118	118	120

从表 6.19 中可看出各个季度的月平均生产工人人数呈递增趋势。

3. 移动平均法

移动平均法是对原有的时间数列通过扩大时距进行均匀修正来测定长期趋势的一种方法。它采用逐项递移的方法分别求出一系列移动的序时平均数,再用这些移动的序时平均数组成新的时间数列代替原来的时间数列。新数列中各期数值经过移动平均已剔除了偶然变动、季节变动和不规则变动的影响,因而呈现出比原来时间数列更平滑有规律的图形,易于分析被研究现象的长期趋势。

【例 6-15】 某企业 2006—2016 年的商品销售状况如表 6.20 所示,采用移动平均法揭示现象的长期趋势规律。

表 6.20 某企业 2006—2016 年的商品销售资料 单位:亿元

年度	商品销售额	三项移动平均	五项移动平均	四项移动平均	四项移动平均对正
	(1)	(2)	(3)	(4)	(5)
2006	2.4	—	—	—	—

续表

年度	商品销售额	三项移动平均	五项移动平均	四项移动平均	四项移动平均对正
	(1)	(2)	(3)	(4)	(5)
2007	3.2	3.3	—	3.8	—
2008	4.3	4.3	4.3	4.7	4.3
2009	5.3	5.2	5.3	5.9	5.3
2010	6.1	6.4	6.6	6.7	6.3
2011	7.8	7.1	7.0	7.4	7.1
2012	7.4	7.8	7.8	8.2	7.8
2013	8.2	8.3	8.64	8.6	8.4
2014	9.3	9.3	9.4	9.9	9.3
2015	10.5	10.5	—	—	—
2016	11.7	—	—	—	—

表6.20中的第一列为原动态数列，反映该企业历年的销售情况；第二、三、四列是移动平均后的动态数列，经修均后的动态数列能明显反映原数列的发展变化情况，只是修均后的动态数列的项数比原数列的项数减少了。三项移动平均减少了首末两项；五项移动平均前后共减少四项；四项移动平均前后共减少四项。一般来说，时距项数越多，移动平均动态数列修均的程度越大，而所得的新的动态数列的项数就越少。原数列项数和新数列项数之间的关系是：新的动态数列项数＝原动态数列项数－时距项数＋1。所以计算移动平均的时间不宜过长。在进行统计分析时，如需要两端数值，则移动平均法不宜采用。但是也应该指出，移动平均的时间越长，数列所表现的长期趋势越明显，但减少项数过多，使动态数列的项数过少，则不宜于作长期趋势分析。

在表6.20中，第二列第一个移动平均的数＝(2.4＋3.2＋4.3)÷3＝3.3；第二数＝(3.2＋4.3＋5.3)÷3＝4.3；其余类推。移动平均的数写在时距最中央的那一年位置上。对于五项移动平均：第一个数＝(2.4＋3.2＋4.3＋5.3＋6.1)÷5＝4.3；第二个数＝(3.2＋4.3＋5.3＋6.1＋7.8)÷5＝5.3；其余类推。移动平均的数写在时距最中央的那一年的位置上。对于四项移动平均：第一个数＝(2.4＋3.2＋4.3＋5.3)÷4＝3.8；第二个数＝(3.2＋4.3＋5.3＋6.1)÷4＝4.7。

不论移动的项数是多少，移动平均的数都写在时距最中央的那一年的位置上。这样，如果移动的项数是奇数项有中间项，对于偶数项的移动，如四项移动的第一个数对准的2007年与2008年之间的中间位置上，在计算机中无法显示。因此，必须进行两项移动，即两项移动后得到的数值正好与原数列的时间对准，这样便于比较分析。在选择移动项数时，要根据现象变化的特点及给出的资料进行。事实证明，当移动平均的时期长度等于周期长度或整倍数时，就能把周期的波动完全抹掉。如给出的资料是以年为单位，移动的项数依据数据波动的规律，如每三个资料比较接近，则移动的项数取3，即三项移动平均；若给出的资料是以月为单位的多年资料，则移动的项数取12，即12项移动平均。这样通过平均，使一年的不规则因素、季节变动因素及偶然因素的影响都抵消了,移动平均的数组成的新的动态数列就明显反映出现象长期变化趋势;若给出的资料是以季为单位的多年资料,则移动的项数选择4,即四项移动平均。

4. 直线配合法

将动态数列的原始资料以时间为横坐标,要说明的资料为纵坐标,在平面直角坐标系中作出散点图后,依据散点图的变化规律,配以适当的曲线,但直线配合法是最基本、最常用的方法。因此,这里讲直线配合法。所谓直线配合就是利用动态数列在散点图上的变化规律,如果接近一条直线,可利用数学方法拟合一条最佳直线,以此来近似反映现象发展趋势。

1)半数平均法

该法的指导思想是:利用实际观察值与计算的趋势值之间的离差之和等于零的思想建立方程,即 $\sum(y-y_t)=0$。将呈现直线变化的动态数列的项数按照时间由小到大的顺序分为两部分(若数列项数为奇数时去掉首项),并求时间 t 和实际观察值 y 共4个平均数,在坐标上就可绘制出两个点,连接该两点就得到一条趋势直线。将这两点代入直线方程求解即可。具体操作如下。

设趋势直线方程为

$$y_t = a + bt$$

式中 y_t——趋势值;

t——时间变量;

a、b——两个待定参数。

将趋势直线方程代到 $\sum(y-y_t)=0$ 得

$$\sum[y-(a+bt)]=0 \Rightarrow \sum y - \sum(a+bt)=0 \Rightarrow \sum y - na - b\sum t = 0$$

即

$$\bar{y} - a - b\bar{t} = 0 \Rightarrow \frac{\sum y}{n} - a - b\frac{\sum t}{n} = 0$$

将数列分成两段得到的两个点的坐标代入上式得

$$\begin{cases} \dfrac{\sum y_1}{n} - a - b\dfrac{\sum t_1}{n} = 0 & \cdots\cdots① \\ \dfrac{\sum y_2}{n} - a - b\dfrac{\sum t_2}{n} = 0 & \cdots\cdots② \end{cases} \tag{6-21}$$

解此二元一次方程解得 a 和 b,即得直线趋势方程。

【例6-16】 某企业2007—2016年的利润额资料如表6.21所示。利用半数平均法求该企业2007—2016年的利润额的趋势方程,并预测2017年该企业的利润额。

表6.21 某企业2007—2016年的利润额资料计算表(半数法) 单位:(万元)

年份	t	利润 y	y_t	$y-y_t$	年份	t	利润 y	y_t	$y-y_t$
2007	1	34.1	34.20	-0.13	2012	6	44.25	44.28	0.22
2008	2	36.3	36.21	0.05	2013	7	46.26	46.29	0.01

续表

年份	t	利润 y	y_t	$y-y_t$	年份	t	利润 y	y_t	$y-y_t$
2009	3	38.1	38.22	-0.15	2014	8	48.27	48.3	-0.1
2010	4	40.2	40.23	-0.06	2015	9	50.28	50.31	-0.11
20011	5	42.4	42.24	0.13	2016	10	52.29	52.32	-0.22
合计	15	191.1	191.1		合计	40	241.3	241.38	
平均值	3	38.22			平均值	8	48.26		

经验表明，当现象的逐期增长量接近于一个常数时，给这个现象的变化趋势配以直线表示。

$$\overline{t_1}=\frac{\sum t}{n}=\frac{15}{5}=3 \qquad \overline{y_1}=\frac{\sum y}{n}=\frac{191.1}{5}=38.22(\text{万元})$$

$$\overline{t_2}=\frac{\sum t}{n}=\frac{40}{5}=8 \qquad \overline{y_2}=\frac{\sum y}{n}=\frac{241.3}{5}=48.26(\text{万元})$$

将$\overline{t_1}$，$\overline{t_2}$，$\overline{y_1}$，$\overline{y_2}$代入①、②联立方程组中，计算得直线趋势的系数 a 和 b

即
$$\begin{cases}a+3b=38.22\\a+8b=48.26\end{cases}$$

解得
$$\begin{cases}a=32.19\\b=2.01\end{cases}$$

即所得趋势直线方程为：$y_t=32.19+2.01t$

即所得趋势直线方程为

$$y_t=32.19+2.01t$$

该趋势直线方程表明：当 $t=0$ 时，趋势值为 32.19 万元，说明趋势方程的起点为 32.19，以后每增加一年，该企业的利润增加 2.01 万元，将 $t=1,2,3,\cdots,10$ 代入趋势直线方程得到各年的趋势值 y_t。

当 $t=12$ 时，即预测 2017 年该企业的利润额 $y_{12}=32.19+2.01\times 12=56.31$（万元）。

2）最小平方法（也称最小二乘法）

在统计学中经常应用一种数学模型来近似反映现象变化趋势。由于反映现象变化趋势的直线有多条，所以采用最小平方法来测定现象的长期趋势，是通过建立一定的数学模型，对原有的动态数列拟合一条最佳的趋势线进行分析及外推预测。最小平方法的指导思想是：不仅要采用半数平均法需具备的 $\sum(y-y_t)=0$，而且要使实际值与趋势值的离差平方和为最小，即 $Q=\sum(y-y_t)^2=$ 最小值。

具体过程为：由 $\sum(y-y_t)^2=$ 最小值。将趋势方程 $y_t=a+bt$ 代入得

$Q=\sum[y-(a+bt)]^2=$ 最小值。　根据高等数学求极值原理，分别对 a 和 b 求偏导。

即
$$\begin{cases}\dfrac{\partial Q}{\partial a}=0\\\dfrac{\partial Q}{\partial b}=0\end{cases}\Rightarrow\begin{cases}\sum 2(y-a-bt)(-1)=0\\\sum 2(y-a-bt)(-t)=0\end{cases}\Rightarrow\begin{cases}\sum y=na+b\sum t\\\sum ty=a\sum t+b\sum t^2\end{cases}$$

求解参数为 a 和 b 的二元一次方程组，解得 a,b 公式如下

$$\begin{cases}b=\dfrac{n\sum ty-\sum t\sum y}{n\sum t^2-\left(\sum t\right)^2}\\a=\dfrac{\sum y}{n}-\dfrac{b\sum t}{n}=\bar{y}-b\bar{t}\end{cases}\tag{6-22}$$

【例 6－17】 利用【例 6－15】中的资料用最小平方法计算趋势方程，计算过程详见表 6.22。

设趋势方程为：$y_t=a+bt$

$$b=\frac{n\sum ty-\sum t\sum y}{n\sum t^2-\left(\sum t\right)^2}=\frac{10\times 2\ 543.3-55\times 432.4}{10\times 385-55^2}=\frac{1\ 651}{825}=2.00$$

$$a=43.24-2.0\times 5.5=32.24$$

即所求趋势直线方程为

$$y_t=32.24+2.00t$$

当 $t=12$，预测 2017 年该企业的利润额为

$$y_{12}=32.24+2.00\times 12=56.24(\text{万元})$$

表 6.22 某企业 2007—2016 年的利润额资料计算表(最小平方法) 单位：(万元)

年份	t	利润 y	y_t	$y-y_t$	年份	t	利润 y	y_t	$y-y_t$
2007	1	34.1	34.24	-0.14	2012	6	44.5	44.24	0.26
2008	2	36.3	36.24	0.06	2013	7	46.3	46.24	0.06
2009	3	38.1	38.24	-0.14	2014	8	48.2	48.24	-0.04
2010	4	40.2	40.24	-0.04	2015	9	50.2	50.24	-0.04
2011	5	42.4	42.24	0.16	2016	10	52.1	52.24	-0.14
合计	15	191.1	191.26	-0.10	—	40	241.3	241.50	0.10

两种算法的结果基本是接近的，但由于最小平方法基于的条件比半数法多了一项，加强了趋势直线的代表性。判别采用哪一种方法更好时，还可以通过量化形式比较，即通过计算趋势分析误差综合指标即预测标准差 S_y 来衡量。预测标准差 S_y 的计算公式为

$$S_y=\sqrt{\frac{1}{n-2}\sum(y-y_t)^2}\tag{6-23}$$

现比较两种方法，用半数平均法时，得

$$S_y=\sqrt{\frac{1}{n-2}\sum(y-y_t)^2}=\sqrt{\frac{0.181\ 4}{8}}=0.151$$

用最小平方法时,得

$$S_y=\sqrt{\frac{1}{n-2}\sum(y-y_t)^2}=\sqrt{\frac{0.164}{8}}=0.143$$

从上面计算结果可以看出,最小平方法的预测标准差要小于半数平均法的预测标准差,因此,最小平方法是趋势配线最常用的误差最小的方法。

3)指数曲线配合法

在实际中,大量社会现象更多的是呈曲线变化。研究曲线变化规律仍可以用最小平方法,根据曲线方程求得趋势值。下面讲述指数曲线配合法。

当现象在发展变化中各期环比发展速度大致相同时,现象的某指标组成的动态数列的变化规律呈现指数曲线型。配线步骤如下。

第一步:建立指数曲线模型 $y_t=ab^t$

第二步:将指数函数转化为对数形式,即

$$\lg y_t=\lg a+t\lg b$$

式中 a——动态数列的基期水平;

b——现象的一般发展速度;

t——动态数列的时间。

a、b 均为未定参数。公式表明:t 年的变量 Y 等于基期水平乘上一般发展速度的 t 次方。

第三步:按直线方程求法确定出参数

$$\begin{cases}\lg b=\dfrac{n\sum t\lg y-\sum t\sum\lg y}{n\sum t^2-\left(\sum t\right)^2}\\ \lg a=\dfrac{\sum\lg y}{n}-\lg b\dfrac{\sum t}{n}\end{cases}\tag{6-24}$$

第四步:对直线方程求得的结果查反对数表还原或用计算器计算求得 a、b 参数。

【例6-18】 根据某地区历年社会消费品零售总额资料(见表6.23),计算历年社会消费品零售总额趋势方程。

表6.23 某地区历年社会消费品零售总额

年份	社会消费品零售总额(万元)	年份	社会消费品零售总额(万元)
2007	492 801	2012	876 478
2008	566 084	2013	985 893
2009	644 574	2014	1 133 048
2010	711 466	2015	1 393 000
2011	783 725	2016	1 774 682

首先绘制散点图。

从绘制的散点图6.1可看出,某地区历年社会消费品零售总额变化趋势近于指数曲线变化,从历年的指标数值计算的环比发展速度也接近相等。因此,该地区的社会消费品零售总额变化趋势用指数方程表示为 $y_t = ab^t$。按照公式求得

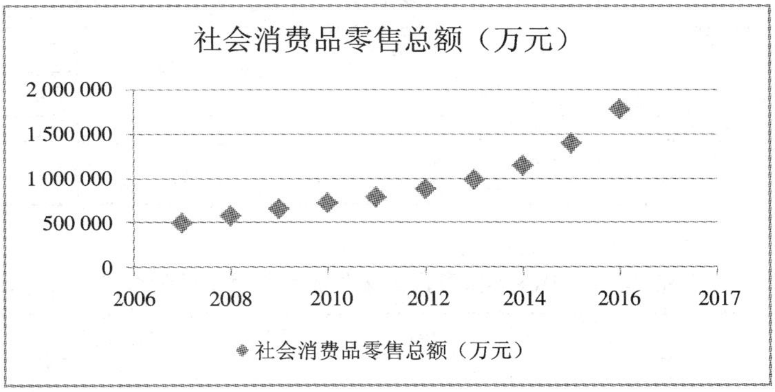

图 6.1　社会消费品零售总额散点图

$$\lg b = \frac{n\sum t\lg y - \sum t\sum \lg y}{n\sum t^2 - (\sum t)^2} = \frac{10\times 331.34 - 55\times 59.385}{10\times 385 - 55^2} = \frac{47.223}{825} = 0.05724$$

求反对数得:$b = 1.14$

$$\lg a = \frac{\sum \lg y}{n} - \lg b\frac{\sum t}{n} = \frac{59.385}{10} - 0.05724\times\frac{55}{10} = 5.624$$

求反对数得:$a = 420\ 726.63$

这样,求得的指数方程为 $y_t = y_t = 420\ 726.63\times 1.14^t$

即该地区历年社会消费品零售总额变化趋势可以试用该指数曲线近似描述。

若在其他条件相对稳定下,预测 2017 年的社会消费品零售总额($t = 12$):

$$y_{12} = 420\ 726.63\times 1.14^{12} = 2\ 027\ 020.86(万元)$$

6.4.3　季节变动的测定与预测

对季节变动测定的方法,按是否考虑长期趋势的影响分为以下两种:一是不考虑长期趋势影响,称按月(季)平均法;二是考虑长期趋势的影响,称剔除趋势的移动平均法。测定的指标是“季节比率”,也称“季节指数”。

6.4.3.1　按月(季)平均法

此法使用条件是原动态数列的资料不包含明显的长期趋势的影响,适用于短期预测。

计算步骤如下:

①将各年同月(或同季)数字加总,求若干年内同月(或同季)平均数;

②将若干年所有月(或季)数字加总,求出全期总的月(或季)的平均数;

③将若干年内同月(或同季)的平均数与总的月(或季)平均数对比,求得各月的季节指数;

④将一年的平均水平乘以季节指数,预测明年水平。

【例 6-19】　某地 2014—2016 年农贸市场某种商品各月交易量资料如表 6.24 所示。根

据表 6.24 所示资料计算各月季节指数。

表 6.24　某地 2014—2016 年农贸市场某种商品各月交易量　　单位:吨

月份	1	2	3	4	5	6	7	8	9	10	11	12
2014	54	52	50	48	44	42	36	32	37	46	50	58
2015	58	54	58	54	48	44	38	36	42	54	56	64
2016	68	70	64	62	56	48	44	40	46	58	60	76

表 6.25　某地 2014—2016 年农贸市场某种商品各月交易量季节指数计算表　单位:吨

月份	2014	2015	2016	合计	月平均数	季节指数(%)
1	54	58	68	180	60.00	116.94
2	52	54	70	176	58.67	114.35
3	50	58	64	172	57.33	111.75
4	48	54	62	164	54.67	106.55
5	44	48	56	148	49.33	96.15
6	42	44	48	134	44.67	87.06
7	36	38	44	118	39.33	76.67
8	32	36	40	108	36.00	70.17
9	37	42	46	125	41.67	81.21
10	46	54	58	158	52.67	102.65
11	50	56	60	166	55.33	107.85
12	58	64	76	198	66.00	128.64
合计	549	606	692	1 847	615.67	1 200.00
月平均数	45.75	50.5	57.67	51.31	51.31	100.00

(1)计算各年同月的月平均数:月平均数 =(各年同月指标之和)÷年数。如:1 月份的月平均数 =(54 + 58 + 68)÷3 = 180 ÷ 3 = 60(吨)。

(2)计算全期总的月平均数:总月平均数 =(各年的所有指标数值之和)÷全期所有月份数。如:该地农贸市场某种商品各月交易量总平均数 = 全期总量 ÷ 全期总数 = 1 847 ÷ 36 = 51.30(吨)。

(3)计算季节指数:

$$季节指数 = \frac{各年同月(季)平均数}{全期各月(季)总平均数} \tag{6-25}$$

如 1 月份的季节指数 = 60 ÷ 51.31 = 116.94%,2 月份的季节指数 = 58.67 ÷ 51.31 = 112.16%。

(4)利用季节指数进行预测:若计划 2017 年的该种商品交易量为 710 吨,则预测 2017 年 1 月份的商品交易量 =(710 ÷ 12)×116.94% = 69.19(吨);若已知 2017 年 1、2、3 月份的该种商品交易量分别为69.19、70.1、68.3，预测2017年4、5、6月份的该种商品的交易量如下。

4月份商品的交易量 =（69.19 + 70.1 + 68.3）÷（1.169 4 + 1.143 5 + 1.117 5）× 106.55% = 64.48（吨）。

同理：5月份该种商品的交易量 = 58.18（吨）。

6月份的该种商品的交易量 = 52.68（吨）。

从表6.25可以看出，该地农贸市场某种商品交易量在冬季是旺季，12月份达到最高峰，季节指数为128.64%；夏季为淡季，8月份达到最低谷，季节指数为70.17%。

6.4.3.2 移动平均趋势剔除法

在实践中，现象的发展变化经常包含长期趋势因素的影响。当现象的发展表现为明显的季节变动，同时又不能不考虑长期趋势因素的影响时，可采用移动平均趋势剔除法测定季节变动规律并进行长期预测。

该法基本思路是：先测定动态数列的长期趋势，然后将长期趋势从动态数列中消去，最后测定季节变动。长期趋势的测定有移动平均法和最小平方法等。这里，采用移动平均法测定长期趋势。

该法基本原理是：现象趋势值一般受四种因素影响。假定各因素的关系是建立在乘法模型基础上，即 $Y = T \cdot S \cdot C \cdot I$。采用符合现象变化周期的项数进行移动平均，这样消除季节变动和不规则变动，得到的新数列只有 T 和 C 因素。将原动态数列与新动态数列相除，即 $Y/TC = SI$ 得到的动态数列只含有季节因素和不规则因素，最后通过简单算术平均将 $S \cdot I$ 中的不规则变动消除了，得到了季节指数 S。

【例6－20】 某商场某商品的销售量资料如表6.26所示。计算商场某商品的销售量季节指数。

表6.26 某商场某商品的销售量季节指数计算表（一）

年份	季别	销售量 Y（台）	四季移动平均值/TC	对正 TC	$Y/TC = SI$（%）
甲	乙	(1)	(2)	(3)	(4) = (1)/(3)
2014	1	20	—	—	—
	2	25	—	—	—
	3	27	23.25	23.5	114.89
	4	21	23.75	24.13	87.03
2015	1	22	24.50	24.88	89.80
	2	28	25.25	25.63	109.25
	3	30	26.00	26.5	113.21
	4	24	27.00	27.25	88.07
2016	1	26	27.50	28.0	92.86
	2	30	28.50	29.0	103.45
	3	34	29.50	—	—
	4	28	—	—	—

解题步骤如下。

第一步：用移动平均法求出长期趋势。由于给出的是以季为单位的资料，因此作四项移动,得(2)栏,然后再作两项移动对正,得(3)栏含有季节变动的长期趋势数列。

第二步:剔除长期趋势。用原来的数列 Y 除以包含有季节变动的长期趋势数列 TC 得只存在季节变动和不规则变动的新数列(4)栏 SI。

第三步:对第(4)栏进行重新排列,并求各年同季的简单算术平均数,通过平均,去除了不规则变动,得到纯粹反映现象季节变动的趋势。

第四步:求得的各季平均值即为季节指数,季节指数大于100%为旺季,小于100%为淡季,4个季度的季节指数在没有季节变动条件下的合计值为400%。若合计值不等于400%时,应作调整。该题的季节指数合计值等于399.28%,应作调整。调整系数的计算公式如下:

$$\text{调整系数}=\frac{400\%}{\sum \text{季节比率}}\left[\text{或}=\frac{1\ 200\%}{\sum \text{季节比率}}\right] \tag{6-26}$$

该题中

$$\text{调整系数}=\frac{400\%}{\sum \text{季节比率}}\left[\text{或}=\frac{1\ 200\%}{\sum \text{季节比率}}\right]=\frac{400\%}{399.28\%}=100.18\%$$

则调整后的季节指数:第一季度 $S_1=91.33\%\times1.001\ 8=91.49\%$;第二季度 $S_2=106.35\%\times1.001\ 8=106.54\%$;依此类推,见表6.27。

表6.27 某商场某商品的销售量季节指数计算表(二)

	第一季度	第二季度	第三季度	第四季度	合计
2014年	—	—	114.89	87.03	—
2015年	89.80	109.25	113.21	88.07	—
2016年	92.86	103.45	—	—	—
合计	182.66	212.70	228.10	175.10	790.56
平均	91.33	106.35	114.05	87.55	399.28
季节比率(%)	91.49	106.54	114.26	87.71	400.00

从表6.27中可以看出,第二季度和第三季度为旺季,其中第三季度的销售量最高。第一、四季度为淡季,第四季度的销售量最低。

第五步:利用季节指数进行预测。若已知该商场某商品2017年的计划销售量为125台,则2017年各季度的销售量预测值分别如下。

第一季度:91.49%×125/4=28.59(台)

第二季度:106.54%×125/4=33.29(台)

第三季度:114.26%×125/4=35.71(台)

第四季度:87.71%×125/4=27.41(台)

【本章小结】

本章内容共分4部分,用模块表示如下:

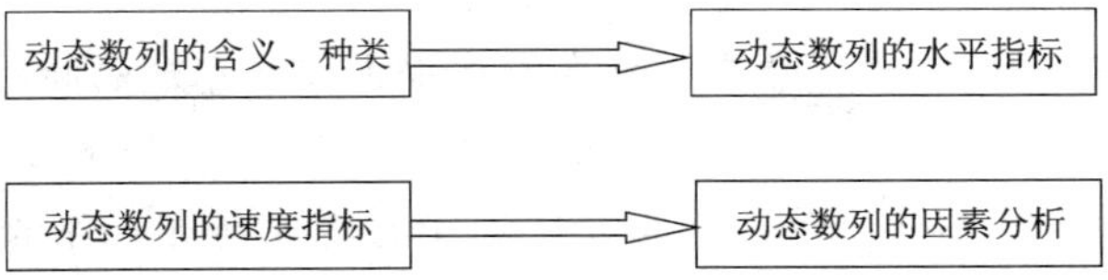

动态数列用来反映现象发展的趋势和变化规律，可以利用不同的但有互相联系的数列进行对比分析或相关分析，揭示现象之间的联系程度及动态演变关系。动态数列分绝对数动态数列、相对数动态数列和平均数动态数列。其中绝对数动态数列是最基本的动态数列。可比性是编制动态数列的基本原则。在动态数列中，各项具体的指标数值叫作发展水平。将不同时期的发展水平加以平均而得的平均数叫平均发展水平。它与前面讲的一般平均数既有相同之处又有明显的区别。关于平均发展水平的计算方法归纳如下。

由绝对数组成的动态数列：

- 时期指标动态数列：$\bar{a}=\dfrac{a_1+a_2+a_3+\cdots+a_n}{n}=\dfrac{\sum a}{n}$
- 时点指标动态数列：
  - 连续时点数列：
    - 间隔相等：$\bar{a}=\dfrac{a_1+a_2+a_3+\cdots+a_n}{n}=\dfrac{\sum a}{n}$
    - 间隔不等：$\bar{a}=\dfrac{a_1t_1+a_2t_2+\cdots+a_nt_n}{t_1+t_2+\cdots+t_n}=\dfrac{\sum at}{\sum t}$
  - 间断时点数列：
    - 间隔相等：$\bar{a}=\dfrac{\frac{1}{2}a_1+a_2+\cdots+\frac{1}{2}a_n}{n-1}$
    - 间隔不等：$\bar{a}=\dfrac{\frac{a_1+a_2}{2}f_1+\frac{a_2+a_3}{2}f_2+\cdots+\frac{a_{n-1}+a_n}{2}f_{n-1}}{f_1+f_2+f_3+\cdots+f_{n-1}}$

由相对数组成的动态数列：$\bar{c}=\dfrac{\bar{a}}{\bar{b}}$，$a$、$b$ 可以都为时期指标，也可以一个是时期指标，一个是时点指标，或都为时点指标。属于什么指标，就按前面绝对数动态数列求平均发展水平的求法去求。

由平均数组成的动态数列分静态平均指标和动态平均指标。由静态平均指标组成的动态数列按照由绝对数动态数列求平均发展水平的求法去求；由动态平均数组成的动态数列按简单算术平均法去求。

增长量是说明社会经济现象在一定时期内所增长的绝对数量。它是报告期水平与基期水平之差，反映报告期比基期增长或减少的水平量。增长量可以分为逐期增长量和累计增长量。累计增长量等于相应时期的逐期增长量之和。两个相邻累计增长量之差等于相应报告期的逐期增长量。平均增长量是指现象在某一定时期内平均每期增减的绝对数量，即各期增长量的序时平均数，反映现象逐期增减的一般水平。注意平均增长量是时期指标，可按简单算术平均法计算。动态数列的发展速度是表明社会经济现象发展快慢程度的相对指标。它根据两个不同时期即报告期水平和基期水平相对比而求得，发展速度可分为定基发展速度和环比发展速度。定基发展速度等于各时期环比发展速度的连乘积;两个相邻定基发展速度之比等于相应报告期的环比发展速度。增长速度是表明社会经济现象增长程度的相对指标。它可以根据增长量与基期发展水平对比求得。增长速度表示社会经济现象报告期比基期增长的程度,增长速度=发展速度-1(或100%)。增长速度有定基增长速度和环比增长速度之分。定基增长速度和环比增长速度是不能直接互相换算的。如要进行换算,按下列计算公式进行:定基增长速度=定基发展速度-1(或100%);环比增长速度=环比发展速度-1(或100%)。增长1%的绝对值这一指标就是把绝对指标和相对指标结合起来进行分析说明的,计算公式为:增长1%的绝对值=逐期增长量/环比增长速度=前期水平/100。注意:从公式中可以看出,增长1%的绝对值是绝对数而不是相对数。平均发展速度是反映现象在一个较长时期内逐期平均发展变化的程度指标,是各时期环比发展速度的序时平均数。计算平均发展速度的方法主要有两种,即几何平均法和高次方程法。平均增长速度是各期环比增长速度的序时平均数,它表明现象在一定时期内逐期平均增长变化的程度。平均增长速度=平均发展速度-1(或100%)。

统计分析中一般按影响因素的作用方式分为长期趋势、季节变动、循环变动和不规则变动四种。测定长期趋势的方法有时距扩大法、序时平均法、移动平均法、半数平均法、最小二乘法,采用拟合的模型是根据现象发展变化的特点来确定的。季节变动测定方法有按月平均法、移动平均趋势剔除法。前者用于短期预测,不考虑长期趋势,后者用于长期趋势预测。运用移动平均法的关键是项数的确定,一般以周期的长度作为移动的项数。

【阅读专栏7】 经济增长速度与“金砖国家”

经济增长率(RGDP),也称为经济增长速度,它是报告期国内生产总值增加量与基期水平的比较。在量度经济增长时,一般都采用实际经济增长率,即以不变价格(即基期价格)计算报告期GDP,从而得出的经济增长率。它能够反映一定时期某一国家或地区经济的发展水平变化程度以及是否具有活力。

“金砖四国”这一概念最早是由美国高盛公司首席经济师吉姆·奥尼尔于2001年提出的。“金砖四国”(BRIC)引用了巴西、俄罗斯、印度和中国的英文首字母,由于该词与英语单词的砖(Brick)类似,因此被称为“金砖四国”。南非加入后,其英文单词变为“BRICS”,并改称为“金砖国家”。

以“金砖国家”为代表的新兴经济体开始崛起,已经成为全球经济的重要增长引擎。

其中,中国经济最具活力[1],2014年中国GDP为63.613 8万亿人民币,经济总量稳居世界第二位,十三亿多人口的人均国内生产总值增至7800美元左右。2015年GDP为68.5万亿人民币,约合11.15万亿美元。人均GDP为8 100美元。在世界经济复苏基础依旧脆弱、国内经济下行的严峻压力下,2014年仍实现了7.3%的增长速度。印度2013年GDP的增长速度为3.9%,2014年则实现了5.1%的增长速度。按照新统计方法计算出的2014年GDP为113.45万亿卢比,低于修订前的113.55万亿卢比。2014年GDP增长速度按照新统计方法计算出的值为6.9%。同期,俄罗斯央行30日发布统计数据说,2014年俄国内生产总值(GDP)实际增长率为0.6%,较2013年下降0.7%。巴西则由20世纪90年代的1.7%提高到了近十年的3.6%；巴西2014年GDP为2.35万亿美元，同比增长0.1%，人均GDP为1.16万美元，南非2013年GDP增长率为1.9%，2014年增长率提高到2.7%。金砖国家的经济增长速度多数高于发达国家的均值水平。

高盛公司提出“金砖国家”的概念，主要目的是为投资者指明未来最具投资机会的国家或地区。经过几年的发展，“金砖国家”不仅仅意味着投资机会，更成为国际舞台的一支重要力量[2]。金砖国家是国际发展合作事业的必要和有益的补充。在金砖国家内部减贫取得巨大成绩之外，以金砖国家为主要代表的南南合作框架下的发展合作为联合国千年发展目标的实现贡献很大，五国领导人围绕“实现包容性增长的可持续解决方案”主题交换意见，成立金砖国家开发银行，并建立金砖国家应急储备安排。金砖发展银行的借贷优先也有别于世界银行，偏重发展中国家的基础设施建设。除了拟建的金砖国家开发银行之外，中国倡议创建的亚洲基础设施投资银行(AIIB)为世界经济特别是发展中国家的发展事业提供了新的金融资源和机制支撑。

【1】资料来源：《新华网》北京11月3日电，《中共中央关于制定国民经济和社会发展第十三个五年规划的建议》。

【2】资料来源：《统计基础与实务》，宋文光主编。

【思考与练习】

一、判断题

1. 组成动态数列的指标可以是总量指标、相对指标，也可以是平均指标。(　　)

2. 增长量是表明现象在一段时期内增长的绝对量，由时期指标计算的增长量是时期指标，由时点指标计算的增长量是时点指标。(　　)

3. 用水平法计算平均发展速度时，往往强调现象在最后一年是否达到规定的水平。(　　)

4. 在各种动态数列中，指标数值的大小都受到指标所反映的时间长短制约。(　　)

5. 增长1%的绝对值是相对数。(　　)

6. 长期趋势是受某种固定的、起根本性作用的因素影响的结果。(　　)

7. 平均增长速度是各期环比增长速度的序时平均数。(　　)

8. 指标的计算口径是指计算的方法、计算价格和计量单位等。(　　)

9. 由按月平均法计算得到的季节指数可以用来作短期预测，也可以作长期预测。(　　)

10. 测定季节指数需要的资料必须是三年以上的资料。(　　)

11. 采用时点数列平均发展水平的公式计算的数值有的准确，有的不准确。(　　)

12. 时点数列的每一项指标数值的大小与它在时间间隔上的长短没有直接关系。(　　)

13. 某产品产量在一段时期发展变化的速度，平均来说是增长的，因此该产品产量的环比增长速度也是年年上升的。(　　)

二、单项选择题

1. 动态数列中，每个指标数值可以相加的是(　　)。

A. 相对数动态数列　B. 时期数列　C. 间断时点数列　D. 平均数动态数列

2. 下面4个动态数列中,属于时点数列的是(　　)。

A. 历年招生人数动态数列　　B. 历年增加在校生人数动态数列

C. 历年在校生人数动态数列　　D. 历年毕业生人数动态数列

3. 某企业第一季度各月的平均职工人数:1月份平均为210人,2月份平均为215人,3月份平均为205人,则第一季度平均各月的职工人数为(　　)。

A. 210人　　B. 630人　　C. 不能计算　　D. 资料不全

4. 当动态数列中各期环比增长速度大体相同时,应拟合(　　)。

A. 直线　　B. 二次曲线　　C. 三次曲线　　D. 指数曲线

5. 定基增长速度与环比增长速度的关系为(　　)。

A. 定基增长速度等于相应的各个环比增长速度的算术和

B. 定基增长速度等于相应的各个环比增长速度的连乘积

C. 定基增长速度等于相应的各个环比增长速度加1后的连乘积再减1

D. 定基增长速度等于相应的各个环比增长速度连乘积加1(或100%)

6. 根据时期数列计算序时平均数应采用(　　)。

A. 几何平均法　　B. 简单算术平均法　　C. 首尾折半法　　D. 加权算术平均法

7. 以2000年为最初水平,2015年为最末水平,计算钢产量的年平均发展速度时,须开(　　)。

A. 15次方　　B. 17次方　　C. 14次方　　D. 18次方

8. 已知某商店2016年某商品1至12月份各月初的商品库存量(单位:台)分别为100、120、123、130、140、135、150、160、145、130、120、115。则该商店第一季度商品的月平均库存量为(　　)。

A. $\dfrac{\frac{100}{2}+120+123+\frac{130}{2}}{4-1}$　　B. $\dfrac{100+120+123}{3}$

C. $\dfrac{\frac{100}{2}+120+123+\frac{130}{2}}{4}$　　D. $\dfrac{100+120+123+130}{4-1}$

9. 某企业的某产品的产量每年的增加量约等于一个常数,则该产品产量的环比增长速度(　　)。

A. 年年下降　　B. 年年增长　　C. 年年保持不变　　D. 无法作出结论

10. 已知某地区的粮食产量的环比增长速度2013年为3.5%、2014年为4%、2016年为5%。2016年的定基增长速度为16.4%,则2015年的环比增长速度为(　　)。

A. 23.4%　　B. 37.25%　　C. 103.0%　　D. 3%

11. 假定某产品产量2016年比2007年增长了41%,则2007—2016年的平均发展速度为(　　)。

A. $\sqrt[9]{141\%}$　　B. $\sqrt[10]{141\%}$　　C. $\sqrt[10]{41\%}$　　D. $\sqrt[9]{41\%}$

三、多项选择题

1. 下列叙述正确的是(　　)。

A. 发展速度表明了现象发展变化程度,是以基期水平为分母的

B. 增长速度表明现象在某段时期增长程度的相对数

C. 环比发展速度是报告期水平与前期水平的相对数,表现现象的逐期发展程度

D. 定基发展速度是报告期水平与固定某期水平的相对数,体现现象的总速度

E. 定基增长速度可由环比增长速度连乘积得到

2. 用于分析现象发展水平的指标有(　　)。

A. 发展速度　　B. 发展水平　　C. 平均发展水平　　D. 增减量

E. 平均增减量

3. 下面属于序时平均数指标的有(　　)。

A. 平均发展水平　　B. 平均发展速度　　C. 平均增长速度　　D. 平均增长量

4. 下面属于时点数列的是(　　)。

A. 历年在校生人数动态数列　　B. 某企业某年各月末职工人数

C. 某企业某年各月的销售额动态数列

D. 某地区某商场各月末商品的库存量动态数列

5. 测定长期趋势的意义在于(　　)。

A. 认识现象发展变化的总趋势

B. 计算现象持续上升或持续下降的具体数量或速度

C. 按此趋势预测未来

D. 为研究包含有长期趋势的季节变动分析提供依据

6. 简单算术平均法适合于计算(　　)。

A. 时期数列的动态平均数　　B. 间隔相等的间段时点数列的动态平均数

C. 间隔相等的连续时点数列的动态平均数

D. 间隔不等的连续时点数列的动态平均数

7. 利用最小平方法测定长期趋势时需具备的条件是(　　)。

A. 使趋势值 Y_t 与实际值之差的和等于零,即 $\sum(y-y_t)=0$

B. 实际值与趋势值的离差平方和最小,即 $\sum(y-y_t)^2=$ 最小值

C. 具备显示长期趋势的多年指标数值　　D. 现象呈现不断上升或下降趋势

四、计算题

1. 某工厂职工人数 1 月份增减变动如下:1 日职工总数 600 人,其中非直接生产人员 150 人;14 日职工 14 人离厂,其中有 7 人为企业管理人员;22 日新来厂报到的直接生产工人 9 人。该厂月底又有 19 人离开工厂,其中非直接生产工人 3 人。试分别计算本月该厂非直接生产人员及全部职工的平均人数。(要求列表计算)

2. 某商店各个月末商品库存额资料如下表所示:

单位:万元

月末	1	2	3	4	5	6	7	8	9	10	11	12
库存额	41	43	45	49	46	56	60	57	54	51	45	40

要求：计算该商店第一季度及全年的平均商品库存额。（已知：年初库存额为 39 万元）

3. 某企业 2016 年第二季度职工人数及产值资料如下表所示：

	4 月	5 月	6 月	7 月
产值（百元）	302	420	490	—
月初人数（人）	50	52	55	58

要求：

（1）编制第二季度各月劳动生产率的动态数列。

（2）计算第二季度的月平均劳动生产率。

（3）计算第二季度的劳动生产率。

4. 某企业产品产量如下表，试计算表中各动态分析指标各年的数值并填入表内相应格中。

年份		2012	2013	2014	2015	2016
产品产量（万吨）		340	410	431	458	482
增长量（万吨）	逐期					
	累计					
发展速度（%）	定基					
	环比					
增长速度（%）	定基					
	环比					
增长 1% 的绝对值（万吨）						

计算 2012 年到 2016 年期间该企业产品产量的平均发展水平、平均发展速度和平均增长速度，并就表中数字写出下列各种关系：

①发展速度与增长速度的关系；②定基发展速度与环比发展速度的关系；③增长 1% 的绝对值与前期发展水平的关系；④增长量、增长速度与增长 1% 绝对值的关系；⑤逐期增长量与累计增长量的关系；⑥平均发展速度与环比发展速度的关系；⑦平均发展速度与平均增长速度的关系。

5. 某企业产品产量资料如下表，试利用半数平均法和最小二乘法配合趋势直线作图，并据此预测 2017 年的产品产量。

年份	2009	2010	2011	2012	2013	2014	2015	2016
产品产量（万吨）	375	480	581	674	795	902	1 009	1 115

6. 某企业某产品历年各月的销售量资料如下表所示：

单位：千克

时间	1	2	3	4	5	6	7	8	9	10	11	12
2014	45	40	35	31	32	37	60	77	82	73	47	43
2015	60	45	41	36	40	45	68	85	90	79	55	51
2016	67	53	47	45	49	53	77	93	99	91	67	63

要求：

(1)用按月平均法计算季节比率；

(2)已知2016年8月、9月该商品销售量分别为92千克、98千克，试预测该年10月、11月该商品的销售量。

7　统计指数

案例导读

统计指数产生于18世纪后半期，距今已有三百多年的历史。它最早起源于对物价变动的研究。随着指数应用范围的不断扩大，其反映的内容也日渐丰富，由单纯反映现象在不同时间上的对比，发展为反映现象同一时间不同空间的对比，或实际值与计划值的对比。这属于该广义指数的范畴。

新闻媒体的报道中经常会有国家目前物价指数的变动情况，城镇居民的购买力指数情况或居民消费价格指数、商品零售价格指数的变动情况。由于社会商品的计量单位、使用价值不同，要想反映社会商品零售价格的总变动，就需要通过狭义指数来解决问题。指数还可以反映工农业生产的动态变化程度，如工农业生产指数。此外，指数还应用在金融证券方面，一些股票投资者经常分析股票价格指数的变动情况，以此作为投资决策的依据。

本章所讲的指数主要指动态指数，而且是反映复杂现象在不同时期的总体变动情况。

学习目标

◆掌握统计指数的概念和作用

◆了解统计指数的种类

◆掌握统计综合指数的编制和计算方法

◆掌握统计平均指数的编制和计算方法

◆掌握总量指标指数、平均指标指数的因素分析方法

主要内容

◆统计指数的概念、作用和种类

◆综合指数

◆平均指数

◆指数体系和因素分析

7.1　统计指数概述

7.1.1　统计指数的概念和作用

7.1.1.1　统计指数的概念

指数是统计指数的简称，它的概念有广义和狭义之分。从广义上说，凡是表明社会经济现象变动的相对数都可以叫指数。动态相对指标、环比发展速度、定基发展速度、比较相对指标和计划完成相对指标等都叫指数，如某商店2016年的利税额是去年的120%，完成计划的115%。从狭义上来说，指数是用来反映那些不能直接相加和对比的，由多因素构成的复杂现

象综合变动的相对指标。本书主要研究狭义的指数。

7.1.1.2 统计指数的作用

指数在统计分析中具有以下作用。

(1) 综合反映复杂现象总体的总变动方向和程度。在经济管理工作中,无论是从宏观还是微观角度,常常都会有大量的复杂现象的变化需要分析研究。例如,研究某商店所有产品的销售额情况,与去年同期相比是增长了还是下降了,增长或下降的百分比是多少?增加或下降的绝对数额是多少?这些复杂现象由不能直接相加和对比的多因素构成,要分析研究其总的变动方向和程度,只有通过统计指数分析才能实现。

(2) 对总体的各因素进行分析。利用指数体系对构成现象总体的各个因素进行分析,分析各构成因素对总变动影响的相对程度与绝对效果。例如,某企业不仅要分析该商业企业销售额的总变动,而且要分析导致这个结果的影响因素,即销售量和价格分别对其影响的程度和绝对额是多少,而该商店销售的产品,由于种类繁多,使用价值又不同,销售量不能直接相加汇总,利用综合指数法,就可以将不可同度量的因素变为可同度量的因素,然后进行综合对比。

(3) 研究同类现象的变动趋势。将反映同类现象、不同时间的指数按时间从小到大顺序排列形成指数数列,从组成的动态数列中研究现象的发展变动趋势。

7.1.2 统计指数的种类

统计指数从不同的角度可以分为不同的种类。

7.1.2.1 个体指数和总指数

根据所反映的对象的范围不同,统计指数分为个体指数和总指数。

个体指数是反映单个现象变动的相对数。例如,某种商品的销售量或价格指数,某种产品的产量或单位成本指数等。个体指数实质上就是一般的相对数,如某企业经营的三种产品的销售价格、销售量资料如表7.1所示。甲产品销售量指数就是直接用报告期数值与基期数值对比,为115%,这个数值即为甲产品的销售量个体指数。用公式表示为:$k_q = q_1/q_0$。同理,价格个体指数 $k_p = p_1/p_0$,于是,甲、乙、丙三种产品的销售量、价格个体指数计算结果见例7-1。

【例7-1】 某企业三种产品的销售量、价格资料见表7.1,要求计算各种产品的产量及价格个体指数。

表7.1 某企业三种产品的销售量、价格个体指数计算表

商品种类	单位	销售量		价格(元)		销售量个体指数(%)	价格个体指数(%)
		基期 q_0	报告期 q_1	基期 p_0	报告期 p_1	$k_q = q_1/q_0$	$k_p = p_1/p_0$
甲	件	200	230	10	13	115	130
乙	千克	120	90	54	72	75	133.3
丙	米	400	380	25	30	95	120

在上表及计算公式中:

p_1、p_0 分别为报告期、基期产品价格;

q_1、q_0 分别为报告期、基期产品销售量；

k_q、k_p 分别为产品销售量个体指数、价格个体指数。

总指数是反映复杂现象总体变动的相对数。例如，一个商业企业所有商品的销售量或价格指数，一个工业企业所有产品的产量和成本指数，如表 7.1 中甲、乙、丙三种商品的销售量、价格报告期较基期的变动情况。

7.1.2.2 数量指标指数和质量指标指数

根据指数化指标的性质不同，统计指数分为数量指标指数和质量指标指数。指数化指标是指在指数中反映其数量变化或对比关系的那个指标，即要求的指标指数的指标为指数化指标。例如，销售量指数的指数化指标是商品的“销售量”，价格指数的指数化指标是商品或产品的“价格”，成本指数的指数化指标是“单位成本”等。由数量指标构成的指数为数量指标指数，简称数量指数，如商品销售量指数、产品产量指数、工人人数指数等。由质量指标构成的指数为质量指标指数，简称质量指数，如商品或产品的价格指数、产品的单位成本指数、劳动生产率指数、工人的平均工资指数等。

在指数分析中还有一类指数，既不属于数量指标指数，也不属于质量指标指数，通常称之为总值指数。总值指数反映的是价值量的变动，是报告期价值量与基期价值量的比值，这个价值量表现为一个数量指标和一个质量指标的乘积，如商品销售额指数、产品产值指数、产品成本总额指数等，用公式表示如下：

商品销售额指数 = 销售量指数 × 价格指数

总值指标指数 = 数量指标指数 × 质量指标指数

产品产值指数 = 产品产量指数 × 出厂价指数

总值指标指数 = 数量指标指数 × 质量指标指数

产品成本总额指数 = 产品产量指数 × 单位产品成本指数

总值指标指数 = 数量指标指数 × 质量指标指数

7.1.2.3 简单指数和加权指数

根据编制总指数的原理和方法的不同，统计指数分为简单指数和加权指数。

简单指数就是用简单平均的方法直接将个别事物的报告期数值与基期数值对比的相对数，如个体指数就是简单指数。

加权指数就是由个体指数加权平均的方法计算总指数。加权指数又根据其计算总指数的形式不同分为综合指数和平均指数。

7.1.2.4 环比指数和定基指数

在指数数列中，根据指数所对比的基期不同，统计指数分为环比指数和定基指数。

环比指数是指每个指数都以前一期水平作为对比基期，如 2014 年城镇居民的消费价格指数为 2013 年的 102.0%。

定基指数是指每个指数都以某固定时期水平作为对比基期，如 2014 年城镇居民的消费价格指数为 2010 年的 103.3%，此时将 2010 年作为固定基期，则 103.3% 为 2014 年的定基指数。

7.1.2.5 动态指数和静态指数

按反映的时态状况不同，统计指数分为动态指数和静态指数。

动态指数是反映事物在不同时间上发展变化的动态相对数，如工人平均工资指数、社会商品零售价格指数、企业产品产量指数等。它反映现象在不同阶段是上升还是下降，上升或下降的幅度有多大。

静态指数是反映事物在同一时间、不同空间对比的相对数，如计划完成情况指数、比较相对指数、结构相对指数等。

7.1.3 统计指数的性质

统计指数具有以下性质。

(1) 统计指数具有综合性。统计指数主要用于复杂社会经济现象总体的综合比较。由于指数是属于特殊相对数的范畴，是把不能直接相加的各种实物量，通过统计指数法处理后，变得能够相加、汇总，因此，指数具有综合的性质。

(2) 统计指数具有相对性。由于统计指数是一种特殊相对数，可以是同类指标不同时间的对比，即动态指数；也可以是同类指标在不同空间的对比，即静态指数。

(3) 统计指数是一个代表值，具有平均性。其平均性是基于综合性基础上的，反映现象相对变动的一般水平。例如，某地区的商品零售价格指数为 103.2%，并不指某一种商品的零售价格指数，而是该地区所有商品的零售价格指数的总体的一般水平。

7.2 综合指数法

7.2.1 综合指数的概念及特点

7.2.1.1 综合指数的概念

总指数有两种重要形式，即综合指数与平均数指数。综合指数是总指数的基本形式。

所谓综合指数是将不能直接相加的各种经济变量通过乘以另一个与此有关的同度量因素而转变成可以相加的总指标，然后进行对比得到的相对数，即先综合后对比。它主要用于说明复杂现象的综合变动。

7.2.1.2 综合指数的特点

从综合指数的概念可看出综合指数有如下特点。

(1)先综合后对比，即先将不可加总的多种现象，借助同度量因素，使之过渡到能够进行加总。因为在分析复杂社会经济现象的综合变动时，这个复杂现象的总体是由多个不可度量的使用价值量组成的，它们是不能直接相加的。但实际中又必须了解它们的综合变动，因此借助于同度量因素，使各种使用价值量可以相加，从而通过报告期的总值指标与基期的总值指标进行对比，以反映现象的综合变动。

(2)同度量因素固定在同一时期。不同时期的同度量因素计算的综合变动结果是不一样的，反映的实际意义也是不同的，在实践中，人们普遍坚持这样的原则：质量指标作同度量因素，一般固定在基期；数量指标作同度量因素，一般固定在报告期。

(3)必须以全面资料为基础，且分子、分母所包含的范围必须一致。不论是编制数量指标指数还是质量指标指数，必须已知各种使用价值量的基期、报告期的数量指标和这些使用价值量的基期、报告期的质量指标。如销售商品的基期、报告期的销售量和销售商品的基期、报告期的价格。由于给定的资料是全面资料，因此只存在登记误差，而不存在系统误差。

7.2.2 综合指数的编制方法

综合指数分为数量指标综合指数和质量指标综合指数，现分别说明其编制方法。

7.2.2.1 数量指标综合指数的编制

反映数量指标在不同时间变化程度的相对数即为数量指标综合指数。在社会实践中经常遇到的经济现象都是由多个因素组成的复杂现象，经营的产品也都是种类繁多、品种多样、功能齐全的产品，如编制工农业产品产量、商品的销售量、农副产品的收购量、股票交易量、货物运输量等。现在的问题是，反映产品的产量生产变化情况，不仅仅是一种产品的变动情况，而是多种产品的总体产量的变动情况。由于各种产品的使用价值不一样，计量单位不同，不能直接汇总，这就需要借助于一种因素，使不能汇总的各种产品可以相加，从而可将报告期的总产量与基期的总产量进行对比，从而得到数量指标综合指数。现以产品产量指数为例说明数量指标综合指数的编制方法。

【例 7-2】 某企业生产的三种产品的产量和出厂价格资料如表 7.2 所示，计算三种产品的产量及价格个体指数，并求三种产品产量总的变动对该企业产值的影响程度及影响的绝对数额大小。

表 7.2 某企业生产的三种产品的产量和价格的个体指数计算表

产品名称	计量单位	产量		出厂价格(万元)		产量个体指数(%)	价格个体指数(%)
		基期 q_0	报告期 q_1	基期 p_0	报告期 p_1	$k_q = q_1/q_0$	$k_p = p_1/p_0$
甲	台	80	100	3	3	125	100
乙	吨	100	120	54	57	120	105.6
丙	件	75	70	2	1.6	93.3	80
合计	—	—	—	—	—	—	—

从表 7.2 给出的资料中可以计算甲、乙、丙三种产品的各自的产量、价格的变动程度即产量、价格个体指数。计算结果见表 7.2，计算过程如下：

甲产品的产量个体指数 $k_q = q_1/q_0 = 100/80 = 125\%$，价格个体指数 $k_p = p_1/p_0 = 3/3 = 100\%$

乙产品的产量个体指数 $k_q = q_1/q_0 = 120/100 = 120\%$，价格个体指数 $k_p = p_1/p_0 = 57/54 = 105.6\%$

丙产品的产量个体指数 $k_q = q_1/q_0 = 70/75 = 93.3\%$，价格个体指数 $k_p = p_1/p_0 = 1.6/2 = 80\%$

从计算结果看，甲产品报告期的产量比基期的产量增加了 25%，价格维持不变；乙产品的报告期的产量比基期增加了 20%，价格提高了 5.6%；丙产品的报告期的产量比基期降低了 6.7%，价格降低了 20%。但实际中往往要考察甲、乙、丙三种产品总的产量的变动情况和价格的总体变动以及由于产量的变动和价格的变动导致产值的影响程度及效果。由于甲、乙、丙三种产品的产量使用价值不同、计量单位不一,是不能直接相加的。但是,价值量是同质的,是可以相加的。于是将不同使用价值或计量单位的产品产量乘以价格,并使价格不参与变动,产品产量由使用价值形态过渡到价值形态,即

$$产品产量 \times 价格 = 产值 \rightarrow 总产值 = \sum 产品产量 \times 价格 = \sum (q \times p)$$

这里的价格使不能度量的因素变为可同度量因素,起到桥梁和媒介的作用,称为同度量因素。

在计算产品产量的变动时,报告期的产量乘以价格和基期的产量乘以价格相比,这时分子与分母都是以价值量为单位的总量指标,分子与分母的价格要保持一致,即价格不参与变动,分子与分母两个总量指标产值之比,纯粹是由于产量的变化导致的产值的变动,剔除了产值因素中价格的影响。用公式表示为

$$K_q = \frac{\sum (q_1 \times p)}{\sum (q_0 \times p)}$$

产量这个同度量因素应该固定在基期还是报告期,或者是哪一期都可以呢?这里先分析把价格固定在报告期,即 $K_q = \frac{\sum (q_1 \times p_1)}{\sum (q_0 \times p_1)}$。此种情况下,虽然分子与分母的价格是一样的,但基期的产量是在基期的价格下产生的,产值的变化已经包含了价格的变化在内,所以,将价格固定在报告期不符合实际情况。要使价格保持不变,应将价格固定在基期,这时价格没有参与产值的增减变化,产值的变动纯粹是由产量的变化导致的。

如上例中可知三种产品的产量指数如表 7.3 所示。

$$k_q = \frac{\sum (q_1 \times p_0)}{\sum (q_0 \times p_0)} = \frac{6\ 920}{5\ 790} = 119.52\% > 100\%$$

表 7.3 某企业生产的三种产品的产量指数计算表

产品名称	计量单位	产量		价格(万元)		产品产值(万元)		
		基期 q_0	报告期 q_1	基期 p_0	报告期 p_1	基期 q_0p_0	报告期 q_1p_1	假定期 q_1p_0
甲	台	80	100	3	3	240	300	300
乙	吨	100	120	54	57	5 400	6 840	6 480
丙	件	75	70	2	1.6	150	112	140
合计	—	—	—	—	—	5 790	7 252	6 920

由于产量指数 $k_q = 119.52\% > 100\%$,表明产品产量的变动使产品产值报告期比基期增长了 19.52%;若 $k_q < 100\%$,表明产品产量的变动使产品产值报告期比基期减少了。

由于分子与分母的指标都是可对比的总值指标可以直接加减,所以,由于产量的变化使产值增加的绝对数 = 分子总量指标 − 分母总量指标 $= \sum q_1p_0 - \sum q_0p_0 = 6\ 920 - 5\ 790 = 1\ 130$

(万元)。

若$\sum q_1p_0 - \sum q_0p_0 = 1\ 130 > 0$,表明产品产量的变动使产品产值报告期比基期的数值增加了;若$\sum q_1p_0 - \sum q_0p_0 = 1\ 130 < 0$,表明产品产量的变动使产品产值报告期比基期的数值减少了。

这里,产量指数是数量指标综合指数,产品价格是质量指标,又作为产品产量的同度量因素,以此进行推广,具有普遍意义。因此,得出如下编制数量指标综合指数步骤。

①确定要编制的指数,选择同度量因素。要编制指数的指标通常称为指数化指标,另一个指标则往往作同度量因素。

②确定同度量因素的时期。从上面的分析中得出结论,编制数量指标综合指数应以基期的质量指标作为同度量因素。

③将不可同度量的因素转化为同度量的因素后,使两个总值指标进行对比。

其编制数量指标指数的计算公式为

$$K_q = \frac{\sum (q_1 \times p_0)}{\sum (q_0 \times p_0)} \tag{7-1}$$

$$\text{数量指标变动的绝对数额} = \sum q_1p_0 - \sum q_0p_0 \tag{7-2}$$

7.2.2.2 质量指标综合指数的编制

反映质量指标在不同时间变化程度的相对数即为质量指标综合指数,如商品价格指数、单位成本指数、劳动生产率指数、股票价格指数等。虽然价格指数是以货币价值量为单位,但由于各种产品的使用价值不同,因而仍然不能直接相加,必须借助于同度量因素将不可度量因素转化为同度量因素。与编制数量指标指数原理一样,仍以表7.3给出的资料为例说明产品价格指标指数的编制方法。采用将不同使用价值或计量单位的产品产量乘以价格,产品价格由使用价值形态过渡到价值形态。即

$$\text{产品产量} \times \text{价格} = \text{产值} \rightarrow \text{总产值} = \sum (\text{产品产量} \times \text{价格}) = \sum (q \times p)$$

这里的产量使不能度量的价格因素变为可同度量的总值因素,产量起了桥梁和媒介作用,称为同度量因素。

在计算产品价格的变动时,报告期的价格乘以产量与基期的价格乘以产量相比,这时分子与分母都是以价值量为单位的总值指标,分子与分母的产量要保持一致,即产量不参与变动,分子与分母两个总值指标之比,反映纯粹是由于价格的变化导致产值的变动,剔除产值因素中产量的影响。用公式表示为

$$K_p = \frac{\sum (p_1 \times q)}{\sum (p_0 \times q)}$$

那么产量这个同度量因素应该固定在基期还是报告期,或者是哪一期都可以呢?现逐一分析:先将产量固定在基期,即$K_p = \frac{\sum (p_1 \times q_0)}{\sum (p_0 \times q_0)}$。该式表明当产品的价格发生变化时,假定

产品的产量并未发生变化,这与实际不相符合。事实上,当价格发生变化时,产量肯定发生变化。而且人们更关心的价格的变化使目前的这些产品产量发生变化,即价格变化影响到目前产量的大小。因此,把产品产量固定在报告期更具有现实意义。

【例 7-3】 如表 7.3 所列资料,计算三种产品的价格指数及由于价格的变化使总产值增加或减少的绝对数额。

甲、乙、丙三种产品的价格指数

$$K_p = \frac{\sum (p_1 \times q_1)}{\sum (p_0 \times q_1)} = \frac{7\ 252}{6\ 920} = 104.80\%$$

该计算结果表明:由于价格的变化,使产品产值增长了 4.8%;由于价格的变化,使产值增加的绝对数额为 $\sum p_1q_1 - \sum p_0q_1 = 7\ 252 - 6\ 920 = 332$(万元)。

在这里,价格指数是质量指标综合指数,产品产量是数量指标作为同度量因素,以此进行推广,具有普遍意义。因此,得出如下编制质量指标综合指数步骤。

①确定要编制的指数,选择同度量因素。要编制指数的指标通常称为指数化指标,另一个指标则往往作同度量因素。

②确定同度量因素的时期。从上面的分析中得出结论,编制质量指标指数应以报告期的数量指标作为同度量因素。

③将不可同度量的价格因素转化为同度量的产值因素后,使两个总值指标进行对比。

其编制质量指标指数的计算公式为

$$K_p = \frac{\sum (p_1 \times q_1)}{\sum (p_0 \times q_1)} \tag{7-3}$$

$$\text{质量指标变动的绝对数额} = \sum p_1q_1 - \sum p_0q_1 \tag{7-4}$$

【例 7-4】 根据表 7.4 所示资料计算甲、乙、丙三种商品销售量和价格的个体指数;计算三种商品销售量的平均变动程度及由于销售量的变动使销售额增加或减少的数额;计算三种商品价格的平均变动程度及由于价格的变动使销售额增加或减少的数额。

表 7.4 某商业企业商品销售量和价格统计表

商品名称	计量单位	销售量 q		价格 p(元)	
		基期 q_0	报告期 q_1	基期 p_0	报告期 p_1
甲	件	1 200	1 500	24	26
乙	千克	2 400	2 200	16	15
丙	台	560	610	86	96

解:列表见表 7.5。

表 7.5　某商业企业商品销售量和价格指数计算表

商品名称	计量单位	销售量 q		价格 p(元)		销售量个体指数(%)	价格个体指数(%)	销售额 qp(元)		
		基期	报告期	基期	报告期			基期	报告期	假定
		q_0	q_1	p_0	p_1	$k_q=q_1/q_0$	$k_p=p_1/p_0$	q_0p_0	q_1p_1	q_1p_0
甲	件	1 200	1 500	24	26	125	91.67	108.33	28 800	39 000
乙	千克	2 400	2 200	16	15	93.75	38 400	33 000	35 200	36 000
丙	台	560	610	86	96	108.93	111.63	48 160	58 560	52 460
合计	—	—	—	—	—	—	—	115 360	130 560	123 660

(1)甲、乙、丙三种商品销售量和价格的个体指数如表 7.5 所示。

(2)三种商品销售量的平均变动程度 $K_q=\dfrac{\sum q_1p_0}{\sum q_0p_0}=\dfrac{123\ 660}{115\ 360}=107.19\%$；由于三种商品销售量的变动使销售额增加的绝对数额 $=\sum q_1p_0-\sum q_0p_0=123\ 660-115\ 360=8\ 300$(元)。

(3)三种商品价格的平均变动程度 $K_p=\dfrac{\sum q_1p_1}{\sum q_1p_0}=\dfrac{130\ 560}{123\ 660}=105.58\%$；由于价格的变动使销售额增加的数额 $=\sum q_1p_1-\sum q_1p_0=130\ 560-123\ 660=6\ 900$(元)。

7.3　平均指数法

反映社会复杂现象总体的变动程度除了采用综合指数法外,还有一种编制方法即平均指数法。综合指数法要求占有全面的统计资料。而在统计工作中,尤其是针对商业性企业,要获取不同时期的商品的价格、销售量资料及不同时期的系统记录,往往是很难的,此时可以采用平均指数法。平均指数法是以个体指数为基础计算总指数。根据选用的权数不同,平均指数法可进一步分为加权算术平均法、固定权数加权平均法、加权调和平均法。

7.3.1　加权算术平均法

加权算术平均法是以个体指数为变量值,以一定时期的总值资料为权数,对个体指数加权算术平均以计算总指数的方法。

对于数量指标指数,计算公式如下:

$$k_q=q_1/q_0$$

$$K_q=\frac{\sum q_1p_0}{\sum q_0p_0}=\frac{\sum k_qp_0q_0}{\sum p_0q_0} \tag{7-5}$$

$$\text{数量指标变动的绝对数额}=\sum k_qp_0q_0-\sum p_0q_0 \tag{7-6}$$

对于质量指标指数(如物价指数),计算公式如下:

$$k_p = p_1/p_0,\quad K_p = \frac{\sum q_1p_1}{\sum q_1p_0} = \frac{\sum k_pp_0q_1}{\sum p_0q_1} \tag{7-7}$$

$$\text{质量指标变动的绝对数额} = \sum k_pp_0q_1 - \sum p_0q_1 \tag{7-8}$$

【例 7-5】 某商店商品销售量情况见表 7.6。要求:计算销售量指数。

表 7.6 某商店商品销售量平均指数计算表

商品名称	计量单位	销售量 q		个体指数 $k_q = q_1/q_0$	基期销售额 p_0q_0(万元)	$k_qp_0q_0$(万元)
		基期 q_0	报告期 q_1			
甲	件	500	530	1.06	2.95	3.127
乙	台	450	420	0.93	5.35	4.993
丙	张	1 300	1 600	1.23	2.36	2.905
合计	—	—	—	—	10.66	11.025

解:由于目前无法得到报告期的价格或报告期的总值指标,在掌握的资料有限的情况下,无法采用综合指数法计算销售量总指数,因此,需将公式变形。具体做法如下。

设 k_q 为各种商品的销售量个体指数,则 $k_q = q_1/q_0 \to q_1 = k_qq_0$,则有

$$K_q = \frac{\sum q_1p_0}{\sum q_0p_0} = \frac{\sum k_qp_0q_0}{\sum p_0q_0}$$

此公式与加权算术平均数的一般公式 $\bar{x} = \dfrac{\sum xf}{\sum f}$ 相似,个体指数 k_q 是变量值,p_0、q_0 是权数。所以,采用此公式计算总指数的方法为加权算术平均法。

根据表 7.6 给出的资料可知,销售量总指数 $K_q = \dfrac{\sum q_1p_0}{\sum q_0p_0} = \dfrac{\sum k_qp_0q_0}{\sum p_0q_0} = \dfrac{11.025}{10.66} =$ 103.42%

$$\sum k_qp_0q_0 - \sum p_0q_0 = 11.025 - 10.66 = 0.365(\text{万元})$$

这表明,该商店出售的三种商品的销售量报告期比基期提高了 3.42%,由于销售量的提高而增加的销售额为 0.365 万元。

7.3.2 固定权数加权平均法

式(7-7)中假定销售额 $\sum p_0q_1$,实际中往往得不到这个数值,而是采用抽样调查的方法,或与统计报表资料结合,确定中选的有代表性的各种规格品基期指标总值分别占全部零售商品基期总值的比例,以此为固定权数,若干年保持不变,这时式(7-7)改写成

$$K_p = \frac{\sum q_1p_1}{\sum q_1p_0} = \frac{\sum k_pp_0q_0}{\sum p_0q_0} = \frac{\sum k_p\omega}{\sum \omega} \tag{7-9}$$

式中 k_p——价格个体(类)指数;

ω——各类商品零售额所占比重。

该方法经常用于计算我国的商品零售价格指数、居民消费价格指数、职工生活费用指数等。

【例7-6】 以某市居民消费价格指数的编制说明固定权数加权平均法的应用。数据如表7.7所示，计算步骤如下。

表7.7 某市居民消费价格指数计算表

商品类别和名称	代表规格品的规格等级牌号	计量单位	平均价格（元）			以上年为基础	
			上年	本年	权数	个体指数（%）	个体指数乘以权数
			p_0	p_1	ω（%）	$k_p=p_1/p_0$	$k\omega$（%）
（甲）	（乙）	（丙）	（1）	（2）	（3）	（4）=（5）/（3）	（5）=（3）×（4）
总指数					100		101.56
（一）食品类					34	101.01	34.34
粮食中类					20	102.79	20.56
细粮小类					98	102.69	100.64
大米	二等粳米	千克	3.04	3.12	80	102.63	82.10
面粉	富强粉	千克	2.72	2.80	20	102.94	20.59
粗粮小类					2	107.56	2.15
肉禽及其制品					19	101.50	19.29
蛋					13	100.90	13.12
水产品					14	99.09	13.87
鲜菜					18	98.76	17.78
在外用餐					16	102.45	16.39
（二）烟酒及用品					4	102.58	4.10
					9	102.30	9.21
（三）衣着					6	101.00	6.06
（四）家庭设备用品及服务					10	99.08	9.91
（五）医疗保健及个人用品					10	103.90	10.39
（六）交通和通信					14	100.68	14.10
（七）娱乐教育文化用品及服务					13	103.28	13.43
（八）居住					9	102.6	9.23

（1）计算各个代表规格品的零售价格个体指数，如大米的零售价格个体指数

$k_p=p_1/p_0=102.63\%$。

（2）把各个个体指数乘以相应权数后相加，得到小类指数的算术平均数，如细粮小类指数

$$K_p=\frac{\sum k_p\omega}{\sum\omega}=\sum k_pW=102.63\%\times0.8+102.94\%\times0.2=102.69\%$$

（3）把各个小类乘以相应的权数则得中类算术平均数指数，如粮食中类算术平均数指数

$$K_p=\frac{\sum k_p\omega}{\sum\omega}=\sum k_pW=102.69\%\times0.98+107.56\%\times0.02=102.79\%$$

(4)依此类推,把各个中类指数乘以相应的权数,得大类算术平均数指数。如食品大类算术平均数指数

$$K_p = \frac{\sum k_p\omega}{\sum \omega} = \sum k_p W = 102.79\% \times 0.20 + 101.5\% \times 0.19 + 100.90 \times 0.13 + 99.09\% \times 0.14 + 98.76\% \times 0.18 + 102.45\% \times 0.16 = 101.01\%$$

(5)把各个大类乘以相应权数后计算得到的算术平均数即为总指数

$$K_p = \frac{\sum k_p\omega}{\sum \omega} = \sum k_p W$$

$$= 101.01\% \times 0.34 + 102.58\% \times 0.04 + 101.0\% \times 0.06 + 99.08\% \times 0.10 + 103.9\% \times 0.10 + 100.68\% \times 0.14 + 100.68 \times 0.05 + 103.28\% \times 0.13 + 102.6\% \times 0.09 = 101.56\%$$

7.3.3 加权调和平均法

在统计实践中,往往能够得到不同时期的价格资料及报告期的总值资料,如编制农副产品收购价格指数。在掌握的资料有限的情况下,可以将综合指数公式变形。

设 k_p 为价格个体指数,则 $k_p = p_1/p_0 \rightarrow p_0 = p_1/k_p$

$$K_p = \frac{\sum q_1p_1}{\sum q_1p_0} = \frac{\sum q_1p_1}{\sum \frac{q_1p_1}{k_p}} \tag{7-10}$$

该公式与加权调和平均数的公式 $H = \frac{\sum m}{\sum \frac{m}{x}}$ 相似,个体价格指数 k_p 为变量值,p_1q_1 为权数。所以,该法称为加权调和平均法。

【例 7-7】 以编制农产品收购价格总指数为例介绍加权调和平均法,见表 7.8。

表 7.8 某供销社农副产品收购价格指数计算表

产品名称	计量单位	收购价格(元)		报告期收购额 p_1q_1 (万元)	个体价格指数 $k_p = p_1/p_0$(%)	p_1q_1/k_p(万元)
		基期 p_0	报告期 p_1			
(甲)	(乙)	(1)	(2)	(3)	(4)	(5)
甲	千克	2.34	2.55	3.92	108.97	3.60
乙	千克	2.60	2.78	9.56	106.92	8.94
丙	千克	3.60	3.90	7.23	108.3	6.68
丁	千克	2.98	3.10	2.12	104.03	2.04
合计	—	—	—	22.83	—	21.26

该供销社农副产品收购价格总指数

$$K_p = \frac{\sum q_1p_1}{\sum q_1p_0} = \frac{\sum q_1p_1}{\sum \frac{q_1p_1}{k_p}} = \frac{22.83}{21.26} = 107.39\%$$

$$\sum q_1p_1 - \frac{\sum q_1p_1}{k_p} = 22.83 - 21.26 = 1.57(\text{万元})$$

计算结果表明：该供销社收购的四种农副产品价格总指数为107.39%，即报告期收购的价格比基期平均上涨了7.39%。由于价格的上涨使收购额增加1.57万元。

从上面给出的三种平均指数计算公式中可以看出：当给出的资料是全面资料时，平均指数法是综合指数法的变形，两种方法的计算结果表示的经济意义是一样的。但是在实际应用中要得到不同时期的各品种的数量指标和质量指标往往较难。尤其是商业企业，经营的品种成千上万，只能采用抽样调查的方法，选择有代表性的规格品，计算价格个体指数 k_p。这时的 k_p 与采用平均指数法给出的总值指标即权数 q_1p_1 或 q_0p_0 的资料范围是不同的，即个体指数采用的是非全面资料，而给出的总值指标即权数 q_1p_1 或 q_0p_0 的资料是全面资料。这正是平均法具有独立意义的根本所在。因此，平均指数法远比综合指数法灵活和宽泛得多。

归纳起来，综合指数法和加权指数法的主要区别如下。

(1)解决复杂总体的总变动思路不同。综合指数法是先综合、后对比；而平均数指数是先对比、后综合。

(2)二者所依据的计算资料不同。综合指数法需要的是全面资料；加权平均指数法则既可以用全面资料，也可以用非全面资料。

(3)两种方法所用权数不同。综合指数法所用的权数是不同时期的数量指标或质量指标；而平均指数法所用的权数是不同时期的总值指标，且总值指标可以是绝对数，也可以是相对数，既可以是基期或报告期，也可以是某一固定时期。

7.3.4 平均指数法的应用

在统计实践中常见的几种经济指数如下。

7.3.4.1 商品零售价格指数

在统计实践中，需要编制许多价格指数，如居民消费价格指数、商品零售价格指数、农业生产资料价格指数、农产品收购价格指数、农村工业品零售价格指数、原材料燃料动力购进价格指数、工业品出厂价格指数、固定资产投资价格指数等。其中，居民消费价格指数和商品零售价格指数是与人民生活联系最密切的。

商品零售价格指数是反映全国或某地零售市场商品价格总水平及各类商品价格变动趋势和程度的相对指标。它的变动直接影响城乡居民的生活支出和国家的财政收入，影响居民购买力和市场供需平衡及消费和积累的比例。因此，居民消费价格指数是观察和分析经济活动的重要工具之一。商品零售价格指数是采用分层抽样的方法取得的。它的计算方法与前面已经介绍的居民消费价格指数的计算方法基本一样，也是采用固定权数加权平均方法计算的。其计算公式为

$$K_p = \frac{\sum k_p\omega}{\sum \omega} \tag{7-11}$$

式中 k_p——代表规格品的价格个体(类)指数；

ω——各类商品零售额所占比重。

具体计算方法同居民消费价格指数,即从内向外依次计算小类、中类、大类和总指数。

这里与居民消费价格指数不同的是:①权数根据当地的零售额构成确定,而不是根据当地居民的消费构成确定;②通常情况下,除果菜按月确定权数外,其余所有商品的权数,消费价格指数每年计算一次,商品零售物价指数是三年计算一次。

7.3.4.2 农产品收购价格指数

农产品收购价格是农产品进入流通领域的最初价格,是反映一定时期内农产品收购价格变动趋势和程度的相对数。编制农产品收购价格指数可以及时、准确地反映农产品收购价格的变动情况及其对农产品生产者、收购者货币收支等方面的影响,为国家制定和检查农产品收购政策以及研究农产品收购价格水平、差价政策和比价政策提供参考依据。计算方法采用加权调和平均数的公式依次计算小类指数、中类指数、大类指数和总指数。其计算公式为

$$K_p = \frac{\sum q_1 p_1}{\sum \frac{q_1 p_1}{k_p}} \tag{7-12}$$

式中 k_p——所选中商品的价格个体(类)指数;

$p_1 q_1$——权数,为全部商品的报告期的总值。

7.3.4.3 工业生产指数

工业生产指数是反映一个国家或地区各种工业产品产量综合变动程度的相对数,用来表明一个国家的经济发展状况。

我国的工业生产是采用综合指数法计算的。它是以不变价加权的综合产量指数,用公式表示为

$$K_q = \frac{\sum k_q p_0 q_0}{\sum p_0 q_0} \tag{7-13}$$

式中 k_q——某一代表产品的产量个体指数($k_q = q_1/q_0$);

$p_0 q_0$——相应代表产品的基期增加值;

p_0——不变价格。

很显然,我国的工业生产指数是以不变价格计算不同时期的产值之比来反映工业生产发展的态势。不变价格是过去某一特定时期产品的出厂价格,当不变价格与实际价格背离过大,不能合理地反映产品之间的比价关系时,就需要对不变价格进行修订。

7.3.4.4 股票价格指数

股票价格指数简称股价指数,是反映某股票市场多种股票价格综合变动趋势的一种专用经济指标。其单位一般用“点”来表示。即一般以基期指数为100,每上升或下降一个单位称为“1 点”。股票价格是指股票在证券市场上交易的市场价格。在一天中有开盘价、收盘价、最高价、最低价等,通常以收盘价作为股票当天的价格。在股票市场上,股票品种繁多,股价指数不一定要用所有上市股票进行编制,通常可以选择具有代表性和敏感性的样本股票进行编制。股价指数通常采用综合指数形式,一般以发行量为权数加权或以成交量为权数加权。其计算公式为

$$基期股价指数 = \frac{\sum p_1 Q_0}{\sum p_0 Q_0} \tag{7-14}$$

式中　Q_0——基期发行量；

p_0、p_1——分别为基期、报告期的股价。

$$报告期股价指数 = \frac{\sum p_1 Q_1}{\sum p_0 Q_1} \tag{7-15}$$

式中　Q_1——报告期交易量；

p_0、p_1——分别为基期、报告期的股价。

各个股票市场都有自己的股票价格指数，基于计算的对象对比的基期不同，计算方法也不同。

1. 恒生指数

香港的恒生指数是香港股票市场历史最悠久、影响最大的一种股价指数，由恒生银行编制。以1964年7月31日为基日，基数为100。恒生指数由33种具有代表性的经济实力雄厚的大公司的股价指数计算生成。恒生指数就是根据33种上市股票每天的收市价，计算出这些上市公司的总市价，再与基期的资本总市价相比乘以100得出当天的指数。其计算公式为

$$恒生指数 = \frac{计算日的资本总市值}{基日的资本总市值} \times 100\%$$

2. 上证综合指数

上海证券交易所上证综合指数所采用的是P式综合法，上市的全部股票都参与计算，以正式开业日1990年12月19日为基期来计算。其计算公式为

$$本日股价指数 = \frac{本日市价总值}{基日市价总值} \times 100\%$$

3. 深证综合指数

1991年4月4日起，深圳各股票在深圳证券交易所集中上市，并以4月3日为基期，编制深交所深证综合指数。深证股价指数采用一种递推的计算方法。其计算公式为

$$今日现时指数 = \frac{今日现时总市值}{上日收市总市值} \times 上日收市指数$$

7.3.4.5　货币购买力指数

货币购买力，是指单位货币所能购买的商品和服务的数量。货币购买力指数是反映单位货币所能购买到的商品和劳务变动程度的相对数。货币购买力大小与商品或服务的价格变化成反比。即以居民消费价格指数的倒数表示货币购买力指数，用公式表示为

$$货币购买力指数 = \frac{1}{居民消费价格指数} \tag{7-16}$$

因此，在考察居民的收入水平变化时，必须考虑物价的影响。它们之间存在如下关系：

$$实际收入指数 = 货币收入指数 \times 货币购买力指数 \tag{7-17}$$

7.3.4.6　通货膨胀率的计算及分析

通货膨胀是市场经济条件下的一种经济现象，以通货膨胀率表示。是指市场货币供应量

(M_s)超过市场货币需求量(M_d)而形成的货币贬值(物价上涨)和多于货币的沉淀(货流减缓)。其定义公式为

$$r = \frac{M_s}{M_d} - 1$$

市场货币需求量的多少与商品流通和劳务交易的规模有关,规模越大,货币需求量越多;但在一定时期内货币周转次数越多,则完成一定规模商品流通和劳务交易所需的货币就越少。即流通中的货币数量与商品流通和劳务交易的规模成正比,与货币流通的速度成反比。实际中货币流通的速度资料难以掌握,因此一般以消费价格指数的增长速度来表示。其主要由于:①该指数占据资料全面;②计算简便,计算的周期较短,能及时反映通货膨胀情况;③世界很多国家采用该指标反映通货膨胀情况,便于国际对比。即

$$\text{通货膨胀率} = \frac{\text{报告期消费价格指数} - \text{基期消费价格指数}}{\text{基期消费价格指数}} \times 100\%$$

7.4 指数体系及因素分析

7.4.1 指数体系

7.4.1.1 指数体系的概念

任何社会经济现象都是错综复杂的,彼此之间是相互联系、相互制约和相互影响的。这种联系和制约对一些社会经济现象来讲是可以用经济方程式表现出来的。例如:

商品销售额 = 商品销售量 × 商品销售价格

生产总成本 = 产品产量 × 单位产品成本

原材料费用总额 = 产品生产量 × 单位产品原材料消耗量 × 原材料单价

上述这种关系,按指数形式表现时也存在对等关系。如:

商品销售额指数 = 商品销售量指数 × 商品销售价格指数

工资总额指数 = 职工人数指数 × 平均工资指数

生产总成本指数 = 产品产量指数 × 单位产品成本指数

原材料费用总额指数 = 产品生产量指数 × 单位产品原材料消耗量指数 × 原材料单价指数

在统计分析中,将一系列在经济上有逻辑关系、彼此相互联系的、在数量上存在对等关系的若干个统计指数所构成的整体称为指数体系。

7.4.1.2 指数体系的特征

指数体系具有如下特征。

(1)一个指数体系总是由一个数量指标指数和一个质量指标指数构成的,而且表现为一个数量指标指数和一个质量指标指数的乘积。在绝对数上表现为,在这个指数体系中,现象总体的变动额等于各个影响因素变动额之和。

(2)在一个指数体系中,各个影响因素之间可以相互推算。例如:

商品销售额指数 K_{pq} = 商品销售量指数 K_q × 商品销售价格指数 K_p

三个因素中已知任意两个因素就可以推算出第三个因素。

(3)一个指数体系由三个或三个以上的因素构成。如销售额指数体系由三个因素构成，原材料费用总额指数体系由四个因素构成。

7.4.1.3 指数体系的作用

(1)利用指数体系可以分析复杂现象的总的变动方向及变动程度，分析导致这个结果的各因素的影响程度及影响的绝对值。在指数体系中，总变动指数与影响因素指数数量关系表现在两方面：一是从相对数上看，总变动指数等于各影响因素指数的乘积；二是从绝对数上看，总变动指数分子与分母的差额等于各影响因素分子与分母差额之和。

(2)利用指数体系可进行各因素之间的关系推算，即

$$K_{pq} = K_q \cdot K_p \rightarrow K_p = K_{pq}/K_q$$

(3)利用综合指数编制总指数时，指数体系是确定同度量因素的根据之一。一个指数体系总是由一个数量指标指数和一个质量指标指数构成的，编制质量指标指数就应该以报告期的数量指标作同度量因素；而编制数量指标指数就应该以基期的质量指标作同度量因素。

7.4.2 指数体系的因素分析

7.4.2.1 总量指标的因素分析

1. 总量指标的两因素分析

社会复杂现象构成的指数体系由三个或三个以上因素构成。所谓因素分析，就是利用指数体系分析或测定客观现象总变动中各因素变动的影响方向和程度。因素分析按分析时包含的因素多少，可分为两因素分析和多因素分析。当总量指标分解为两因素乘积时，可进行两因素分析。例如：

总产值指数 = 职工人数指数 × 劳动生产率指数 (7-18)

用符号表示如下。

相对数：$\dfrac{\sum p_1q_1}{\sum p_0q_0} = \dfrac{\sum f_1}{\sum f_0} \times \dfrac{\bar{x}_1}{\bar{x}_0}$

绝对数：$\sum q_1p_1 - \sum q_0p_0 = \left(\sum f_1 - \sum f_0\right) \times \bar{x}_0 + (\bar{x}_1 - \bar{x}_0) \times \sum f_1$

商品销售额指数 = 商品销售量指数 × 商品销售价格指数 (7-19)

相对数：$\dfrac{\sum p_1q_1}{\sum p_0q_0} = \dfrac{\sum q_1p_0}{\sum q_0p_0} \times \dfrac{\sum p_1q_1}{\sum p_0q_1}$

绝对数：$\sum q_1p_1 - \sum q_0p_0 = \left(\sum q_1p_0 - \sum q_0p_0\right) + \left(\sum q_1p_1 - \sum q_1p_0\right)$

在这些指数体系中，不仅要分析现象的总变动，如总产值的总变动，而且要分析影响总变动的职工人数指数、劳动生产率指数这两个因素的变动程度及变动方向和影响的绝对数额。现举例说明两因素的分析方法。

【例 7-8】 某商店经营的四种商品的销售价格、销售量资料如表 7.9 所示。

要求：从相对数和绝对数两个方面分析销售量和价格的变动对销售额的影响。

表 7.9 某商店经营的四种商品的销售价格、销售量资料

商品种类	计量单位	销售量		价格(元)	
		基期	报告期	基期	报告期
甲	件	200	230	20	23
乙	千克	120	134	43	49
丙	米	430	400	30	32
丁	个	650	690	12	10
合计	—	—	—	—	—

解:见表 7.10。

表 7.10 某商店经营的四种商品的销售额指数计算表

商品种类	计量单位	销售量 q		价格 p(元)		销售额 qp(元)		
		基期 q_0	报告期 q_1	基期 p_0	报告期 p_1	基期 q_0p_0	报告期 q_1p_1	假定 q_1p_0
甲	件	200	230	20	23	4 000	5 290	4 600
乙	千克	120	134	43	49	5 160	6 566	5 762
丙	米	430	400	30	32	12 900	12 800	12 000
丁	个	650	690	12	10	7 800	6 900	8 280
合计	—	—	—	—	—	29 860	31 556	30 642

因素分析法首先是从现象总体分析变动程度和绝对数。

(1)四种产品的销售额指数

$$K_{pq}=\frac{\sum q_1p_1}{\sum q_0p_0}=\frac{31\ 556}{29\ 860}=105.68\%$$

说明四种产品的报告期的销售额比基期增长了 5.68%。增加的绝对数额为

$$\sum q_1p_1-\sum q_0p_0=31\ 556-29\ 860=1\ 696(\text{元})$$

(2)在指数体系中,分析各因素分别对销售额的影响。

销售量的变化对销售额的影响如下。

相对数:$K_q=\dfrac{\sum q_1p_0}{\sum q_0p_0}=\dfrac{30\ 642}{29\ 860}=102.62\%$

绝对数:$\sum q_1p_0-\sum q_0p_0=30\ 642-29\ 860=782(\text{元})$

价格的变化对销售额的影响如下。

相对数:$K_p=\dfrac{\sum q_1p_1}{\sum q_1p_0}=\dfrac{31\ 556}{30\ 642}=102.98\%$

绝对数:$\sum q_1p_1-\sum q_1p_0=31\ 556-30\ 642=914(\text{元})$

在指数体系中,各因素之间的关系可用经济方程式表示如下。相对数对等关系式

$$K_{pq}=\frac{\sum q_1p_1}{\sum q_0p_0}=\frac{\sum q_1p_0}{\sum q_0p_0}\times\frac{\sum q_1p_1}{\sum q_1p_0}$$

绝对数对等关系式

$$\sum q_1p_1-\sum q_0p_0=(\sum q_1p_0-\sum q_0p_0)+(\sum q_1p_1-\sum q_1p_0)$$

即:

105.68% =102.62% ×102.98%

1 696(元) =782(元) +914(元)

结论:该商店经营的四种产品的销售额报告期比基期提高5.68%,增加的绝对数额为1 696 元。由于价格的整体平均提高,使销售额提高2.98%,增加的绝对数额为914 元。又由于销售量的增加,使销售额提高2.62%,增加的绝对数为782 元。这是二者共同作用导致的。

2. 总量指标的多因素分析

总量指标的多因素分析,是在指数体系上表现为影响总变动的因素为三个或三个以上因素的乘积。进行多因素分析时,各因素指数的乘积等于被研究现象总变动。其关键环节是确定同度量因素的时期,而确定同度量因素的时期的关键又归结为判断各影响因素指标是数量指标还是质量指标以及数量指标和质量指标的排序问题。一般是数量指标指数在先,质量指标指数在后。如果是数量指标作为同度量因素,一般固定在报告期;如果是质量指标作为同度量因素,一般固定在基期。

判定是数量指标还是质量指标是通过两两相比较而言的。常见的是三因素的分析。三因素指数体系分析如下。

原材料费用总额指数 = 产品产量指数 × 单位产品原材料消耗量指数 × 单位原材料价格指数

在这个指数体系中,产品产量与单耗比较。产品产量是数量指标,单耗是质量指标;而单耗与单价比较,单耗又成了数量指标,单价则是质量指标。

因此有

原材料费用总额 qmp = 产品产量 q × 单位产品原材料消耗量 m × 单位原材料价格 p

写成指数形式

原材料费用总额指数 = 产品产量指数 × 单位产品原材料消耗量指数 × 单位原材料价格指数

用符号表示为

$$\frac{\sum q_1m_1p_1}{\sum q_0m_0p_0}=\frac{\sum q_1m_0p_0}{\sum q_0m_0p_0}\times\frac{\sum q_1m_1p_0}{\sum q_1m_0p_0}\times\frac{\sum q_1m_1p_1}{\sum q_1m_1p_0} \tag{7-20}$$

即总指数的变动等于各因素指数的乘积。

在绝对数上:总指数变动的绝对数额等于各因素变动绝对数额的和。用符号表示为

$$\sum q_1m_1p_1-\sum q_0m_0p_0=(\sum q_1m_0p_0-\sum q_0m_0p_0)+(\sum q_1m_1p_0-\sum q_1m_0p_0)+$$

$$(\sum q_1m_1p_1 - \sum q_1m_1p_0) \tag{7-21}$$

【例 7-10】 假定某企业生产的三种产品的有关资料如表 7.11 所示，利用指数体系，分析产品产量、单耗及价格对原材料费用总额的影响。

表 7.11 某企业生产的三种产品的有关资料情况表

产品				原材料					
名称	单位	产量		名称	单位	单耗		购进价(元)	
		基期	报告期			基期	报告期	基期	报告期
(甲)	(乙)	q_0	q_1	(丙)	(丁)	m_0	m_1	p_0	p_1
甲	件	100	124	铸铁	千克	10	8	16	20
乙	件	30	39	生铁	千克	12	7	16	38
丙	件	60	63	钢材	千克	5	8	50	54

解：原材料费用总额因素分析计算见表 7.12。

表 7.12 原材料费用总额因素分析计算表

产品名称	$q_0m_0p_0$(元)	$q_1m_1p_1$(元)	$q_1m_0p_0$(元)	$q_1m_1p_0$(元)
甲	16 000	19 840	19 840	15 872
乙	5 760	10 374	7 488	4 368
丙	15 000	27 216	15 750	25 200
合计	36 760	57 430	43 078	45 440

(1)总体变动分析：

$$原材料费用总额指数 = \frac{\sum q_1m_1p_1}{\sum q_0m_0p_0} = \frac{57\ 430}{36\ 760} = 156.23\%$$

$$原材料费用实际总变动额 = \sum q_1m_1p_1 - \sum q_0m_0p_0 = 57\ 430 - 36\ 760 = 20\ 670(元)。$$

该数值表明：由于原材料费用总额报告期较基期增长了 56.23%，使原材料费用总额多支出 20 670 元。

(2)因素分析：

$$产品产量指数 = \frac{\sum q_1m_0p_0}{\sum q_0m_0p_0} = \frac{43\ 078}{36\ 760} = 117.19\%$$

由于产量的增长，使原材料费用总额多支出的差额 $= \sum q_1m_0p_0 - \sum q_0m_0p_0 = 43\ 078 - 36\ 760 = 6\ 318$(元)。

即由于产品产量增长 17.19%，使原材料费用总额多支出 6 318 元。

$$原材料单耗指数=\frac{\sum q_1m_1p_0}{\sum q_1m_0p_0}=\frac{45\ 440}{43\ 078}=105.48\%$$

由于原材料单耗的增长，使原材料费用总额多支出的差额 $=\sum q_1m_1p_0-\sum q_1m_0p_0=45\ 440-43\ 078=2\ 362$（元）。

即由于原材料单耗增长 5.48%，使原材料费用总额多支出 2 362 元。

$$原材料单价指数=\frac{\sum q_1m_1p_1}{\sum q_1m_1p_0}=\frac{57\ 430}{45\ 440}=126.39\%$$

由于单价的变动对原材料费用影响的绝对额 $=\sum q_1m_1p_1-\sum q_1m_1p_0=57\ 430-45\ 440=11\ 990$（元）。

即由于单价提高了 26.39%，使原材料费用总额多支出 11 990 元。

它们之间的关系是：

156.23% = 117.19% × 105.48% × 126.39%

20 670（元）= 6 318（元）+ 2 362（元）+ 11 990（元）

分析结果表明：原材料费用总额报告期较基期增长了 56.23%，使原材料费用总额多支出 20 670 元。这是由于以下三个因素共同作用导致的。其中，由于产品产量增长 17.19%，使原材料费用总额多支出 6 318 元；由于原材料单耗增长 5.48%，使原材料费用总额多支出 2 362 元；由于单价提高了 26.39%，使原材料费用总额多支出 11 990 元。

从计算结果也可以进一步分析，导致原材料费用总额多支出的主要原因如下：①原材料单价的提高，说明市场因素对该企业的影响很大；②产品产量的增加，导致原材料费用总额多支出；③在原材料单价提高的不利客观条件下，企业还在增加产品产量的生产，那么，唯一的条件就是销售市场运转良好；④原材料单耗的增长，而且，增长的原因就是丙产品的原材料单耗增长了，其他两种产品的原材料单耗不仅没有增长，反而下降了。所以，应对生产丙产品的部门进行调查，究其原因，加强管理。

7.4.2.2 平均指标的因素分析

这里的平均指标是统计资料经过统计分组后计算得到的平均指标，即加权算术平均指标。在统计工作中，常遇到要研究工人平均工资的变动情况、企业劳动生产率的变动情况或单位产品成本的变动情况等。研究平均指标变动的相对数即平均指标指数应等于报告期的平均指标与基期的平均指标之比。其公式为

$$K_{fx}=\frac{\bar{x}_1}{\bar{x}_0}=\frac{\dfrac{\sum x_1f_1}{\sum f_1}}{\dfrac{\sum x_0f_0}{\sum f_0}} \tag{7-22}$$

该指数 K_{fx} 称为可变组成指数，反映了平均指标的变动方向和变动的程度。其分子与分母的差额表示由于平均指标的变动而增减的差额，即

$$\frac{\sum x_1 f_1}{\sum f_1} - \frac{\sum x_0 f_0}{\sum f_0} \tag{7-23}$$

在统计工作中，不仅要分析平均指标的总变动，而且要分析导致这个结果的各个因素的变动情况对它的影响。在这里，加权算术平均指标 $\bar{x}$ 受两个因素影响：变量值 x 和结构 $\frac{f}{\sum f}$。即影响平均指标变动的因素有两个：变量值 x 的变动和结构 $\frac{f}{\sum f}$ 的变动。利用指数体系特点，二者变动的相对数的乘积等于平均指标的总变动的相对数。但在编制指数时必须确定同度量因素，即编制变量值变动，必须把结构固定下来，这样组成的平均指标值的变动就纯粹是由变量值导致的，即用公式表示如下：

$$K_x = \frac{\sum x_1 \frac{f}{\sum f}}{\sum x_0 \frac{f}{\sum f}}$$

这里，结构 $\frac{f}{\sum f}$ 作同度量因素，根据指数体系特点，一个指数体系总可以分解为一个数量指标和一个质量指标。影响平均指标的两因素的变量值 x 和结构 $\frac{f}{\sum f}$。二者比较，变量值因素 x 更接近于质量指标，结构因素 $\frac{f}{\sum f}$ 更接近于数量指标。因此，在编制变量值指标指数时，把变量值指标作为质量指标，则另一因素结构指标 $\frac{f}{\sum f}$ 就作为同度量因素，因为把它视为数量指标，因此应固定在报告期。用公式表示如下：

$$K_x = \frac{\sum x_1 \frac{f_1}{\sum f_1}}{\sum x_0 \frac{f_1}{\sum f_1}} \tag{7-24}$$

由于结构固定，该指数 K_x 称为固定组成指数。其分子与分母的差额表示由于变量值的变动而使平均指标增减的差额，即

$$\frac{\sum x_1 f_1}{\sum f_1} - \frac{\sum x_0 f_1}{\sum f_1} \tag{7-25}$$

同理：编制结构影响指数 K_f，需要把质量指标变量值固定，并固定在基期。该指数由于反映的是结构的变动，所以该指数 K_f 称为结构影响指数。用公式表示如下：

$$K_f = \frac{\sum x_0 \frac{f_1}{\sum f_1}}{\sum x_0 \frac{f_0}{\sum f_0}} \tag{7-26}$$

其分子与分母的差额表示由于结构指标的变动而使平均指标增减的差额,即

$$\frac{\sum x_0f_1}{\sum f_1}-\frac{\sum x_0f_0}{\sum f_0} \tag{7-27}$$

它们之间的关系式如下。

相对数对等式:

$$\frac{\bar{x}_1}{\bar{x}_0}=\frac{\dfrac{\sum x_1f_1}{\sum f_1}}{\dfrac{\sum x_0f_0}{\sum f_0}}=\frac{\sum x_0\dfrac{f_1}{\sum f_1}}{\sum x_0\dfrac{f_0}{\sum f_0}}\times\frac{\sum x_1\dfrac{f_1}{\sum f_1}}{\sum x_0\dfrac{f_1}{\sum f_1}} \tag{7-28}$$

绝对数对等式:

$$\frac{\sum x_1f_1}{\sum f_1}-\frac{\sum x_0f_0}{\sum f_0}=\left(\frac{\sum x_0f_1}{\sum f_1}-\frac{\sum x_0f_0}{\sum f_0}\right)+\left(\frac{\sum x_1f_1}{\sum f_1}-\frac{\sum x_0f_1}{\sum f_1}\right) \tag{7-29}$$

【例 7-11】 某公司所属的两个企业的工人人数及劳动生产率资料如表 7.13 所示。要求:对该公司的劳动生产率的变动进行因素分析。

表 7.13　某公司所属的两个企业的工人人数及劳动生产率资料

公司所属企业	平均工人人数 f(人)		劳动生产率 x(万元)	
	基期 f_0	报告期 f_1	基期 x_0	报告期 x_1
甲	200	260	6	6.8
乙	120	110	5	7

解:计算结果如表 7.14 所示。

表 7.14　该公司的劳动生产率指数计算表

公司所属企业	平均工人人数 f(人)		劳动生产率 x(万元)		总产值 xf(万元)		
	基期 f_0	报告期 f_1	基期 x_0	报告期 x_1	基期 x_0f_0	报告期 x_1f_1	假定 x_0f_1
甲	200	260	6	6.8	1 200	1 768	1 560
乙	120	110	5	7.0	600	770	550
合计	320	370	5.63	6.86	1 800	2 538	2 110

该公司的劳动生产率可变构成指数

$$K_{fx}=\frac{\bar{x}_1}{\bar{x}_0}=\frac{\dfrac{\sum x_1f_1}{\sum f_1}}{\dfrac{\sum x_0f_0}{\sum f_0}}=\frac{2\ 538/370}{1\ 800/320}=\frac{6.86}{5.63}=121.85\%$$

由于劳动生产率的提高而增加的差额 $=\frac{\sum x_1f_1}{\sum f_1}-\frac{\sum x_0f_0}{\sum f_0}=6.86-5.63=1.23$（万元）。

其中，该公司所属两个企业劳动生产率的变动对该公司的平均劳动生产率的影响如下。

相对数：$K_x=\frac{\sum x_1\frac{f_1}{\sum f_1}}{\sum x_0\frac{f_1}{\sum f_1}}=\frac{6.86}{2\ 110/370}=\frac{6.86}{5.70}=120.35\%$

绝对数：$\frac{\sum x_1f_1}{\sum f_1}-\frac{\sum x_0f_1}{\sum f_1}=6.86-5.70=1.16$（万元）

由于两企业工人人数的变动对该公司的平均劳动生产率的影响如下。

相对数：$K_f=\frac{\sum x_0\frac{f_1}{\sum f_1}}{\sum x_0\frac{f_0}{\sum f_0}}=\frac{5.7}{5.63}=101.24\%$

绝对数：$\frac{\sum x_0f_1}{\sum f_1}-\frac{\sum x_0f_0}{\sum f_0}=5.70-5.63=0.07$（万元）

它们之间的关系式如下。

相对数对等式：

$$\frac{\bar{x}_1}{\bar{x}_0}=\frac{\frac{\sum x_1f_1}{\sum f_1}}{\frac{\sum x_0f_0}{\sum f_0}}=\frac{\sum x_0\frac{f_1}{\sum f_1}}{\sum x_0\frac{f_0}{\sum f_0}}\times\frac{\sum x_1\frac{f_1}{\sum f_1}}{\sum x_0\frac{f_1}{\sum f_1}}$$

即：$121.84\%=101.24\%\times120.35\%$

绝对数对等式：

$$\frac{\sum x_1f_1}{\sum f_1}-\frac{\sum x_0f_0}{\sum f_0}=\left(\frac{\sum x_0f_1}{\sum f_1}-\frac{\sum x_0f_0}{\sum f_0}\right)+\left(\frac{\sum x_1f_1}{\sum f_1}-\frac{\sum x_0f_1}{\sum f_1}\right)$$

即：1.23（万元）＝0.07（万元）＋1.16（万元）

分析总结：该公司的劳动生产率报告期比基期提高了 21.84%，平均每人多创造产值 1.23 万元。这是由于该公司所属的两个企业的劳动生产率的提高使公司的平均劳动生产率提高 20.35%，使得每人多创造产值 1.16 万元和由于两个企业的工人人数结构的变化使得该公司的平均劳动生产率提高 1.24%，使得每个工人多创造产值 0.07 万元。

7.4.2.3 包含平均指标的总量指标的因素分析

在统计工作中，不仅要分析平均工资的变动、劳动生产率的变动或单位产品成本的变动等，而且要分析工资总额的变动、产品产值的变动及产品总成本的变动。例如：

产品产值指数 = 平均工人人数指数 × 劳动生产率指数

用符号表示为

$$\frac{\bar{x}_1\sum f_1}{\bar{x}_0\sum f_0}=\frac{\sum f_1}{\sum f_0}\times\frac{\bar{x}_1}{\bar{x}_0}$$

而

$$\frac{\bar{x}_1}{\bar{x}_0}=\frac{\dfrac{\sum x_1 f_1}{\sum f_1}}{\dfrac{\sum x_0 f_0}{\sum f_0}}=\frac{\sum x_0\dfrac{f_1}{\sum f_1}}{\sum x_0\dfrac{f_0}{\sum f_0}}\times\frac{\sum x_1\dfrac{f_1}{\sum f_1}}{\sum x_0\dfrac{f_1}{\sum f_1}}$$

因此，

$$\frac{\bar{x}_1\sum f_1}{\bar{x}_0\sum f_0}=\frac{\sum f_1}{\sum f_0}\times\frac{\bar{x}_1}{\bar{x}_0}=\frac{\sum f_1}{\sum f_0}\times\frac{\sum x_0\dfrac{f_1}{\sum f_1}}{\sum x_0\dfrac{f_0}{\sum f_0}}\times\frac{\sum x_1\dfrac{f_1}{\sum f_1}}{\sum x_0\dfrac{f_1}{\sum f_1}} \tag{7-30}$$

产品产值增减的差额：

$$\bar{x}_1\sum f_1-\bar{x}_0\sum f_0=\left(\sum f_1-\sum f_0\right)\bar{x}_o+\left(\frac{\sum x_0 f_1}{\sum f_1}-\frac{\sum x_0 f_0}{\sum f_0}\right)\times\sum f_1+\left(\frac{\sum x_1 f_1}{\sum f_1}-\frac{\sum x_0 f_1}{\sum f_1}\right)\times\sum f_1 \tag{7-31}$$

如上例题中，对该公司的总产值进行因素分析如下。

（1）首先分析总产值的总变动。变动的相对数为

$$\frac{\bar{x}_1\sum f_1}{\bar{x}_0\sum f_0}=\frac{2\ 538}{1\ 800}=141\%$$

变动的绝对数为

$$\bar{x}_1\sum f_1-\bar{x}_0\sum f_0=6.86\times370-5.63\times320=736.6\text{（万元）}$$

（2）分析构成总产值的各因素对总产值的影响。

工人人数的变动对总产值的影响如下。

相对数：$\dfrac{\sum f_1}{\sum f_0}=\dfrac{370}{320}=115.625\%$

绝对数：$\left(\sum f_1-\sum f_0\right)\bar{x}_o=(370-320)\times5.63=281.5$（万元）

工人结构变动对总产值的影响如下。

相对数：$\dfrac{\sum x_0\dfrac{f_1}{\sum f_1}}{\sum x_0\dfrac{f_0}{\sum f_0}}=\dfrac{5.7}{5.63}=101.24\%$

$$绝对数:\left(\frac{\sum x_0f_1}{\sum f_1}-\frac{\sum x_0f_0}{\sum f_0}\right)\times\sum f_1=(5.7-5.63)\times 370=25.9(万元)$$

工人劳动生产率的变动对总产值的影响如下。

$$相对数:\frac{\sum x_1\frac{f_1}{\sum f_1}}{\sum x_0\frac{f_1}{\sum f_1}}=\frac{6.86}{2\ 110/370}=\frac{6.86}{5.70}=120.35\%$$

$$绝对数:\left(\frac{\sum x_1f_1}{\sum f_1}-\frac{\sum x_0f_1}{\sum f_1}\right)\times\sum f_1=(6.86-5.7)\times 370=429.2(万元)$$

构成指数体系如下。

相对数对等关系式:

141% =115.625% ×101.24% ×120.35%

绝对数对等关系式:

736.6(万元) =281.5(万元) +25.9(万元) +429.2(万元)

分析总结:该公司的总产值报告期比基期增长了 41%,增加的绝对数额为 736.6 万元。这是由三个原因导致的:其一,该公司所属的两个企业的工人人数的变动使总产值提高 15.625%,增加的绝对数额为 281.5 万元;其二,由于工人结构的变动使总产值提高 1.24%,增加的绝对数额为 25.9 万元;其三,由于两个企业工人劳动生产率的提高,使该公司的总产值提高 20.35%,增加的绝对数额为 429.2 万元。

【本章小结】

本章内容共分四大方面,用模块表示如下:

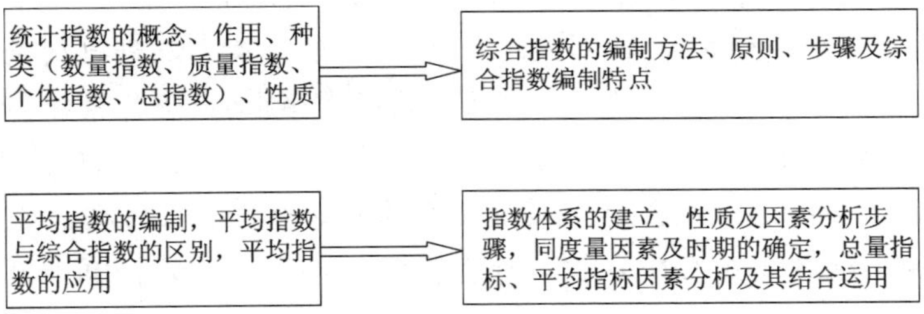

统计指数有广义和狭义之分。从广义上说,凡是表明社会经济现象变动的相对数都可以叫指数。从狭义上来说,指数是用来反映那些不能直接相加和对比的、由多因素构成的复杂现象综合变动的相对指标。研究指数,有十分重要的作用,可以利用指数体系综合反映复杂现象总体的总变动方向和程度;对构成现象总体的各个因素进行分析,分析各构成因素对总变动影响的相对程度和绝对效果。指数有多种分类。有个体指数和总指数;数量指标指数和质量指标指数;简单指数和加权指数;环比指数和定基指数;动态指数和静态指数;综合指数与平均数指数。综合指数是总指数的基本形式。综合指数是将不能直接相加的各种经济变量通过乘以另一个与此有关的同度量因素而转变成可以相加的总指数，然后进行对比得到的相对数。即先综合后对比，主要用于说明复杂现象的综合变动。平均指数法是编制总指数的另一种形式，在某种程度上，它是综合指数的变形。有加权算术平均法、加权调和平均法、固定权数加权平均法几种形式。固定权数加权平均法经常用于编制我国的商品零售价格指数、居民消费价格指数、职工生活费用指数等。加权调和平均法用于编制农副产品收购价格指数。我国常用加权算术平均法编制工业生产指数。

在统计分析中，将一系列在经济上有逻辑关系、彼此相互联系的、在数量上存在对等关系的若干个统计指数所构成的整体称为指数体系。指数体系总是由一个数量指标指数和一个质量指标指数构成，而且表现为一个数量指标指数和一个质量指标指数的乘积，在绝对数上表现为现象总体的变动额等于各个影响因素变动额之和。指数体系的各个影响因素之间可以相互推算。进行多因素分析时，各因素指数的乘积等于被研究现象的总变动指数。指数体系中要把握的关键环节是确定同度量因素的时期，注意数量指标和质量指标判定及数量指标和质量指标的排序问题。一般数量指数在先，质量指数在后。对平均指标进行因素分析参照的指数体系为可变构成指数体系。可变构成指数等于固定组成指数和结构影响指数的乘积。

【阅读专栏8】 你对PPI与CPI了解多少？

PPI即工业品价格指数(Producer Price Index)是根据我国现行统计报表制度计算的工业品价格指数，包括工业品第一次出售时的出厂价格和企业作为中间投入的原材料、燃料、动力购进价格，是反映工业生产价格变化趋势和变动幅度的统计指标。工业品出厂价格指数，以销售产量或产值为权数，反映生产者所得价格水平，同时它又是进行国民经济核算和经济管理的重要指标之一。

CPI即居民消费价格指数(Consumer Price Index)，即商品进入消费领域时的价格或消费者购买价格，是反映居民购买并用于消费的一组代表性商品和服务项目价格水平的变化趋势和变动幅度的统计指标，以零售量或居民消费量为权数，反映消费者所付价格水平。该价格指数为分析和制定货币政策、价格政策、居民消费政策、工资政策以及进行国民经济核算提供科学依据。国际上通常将居民消费价格指数作为反映通货膨胀(或通货紧缩)程度的重要指标。在计算过程中所用权数相对稳定。两种价格指数在计算过程和用途上区别很大，但在现实的经济生活中，两种价格指数之间彼此又存在着非常密切的联系。根据流通经济学理论，从供给角度看PPI很大程度上决定着CPI，从需求角度看CPI反过来也影响PPI。具体可概括为以下三点。

(1)PPI与CPI之间具有线性相关关系，PPI的变动一定会影响CPI的变动。并且前者波动幅度一般大于后者的波动，其涨幅通常上游高于下游，但是两者总的变动方向往往是一致的或接近的。年度数据测算的结果表明，价格总水平的变动规律多与经济的总体情况相关，密切体现在某一时期固定资产规模扩大、银行货币投放量的多少等外生变量的变化。

(2)PPI对CPI的影响有明显的滞后期，其内部结构不同滞后期的反映可看出产业链现象非常突出，价值规律在价格的变动中凸现。

(3)生产和消费作为一个链条上的两个端点应该是一种折中性的传递并继而互动，这是普遍的经济规律。随着社会的发展，物质由简单的交换发展为复杂的经济关系，一种产品或一个产业会波及或拉动与之相关的产品或产业同时发挥积极的作用，随着社会主义市场经济逐步完善，两者之间会产生良性的传递。

（资料来源：刘敏，PPI与CPI关系探析，统计研究．2005（2）。）

【思考与练习】

一、单项选择题

1．同度量因素在计算综合指数中（　　）。

A．只起同度量作用　B．只起权数作用　C．起权数与同度量作用

D．既不起同度量作用，也不起权数作用

2．数量指标指数和质量指标指数的划分依据是（　　）。

A．指数化指标的性质不同　B．所反映的对象范围不同

C．编制指数的任务不同　D．所比较的现象特征不同

3．下列指数中，属于质量指标指数的是（　　）。

A．产量指数　B．商品销售量指数　C．职工人数指数　D．劳动生产率指数

4．用综合指标法编制总指数的关键是（　　）。

A．确定对比对象　B．确定同度量因素及固定时期

C．拥有全面资料　D．计算个体指数

5．已知某商店经营的三种产品，在掌握其基期、报告期销售量和基期的销售额时，编制三种产品产量总指数应采用（　　）。

A．加权调和平均数指数　B．固定权数加权平均指数

C．数量指标综合指数　D．加权算术平均数指数

6．在由三个指数组成的指数体系中，影响的因素（　　）。

A．一个是数量指标，另一个是质量指标　B．两个都是数量指标

C．两个都是质量指标　D．不一定

7．某商店的商品同年比上年商品零售价格下降2%，销售量增加5%，则商品零售额（　　）。

A．增加10%　B．下降2.5%　C．增加2.9%　D．无法计算

8．某工厂今年一季度同去年一季度相比，工人的平均工资提高了3%，工人人数增长了5%，则该工厂今年比去年支付的工资（　　）。

A．提高8.15%　B．提高15%　C．无法计算　D．提高3%

9．同样的人民币报告期比基期多购买15%的商品，则该商品的价格（　　）。

A．下降15%　B．下降13.04%　C．没有变化　D．无法计算

10．价格总指数 $K_p = \sum q_1p_1 / \sum q_1p_0$ 是（　　）。

A．平均数指数　B．可变构成指数　C．质量指标指数　D．数量指标指数

11．能分解为固定构成指数和结构影响指数的平均数指数，其分子、分母通常是（　　）。

A. 简单调和平均数　　B. 简单算术平均数

C. 加权调和平均数　　D. 加权算术平均数

12. 数量指标综合指数 $K_q = \sum q_1p_0 / \sum q_0p_0$ 变形为加权算术平均数时的权数是(　　)。

A. q_1p_1　　B. q_0p_0　　C. q_1p_0　　D. q_0p_1

二、多项选择题

1. 某商店经营的多种产品销售量报告期比基期提高了12%，这是(　　)。

A. 数量指数　　B. 质量指数　　C. 动态指数　　D. 总指数

2. 下列指数中属于质量指数的有(　　)。

A. 产品产量指数　　B. 产品价格指数

C. 产品单位成本指数　　D. 工人平均工资指数

3. 已知某工业企业报告期的生产费用为2 000万元，比基期多支出300万元，产品的单位成本报告期比基期降低3%，则(　　)。

A. 生产费用总指数为117.65%　　B. 单位成本总指数为103%

C. 产品产量总指数为121.3%　　D. 生产费用总指数为115%

E. 由于单位成本降低而节约62.1万元

4. 综合指数法和平均指数法的区别在于(　　)。

A. 综合指数法和平均指数法表示的经济意义相同

B. 平均指数法除了具有综合指数法表示的意义外，还具有独立的意义

C. 在获悉的资料是全面资料的情况下，平均指数法是综合指数法的变形

D. 综合指数法是先综合后对比，平均指数法是先对比后综合

5. 用固定权数加权平均法编制的指数有(　　)。

A. 商品零售价格指数　　B. 居民消费价格指数

C. 职工生活费用指数　　D. 农产品收购价格指数

6. 同度量因素的作用有(　　)。

A. 平衡作用　　B. 比较作用　　C. 权数作用　　D. 同度量作用

7. 指数具有(　　)。

A. 综合性　　B. 平均性　　C. 相对性　　D. 总量性

8. 属于数量指标指数的有(　　)。

A. 人均销售额指数　　B. 土地面积指数　　C. 产品产量指数　　D. 平均工资指数

9. 某地区2004年农副产品的收购额为200万元，比2003年多收购34万元，已知农副产品价格2004比2003年提高了20%，则(　　)。

A. 2004年农副产品收购额提高了20.48%

B. 农民增加收益33.33万元

C. 收购量提高了0.4%

D. 由于多收购而增加的收购额为0.664万元

10. 利用指数体系可(　　)。

A. 进行因素分析

B. 分析复杂现象的总的变动方向及变动程度

C. 分析导致这个结果的各因素的影响程度及影响的绝对值

D. 利用各因素之间的关系进行推算

E. 利用综合指数编制总指数时，指数体系是确定同度量因素的根据之一

11. 企业管理人员在抓劳动生产率时，不仅要抓各部门的生产效率，而且还要抓人本管理，合理地调配资源，该做法可以从(　　)中得到解释。

A. 通过劳动生产率的因素分析　　B. 管理理论

C. 统计学理论　　D. 市场营销理论

三、判断题

1. 凡是相对数都可以认为是指数，统计上研究的是不可同度量现象进行综合对比的相对数。(　　)

2. 依据抽样资料计算得到的个体指数进行加权平均的平均数指数具有独立意义。(　　)

3. 平均数指数是综合指数的变形。(　　)

4. 编制数量指标指数以报告期的基期指标作同度量因素。(　　)

5. 加权调和平均法是以报告期的总值指标作权数进行加权平均。农产品收购价格指数就是采用这种方法。(　　)

6. 某地区居民的消费价格指数上涨了 4%，在货币收入不变的条件下，居民的实际收入则下降了 3.8%。(　　)

7. 在一个指数体系中，总是由数量指标和质量指标构成的。(　　)

8. 多因素分析的关键是确定同度量因素。(　　)

9. 固定权数加权平均法的权数是根据抽样调查资料计算确定的，一旦确定就一直不变。(　　)

10. 指数体系是因素分析的依据。(　　)

四、计算题

1. 已知三种产品的成本与产量如表 7.15 所示。

表 7.15　三种产品的成本与产量资料统计表

产品名称	单位产品成本(元)		产量(万件)	
	基期	报告期	基期	报告期
甲	2.5	2.3	15	15.5
乙	2.4	2.4	10	12
丙	2.2	2.1	10	15

要求计算：

(1) 每种产品的个体成本指数、个体产量指数；

(2)三种产品的单位成本指数及单位成本的变动对总成本的影响额。

(3)三种产品的总产量指数及产量的变动对总成本的影响额。

(4)三种产品的总成本指数及总成本变动的绝对额。

2. 某地区收购的三种新鲜水果产品资料如表 7.16 所示。

表 7.16　某地区收购的三种新鲜水果产品资料统计表

产品名称	报告期		基期	
	旺季平均单价(元)	收购额(万元)	旺季平均单价(元)	收购额(万元)
苹果	2.0	100	1.9	80
香蕉	1.6	170	1.5	150
芦柑	1.8	200	1.6	180

试计算:

(1)该地区收购的三种新鲜水果产品的收购价格指数,说明由于收购的三种新鲜水果产品价格的提高使农民增加的收益;

(2)由于多收购,使该地区的收购额提高的程度及多支付的数额。

3. 某商业企业经营的四种产品的统计资料如表 7.17 所示。

表 7.17　某商业企业经营的四种产品资料统计表

商品种类	计量单位	销售量		价格(元)	
		基期	报告期	基期	报告期
甲	件	300	340	9	12
乙	千克	200	150	30	35
丙	千克	400	350	28	35
丁	件	500	540	10	10

试对该商业企业经营的四种产品的销售额进行因素分析。

4. 某商店经营的三种商品的销售额及价格变动资料如表 7.18 所示。

表 7.18　某商店经营的三种商品的销售额及价格变动资料统计表

商品名称	商品销售额(万元)		价格变动率(%)
	基期	报告期	
甲	80	82	+1
乙	60	55	-3
丙	120	140	0
合计	260	277	—

要求计算:

(1)商品价格总指数及由于价格的变动对该商店的销售额影响绝对额。

(2)商品销售量总指数及由于销售量的变动对该商店的销售额影响绝对值。

5. 某工业企业的统计资料如表 7.19 所示。

表 7.19 某工业企业的产值资料统计表

产品名称	计量单位	产品产值(万元)		出厂价变动率(%)
		基期	报告期	
甲	件	500	560	0
乙	吨	1 000	1 400	3
丙	台	100	97	-2

要求计算:

(1)该企业三种产品的出厂价总指数;

(2)产品产量总指数;

(3)出厂价格的变动对总产值的影响数额;

(4)产品产量变动对总产值影响的绝对数额;

(5)产品总产值的变动相对数和绝对数。

6. 某公司所属两个工厂的工人工资资料如表 7.20 所示。

表 7.20 某公司所属两个工厂的工人工资资料统计表

企业名称	月工资水平(元)		工人人数(人)	
	基期	报告期	基期	报告期
甲	1 200	1 500	220	240
乙	900	1 000	240	500
合计	—	—	460	740

要求:

(1)分析两个企业工人的月工资水平和结构的变动对该公司的全体工人平均工资的影响;

(2)对该公司所属两个工厂的工资总额进行因素分析。

7. 某地区各类商品价格个体指数资料如表 7.21 所示。

表 7.21 某地区各类商品价格个体指数资料统计表

商品类型	个体指数 k_p(%)	权数 ω
(一)食品类	101.51	44.0
(二)烟酒及用品	102.79	12.0
(三)衣着	102.69	8.0
(四)家庭设备用品及服务	102.63	7.0
(五)医疗保健及个人用品	101.30	8.0
(六)交通和通信	102.94	6.0

续表

商品类型	个体指数 k_p(%)	权数 ω
(七)娱乐教育文化用品	107.56	6.0
(八)居住	101.50	9.0

要求计算:该地区居民消费价格指数。

8　抽样推断

案例导读

很多社会经济现象没有必要或不可能对全部总体进行调查。对比全面调查,抽样调查可以承担全面调查无法或很难承担的调查任务。例如,无限总体的调查(如气象调查,新工艺、新配方、新材料的功能检验)、未来时间序列总体的调查(如生产过程稳定性检查)、具有破坏性的产品质量检验(如轮胎的里程试验、炮弹的杀伤力试验等等)都无法进行全面调查,只能应用抽样的方法,对总体作出判断。有些现象虽然属于有限总体,但由于总体范围过大,单位数很多,进行全面调查实际上是难以做到的,如调查水库的鱼苗数、森林的木材蓄积量、水稻的千粒重等都可以应用抽样的方法推算。根据研究任务的要求,对有些现象没有必要进行全面调查,如城乡居民家计调查、民意测验等更适合于组织抽样调查。有些现象受时间或其他条件的限制,不可能进行全面调查,如战备物资调查、矿产资源的调查等,都可以组织抽样调查,承担各项调查任务。在纷繁的社会经济活动中,人们作出某种决策之前总是要对许多情况进行估计。例如:商品推销人员要估计新款时装可能被消费者所喜爱的程度;自选商场经理要估计附近居民的购买力;民意机关要估计竞选者的得票率;治安部门要估计社会青少年的犯罪率等等。这些估计多数都是在信息不完全、结果不确定的情况下作出的。参数估计提供了一套在满足精确度要求下根据部分信息来估计总体参数的真值,并作出同这个估计相适应的误差说明的科学方法。

学习目标

◆掌握什么是抽样推断,对比一般推算,它有哪些特点

◆掌握抽样误差的形成原因、计算方法

◆掌握怎样利用样本指标估计总体的平均指标和成数指标

◆掌握几种常用的抽样组织形式

主要内容

◆抽样推断的基本问题

◆抽样误差

◆参数估计

◆抽样组织设计

8.1　抽样推断的基本问题

抽样法包括抽样调查法和抽样推断法,它既是搜集统计资料的方法,又是对现象总体进行科学估计和判断的方法,所以它不论在统计调查和统计分析中都有广泛的应用。

8.1.1 抽样推断的概念和特点

8.1.1.1 抽样推断的概念

抽样推断是在抽样调查的基础上，根据样本的实际资料推断总体数量特征的一种统计方法。它是指在随机原则条件下，根据样本资料对总体作出具有一定可靠性的估计和判断的统计过程。

8.1.1.2 抽样推断的特点

抽样推断具有如下特点。

(1)抽样推断建立在随机抽样的基础上。按照随机原则抽取样本时，总体中每个单位有同等机会被抽中或抽不中。它完全排斥了由于人们主观因素的影响所产生的系统偏差的可能性，因此，能以极大的概率保证被抽取的单位在总体中的分布比较均匀，从而使得样本的结构或分布与总体更加接近，增强了样本的客观性。

(2)抽样推断是以部分推算整体的一种认识方法。抽样调查虽然是一种非全面调查，但调查的目的却不在于了解部分单位的情况，它只是作为进一步推断的手段，目的仍在于要认识总体的数量特征。对社会经济现象的认识，有许多情况只能通过对部分单位组织调查，从而对总体的数量特征作出估计和判断。例如，要了解灯泡的质量，但并不能对每只灯泡的使用寿命进行破坏性检验；要了解居民家庭购买力情况，也难以进行逐户调查。这就要求用抽样调查得到的部分资料推断总体的数量特征。

(3)抽样推断是运用概率估计的方法。利用样本指标估计总体参数，在数学上运用不确定的概率估计法，而不是运用确定的数学分析法。抽样推断原则上把由样本数据计算得到的样本指标值看作随机变量。在实际中抽取一组样本，并计算样本指标值作为相应总体指标的估计值，随后需要研究的问题便是用这样的样本指标值代表相应的总体指标值。其可靠程度究竟有多大，这就是概率估计要解决的问题。

(4)抽样推断的误差可以事先计算并加以控制。抽样推断是用部分资料推算总体，虽然肯定存在一定的误差，但它与其他统计估算不同。抽样误差范围可以事先通过有关资料计算，并且可以采取必要的组织措施控制这个误差范围，从而保证抽样推断的结果达到一定的可靠程度。

8.1.2 抽样推断的几个基本概念

8.1.2.1 总体和样本

总体也称全及总体或母体，指所要认识的研究对象的全体，它是由所研究范围内具有某种共同性质或特征的全体单位组成的集合体。总体单位数通常是很大的，甚至是无限的，这样才有必要组织抽样调查。一般用 N 表示总体的单位数。

样本又称抽样总体或子样，它是按随机原则从总体中抽出来进行调查或观察的单位组成，是所要观察对象的全体。样本来自于总体，又代表总体。样本的单位数总是有限的，相对来说它的数目比较小，一般用 n 表示样本单位数。样本单位数也称样本容量。根据样本容量的大小，样本可以区分为大样本和小样本。当 $n \geq 30$ 时，称之为大样本；当 $n < 30$ 时，称之为小样本。社会经济统计的抽样调查多属于大样本调查。

作为推断对象的总体是确定的，而且是唯一的，但作为观察对象的样本就不是这样。从一个总体可以抽取很多个样本，每次抽到哪个样本不是确定的，也不是唯一的，而是可变的。明白这一点对于理解抽样推断原理是很重要的。

8.1.2.2 参数和统计量

根据总体各单位的标志值或标志属性计算出来的，反映总体数量特征的综合指标称为全及指标。全及指标是总体变量的函数，其数值是由总体各单位的标志值或标志属性决定的。一个全及指标的指标值是确定的、唯一的，因此又称为参数。

常用的总体参数有总体平均数 $\bar{X}$、总体方差 σ^2（或总体标准差 σ）和成数 P。

成数 P 是针对是非标志的总体，表示总体中具有某种性质的单位数在总体全部单位数中所占的比重；以 Q 表示总体中不具有某种性质的单位数在总体中所占的比重。则是非标志的平均数和标准差用符号分别表示为：

$$\bar{X} = P$$

$$\sigma = \sqrt{P(1-P)}$$

在抽样调查中，总体参数的意义和计算方法是明确的，但参数的具体数值事先是未知的，需要用样本资料估计它。

根据样本各单位标志值或标志属性计算出的综合指标称为统计量。统计量是样本变量的函数，是用来估计总体参数的，因此和常用的总体参数相对应，也有样本平均数 $\bar{x}$、样本成数 p 和样本方差 s^2 等等，其符号均以小写字母表示。

对某一总体进行抽样调查时，可以从中抽取一个样本进行综合观察，也可以抽取几个样本进行综合观察，每个样本可以计算出相应的抽样指标。由于样本不同，抽样指标的数值也各不相同，不是唯一确定的值。因此，抽样指标是样本变量的函数，是随机可变的变量。也就是说，由样本观测值所决定的统计量是随机变量。

8.1.2.3 样本容量和样本个数

样本容量和样本个数是两个既有联系但又完全不同的概念。样本容量是指一个样本所包含的单位数。一个样本应该包含多少单位最合适，是抽样设计必须认真考虑的问题，必须结合调查任务的要求以及总体标志值的变异情况考虑。样本容量的大小不但关系到抽样调查的效果，而且关系到抽样方法的应用。

样本个数又称样本可能数目，是指从一个总体中可能抽取的样本个数。一个总体可能抽取多少样本，与样本容量以及抽样方法等因素都有关系，是一个比较复杂的问题。一个总体有多少，则样本统计量就有多少种取值，从而形成该统计量的分布。而统计量的分布又是抽样推断的基础。虽然在实践上只抽取个别或少数样本，但要判断所取样本的可能性就必须考虑全部可能样本数目所形成的分布。

8.1.2.4 重复抽样和不重复抽样

从抽样的方法来看，抽样可以有重复抽样和不重复抽样两种。

重复抽样也称重置抽样，是从总体 N 个单位中随机抽取一个容量为 n 的样本，每次从总体中抽取一个单位，并把它看作一次试验，连续进行 n 次试验构成一个样本。每次抽出一个单位把抽样结果记下来并重新放回去，参加下一次抽选。可以看出，重复抽样的每次试验是在完全相同的条件下进行的,每个单位中选或不中选的机会在每次试验中都是完全相同的。数理统计可以证明,从总体 N 个单位中用重复抽样的方法随机抽取 n 个单位构成一个样本,则共可抽取 N^n 个样本。

不重复抽样也称不重置抽样,是从总体 N 个单位中随机抽取一个容量为 n 的样本,每次从总体中抽取一个单位,连续进行 n 次抽取构成一个样本,但每次抽选一个单位后并不把抽出的单位放回去参加下一次抽选。因而不重复抽样有这样的特点:样本由 n 次连续抽选的结果构成,实质上等于一次同时从总体中抽 n 个样本单位,连续 n 次抽选的结果不是相互独立的,每次抽选的结果都影响下一次抽取,每抽一次总体单位数就少一个,因而每个单位的重选机会每次是不相同的。数理统计可以证明,从总体 N 个单位中,用不重复抽样的方法抽取 n 个单位样本,全部可能抽取的样本数目 $N(N-1)(N-2)\cdots[N-(n+1)]$个。

8.2 抽样误差

用抽样指标估计全及指标是否可行,关键问题在于抽样误差。抽样误差的大小表明抽样效果的好坏。如果误差超过了允许的限度,抽样推断也就失去了价值。为了保证抽样误差在容许的范围内,使抽样推断的可靠性达到一定程度,可以采取不同的抽样方法和不同的组织方式及其他手段达到预定的要求,这就是本章要研究的内容。

8.2.1 抽样误差的意义

8.2.1.1 抽样误差的概念

抽样误差也称随机抽样误差或实际抽样误差,系指在遵守随机原则的条件下,用抽样指标代表全及指标产生的不可避免的误差。抽样误差具体指样本平均数与总体平均数之差,所有样本成数 p 与总体成数 P 之差。

抽样误差的大小表明抽样效果的好坏。

影响抽样误差大小的因素主要有以下几方面。

(1)总体各单位标志值的变异程度。在其他条件不变的情况下,总体各单位标志值的变异程度愈大,则抽样误差也愈大,反之则愈小。总体变异程度一般用总体方差 σ^2 来表示。

(2)样本容量。在其他条件不变的情况下,样本容量 n 越大,抽样误差就越小。反之则愈大。

(3)抽样方法。抽样方法不同,抽样误差也不同。一般来说,重复抽样的误差比不重复抽样的误差要大。

(4)抽样组织形式。选择不同的抽样组织形式,也会有不同的抽样误差。

8.2.1.2 抽样误差的种类

抽样误差按产生的原因分为登记性误差和代表性误差。登记性误差是指统计调查时,由于主客观原因在登记、汇总、计算过程中所产生的差错。不论全面调查或非全面调查都可能产生登记性误差。代表性误差是指用部分代表总体,推算总体时所产生的误差。代表性误差又可分为两种:系统性误差和随机误差。系统性误差又称偏差,它是由于抽样调查没有遵循随机原则而产生的误差。随机误差又称偶然的代表性误差,它是指在没有登记性误差的前提下,又遵循了随机原则所产生的样本指标与被它估计的总体相应指标的差数。随机误差是抽样调查固有的误差。抽样误差是指这种随机误差。

8.2.2 抽样平均误差

8.2.2.1 抽样平均误差的概念

抽样平均误差就是所有可能出现的样本指标的平均离差，即抽样平均数或抽样成数的标准差。它反映抽样平均数（或抽样成数）与总体平均数（或总体成数）的平均误差程度，记为 μ。由于样本是按随机原则抽取的，从同一总体抽取同样单位数的样本可以有多种取法。每个样本都有自己的抽样平均数和抽样成数。一系列的抽样平均数和抽样成数就可以计算抽样平均数（抽样成数）的标准差。又因为抽样平均数（抽样成数）的标准差实际上就反映了抽样平均数（或抽样成数）与总体平均数（或总体成数）的平均误差程度。因此在抽样估计中，总是以平均误差作为计算误差范围的衡量尺度。

令样本平均数为 $\bar{x}$，总体平均数为 $\bar{X}$，样本可能数目为 M，μ 为估计的抽样平均误差，则有

$$\mu_{\bar{x}}=\sqrt{\frac{\sum(\bar{x}-\bar{x})^2}{M}} \tag{8-1}$$

同理，以 μ_p 表示用样本成数 p 估计总体成数 P 时的抽样平均误差，其定义式为

$$\mu_p=\sqrt{\frac{\sum(p-P)^2}{M}} \tag{8-2}$$

上述公式中的求和都是对所有可能样本进行的。这些公式是抽样平均误差的定义公式。

8.2.2.2 抽样平均误差的计算

在实际中，由于总体平均数和总体成数并不知道，而且也无法计算全部样本的抽样指标值（因为可能的样本数目是非常巨大的），所以按上述定义公式计算抽样平均误差实际上是不可能的。在实用上可以通过其他方法推算。下面分别讨论抽样平均数平均误差和抽样成数平均误差的计算问题。

1. 抽样平均数的平均误差

数理统计原理可以证明，在简单随机重复抽样条件下，抽样平均误差的平方（μ^2）与全及平均数的方差（σ^2）成正比，而与抽样单位数（n）成反比，即

$$\mu_{\bar{x}}{}^2=\frac{\sigma^2}{n} \quad 即\ \mu_{\bar{x}}=\sqrt{\frac{\sigma^2}{n}}=\frac{\sigma}{\sqrt{n}} \tag{8-3}$$

上式表明，抽样平均数的平均误差就是抽样平均数的标准差，所以也可以记作 σ_x。它和总体标准差成正比，与样本单位数的平方根成反比。因此，如果抽样平均误差减少 1/2，则样本单位数要增加到 4 倍；如果要减少为原来的平均误差的 1/3，则样本单位数必须扩大到 9 倍。概括地说，上式表明抽样平均数的平均误差仅为总体标准差的 $1/\sqrt{n}$，所以抽样平均数作为估计量是更有效的。亦即证实：根据抽样平均数对未知的全及平均数可以作出具有一定程度的准确性和可靠性的估计。

在不重复抽样时，抽样平均数的平均误差不但与总体变异程度（σ）、样本容量（n）有关

系，并且与总体单位数(N)多少也有密切关系，即

$$\mu_{\bar{x}}=\sqrt{\frac{\sigma^2}{n}\cdot\frac{N-n}{N-1}} \tag{8-4}$$

在总体单位数 N 很大的情况下，可以近似地表示为

$$\mu_{\bar{x}}=\sqrt{\frac{\sigma^2}{n}\cdot\left(1-\frac{n}{N}\right)} \tag{8-5}$$

与重复抽样相比，不重复抽样的平均误差是在重复抽样误差的基础上，再乘以$\sqrt{\frac{N-n}{N-1}}$计算的，而$\sqrt{\frac{N-n}{N-1}}$总是小于1，所以不重复抽样的平均误差总是小于重复抽样的平均误差，即不重复抽样的推断结果总是比相同容量下的重复抽样精确。因此，实际应用中往往多采用不重复抽样方法。但是，为了计算简便，当 N 很大时，即使采用不重复抽样方法实施抽样，仍常采用重复抽样的抽样平均误差计算公式计算。

2. 抽样成数的平均误差

总体成数 P 可以表现为总体是非标志的平均数，即 $\bar{X}_P=P$，它的标准差 $\sigma=\sqrt{P(1-P)}$。因此容易从抽样平均数的抽样平均误差和总体标准差的关系推出抽样成数平均误差的计算公式。

在重复抽样的条件下有

$$\mu_P=\sqrt{\frac{P(1-P)}{n}} \tag{8-6}$$

式中 P——总体成数；

n——样本单位数。

在不重复抽样的条件下有

$$\mu_P=\sqrt{\frac{P(1-P)}{n}\cdot\left(\frac{N-n}{N-1}\right)} \tag{8-7}$$

在总体单位数 N 很大的情况下，μ_P可以近似地表示为

$$\mu_P=\sqrt{\frac{P(1-P)}{n}\cdot\left(1-\frac{n}{N}\right)} \tag{8-8}$$

在得不到总体成数 P 的资料时，也可以用实际样本的抽样成数 p 代替。

【例 8-1】 对某灯管厂待出厂的1万支灯管的质量检验为例，随机抽取其中的100支作实际检验，所得资料整理如表8.1所示。

表 8.1 灯管厂待出厂的灯管质量检验的抽样平均误差计算表

耐用时间(小时)	灯管数f(支)	组中值x	xf	$(x-\bar{x})^2$	$(x-\bar{x})^2f$
900 以下	3	850	2 550	83 521	250 563
900～1 000	7	950	6 650	35 721	250 047

续表

耐用时间(小时)	灯管数f(支)	组中值x	xf	$(x-\bar{x})^2$	$(x-\bar{x})^2f$
1 000 ~ 1 100	28	1 050	29 400	7 921	221 788
1 100 ~ 1 200	32	1 150	36 800	121	3 872
1 200 ~ 1 300	20	1 250	25 000	12 321	246 420
1 300 以上	10	1 350	13 500	44 521	445 210
合计	100	—	113 900	—	1 417 900

按该厂规定,灯管的耐用时间在 1 000 小时以上为合格品。试求其抽样平均数的抽样误差μ_x和成数的抽样平均误差μ_p各是多少?

解:

首先,可求得样本平均数:

$$\bar{x}=\frac{\sum xf}{\sum f}=\frac{113\ 900}{100}=1\ 139=1\ 139(\text{小时})$$

样本变量的方差:

$$s^2=\frac{\sum (x-\bar{x})^2f}{\sum f}=\frac{1\ 417\ 900}{100}=14\ 179$$

用重复抽样公式计算:

$$\mu_{\bar{x}}=\sqrt{\frac{s^2}{n}}=\sqrt{\frac{14\ 179}{100}}=11.91(\text{小时})$$

用不重复抽样公式计算:

$$\mu_{\bar{x}}=\sqrt{\frac{s^2}{n}\left(1-\frac{n}{N}\right)}=\sqrt{\frac{14\ 179}{100}\left(1-\frac{100}{10\ 000}\right)}=\sqrt{141.79\times0.99}$$

$$=\sqrt{141.372\ 1}=11.85(\text{小时})$$

其次,由表 8.1 可求得样本成数:

$$p=\frac{28+32+20+10}{100}=0.9=90\%$$

用重复抽样公式计算:

$$\mu_p=\sqrt{\frac{p(1-p)}{n}}=\sqrt{\frac{90\%\times(1-90\%)}{100}}=\sqrt{\frac{0.09}{100}}=3\%$$

由于抽样平均误差与总体方差有关,而总体方差往往又是未知的,因此通常采用如下的方法确定总体方差:①当社会经济现象的变化呈现着稳定性并有以往的资料时,可以用以往资料的方差(如有多个以往资料可供选择时,应使用最大的方差);②用样本方差代替总体方差;③在正式抽样调查之前,先组织试验性抽样,用试验样本资料的方差代替总体方差。

8.2.3 抽样极限误差

已经知道,抽样平均误差只是衡量抽样指标与全及指标之间可能发生误差范围的一种尺度，并不是抽样指标数值与全及指标数值之间的实际绝对误差。由于未知的全及指标数值是一个确定的量，而抽样指标数值会随各个可能样本的不同而不同，这就需要对这一误差的大小作出科学的判断，并把它控制在一定的范围之内。因此，需要研究抽样极限误差问题。

抽样误差范围就是变动的抽样指标数值与确定的全及指标数值之间离差的可能范围。它是用一定的概率来保证抽样误差不超过某一给定的最大可能范围，凡是在这个范围内的数字都算是有效的。统计上把这种可允许的误差范围称为抽样极限误差，又叫作置信区间，记作 Δ。

设 $\Delta_{\bar{x}}$、Δ_p 分别表示抽样平均数的极限误差和抽样成数的极限误差。于是

$$\Delta_{\bar{x}} = |\bar{x} - \overline{X}| \tag{8-9}$$

$$\Delta_p = p - P \tag{8-10}$$

式(8－9)、(8－10)中的 $\bar{x}$ 与 p 都表示样本平均数和样本成数可允许的上限或下限数值。容易将上面的等式变换为下列等价的不等式关系

$$\bar{x} - \Delta_{\bar{x}} \leqslant \overline{X} \leqslant \bar{x} + \Delta_{\bar{x}} \tag{8-11}$$

$$p - \Delta_p \leqslant P \leqslant p + \Delta_p \tag{8-12}$$

式(8－11)表示被估计的总体平均数是以抽样平均数 $\bar{x}$ 为中心，在 $\bar{x} - \Delta_{\bar{x}}$ 至 $\bar{x} + \Delta_{\bar{x}}$ 之间变动，区间 $(\bar{x} - \Delta_{\bar{x}}, \bar{x} + \Delta_{\bar{x}})$ 称为平均数的估计区间或称平均数的置信区间。在这个区间内样本平均数和总体平均数之间的绝对离差不超过 $\Delta_{\bar{x}}$。同样，式(8－12)表明被估计的总体成数是以抽样成数 p 为中心，在 $p - \Delta_p$ 至 $p + \Delta_p$ 之间变动。在 $(p - \Delta_p, p + \Delta_p)$ 区间内，抽样成数与总体成数之间的绝对离差不超过 Δ_p。

8.2.4 抽样误差的概率度

抽样平均误差是衡量误差范围的尺度，表明抽样估计的准确度；抽样极限误差则表明抽样估计准确程度的可能范围。

基于概率估计的要求，抽样极限误差通常需要以抽样平均误差 $\mu_{\bar{x}}$ 或 μ_p 为标准单位来衡量。把抽样极限误差 Δ_x 或 Δ_p 分别除以 $\mu_{\bar{x}}$ 或 μ_p，得出相对数 t，称为抽样误差的概率度，表示误差范围为抽样平均误差的 t 倍。t 是测量估计可靠程度的一个参数。用公式表示为

$$t = \frac{\Delta_{\bar{x}}}{\mu_{\bar{x}}} \longrightarrow \Delta_{\bar{x}} = t\mu_{\bar{x}}$$

$$t = \frac{\Delta_p}{\mu_p} \longrightarrow \Delta_p = t\mu_p$$

【例 8－2】 某生产队 2016 年播种小麦 5 000 亩，随机按不重复抽样方法抽取 50 亩，测得平均亩产量为 400 公斤，方差为 1 000 公斤，抽样极限误差为 10 公斤，则概率度为多少？

解：$\mu_{\bar{x}} = \sqrt{\frac{\sigma^2}{n} \cdot \left(1 - \frac{n}{N}\right)} = \sqrt{\frac{1\,000}{50}\left(1 - \frac{50}{5\,000}\right)} \approx 4.45$（公斤）

$$t = \frac{\Delta_{\bar{x}}}{\mu_{\bar{x}}} = \frac{10}{4.45} \approx 2.25$$

【例 8－3】 已知从播种某农作物秧苗的地块随机抽取秧苗 1 000 棵，测得秧苗成活率为 92%，抽样极限误差为 3%，则概率度为多少？

解：$\mu_P=\sqrt{\frac{P(1-P)}{n}}=\sqrt{\frac{92\%\times 8\%}{1\ 000}}=0.86\%$

$$t=\frac{\Delta_p}{\mu_p}=\frac{3\%}{0.86\%}\approx 3.49$$

8.3 参数估计

抽样估计就是以所要计算的样本指标值估计相应总体指标的数值。由于总体指标是表明总体数量特征的参数，所以称为参数估计。

8.3.1 参数估计的优良标准

用样本指标对总体指标进行估计的时候，总是希望估计是合理的或者是优良的。那么什么是优良估计的标准呢？一般地说有三个要求或标准，满足了这三个要求就可以认为是合格的优良的估计。

8.3.1.1 无偏性

无偏性的直观意义是没有系统性误差，即以样本指标估计总体指标，要求样本指标值的平均数等于被估计的总体指标值本身。就是说，虽然每一次的样本指标值和总体指标值之间都可能有误差，但在多次反复的估计中，各个样本指标值的平均数应该等于所估计的总体指标值本身，即样本指标的估计，平均说来是没有偏误的。

数理统计可以证明，样本平均数的平均数等于总体平均数，即样本成数的平均数等于总体成数，即 $p=P$。这说明样本平均数和样本成数是总体平均数和总体成数的无偏估计量。

8.3.1.2 一致性

一致性又称为相合性，即以样本指标估计总体指标。要求当样本容量 n 充分大时，样本指标也充分地靠近总体指标。就是说，随着样本容量 n 的无限增大，样本指标与未知的总体指标之间的绝对离差小于任意小的数。数理统计证明样本平均数和样本成数都满足这个条件。

8.3.1.3 有效性

有效性要求用样本指标估计总体指标时，作为估计量的方差比其他估计量的方差小。数理统计证明样本平均数更靠近于总体平均数，样本成数也满足这个条件。

总之，样本平均数和样本成数估计总体平均数和总体成数均能满足优良估计的三条标准。

8.3.2 参数估计的置信度

前面已经学习了确定允许的抽样误差范围即抽样极限误差。从主观意愿说，当然希望抽样调查的结果、样本指标的估计值都能够落在允许的误差范围之内，但这并非都能实现。由于抽样指标值随着样本的变动而变动，它本身是个随机变量，因而样本指标与总体指标的误差仍然是个随机变量，并不能保证误差不超过一定范围，而只能给以一定程度的概率保证。

参数估计的置信度就是表明样本指标和总体指标的误差不超过一定范围的概率保证程度，即把握程度。

理论上已经证明，在样本单位数足够多（$n\geqslant 30$）的情况下，抽样平均数的分布接近于正态分布。这一分布的特点是，抽样平均数以总体平均数为中心，两边完全是对称分布，就是说抽样平均数的正误差和负误差的可能性愈大,概率愈大。反之,抽样平均数愈离开总体平均数,出现的可能性愈小,概率愈小,而趋于0。正态概率分布如图8.1所示。

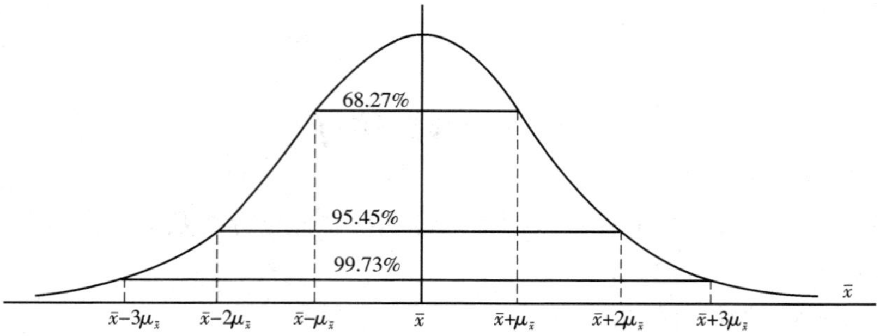

图8.1　正态分布

由于概率度 $t=\dfrac{|\bar{x}-\bar{X}|}{\mu_{\bar{x}}}$,所以抽样误差的概率就是概率度 t 的函数,即

$$P(|\bar{x}-\bar{X}|\leqslant t\mu_{\bar{x}})=F(t)$$

上式关系便可以表示为

$t=1$ 时　$F(t)=68.27\%$

$t=2$ 时　$F(t)=95.45\%$

$t=3$ 时　$F(t)=99.73\%$

可将这种对应函数关系编成正态分布概率表(附录1)。给定值 t,便可以直接从附录1上查找抽样误差的概率,即抽样估计置信度 $F(t)$。

8.3.3　参数估计的方法

总体参数估计有点估计和区间估计两种。

8.3.3.1　点估计

点估计又称为定值估计,是用样本统计量直接估计总体参数的量,以之代表总体参数。例如:以样本平均数的实际值作为相应总体平均数的估计值;以样本成数的实际值作为相应总体成数的估计值,等等,即用样本平均数 $\bar{x}$ 代替总体平均数 $\bar{X}$,样本成数 p 代替总体成数 P。这种以点代面的估计方法就是点估计。

总体参数点估计方法的优点是简便、易行,常为实际工作所采用。但它也有不足之处,即这种估计没有表明抽样估计的误差,更没有指出误差在一定范围内的概率保证程度有多大。要解决这个问题,必须采用总体参数的区间估计方法。

8.3.3.2　区间估计

区间估计根据给定的概率保证程度的要求,指出总体参数被估计的上限和下限,即指出总体参数可能存在的区间范围,而不是直接给出总体参数的估计值。换句话说,对于总体的被估计参数如 $\bar{x}$,找出样本的两个估计量 x_1 和 x_2,使被估计参数落在区间 (x_1,x_2) 内的概率 $F(t)$ 为已知的或给定的。称区间 (x_1,x_2) 为总体参数的置信区间,x_1 为置信下限,x_2 为置信上限,估计置信度为 $F(t)$。称 $\alpha=1-F(t)$ 为显著性水平,即总体参数不落在上述区间内的概率。显著性水平是失败风险的概率。

由此可见，总体参数的区间估计必须同时具备三个要素，即样本指标值、抽样误差范围和概率保证程度。抽样误差范围决定估计的准确性，而概率保证程度则决定估计的可靠性。实际估计时既希望准确性高又希望可靠性大，但是这两个愿望是矛盾的，是此升彼降的关系，因此在抽样估计时只能对其中的一个要素提出要求，而推求另一个要素的变动情况。如果所推求的另一要素不能满足实际工作需要，就应该增加样本单位数、改善抽样组织、重新组织抽样，直到符合要求为止。

总体参数的区间估计根据所给定的条件不同，一般可以考虑采用下述两种方式进行估计。

(1)按照给定的概率保证程度 $F(t)$ 要求，来推算抽样极限误差的可能范围，进而对总体参数做区间估计。这种估计方法的应用更为常见。

【例 8－4】 在 95.45% 的概率保证程度下，试对表 8.1 中的该批灯管的平均耐用时间进行区间估计。

解：在重复抽样条件下，已知灯管的平均耐用时间 = 1 139 小时，抽样平均误差 $\mu = 11.91$ 小时；给定的概率保证程度 $F(t) = 95.45\%$，查正态分布概率表，得出对应的 t 值为 2。

$$\Delta_{\bar{x}} = t\mu_{\bar{x}} = 2 \times 11.91 = 23.82(\text{小时})$$

由 $\bar{x} - \Delta_{\bar{x}} \leqslant \bar{X} \leqslant \bar{x} + \Delta_{\bar{x}}$，故总体指标在为

$$1\ 139 - 23.82 \leqslant \bar{X} \leqslant 1\ 139 + 23.82$$

即 $$1\ 115.18 \leqslant \bar{X} \leqslant 1\ 162.82$$

计算结果表明，该批灯管的平均耐用时间在 1 115.18 小时至 1 162.82 小时之间。这个估计有 95.45% 的保证度。

在不重复抽样条件下，同样可以计算这批灯管的平均耐用时间区间。初步判断这个区间相对于重复条件是大还是小。

【例 8－5】 在 95.45% 的概率保证程度下，试对表 8.1 中的该批灯管的合格率进行区间估计。

解：在重复抽样条件下，已知 $p = 90\%$，$\mu_p = 3\%$；给定的概率保证程度 $F(t) = 95.45\%$，查正态分布概率表，得出对应的 t 值为 2。

$$\Delta_p = t\mu_p = 2 \times 3\% = 6\%$$

由 $p - t\mu_p \leqslant P \leqslant p + t\mu_p$，故总体成数为

$$90\% - 6\% \leqslant P \leqslant 90\% + 6\%$$

即 $$84\% \leqslant P \leqslant 96\%$$

计算结果表明，该批灯管的合格率在 84% 至 96% 之间。这个估计有 95.45% 的保证度。

在不重复抽样条件下，同样可以计算这批灯管的合格率区间。初步判断这个区间相对于重复条件是大还是小。

(2)事先给定的抽样误差范围 Δ 计算相应的概率保证程度。

【例 8－6】 某农场播种小麦 1 500 亩，随机重复抽样调查其中 100 亩，测得平均亩产量为 455 公斤，标准差为 50 公斤，试求全部 1 500 亩小麦的平均亩产量在 445 公斤至 455 公斤之间的概率。

解：已知 $\bar{x}=455$（公斤），$s=50$（公斤）

则

$$\mu_{\bar{x}}=\frac{s}{\sqrt{n}}=\frac{50}{\sqrt{100}}=5(\text{公斤})$$

于是

$$t=\frac{\Delta_{\bar{x}}}{\mu_{\bar{x}}}=\frac{|445-455|}{5}=2$$

查正态分布概率表得置信度 $F(t)=0.954\ 5$。

以上得出的概率表明，如果推断估计该农场全部小麦的平均亩产量为455公斤，这种推断估计误差不超过10公斤的可信程度或把握程度为95.45%。

8.4 抽样组织设计

8.4.1 抽样组织设计的基本原则

如何科学地组织抽样调查，保证随机抽样条件的实现，并合理有效地取得各项实际数据，是抽样中一个至关重要的问题。

抽样推断的基础是样本，而样本的抽取是按随机原则进行的。抽样调查方案的设计应该保证总体中每个单位都有同等的被选中的机会，这是首先要考虑的问题。

其次，是样本容量究竟多大才算适度。调查单位多了会增加组织抽样的负担，造成浪费，而调查单位太少也不能够有效地反映情况，又直接影响推断结果的质量。样本的容量取决于对抽样推断可靠性的要求。而推断可靠性的要求又因所研究问题的性质和对抽样结果的用途不同而很难给出一个绝对的标准。但是现象的属性、抽样误差和样本容量之间的关系，是在抽样组织设计中必须认真考虑的问题。

还要注意到，不同的抽样方法会有不同的抽样误差，因而抽样效果也是不同的。因此抽样组织设计必须选择合适的调查方法。

在抽样组织设计中还必须重视调查费用这个基本因素。事实上任何一项抽样调查都是在一定费用的限制条件下进行的。抽样组织设计应该力求调查费用最小。在通常情况下，提高精度的要求和节省费用的要求往往有矛盾。抽样误差要求愈小，则调查费用也就愈大。因此并非抽样误差最小的方案就是最好的方案。许多情况是允许一定的误差范围就能够满足分析的要求。调查费用取决于多种因素，通常它和调查单位数有关，是调查单位的函数。

综上所述，抽样组织设计必须掌握以下原则。

（1）保证实现抽样的随机性原则，即总体各单位的抽取应相互独立，且任何一个样本有相同的抽中机会。

（2）要考虑样本的容量和结构问题。

（3）要选择最恰当的抽样组织形式，以取得最好的抽样效果。

（4）在一定的误差要求下，选择费用最少的设计方案。

8.4.2 常用抽样组织形式

8.4.2.1 简单随机抽样

简单随机抽样又称随机抽样，它是按随机原则直接从总体 N 个单位中抽取 n 个单位作为样本，保证总体中每个单位在抽选时都有相等的被抽中机会。简单随机抽样是抽样中最基本也是最单纯的方式，它适用于均匀总体。以上各节所讨论的抽样方法都是就简单随机抽样而言的。

在简单随机抽样之前要求对总体各单位加以编号，然后用抽签的方式或根据随机数表抽选单位数。当总体单位数较少时，可以采用抽签法。该法就是类同于我们日常生活中的所谓“抓阄儿”。当总体容量 N 很大时，往往采用随机数表法。随机数表（见表 8.2 节选；详见附录 2）是由数字 0、1、2、…、9 组成的表，它可以保证各个数字分布的均匀性。使用方法是：先将总体各单位从 1 到 N 编号，然后按照事先确定的顺序抽选样本单位。

如要从 N 为 800 的总体中抽取一个容量为 40 的样本。首先给总体编号，如总体各单位编号为 001～800。根据编号的最大位数确定将要使用随机数表的列数，该总体为三位。然后可以从任何位置开始，自左向右或自上而下（事先随机确定出来）地查找满足要求的数字编号，超出总体单位最大编号的排除掉。如该总体是以表中相邻的三位数为一组，假定从第三行第一列自左向右查找，抽中的编号分别为 167、662、276、656、502 等。

确定必要的样本容量是抽样组织设计中的一个重要问题。样本容量过大会增加调查费用，花费较多的人力，从而不能充分发挥抽样调查的优越性，况且有些抽样调查亦不可能抽取过多。样本容量过小，样本没有足够的代表性，抽样误差也会增大，对总体指标的推断会不准确，从而也就失去了实际价值。为了避免样本容量的过大过小问题，必须恰当地确定必要样本容量。

在上一节中已经知道，简单随机抽样平均数和成数的平均误差和极限误差公式如下。

重复抽样条件下：

$$\mu_{\bar{x}} = \sqrt{\frac{\sigma^2}{n}} = \frac{\sigma}{\sqrt{n}};\mu_P = \sqrt{\frac{P(1-P)}{n}}$$

不重复抽样条件下：

$$\mu_{\bar{x}} = \sqrt{\frac{\sigma^2}{n}\cdot\left(1-\frac{n}{N}\right)};\mu_P = \sqrt{\frac{P(1-P)}{n}\cdot\left(1-\frac{n}{N}\right)}$$

样本的极限抽样误差公式为

$$\Delta_{\bar{x}} = t\mu_{\bar{x}};\Delta_p = t\mu_p$$

根据预先对估计精确性和可靠性的要求，可以确定需要抽取的最少样本单位数如下。

重复抽样条件下：

$$n = \frac{t^2\sigma^2}{\Delta^2} \tag{8-13}$$

不重复抽样条件下：

$$n = \frac{Nt^2\sigma^2}{N\Delta^2 + t^2\sigma^2} \tag{8-14}$$

同样,重复抽样和不重复抽样条件下的抽样成数单位数分别为

$$n=\frac{t^2p(1-p)}{\Delta_p^2} \tag{8-15}$$

$$n=\frac{Nt^2p(1-p)}{N\Delta_p^2+t^2p(1-p)} \tag{8-16}$$

在计算必要样本容量时应注意以下几个问题:首先,抽样单位数受允许误差范围 Δ 的制约,Δ 要求愈小则样本容量 n 就需要愈多,但两者并不成比例。以重复抽样来说,在其他条件不变的情况下,当误差范围 Δ 缩小一半时,则样本容量必须增加到 4 倍,而 Δ 扩大一倍,则样本容量只需原来的 1/4。其次,若在一次抽样调查中,同时要推断总体平均数和总体成数,运用上式可计算出两个样本容量,实际抽样调查时必要样本容量应为较大的一个。再次,样本容量应取整数,且不采用四舍五入,而采用逢小数就入的取整方法。

【例 8-7】 某市开展职工家计调查。根据历史资料,该市职工家庭平均每人每年收入的标准差为 230 元,而家庭消费的恩格尔系数(即家庭食品支出占消费总支出的比重)为 60%。现在用重复抽样的方法,要求在 95.45% 的概率保证下,平均收入的极限误差不超过 20 元,恩格尔系数的极限误差不超过 4%。试问至少应抽多少户进行调查?

解:根据公式,在重复抽样条件下:

样本平均数的单位数

$$n=\frac{t^2\sigma^2}{\Delta^2}=\frac{2^2\times230^2}{20^2}=529(\text{户})$$

样本成数的单位数

$$n=\frac{t^2p(1-p)}{\Delta_p^2}=\frac{2^2\times0.6\times0.4}{0.04^2}=600(\text{户})$$

两个抽样指标所要求的单位数不同,应采取其中比较多的单位数,即抽取 600 户进行家庭调查,以满足共同的要求。

简单随机抽样在实践中受到许多限制。当总体很大时对每个单位编号、抽签等都会遇到难以克服的困难,但这种抽样方式理论上说最符合随机原则。它的抽样误差容易得到数学上的论证,所以可以作为设计其他更复杂的抽样组织形式的基础,同时也是衡量其他抽样组织形式抽样效果的比较标准。

8.4.2.2 类型抽样

类型抽样又称分层抽样或分类抽样。它的特点是先对总体各单位按主要标志加以分组,然后再从各组中按随机的原则抽取一定单位构成样本。

设总体由 N 个单位组成,把总体按标志值大小划分为 K 组,使 $N=N_1+N_2+\cdots+N_K$。然后从每组的 N_i 个单位中抽取 n_i 个单位构成样本容量为 n 的样本,使 $n=n_1+n_2+\cdots+n_k$。这种抽样方法称为类型抽样。

类型抽样把分类法与抽样原理结合运用。通过分组,将全及总体中标志值比较接近的单位归为一组,可以避免标志值比较接近的单位同时被抽中,使样本单位的分布更接近总体分布。这样,可以提高样本的代表性。类型抽样对每个组都要抽取样本单位,因此对于所有组来说,实际

上是全面调查。所以,各组之间的方差影响抽样平均误差很小。影响抽样平均误差的主要是各组内的方差。又由于分组的结果可以降低组内方差,所以类型抽样可以减小抽样平均误差。

1. 类型抽样方法

将全及总体划类分组后,确定各组的抽样单位数有两种方法。

第一,按各组标志变异程度确定应抽的单位数。变异程度大的组多抽一些,变异程度小的组少抽一些。各组的抽样比例与对应的总体中各组单位数所占比例是不相等的,这种叫不等比例抽样。

第二,按各组单位数占全及总体单位数的一定比例抽取样本。使各组样本单位数占总的抽样数目的比例等于总体各组单位数占全及总体单位数的比例,这种叫等比例抽样。

各组的样本单位数确定后,再按简单随机抽样等方式在各组内独立地抽取样本单位。

2. 类型抽样的抽样误差的计算

1)平均数的抽样平均误差

重复抽样条件下:

$$\mu_{\bar{x}} = \sqrt{\frac{\overline{\sigma}^2}{n}} \tag{8-17}$$

式中 $\overline{\sigma}^2$ 代表平均组内方差,是各个组的方差的平均数。

$\overline{\sigma}^2$ 计算公式为

$$\overline{\sigma}^2 = \frac{\sum \sigma_i^2 N_i}{N} \tag{8-18}$$

在等比例抽样的条件下,N_i和 N 可用各组的样本单位数 n_i和样本总体 n 代替。

不重复抽样条件下:

$$\mu_{\bar{x}} = \sqrt{\frac{\overline{\sigma}^2}{n}\left(1 - \frac{n}{N}\right)} \tag{8-19}$$

2)成数的抽样平均误差

重复抽样条件下:

$$\mu_p = \sqrt{\frac{\overline{P(1-P)}}{n}} \tag{8-20}$$

不重复抽样条件下:

$$\mu_p = \sqrt{\frac{\overline{P(1-P)}}{n}\left(1 - \frac{n}{N}\right)} \tag{8-21}$$

【例 8-8】 某地区粮食播种面积 5 000 亩,现按旱地和水浇地面积比例抽取样本容量 630 亩,计算各组平均亩产 x_i和标准差 σ_i 如表 8.2 所示。求抽样平均亩产量,抽样平均误差 $\mu_{\bar{x}}$,并以 95% 的概率保证程度对该地区粮食平均亩产量做区间估计。

表 8.2　类型抽样平均误差计算表

	全部面积 N_i(亩)	样本面积 n_i(亩)	抽样平均亩产 x_i(公斤)	亩产标准差 σ_i(公斤)
旱地	4 000	504	960	200
水浇地	1 000	126	750	400
合计	5 000	630	918	253

解：$\bar{x}=\frac{\sum n_i x_i}{n}=\frac{960\times 504+750\times 126}{630}=918$(公斤)

$$\overline{\sigma_i^2}=\frac{\sum n_i\sigma_i^2}{n}=\frac{200^2\times 504+400^2\times 126}{630}=64\ 000$$

$$\mu_{\bar{x}}=\sqrt{\frac{\overline{\sigma}^2}{n}}=\sqrt{\frac{64\ 000}{630}}=10.08\text{(公斤)}$$

概率保证程度为95%，对应的 t 值为1.96。所以

$$\Delta_x=t\mu_{\bar{x}}=1.96\times 10.08=19.76\text{(公斤)}$$

$$\bar{X}=918\pm 19.76$$

即总平均亩产量在(898.24～937.74)公斤之间，该地区粮食总产量在(4 491 200～4 688 700)公斤之间。

8.4.2.3　等距抽样

1. 等距抽样概念

等距抽样也称机械抽样或系统抽样。它是先按某一标志对总体各单位进行排队，然后依一定顺序和间隔来抽取样本单位的抽样组织形式。

设总体单位数为 N，样本单位数为 n，且 $\frac{N}{n}=k$，把依次排列的每 k 个总体单位称为一个"抽样间隔"。抽取的方法是在第1个抽样间隔，即第1至第 k 个总体单位中，随机抽取一个单位作为起点。若为第 i 个单位，依次每隔 k 个单位抽取一个样本，于是得

$$i,i+k,i+2k,\cdots,i+(n-1)k$$

共 n 个单位组成样本。

2. 等距抽样种类

按照总体单位的排列顺序，等距抽样可分为无序等距抽样和有序等距抽样。

如果总体单位的排列顺序与所要调查的主要标志无关，则称为无序等距抽样。例如，调查学生的身高按其学习成绩抽取。在无序等距抽样中，虽然当第一个确定后，整个样本便随之确定，但由于总体单位的排列是与主要标志无关的，所以等距抽样仍不失随机性。它在本质上相当于简单随机抽样，只是等距抽样大大简化了抽样方法，使得它在实际中很容易进行。并且，由于每隔一定距离抽出一个单位，样本单位在总体中的分布比较均匀，从而有可能使样本的代表性增强。

如果总体单位的排列顺序是按照调查的主要标志排列的，则称为有序等距抽样。例如职

工家计调查，按上年职工平均工资排队抽取。有序等距抽样在排队时，需要预先知道和利用总体的已知信息或辅助资料进行排列，一般可以增强样本的代表性，估计效率也要高些。

3. 等距抽样的抽样误差计算

一般认为，按无关标志排队，等距抽样的抽样误差的计算与简单随机抽样误差公式相同；按有关标志排队，等距抽样的抽样误差的计算与类型抽样的抽样误差的计算相同。

8.4.2.4 整群抽样

整群抽样也称为集团抽样。它是将总体各单位划分为许多群，然后从其中随机抽取部分群，对中选群的所有单位都进行全面调查的抽样组织形式。

前面介绍了三种抽样形式，都是从全及总体中抽取样本单位。整群抽样则是抽取由若干样本单位组成的群。在缺乏总体抽样框的情况下，宜采用整群抽样方式。整群抽样的组织工作比较简单，节约费用，一般都采用不重复抽样，但抽样误差往往较大。

整群抽样的抽样误差的计算如下。

首先，计算平均数的抽样平均误差：

$$\mu_{\bar{x}} = \sqrt{\frac{\delta_{\bar{x}}^2}{r}\left(\frac{R-r}{R-1}\right)} \tag{8-22}$$

式中 R——总体群数；

r——样本群数；

$\delta_{\bar{x}}^2$——平均数的群间方差。

$\delta_{\bar{x}}^2$计算公式为

$$\delta_{\bar{x}}^2 = \frac{\sum(\bar{X}_i - \bar{X})^2}{R} \tag{8-23}$$

$\bar{X}_i$ 为全及总体各群平均数。缺乏全及总体资料时，可用样本数据计算 δ^2，即

$$\delta_{\bar{x}}^2 = \frac{\sum(\bar{x}_i - \bar{x})^2}{R} \tag{8-24}$$

其次，计算成数的抽样平均误差：

$$\mu_p = \sqrt{\frac{\delta_p^2}{r}\left(\frac{R-r}{R-1}\right)} \tag{8-25}$$

式中 δ_p^2——成数的群间方差。

其计算公式为

$$\delta_p^2 = \frac{\sum(P_i - P)^2}{R} \tag{8-26}$$

P_i为全及总体各群成数。缺乏全及总体资料时，可用样本数据计算 δ_p^2，即

$$\delta_p^2 = \frac{\sum(p_i - p)^2}{R} \tag{8-27}$$

公式中，当 R 的数目较大时，$\frac{R-r}{R-1}$可用 $1-\frac{r}{R}$代替。

【例 8-9】 某地区有 200 个村,现随机抽取 10% 进行农产量调查。根据历史资料估算,各村亩产的方差为 10 公斤,根据整群抽样计算抽样平均误差为

$$\mu_{\bar{x}}=\sqrt{\frac{\delta_{\bar{x}}^2}{r}\left(\frac{R-r}{R-1}\right)}=\sqrt{\frac{10}{20}\times\frac{200-20}{200-1}}=0.67(\text{公斤})$$

【例 8-10】 某工厂为按时完成任务 24 小时连续生产,要掌握某月某产品的一级品率,采用整群抽样方法,在全月连续生产的 720 小时中,每隔 24 小时抽取一个小时的产品进行检验,调查结果是一级品率为 90%,群间方差为 5%。则抽样平均误差为

$$\mu_p=\sqrt{\frac{\delta_p^2}{r}\left(\frac{R-r}{R-1}\right)}=\sqrt{\frac{0.05}{30}\times\frac{720-30}{720-1}}=4\%$$

式中 $r=720\div24=30$(小时)。

整群抽样的优点是经济和方便,例如,不需要编制总体单位名单,只需编制总体群的名单,确定一群便可以调查许多单位,工作量少多了。但是正由于抽样单位比较集中,限制了样本在总体分配的均匀性,所以代表性较低,抽样误差较大。实际中常增加一些样本单位,以减少抽样误差,提高估计的准确性。

8.4.3 抽样方案的检查

为了保证抽样结果具有代表性,必须对抽样方案进行检查。抽样方案的检查方法主要有准确性检查和代表性检查两种。

8.4.3.1 准确性检查

抽样方案的准确性是以方案中规定的允许误差范围为标准衡量的。具体方法是:用已经掌握的样本资料,在一定概率保证下,看其允许误差是否超过方案中规定的允许误差,即要使 Δ 小于或等于规定的允许误差,才能说明方案的设计符合准确性要求。若 Δ 大于规定的允许误差,就说明方案设计不符合准确性要求,就要对方案进行检查和修正,直至符合准确性的要求为止。

8.4.3.2 代表性检查

抽样方案的代表性是将方案中的样本指标与过去已掌握的总体同一指标进行对比,看比率是否超过规定的要求。通常要求的对比结果不超过 97% ~103% 或 95% ~105%。若在这一范围内,说明代表性较好,方案可以实施。否则,就说明代表性不足,需要对方案进行检查和修改,直到求得满意的代表性。

【本章小结】

本章主要内容分为四大方面,用模块表示如下:

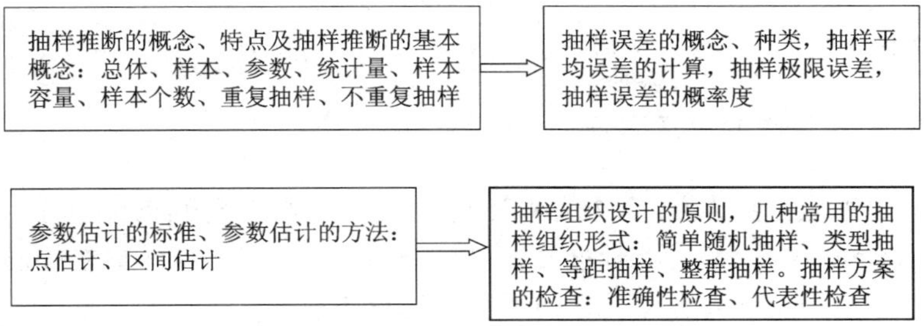

抽样推断是按照随机原则从总体中抽取部分单位进行调查，用样本指标值对总体相应指标值作出具有一定可靠性的估计和判断的一种统计调查方法。特点归纳如下：①以部分推断总体；②按随机原则抽取调查单位；③运用概率估计的方法；④有误差但可事先计算并加以控制。总体是确定的、唯一的，而样本可能有很多个。参数是指总体指标值，常用的总体参数有总体平均数、成数、方差或标准差等。统计量指样本指标值，即根据样本各单位标志值或标志属性计算出的综合指标。统计量是推断参数的基础，参数是确定不变的。不同的样本却有不同的统计量。样本容量是指一个样本所包含的单位数。

抽样误差也称随机抽样误差或实际抽样误差，系指在遵守随机原则的条件下，用抽样指标代表全及指标不可避免的误差。影响抽样误差大小的因素主要有：①总体各单位标志值的差异程度；②样本容量；③抽样方法；④抽样组织形式。抽样平均误差就是所有可能出现的样本指标的平均离差，即抽样平均数或抽样成数的标准差。

抽样误差范围就是变动的抽样指标数值与确定的全及指标数值之间离差的可能范围。它是用一定的概率来保证抽样误差不超过某一给定的最大可能范围，凡是在这个范围内的数字都算。

在抽样调查程序中的一个重要问题是选择恰当的抽样组织形式，只有这样才能取得最佳的抽样效果。常用的抽样组织形式有简单随机抽样、类型抽样、等距抽样、整群抽样。简单随机抽样是按随机原则直接从总体中抽取样本单位，保证总体中每个单位的中选机会相等。它是抽样中最简单、最基本的抽样组织形式。

类型抽样是先对总体各单位按主要标志分组，然后从各组中按照随机原则按比例抽取一定单位构成样本。等距抽样是事先将总体各单位按某一标志排列，然后按一定顺序和间隔抽取样本单位。整群抽样是先将总体划分为许多群，然后以群为单位从中抽取部分群，对抽中群的所有单位进行全面调查。

【阅读专栏9】 区间估计中的置信区间与置信水平

在区间估计中，置信区间反映的是区间估计的精确程度，置信水平反映的是区间估计的可靠程度，对于某一样本容量已定的具体样本而言，这两方面互为消长。如当通过缩小置信区间来提高对总体参数的估计精确度时，就需要降低置信水平，降低对总体参数估计的可靠程度；若是要提高区间估计的可靠程度，势必会增大置信区间，降低对总体参数估计的精确程度。所以，需要根据具体情况和实际需要适当地选择置信水平的数值，进而确定置信区间。若要提高区间估计的精确度,又要提高区间估计的可靠程度,就需要采取加大样本容量,或者通过更有效的抽样方法来实现。

【阅读专栏10】 一次失败的民意调查

抽样调查由于其独特的优势,在实际中得到了十分广泛的应用,并取得了良好的效果。但如果在抽样设计、抽样程序、抽样推断中的任何一个环节出现了问题,都有可能造成统计调查的失败。本例是历史统计中有名的抽样调查失败的例子。

在1936年的美国总统选举前,一份名为*Literary Digest*的杂志进行了一次民意调查,调查的焦点是谁将成为下一届总统——是挑战者堪萨斯州州长 Alf Landon,还是现任总统 Franklin Delano Roosevelt。为了解选民意向,民意调查专家们根据电话簿和车辆登记簿上名单给一大批人发了简单的调查表(电话和汽车在1936年并没有像现在这样普及,所以这些名单较容易获得),尽管发出的调查表有一千万张,但收回的比例并不高。在收回的调查表中,Alf Landon 非常受欢迎,于是该杂志预测 Au Landon 将赢得选举,但事实上最后是 Franklin Delano Roosevelt 赢得了选举。

【思考与练习】

一、判断题

1. 抽样平均误差总是小于抽样极限误差。(　　)

2. 所有可能的样本平均数的平均数等于总体平均数。(　　)

3. 类型抽样应尽量缩小组间标志值变异,增大组内标志值变异,从而降低影响抽样误差的总方差。(　　)

4. 计算抽样平均误差而缺少总体方差资料时,可以用样本方差代替。(　　)

5. 整群抽样为了降低抽样平均误差,在总体分群时注意增大群内方差、缩小群间方差。(　　)

6. 抽样估计的置信度就是表明抽样指标和总体指标的误差不超过一定范围的概率保证程度。(　　)

7. 在抽样推断中,作为推断对象的总体和作为观察对象的样本都是确定的、唯一的。(　　)

8. 允许误差越大,则抽样估计的可靠性越小。(　　)

9. 成数的抽样平均误差小于0.5。(　　)

10. 当总体单位较多差异较小时宜采用简单随机抽样。(　　)

二、单项选择题

1. 抽样调查的主要目的是(　　)。

A. 用样本指标来推算总体指标　　B. 对调查单位做深入研究

C. 计算和控制抽样误差　　D. 广泛运用数学方法

2. 抽样调查所必须遵循的基本原则是(　　)。

A. 准确性原则　　B. 随机性原则　　C. 可靠性原则　　D. 灵活性原则

3. 反映抽样与总体指标之间的抽样误差的可能范围的指标是(　　)。

A. 抽样平均误差　B. 抽样误差系数　C. 概率度　D. 抽样极限误差

4. 抽样平均误差反映了样本指标与总体指标之间的(　　)。

A. 实际误差　B. 实际误差的绝对值

C. 平均误差程度　D. 可能误差范围

5. 抽样误差是指(　　)。

A. 调查中所产生的登记性误差　B. 调查中所产生的系统性误差

C. 随机抽样而产生的代表性误差　D. 由于违反了随机抽样原则而产生的误差

6. 事先将总体各单位按某一标志排列,然后依排列顺序和按相同的间隔来抽选调查单位的抽样称为(　　)。

A. 简单随机抽样　B. 类型抽样　C. 等距抽样　D. 整群抽样

7. 在其他条件不变的情况下,如果允许误差缩小为原来的1/2,则样本容量(　　)。

A. 扩大为原来的4倍　B. 扩大为原来的2倍

C. 缩小为原来的12　D. 缩小为原来的14

8. 在一次抽样调查中,同时对总体平均数和总体成数进行推断,计算两个样本容量 $n_x = 220.25$, $n_p = 408.02$,样本容量应为(　　)。

A. 220　B. 408　C. 221　D. 409

9. 类型抽样影响抽样平均误差的方差是(　　)。

A. 组间方差　B. 组内方差　C. 总方差　D. 允许误差

10. 对某市银行随机抽取800名职工进行文化程度的调查,得知80%的人具有本科及本科以上学历。以95%的把握程度推断该银行全部职工具有本科及本科以上学历的人所占比重(　　)。

A. 76% ~84%　B. 77.26% ~82.74%

C. 大于84%　D. 小于77.06%

三、多项选择题

1. 抽样误差是(　　)。

A. 抽样估计值与总体未知参数之差　B. 抽样估计值与总体未知总体特征值之差

C. 登记性误差　D. 系统性误差　E. 偶然性误差

2. 抽样估计中的抽样误差(　　)。

A. 是不可避免要产生的　B. 是可以通过改进调查方法来消除的

C. 是可以事先计算出来的　D. 只能在调查结束之后才能计算

E. 其大小是可以控制的

3. 影响抽样误差的因素有(　　)。

A. 是有限总体还是无限总体　B. 是变量总体还是属性总体

C. 是重复抽样还是不重复抽样　D. 总体被研究标志的变异程度

E. 抽样单位数的多少

4. 从全及总体中抽取样本单位的方法有(　　)。

A. 简单随机抽样　　B. 重复抽样　　C. 等距抽样　　D. 不重复抽样

E. 类型抽样

5. 总体参数的区间估计必须同时具备的三个要素是(　　)。

A. 样本单位数　　B. 抽样指标,相应总体指标的估计值

C. 抽样误差范围　　D. 概率保证程度　　E. 抽样平均误差

6. 常用的抽样组织形式包括(　　)。

A. 重复抽样　　B. 简单随机抽样　　C. 不重复抽样　　D. 等距抽样

E. 类型抽样和整群抽样

7. 简单随机抽样(　　)。

A. 适用于总体各单位呈均匀分布的总体

B. 适用于总体各单位标志变异较大的总体

C. 在抽样之前要求对总体各单位加以编号

D. 最符合随机原则　　E. 是抽样中最基本也是最简单的抽样组织形式

8. 抽样估计的优良标准是(　　)。

A. 无偏性　　B. 随机性　　C. 一致性　　D. 有效性

E. 代表性

9. 计算抽样平均误差时,总体标准差常常是未知的,经常采用的替代办法有(　　)。

A. 用过去同类问题的全面调查或抽样调查的经验数据

B. 用样本的标准差　　C. 凭抽样调查者经验确定

D. 用总体方差　　E. 先组织试验性抽样,用试验样本的标准差

10. 抽样估计的特点是(　　)。

A. 在逻辑上运用归纳推理　　B. 在逻辑上运用演绎推理

C. 在方法上运用数学分析法　　D. 在方法上运用概率分析法

E. 抽样估计存在抽样误差,抽样误差与抽样估计的可靠程度有关

11. 在其他条件一定的情况下,允许误差的大小与概率保证程度的关系是(　)。

A. 允许误差越大,概率保证程度越大　　B. 允许误差越大,概率保证程度越小

C. 允许误差越小,概率保证程度越大　　D. 允许误差越小,概率保证程度越小

四、计算题

1. 某铸造厂生产某种铸件。现从该厂某月生产的500吨铸件中随机抽取100吨。已知一级品率为60%,试求一级品率的抽样平均误差。

2. 随机抽取400名学生,有240人眼睛近视,试以95%的概率估计该校全体近视学生所在比重的区间范围。

3. 某工业企业有1 000名工人,随机抽选其中的100名工人作为样本来调查工资水平,经计算得到平均工资为650元,标准差为50元。若以95.45%的可靠性进行推断,试求极限误差和该厂工人的月平均工资的置信区间。

4. 某高校有4 500名学生,随机抽选20%,调查在校期间撰写论文或调查报告的篇数,所得分布数列如表8.3所示。

表 8.3 调查在校期间撰写论文抽样资料情况表

撰写论文篇数(篇)	4 以下	4～6	6～8	8～10	10 以上	合计
学生人数比重(%)	8	22	40	25	5	100

试以 $F(t)=95.45\%$ 的概率保证推断：

(1) 全校学生在校期间平均每人撰写论文篇数；

(2) 撰写论文篇数在 6 篇以上的比重。

5. 某油田有 2 500 口油井，根据以往的调查，得知油井年产量的标准差为 250 吨。若要求最大允许误差不超过 21 吨，概率保证程度为 95.45%，分别按重复抽样和不重复抽样估计各应抽查多少口油井？若其他条件不变，而要求最大允许误差再缩小 1/3，这时各应抽查多少口油井？

6. 一个电视节目主持人想了解观众对某个电视专题节目的喜爱情况，她选取了 500 名观众作样本，结果发现喜爱该节目的有 175 人。试以 95% 的概率估计观众喜爱这一专题节目的区间范围。若该节目主持人希望估计的极限误差不超过 5%，问有多大把握程度？

7. 某外贸公司出口一种茶叶，规定每包规格不低于 150 克，现用不重复抽样方法对 30 包进行检测，其结果如表 8.4 所示。

表 8.4 某公司抽样调查表

每包重量(克)	包数
148～149	1
149～150	2
150～151	18
151～152	9

要求：

(1) 以 95% 的概率估计这批茶叶平均每包重量的范围。

(2) 以 95% 的概率估计这批茶叶重量达标率的范围。

9 假设检验

案例导读

第8章抽样推断中的参数估计中介绍了，由样本资料的特征值对相应总体的特征进行推断被称为统计推断，统计推断是统计学的核心任务。假设检验是另一类重要的统计推断问题，是统计推断的一个孪生分支。在现实生活和工作中，经常会遇到需要测定生活或工作的正常性以及生活或工作质量的稳定性。假设检验就是为了了解总体的某些性质，首先做出某种假设，然后依据一定规则，根据样本资料去检验这种假设是否合理，经检验后若假设合理就不拒绝这个假设，否则就拒绝这个假设。假设检验主要是搜集证据拒绝原假设。原假设最初被假设是成立的，之后就是要根据样本数据，确定是否有足够的不符合原假设的证据以拒绝原假设。抽样推断中的参数估计与假设检验是两种不同但互有联系的统计推断方法，在实际工作中可以互相参照使用。本章重点介绍总体均值假设检验、总体比率假设以及与此有关的方差检验。

学习目标

- ◆了解假设检验的基本问题
- ◆掌握单个总体均值假设检验的方法
- ◆掌握单个总体比率假设检验的方法
- ◆了解两个总体均值和比率假设检验

主要内容

- ◆假设检验的基本问题
- ◆一个总体参数的假设检验
- ◆两个正态总体的假设检验

9.1 假设检验的基本问题

9.1.1 假设检验研究的必要性

现实生活中，人们经常要对现象总体的某个“假设”作出判断，确定它是真的还是假的。在研究领域，研究者在检验一种新的理论时，首先要提出一种自己认为是正确的看法，即假设。一个假设的提出总是以一定的理由为基础的，但这些理由通常又是不完全充分的，因而产生了“检验”的需求，也就是要进行判断。

比如，某企业在分析上季度销售收入显著增长时对企业销售收入增加提出了以下几种假设：

①企业形象战略的导入改善了企业形象，导致新客户有很大增加；

②销售促进战略的适时运用刺激了消费者的购买欲望，导致销售量显著增长；

③国家刺激内需的政策起了很大的作用；

④不排除其他偶然因素在起作用。

这些假设是否正确还有待搜集足够的证据逐个进行假设检验，一旦假设得到证实，则可作为经验予以推广；如果仅是偶然因素在起作用，则需立即改变企业的营销策略，以使企业销售收入稳定增长。

又如：在某种新药的开发研究中，研究人员需要判断新药是否比原有药物更有效；在对某一品牌的洗衣粉的抽检中，抽检人员需要判断其净含量是否达到了说明书中所声明的重量；公司在收到一批货物时，质检人员需要判断该批货物的属性是否与合同中规定的一致，等等。

假设检验就是先对总体参数提出某种假设，然后利用足够的样本资料判断原假设是否成立的过程。

9.1.2 假设检验中常用的几个概念

9.1.2.1 假设检验

对反映总体特征的参数作出具体数值的陈述为假设检验。

9.1.2.2 原假设和备择假设

研究者持怀疑态度予以收集资料证明原来观点的正确性的假设为原假设，一般用符号 H_0 表示。与原假设相对立的假设为备择假设，一般用符号 H_1 表示。

如某食品公司检查包装袋的净含量时有这样的表述：平均净含量不少于 500 克。质量检查局在检验产品的质量时要通过抽检其中的一批产品来验证该产品制造商的说明是否属实。这里的原假设表示为

$$H_0:\mu \geqslant 500$$

备择假设表示为

$$H_1:\mu < 500$$

注意：原假设和备择假设涉及范围不能有重叠的部分，也不能有遗漏的部分；决策时原假设和备择假设只有一个成立；在假设检验中，等号“＝”总是放在原假设上，是希望涵盖的备择假设 H 不出现所有情况。

如调研机构研究者估计某城市中家庭拥有汽车的比例超过 30%。该研究者采取一定的调研方法予以证明该假设的成立。因此建立的原假设与备择假设应为

原假设 $H_0:\pi \geqslant 30\%$（家庭拥有汽车的比例超过 30%）。

备择假设 $H_1:\pi < 30\%$（家庭拥有汽车的比例不超过 30%）。

9.1.2.3 显著性水平

由于假设检验是根据样本信息作出推断的，而样本的抽取又是随机的，因而有可能犯错误。当原假设是正确的而拒绝了原假设则所犯错误为第Ⅰ类错误，即弃真错误。所犯错误的概率为显著性水平，用符号 α 表示。当原假设为错误时没有拒绝原假设，所犯的错误称为第Ⅱ类错误，即取伪错误，用符号 β 表示。这两类错误的概率之间存在这样的关系：在样本容量不变的情况下，要减小 α 就会使 β 增大，而要增大 α 就会使 β 减小，要使 α 和 β 同时减小的唯

一办法是增加样本容量。但样本容量的增加又会受许多因素的限制，所以人们只能在两类错误的发生概率之间进行平衡，以使 α 与 β 控制在能够接受的范围内。一般来说，对于一个给定的样本，如果犯第Ⅰ类错误的代价比犯第Ⅱ类错误的代价相对较高，则将犯第Ⅰ类错误的概率定得低些较为合理；一般犯第Ⅰ类错误的概率可以由研究者控制的，因此在假设检验中，人们往往先控制第Ⅰ类错误的发生概率。在不同的情景下，对发生两类错误的概率高低要求不同。

9.1.2.4 样本统计量和检验统计量

根据抽样调查资料计算样本的特征值如样本平均数、样本成数、样本方差用以估计总体相应的特征值总体平均数、总体成数、总体方差，这样的特征值为样本统计量。在假设检验中采用的样本统计量为点估计量。

在数理统计中，对点估计量采用一定的规则标准化后使其服从一定的统计分布规律，据以检验假设的正确性。这个标准化后的样本统计量为检验统计量，用公式表示为

$$\text{检验统计量}=\frac{\text{样本统计量}-\text{被假设参数}}{\text{统计量的标准差}}$$

样本统计量通常有样本均值、样本成数、样本方差，是一个点估计值，一个随机变量。因此检验统计量也是一个随机变量。但对于特定的样本，其值是唯一的。

9.1.2.5 接受域和拒绝域、双侧检验与单侧检验

标准化的检验统计量所有可能取值总是服从一定的分布规律，如其取值构成正态分布规律，如图 9.1 所示。能够接受原假设的检验统计量的所有可能取值的集合为接受域；曲线与横轴组成的图形余下的部分为拒绝域。关于总体平均数 μ 的假设有以下三种情况。

1 $H_0:\mu=\mu_0\quad H_1:\mu\neq\mu_0$ 如图 9.1(a)所示。

2 $H_0:\mu\leqslant\mu_0\quad H_1:\mu>\mu_0$ 如图 9.1(b)所示。

3 $H_0:\mu\geqslant\mu_0\quad H_1:\mu<\mu_0$ 如图 9.1(c)所示。

其中第一种假设检验为双侧检验，第二、三种为单侧检验。第二种为右侧检验，第三种为左侧检验。

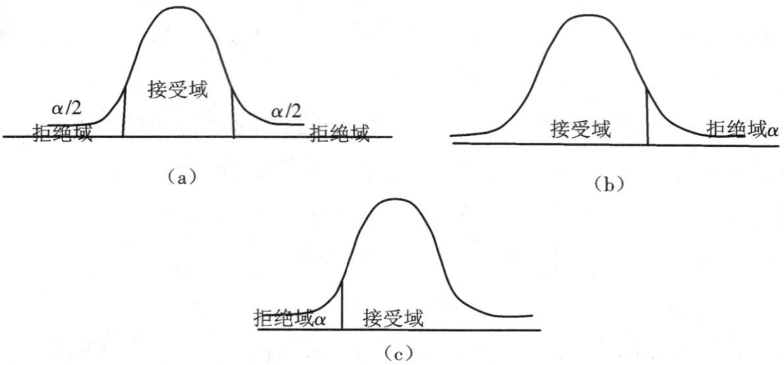

图 9.1 单双侧检验的接受域与拒绝域图

(a)双侧检验 (b)右侧检验 (c)左侧检验

9.1.3 假设检验的基本原理与步骤

9.1.3.1 假设检验的基本原理

在假设检验中，为了了解总体的某些性质，首先作出某种假设，然后再依据一定规则及样本资料去检验这种假设是否合理，经检验后若假设合理就不拒绝这个假设，否则就拒绝这个假设。这里所说的“规则”，就是经常要用到的小概率原理：小概率事件在一次试验中几乎不会发生。而在取得样本的统计量的这样一次试验中，小概率事件是很难（或不可能）出现的。如果发生了，我们有理由拒绝原来假设的正确性。假设检验主要是搜集证据拒绝原假设。原假设最初被假设是成立的，之后就是要根据样本数据，确定是否有足够的不符合原假设的证据以拒绝原假设。对总体中的必须依据抽样推断原理，从总体中抽取样本，并根据样本数据计算样本统计量，以一定的小概率即显著性水平为标准进行检验。

9.1.3.2 假设检验的步骤

（1）提出原假设 H_0 和备择假设 H_1。原假设 H_0 和备择假设 H_1 是相互对立的，如原假设 H_0 真实，则备择假设 H_1 不真实；若备择假设 H_1 真实，则原假设 H_0 不真实。

（2）确定样本统计量及其分布。在假设检验中，依据抽样推断原理，抽取样本，计算样本统计量，根据检验的内容正确地计算标准化的检验统计量，并确定其分布规律。

（3）选择显著性水平。在具体检验中，一般先认为提出的原假设是正确的，发生的概率大，而事件 A 在原假设为真的条件下发生的概率很小。这里概率小的程度就是显著水平 α。最常用的仅取 0.05 或 0.01。根据检验统计量的分布规律，查表求得给定的显著性水平下的临界值。经过抽样检验，小概率事件发生了，那么就要怀疑原假设的正确性，拒绝 H_0，接受备择假设 H_1。

（4）作出决策。通过检验统计量数值和临界值作出比较，以此判断检验的统计量数值落在接受域还是拒绝域。若检验统计量的绝对值小于临界值，则接受原假设，反之，检验统计量的绝对值大于临界值，则拒绝原假设。如图 9.1 所示。

9.2 一个总体参数的假设检验

当研究一个总体时，要检验的参数主要有总体均值、总体成数和总体方差，不同的参数，构建的检验统计量不同，因而检验的方法也有所不同。

9.2.1 总体均值的检验

在对总体均值进行假设检验时，首先要判断总体是否服从于正态分布，总体方差是否已知，不同情况下采用的检验统计量和检验方法也有所不同。

9.2.1.1 抽取的样本均值服从于正态分布

1. 总体方差 σ^2 已知且为大样本总体均值的检验

当抽取的样本容量大于等于 30 时，一般被视为大样本，此时大样本的均值服从于正态分布。

【例 9－1】 某粮油加工厂引进一自动包装线包装大米，设计规格为每袋大米 10 千克，标准差为0.6千克，随机抽取100袋大米检验，结果表明，每袋大米重量9.8千克，问：当$\alpha=0.05$时，该生产线的设计规格是否可以接受？

解：此处关心的是每袋大米的重量是否达到设计规格要求。即μ是否为10千克。大于或小于都不符合要求，因而属于双侧检验问题，作出的原假设和备择假设为

$H_0:\mu=10 \qquad H_1:\mu\neq 10$

计算检验统计量的具体数值，得

$$z=\frac{\bar{x}-\mu_0}{\sigma/\sqrt{n}}=\frac{9.8-10}{0.6\sqrt{100}}=-3.33$$

计算的检验统计量z服从标准正态分布，根据给定的显著性水平$\alpha=0.05$，查标准正态分布表得临界值为$z_{\alpha/2}=1.96$。

$z=-3.33<-1.96$，所以拒绝原假设，不能接受生产线的设计规格为10千克的说法。

【例9-2】 某冰箱厂为国内一大型冰箱生产基地，产品质量一直比较稳定，标准返修率为1.1%。但是，该厂近年来却不断听到有消费者抱怨。为了解近年该厂生产冰箱质量情况，随机对其国内36家专卖店及大中型商场专卖柜台中的其中400台冰箱的返修率进行了调查，结果发现其样本均值为1.14%，又由同类产品的经验知其标准差为0.2%，是否可由调查结果判定近年来企业生产的冰箱出现了质量问题？

解：如果冰箱的标准返修率保持在1.1%，则冰箱质量没有问题。因此提出的原假设和备择假设为

$H_0:\mu=1.1\%$（即冰箱质量稳定，未出现质量问题）

$H_1:\mu\neq 1.1\%$（即冰箱已出现质量问题）

属于双边检验问题，方差σ^2已知，采用Z检验法。选择检验统计量：

$$z=\frac{\bar{x}-\mu_0}{\sigma/\sqrt{n}}=\frac{1.14\%-1.1\%}{0.2\%/\sqrt{400}}=4$$

根据给定的显著性水平$\alpha=0.05$，查标准正态分布表得临界值为$z_{\alpha/2}=1.96$。

$z=4>z_{\alpha/2}=1.96$

所以拒绝H_0，接受H_1，即认为该厂冰箱出现了一定的问题，一定有系统性因素在起作用，必须尽快查明原因；与此同时，要更加注重售后服务，及时修复已出现质量问题的出厂冰箱，避免因顾客抱怨造成不良舆论而影响企业声誉。

2. 总体方差σ^2未知且为小样本的检验

在实际中经常遇到的是总体方差未知的情况，此时抽取的样本往往为小样本（$n<30$），这时对总体均值μ_0的检验就不能用Z检验统计量来检验，这时可用样本方差s^2代替总体方差σ^2，即s代替σ，此时构建的检验统计量

$$t=\frac{\bar{x}-\mu_0}{s/\sqrt{n}}$$

该检验统计量服从于自由度为$(n-1)t$分布，此法为t检验法。

【例9-3】 已知某系同学统计学课的成绩服从正态分布但方差未知，现从中抽取16名

学生的成绩，如表 9.1 所示，试判断能否在 0.05 的显著性水平下认为全系的平均成绩为 80 分？

表 9.1　16 名学生的统计学成绩

89	75	72	85
90	88	85	78
80	85	84	65
75	82	81	93

解：本题关注的是能否在 0.05 的显著性水平下认为全系的平均成绩为 80 分成立。

因此提出的原假设和备择假设为

(1) $H_0:\mu=80 \qquad H_1:\mu\neq 80$

(2) 由样本资料计算得到的样本均值

$$\bar{x}=\frac{\sum x}{n}=81.7\text{ 分}$$

样本方差为

$$s=\sqrt{\frac{\sum(x-\bar{x})^2}{n}}=53.8$$

(3) 构建的检验统计量

$$t=\frac{\bar{x}-\mu_0}{s/\sqrt{n}}=\frac{81.7-80}{7.33/\sqrt{16}}=0.928$$

(4) 当 $\alpha=0.05$ 时，查自由度为 15 的 t 分布表得临界值 $t_{\alpha/2}(15)=2.131$

(5) 决策。由于 $t=0.928<t_{\alpha/2}(15)=2.131$

所以接受原假设，即在 0.05 显著性水平下可以认为全系同学的平均成绩为 80 分。

9.2.2　总体比例的假设检验

如果需要检验某批产品中合格品的比例是否高于 90% 或者需要检验某地区手机的普及率是否达到 40% 等等，此类问题即为总体比率的假设检验问题。

当 np 和 $n(1-p)$ 两者皆大于 5 时样本比例 p 的抽样分布近似服从平均值为 P，标准差为 $\sigma_p=\sqrt{P(1-P)}$ 的正态分布。

此时，假设检验的统计量为

$$z=\frac{p-P}{\sqrt{\frac{p(1-p)}{n}}}。$$

该统计量服从于标准正态分布

【例 9-4】　某制药厂生产某种药品，规定其某药品中某种成分的平均含量为 92.5%。现从某批药品中抽取 50 粒检验，得某种成分的平均含量为 93%，问在显著性水平 $\alpha=0.05$

下,该批药品是否符合规定的质量要求。

解:(1)建立假设。

原假设 $H_0:p=p_0$

备择假设 $H_1:p\neq p_0$

(2)构建并计算检验统计量

$$z=\frac{p-P}{\sqrt{\frac{p(1-p)}{n}}}=\frac{0.93-0.925}{\sqrt{\frac{0.925(1-0.925)}{50}}}=0.1342$$

(3)根据给定的显著性水平 $\alpha=0.05$,查标准正态分布表得临界值为 $z_{\alpha/2}=1.96$。

(4)比较决策。因为 $z=0.1342<z_{\alpha/2}=1.96$,所以接受原假设,即该批药品符合规定的质量要求。

9.2.3 一个正态总体方差的假设检验

现代企业的经营管理通过抽样判断生产过程运转正常,不仅要以样本均值维持在一定范围之内,而且要观察样本的方差的大小。一个方差大的产品自然意味着其质量或性能不稳定。因此,总体方差的检验也是假设检验的重要内容之一。

这里特别强调的是总体方差 σ^2 的检验要求总体必须服从于正态分布。

构建的检验统计量

$$x^2=\frac{(n-1)s^2}{\sigma_0^2}$$

该检验统计量服从于自由度为 $(n-1)x^2$ 分布。

对于给定的显著性水平 α,双侧检验的拒绝域如图 9.2 所示。对于单侧检验,拒绝域在分布一侧的尾部。

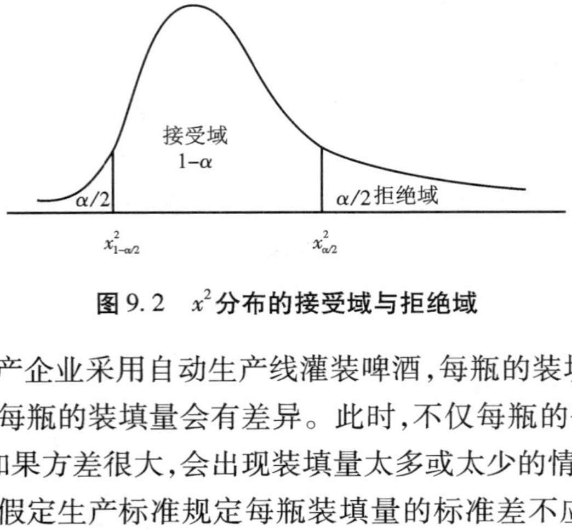

图 9.2 x^2 分布的接受域与拒绝域

【例 9-5】 啤酒生产企业采用自动生产线灌装啤酒,每瓶的装填量为 320 mL,但由于受某些不可控因素的影响,每瓶的装填量会有差异。此时,不仅每瓶的平均装填量很重要,装填量的方差同样很重要。如果方差很大,会出现装填量太多或太少的情况,这样要么生产企业亏损,要么消费者不满意。假定生产标准规定每瓶装填量的标准差不应超过或不应低于 4 mL。企业质检部门抽取了 40 瓶啤酒进行检验,得到的样本标准差 s 为 3.8 mL。试以 $\alpha=0.05$ 的显著性水平检验装填量的标准差是否符合要求?

解:(1)依据题意建立假设。

原假设 $H_0:\sigma^2=4^2$

备择假设 $H_1:\sigma^2\neq 4^2$

(2)计算检验统计量。

$$x^2=\frac{(n-1)s^2}{\sigma_0^2}=\frac{39\times 3.8^2}{4^2}=35.1975$$

(3)比较决策。因为:$\alpha_{0.025}(39)=58.1055>x^2>\alpha_{0.975}(39)=23.6689$

所以判断值落在接受域,故接受原假设。即在 $\alpha=0.05$ 的显著性水平检验装填量的标准差符合要求。

9.3 两个正态总体的假设检验

9.3.1 两个正态总体均值假设检验

在实际应用中,企业管理者经常进行技术改进和业务培训,以观察企业改进前后或培训前后对企业的业务或产量有没有显著变化。

【例 9-6】 某企业为提高产品质量,对部分职工进行第一批培训。为了解培训效果,特从培训的职工中和未经过培训的职工中各随机抽取 10 人,记录其月产量,有关数据见表 9.2。假设这两组职工的实际产量近似地服从于正态分布,且知其标准差分别为 $\sigma_1=140$,$\sigma_2=170$。

表 9.2 某企业部分职工月产量对比统计表

序号	1	2	3	4	5	6	7	8	9	10	平均值
经过培训的职工月产量	2 000	2 140	1 980	2 190	2 100	1 900	2 020	2 100	2 000	2 160	$\bar{x}=2\ 059$
未经过培训的职工月产量	1 803	1 980	2 005	1 900	2 000	2 200	1 600	2 000	1 901	2 001	$\bar{y}=1\ 939$

现要求判断培训对职工产量提高有无显著性影响。

解:抽取的样本容量 $n=10$,为小样本,但总体标准差已知,且两组职工的实际产量近似地服从于正态分布,故可采用 z 检验法。

(1)提出假设。

原假设 $H_0:\mu_1=\mu_2$(培训对职工产量提高无显著性影响)

备择假设 $H_1:\mu_1\neq\mu_2$ (培训对职工产量提高有显著性影响)

(2)选择检验统计量。

$$z=\frac{(\bar{x}-\bar{y})-(\mu_1-\mu_2)}{\sqrt{\frac{\sigma_1{}^2}{n_1}+\frac{\sigma_2{}^2}{n_2}}}=\frac{2\ 059-1\ 939}{\sqrt{\frac{140^2}{10}+\frac{170^2}{10}}}=1.723$$

(3)在显著性水平 $\alpha=0.05$ 时查正态分布表得 $z_{0.05}(10)=1.645$。

(4)比较决策。$z=1.723>z_{0.05}(10)=1.645$,所以拒绝原假设 H_0,接受备择假设 H_1,即至少有 95% 的把握认为培训对职工产量的提高有显著性影响。培训效果显著,达到了预期目的。在不考虑其他条件的情况下,对企业管理人员而言,这些信息已足够支持其作出决策。这个案例说明,对企业职工进行有效的培训,有利于提高职工队伍的科学文化技术水平和经营管理水平,促进劳动生产率的提高,从而增强企业的市场竞争能力。

当然,并非所有的培训都一定有效,这就要求管理者在每期培训结束后都要定性、定量地对培训的效果进行总结性的评估,及时发现问题,总结经验,使企业永远处于良性发展的轨道。

上述的 z 检验法适用于方差已知的情形;若方差未知时,可改用样本标准差 s 代替 σ,实行 t 检验。此时 t 的检验统计量公式为

$$t=\frac{(\bar{x}-\bar{y})-(\mu_1-\mu_2)}{s_w\sqrt{\dfrac{1}{n_1}+\dfrac{1}{n_2}}}\qquad s_w^2=\frac{(n_1-1){s_1}^2+(n_2-1){s_2}^2}{n_1+n_2-2}$$

该检验统计量服从于自由度为 (n_1+n_2-2) 的 t 分布。

【例 9-7】 某公司要从 A、B 两地购进一批原材料。由于距 A 地较近,在质量相同的情况下将优先考虑从 A 地进货。已知两地材料的强度方差不同,因此分别对 A、B 两地抽取 20 个样本进行检验,对应检验后的强度如表 9.3 所示,试在 0.05 的显著性水平下判断,A 的强度是否不低于 B 地原材料强度。

表 9.3 A、B 两地材料的强度资料统计表

A				B			
210	230	225	260	260	350	210	190
220	200	225	290	210	320	310	255
310	320	240	295	245	265	270	210
260	275	280	265	220	350	310	280
205	240	235	290	280	290	390	350

解:此题为总体方差未知,样本容量又小于 30 的小样本抽样,因此采用 t 单侧右检验进行。

(1)建立假设。

原假设 $H_0:\mu_1\geqslant\mu_2$(A 地强度不低于 B 地原材料强度)

备择假设 $H_1:\mu_1<\mu_2$(A 地强度低于 B 地原材料强度)

(2)计算 A、B 两地样本的均值和方差。

A 地材料强度平均值 $X_A=253.75$ 标准差 $\sigma_A=35.904\ 66$

B 地材料强度平均值 $X_B=278.25$ 标准差 $\sigma_B=55.825\ 74$

(3)构建检验统计量。

$$t=\frac{(\bar{x}-\bar{y})-(\mu_1-\mu_2)}{s_w\sqrt{\dfrac{1}{n_1}+\dfrac{1}{n_2}}}$$

其中,$s_w^2=\dfrac{(n_1-1){s_1}^2+(n_2-1){s_2}^2}{n_1+n_2-2}=\dfrac{(20-1)\times 35.91^2+(20-1)\times 55.83^2}{20+20-2}=2\ 203.26$

所以，$t=\dfrac{(\bar{x}-\bar{y})-(\mu_1-\mu_2)}{s_w\sqrt{\dfrac{1}{n_1}+\dfrac{1}{n_2}}}=\dfrac{253.75-278.25}{\sqrt{2\,203.26\times\left(\dfrac{1}{20}+\dfrac{1}{20}\right)}}=1.650$

(4)在当 $\alpha=0.05$ 时，查自由度为 $(n_1+n_2-2)=38$ 的 T 分布表得临界值 $t_\alpha(38)=1.686$。

(5) 判断决策。$t=1.65<t_\alpha=1.686$ 接受原假设，拒绝备择假设。即 A 地强度不低于 B 地原材料强度，因此应从 A 地进货。

9.3.2 两个总体比例的检验

在实际中经常会遇到企业检验不同生产线的合格率情况，或不同类群人的观点，如支持率或反对率有无显著差异。这就需要对两个总体比例之差是否为零进行检验。基于抽样分布原理，当样本容量较大时，来自于两个总体的样本比率之差的抽样分布近似服从于正态分布。

因此，可构建检验统计量

$$z=\frac{(p_1-p_2)-p_1-p_2}{\sqrt{\dfrac{p(1-p)}{n_1}+\dfrac{p(1-p)}{n_2}}}$$

该检验统计量服从于正态分布。分母中的 p 表示两个样本比率的联合估计值。其计算公式为

$$p=\frac{n_1p_1+n_2p_2}{n_1+n_2}$$

【例 9－8】 某企业准备引进一条新的生产线，进行产品生产流程的技术改造，如何引进以及引进后作出的技术改造程度要多大，企业为了稳妥地进行，确保引进成功，企业负责人从技术工人和科研人员中分别随机抽取 50 人和 40 人，支持这一举措的支持者分别为 45 人和 30 人。试问在显著性水平 $\alpha=0.05$ 时，这两组人员的支持率是否有显著差异？

解：(1)依题意建立假设。

原假设 $H_0:p_1=p_2$(两组人员的支持率无显著差异)

备择假设 $H_1:p_1\neq p_2$(两组人员的支持率有显著差异)

(2)$n_1=50$，$p_1=45/50=90\%$；$n_2=40$，$p_2=30/40=75\%$。

计算联合估计值

$$P=\frac{n_1p_1+n_2p_2}{n_1+n_2}=\frac{50\times0.9+40\times0.75}{50+40}=83.33\%$$

(3)计算检验统计量

$$z=\frac{(p_1-p_2)-p_1-p_2}{\sqrt{\dfrac{p(1-p)}{n_1}+\dfrac{p(1-p)}{n_2}}}=\frac{0.9-0.75-0}{\sqrt{0.833\times0.168\left(\dfrac{1}{50}+\dfrac{1}{40}\right)}}=1.890$$

(4)在当 $\alpha=0.05$ 时，查标准正态分布表得临界值 $z_{0.975}=1.96$，

$z=1.890<z_{0.975}=1.96$，拒绝原假设，即两组人员的支持率有显著差异。

【本章小结】

本章内容共分三大部分，用模块表示如下：

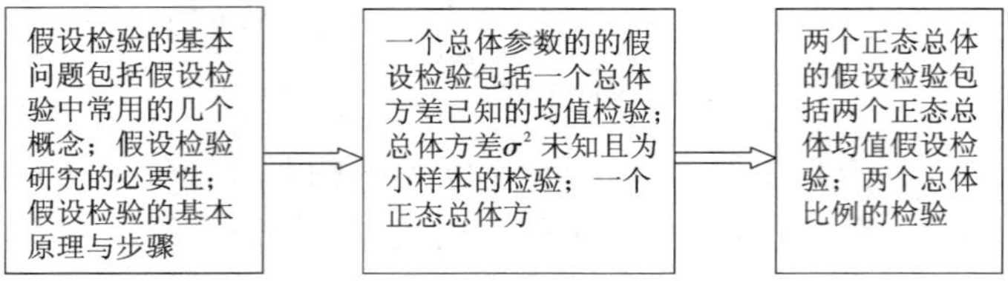

了解研究假设检验的必要性，掌握假设检验就是先对总体参数提出某种假设，然后利用足够的样本资料判断原假设是否成立的过程。掌握假设检验中常用的几个概念：假设检验、原假设和备择假设、显著性水平、样本统计量和检验统计量、接受域和拒绝域、双侧检验与单侧检验。掌握假设检验的基本原理，依据小概率原理：小概率事件在一次试验中几乎不会发生。如果发生了，我们有理由拒绝原来假设的正确性。

掌握假设检验的具体步骤。当变量类型、设计类型或样本大小不同时，所选用的假设检验的方法也不同。在一个总体参数的假设检验中，对于总体均值的检验，当总体方差 σ^2 已知且为大样本时，构建的检验统计量为 z；当总体方差 σ^2 未知且为小样本的检验，采用 t 检验；在一个总体比例的假设检验中，采用 z 检验；对于一个正态总体方差的假设检验，构建的检验统计量服从于 x^2 分布。

在实际中经常会遇到的是两个正态总体的假设检验，如两个正态总体均值假设检验，在方差已知时用 z 检验法；若方差未知时，可改用样本标准差 s 代替 σ，实行 t 检验。还有两个总体比例的检验也经常遇到，其检验方法与两个正态总体均值假设检验方法一样，所不同的是构建的检验统计量表达不一样。

【阅读专栏 11】

小样本情况下一个总体均值的检验方法如下表所示

	双侧检验	左侧检验	右侧检验
假设形式	$H_0:\mu=\mu_0$ $H_1:\mu\neq\mu_0$	$H_0:\mu\geqslant\mu_0$ $H_1:\mu<\mu_0$	$H_0:\mu\leqslant\mu_0$ $H_1:\mu>\mu_0$
检验统计量	σ 未知，$t=\dfrac{\bar{x}-\mu_0}{s/\sqrt{n}}$；$\sigma$ 已知，$z=\dfrac{\bar{x}-\mu_0}{\sigma/\sqrt{n}}$		
α 与拒绝域	$\lvert t\rvert>t_{\alpha/2}(n-1)$	$t<-t_{\alpha(n-1)}$	$t>-t_{\alpha(n-1)}$

独立大样本情况下两个总体均值之差的检验方法如下表所示

	双侧检验	左侧检验	右侧检验
假设形式	$H_0:\mu-\mu_0=0$ $H_1:\bar{\mu}-\mu_0\neq0$	$H_0:\mu-\mu_0\geqslant0$ $H_1:\mu-\mu_0<0$	$H_0:\mu-\mu_0\leqslant0$ $H_1:\mu-\mu_0>0$

续表

	双侧检验	左侧检验	右侧检验
检验统计量	$\sigma_1\sigma_2$ 已知，$z=\dfrac{(\bar{x}_1-\bar{x}_2)-(\mu_1-\mu_2)}{\sqrt{\sigma_1^2/n_1+\sigma^2{}_2/n_2}}$；$\sigma_1\sigma_2$ 未知，用 s_1s_2 代替		
α 与拒绝域	$\|z\|>z_{\alpha/2\,(n-1)}$	$z<-z_{\alpha\,(n-1)}$	$z>-z_{\alpha\,(n-1)}$

【思考与练习】

一、简答题

1. 如何理解原假设和备择假设？
2. 检验统计量与样本统计量有何不同？
3. 什么是假设检验？
4. 假设检验的基本原理与步骤是什么？
5. 采用 z 检验和 t 检验的使用前提有哪些？

二、计算题

1. 在对消费者的一项调查表明，17%的人早餐饮料是牛奶。某城市的牛奶生产商认为，该城市的人早餐饮用牛奶的比例更高。为验证这一说法，生产商随机抽取 550 人的一个随机样本，其中 115 人早餐饮用牛奶。在 $\alpha=0.05$ 显著性水平下，检验该生产商的说法是否属实。

2. 某企业为比较两种方法对员工进行培训的效果，采用方法 1 对 15 名员工进行培训，采用方法 2 对 12 名员工进行培训。培训后的测试分数如表 1 所示。

表 1　企业对员工培训后的测试分数资料统计表

方法 1			方法 2		
56	51	45	59	57	53
47	52	43	52	56	65
42	53	52	53	55	53
50	42	48	54	64	57
47	44	44			

在 $\alpha=0.05$ 显著性水平下，检验两种方法的培训效果是否有差异？

3. 为研究小企业经理们是否认为他们获得了成功进行调查。在随机抽取 100 个小企业的女性经理中，认为自己成功的人数为 24 人；而在对 95 个男性经理的调查中，认为自己成功的人数为 39 人。在 $\alpha=0.05$ 的显著性水平下，检验男女经理认为自己成功的人数比例是否有显著差异？

4. 某食品厂生产水果罐头，标准规格为每罐净重 500 克，标准差为 6 克。现从该厂生产的一批罐头中抽取 100 罐检验，平均净重为 502 克，按规定的显著水平 $\alpha=0.05$，问该批罐头是否符合规定的标准？

5. 某厂某产品改进包装前80天的日平均销售量为2 100件，标准差120件，改进包装后60天的日平均销售量为2 180件，标准差为108件，在显著水平 $\alpha=0.01$ 条件下，问能否判断由于改进产品包装而扩大了销售？

6. 某厂有甲、乙两条生产线，从甲生产线抽取100件检验，有次品5件，从乙生产线抽取120件检验，有7件次品。在显著水平 $\alpha=0.05$ 的条件下，甲、乙两条流水线的产品次品率有无显著差异？

7. 某厂使用A、B两种不同的原料生产同一类型产品，各在一星期的产品中取样进行分析比较，取使用原料A生产的样品200件，测得平均重量为2.48(公斤)，标准差为0.57(公斤)。取使用原料B生产的样品205件，测得平均重量为2.55(公斤)，标准差为0.48(公斤)。问在 $\alpha=0.05$ 条件下能否认为使用原料A与使用原料B生产的产品重量的均值相等？

10　相关与回归分析

案例导读

在自然现象和社会现象中,很多事物之间是相互联系、相互制约的。要深刻认识事物及其数量特征,必须在事物的相互联系和相互制约中进行观测与研究,行之有效的方法就是相关分析和回归分析。相关分析与回归分析是相辅相成的。若通过相关分析显示出变量之间的关系非常密切,则通过回归分析可以描述现象之间紧密关系的变化规律,即根据求得的回归方程式得出相当准确的估计值。例如:在工业企业中,一定时期内产品的生产费用和产品产量之间表现为线性相关,就可以建立线性回归方程;在商业企业中,商品的流通费用率与商品销售额之间表现为非线性相关,就可以建立非线性回归方程。

"回归"这个词最初是由英国科学家高尔顿(F. Galton)提出的,用来描述父母身高在遗传学上有趋向于一般的现象。以后,这一名词广泛用来表示变量之间的数量关系。随着统计学的发展,相关与回归分析不仅可以对经济现象进行描述,而且具有推断的作用,已成为研究社会经济现象数量特征的基本方法之一,在计划平衡、经济预测、经济规律或理论分析等方面得到了广泛的应用。

学习目标

◆掌握相关分析的概念、现象相关的主要形式以及相关分析的基本内容

◆掌握相关系数的计算,怎样利用相关系数来判断现象相关的密切程度

◆掌握回归与相关的区别和联系,如何建立回归方程

◆掌握估计标准误差的概念和计算方法

主要内容

◆相关分析

◆直线相关的测定

◆回归分析

10.1　相关分析

10.1.1　相关关系的概念与种类

10.1.1.1　相关关系的概念

在自然界和人类社会中,存在着无数不同的事物和现象。这些不同的事物和现象不是孤立的,而是直接或间接地彼此联系着。每一事物和现象的存在和发展与周围其他事物和现象的存在和发展相联系,并受周围的这些事物和现象所影响和制约。一些现象在数量上的发展变化经常伴随着另一些现象数量上的发展变化。现象间的数量关系可分为两种基本类型:函

数关系和相关关系。

函数关系是指变量之间存在着严格的依存关系,即当一个(或一组)变量的数值确定之后,另一个变量(或一组)的数值也随之完全确定。这种关系可以通过精确的数学表达来反映。例如,圆的面积与其半径的关系为 $S=\pi r^2$ 等。

相关关系是指现象之间确实存在的、但关系值不确定的相互依存的关系,即当一种现象的数量发生变化时,另一种现象的数量可能在一定范围内发生变化,出现不同的数值。例如,每亩耕地的粮食产量与施肥量之间存在着一定的依存关系。在一般条件下,施肥量适当增加,亩产量便相应地提高,但两者之间并不存在着严格的依存关系。因为,除施肥量以外,种子、土壤、降雨量、光照度、湿度、耕作技术等也影响亩产量的高低。但是,亩产量与施肥量之间仍然存在着一定的规律性,即在一定范围内,随施肥量的增加,亩产量便相应地提高。亩产量与施肥量之间的这种关系就是相关关系。

相关分析就是研究一个变量与另一变量或另一组变量之间相关密切程度和相关方向的一种统计分析方法。

10.1.1.2 相关关系的种类

现象之间的相互关系是非常复杂的,它们各以不同方向、不同程度相互作用着,并表现出不同的类型和形态。

1. 正相关与负相关

按变量之间相互关系的方向不同,可以分为正相关与负相关。当自变量的值增加(或减少)时,因变量的值也相应增加(或减少),即两个变量之间的数量变动方向是一致的,这种相关关系称为正相关。例如,国有企业的生产用固定资产年平均价值与产品总产量之间就存在着这样的关系。当其他条件不变时,生产用固定资产价值增加,则产品总产量也随之增加,这种关系就是正相关。但当自变量的值增加(或减少)时,因变量的值反而减少(或增加),即两个变量之间的数量变动方向是相反的,这种相关关系称为负相关。例如,工业劳动生产率与生产单位产品的消耗时间之间的关系,就是负相关。随着劳动生产率的提高,单位产品的消耗时间就随之减少。在图 10.1 中,(a)表现为正相关,(b)表现为负相关。

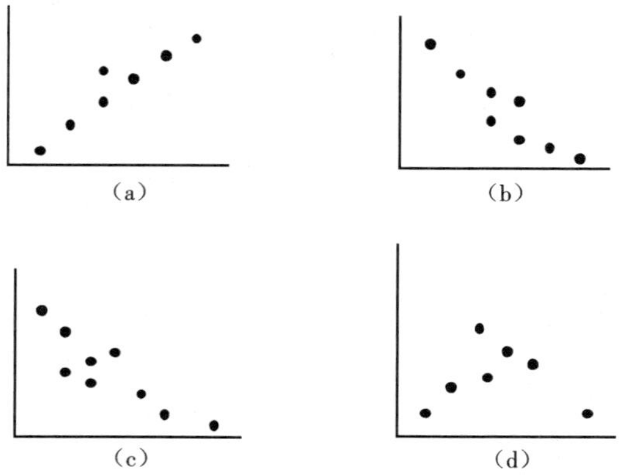

图 10.1 相关关系散点图

2. 线性相关和非线性相关

按变量之间相互关系的表现形式不同,可以分为线性相关和非线性相关。当 X 的值发生变动时,Y 的值随之而发生大致均等的增加或减少,如果将各对观测值画成散点图,各个观测点的分布近似地表现为直线形式。这样的相关关系称为线性相关,如上述的固定资产价值与产品总产量之间的关系就是线性相关。当 X 的值发生变动时,Y 的值也随之而发生不均等的增加或减少的变动,从图形上看,各个观测点的分布近似地表现为各种不同的曲线形式,如抛物线、指数曲线等,这种相关关系通称为非线性相关。例如,把施肥量与相应的单位面积产量各种不同的值画在图上,就近似地呈现抛物线形式,如图 10.1 中的(d) 所示。

图 10.1 中的(a)、(b)可看成是线性相关,(c)、(d)则为非线性相关。

3. 完全相关、不完全相关和不相关

按变量之间的相关程度不同,可以分为完全相关、不完全相关和不相关。两个变量之间有依存关系时,若其中一个变量数值的变动完全由另一个变量数值的变动确定,则这两个变量之间的关系为完全相关,即函数关系。很显然,完全相关或函数关系是相关关系的一种特殊情况。若两个变量彼此互不影响,数量变化各自独立,则为不相关。两个变量之间的依存关系,介乎完全相关和不相关之间则称为不完全相关,这是统计相关分析的主要研究对象。

4. 简单相关和复相关

按相关关系涉及的变量(或因素)的多少,可以分为简单相关和复相关。简单相关也称为一元相关,是指两个变量之间的相关关系,即一个因变量与一个自变量之间的依存关系。例如,在计件工资的条件下,工人一天的工资只与其完成产量成相关关系。复相关是指多个变量之间的相关关系,即一个因变量与其中两个或两个以上自变量存在复杂的依存关系,也称为多元相关。例如:矿工工作班采煤量与岩层厚度和采煤工作面长度之间的关系,每吨水泥成本与水泥磨小时生产率、水泥磨日历时间之间的相关就是复相关。在实际工作中,如果存在多个自变量对因变量的影响时,应该加以筛选,抓住其中最主要的因素研究相关关系。

10.1.2　相关分析的内容和方法

相关分析的主要目的,就是对现象之间的相互关系的密切程度及其变化规律有一个具体的数量概念,进一步找出相互关系的模式,以便进行统计预测与推算,为决策并制订计划提供统计资料。

狭义相关分析的主要内容有:定性和定量分析相结合,正确选择变量,确定变量之间有无相关关系,并确定相关关系的表现形式、密切程度和方向等。

广义的相关分析除了狭义相关分析内容外还包括:对具有相关关系的变量建立它们之间的数学模型(通常称为回归方程),并对建立的回归方程及其参数回归系数进行相关性检验,如通过检验,可用建立的回归方程来确定;当自变量值有一定变化时,因变量值如何变化,以便揭示变量之间依存关系在数量上的变化规律性。这也是进行判断、推算和预测的依据。另外,根据一个或几个变量的数值,预测或控制另一个变量的数值,并且了解这种预测或控制的精确度。这也是广义相关分析的内容。通过测定因变量估计值和实际观测值之间的差距大小,可以认识因变量估计值的代表性如何。

综上所述,相关分析的方法主要由以下几个步骤构成。

(1)根据研究的目的,通过观察或实验以取得资料。对相关分析来说,有时需要对资料进行适当加工以转化成为可比的资料。

(2)整理资料。通过分组编制相关表,以便于进行分析。

(3)绘制相关图。把成对相关资料绘成散点图或曲线图,从图形中不仅可以看出变量之间是否有关系存在,而且可以近似地把这种相关关系的形式反映出来。

(4)相关关系的解析。通过建立回归方程,计算估计标准误差、相关系数等,以反映变量之间的关系、误差大小及密切程度,并运用数理统计方法进行检验和评价,这是相关分析中最重要的内容。

10.2 直线相关的测定

相关分析的主要方法有相关表法、相关图法和相关系数法三种,下面分别进行介绍。

10.2.1 相关表

在统计中,制作相关表或相关图,可以直观地判断现象之间大致上有无关系及呈现何种关系。

对现象总体两种相关标志作相关分析,研究其相互依存关系,首先要通过实际调查取得一系列成对的标志值资料作为相关分析的原始数据。将这些成对的标志值资料按顺序表现在一张表格上,这张表格就叫作相关表。相关表仍然是统计表的一种。根据资料是否分组,相关表可以分为简单相关表和分组相关表。

10.2.1.1 简单相关表

简单相关表是资料未经分组的相关表,是把因素标志值按照从小到大的顺序并配合结果标志值一一对应而平行排列起来的统计表。通过观察结果标志值的顺序来对现象标志之间相关关系进行初步研究。其中 x 与 y 两个标志的标志值如表 10.1 所示。

表 10.1 简单相关表

x	x_1	x_2	x_3	…	x_n
y	y_1	y_2	y_3	…	y_n

注:n 为总体单位数。

【例 10-1】 某市工业局所属 10 个同类型企业 2016 年生产性固定资产价值与工业总产值具有相关关系,编制简单相关表如表 10.2 所示。

表 10.2 某市工业局生产性固定资产价值与工业总产值简单相关表 单位:百万元

企业编号	生产性固定资产价值 x	工业总产值 y
1	5	20
2	5	26

续表

企业编号	生产性固定资产价值 x	工业总产值 y
3	6	30
4	8	32
5	8	35
6	9	35
7	10	38
8	10	40
9	10	45
10	12	48

从表 10.2 中可以粗略地看出，随着生产性固定资产价值的增大，工业总产值也有增大的趋势。

10.2.1.2 分组相关表

如果原始资料很多，用简单相关表表示就很困难了。这时就要将原始资料进行分组，然后编制相关表。这种相关表称为分组相关表。分组相关表包括单变量分组相关表和双变量分组相关表两种。

1. 单变量分组相关表

在原始资料较多时，只对自变量数值进行分组，计算出各组的次数和因变量组平均数。根据资料具体情况，自变量分组可以是单项式，也可以是组距式。例如，根据上例资料，编制单变量分组相关表如表 10.3 所示。

表 10.3 单变量分组相关表

生产性固定资产价值 x	企业数 n	平均工业总产值 y
5	2	23.0
6	1	30.0
8	2	33.5
9	1	35.0
10	3	41.0
12	1	48.0

表 10.3 是只按生产性固定资产价值分组，而未按工业总产值分组的单变量分组表。从表中可以较明显地看出二者之间存在正相关关系。

2. 双变量分组相关表

对两种有关变量都进行分组，交叉排列，并列出两种变量各组间的共同次数的统计表，称为双变量分组相关表。编制双变量分组相关表时，需注意将自变量放在横栏，按变量值从小到大自左向右排列，将因变量放在纵栏，按变量值从大到小自上而下排列。这样做的目的是使相关表与相关图一致，便于判断相关关系的性质。例如，仍按上例资料，编制双变量分组相关表如表 10.4 所示。

表 10.4　双变量分组相关表

工业总产值	生产性固定资产价值 x						
y	5	6	8	9	10	12	合计
48						1	1
45					1		1
40					1		1
38					1		1
35			1	1			2
32			1				1
30		1					1
26	1						1
20	1						1
合计	2	1	2	1	3	1	10

从表 10.4 中可以看出，工业总产值集中在左下角到右上角的对角斜线上，表明生产性固定资产价值与工业总产值是正相关关系。

10.2.2　相关图

在直角坐标系第一象限中，把自变量置于横轴上，因变量置于纵轴上，而将两个变量相对应的变量值用坐标点形式描绘出来，用以表明相关点分布状况的图形，就是相关图。相关图又称为散点图、散布图。通过相关图，可以大致看出两个变量之间有无相关关系以及相关的形态、方向和密切程度。

相关图可以按未经分组的原始资料编制，也可以按分组的资料，包括按单变量分组相关表和双变量分组相关表编制。通过相关图将会发现，当 y 对 x 是函数关系时，所有的相关点都会分布在某一条线上。在相关关系的情况下，由于其他因素的影响，这些相关点并非处在一条线上，但所有相关点的分布也会显示出某种趋势。所以相关图会很直观地显示现象之间的相关方向和密切程度。就上例，生产性固定资产价值 x 与工业总产值 y 关系如图 10.2 所示。

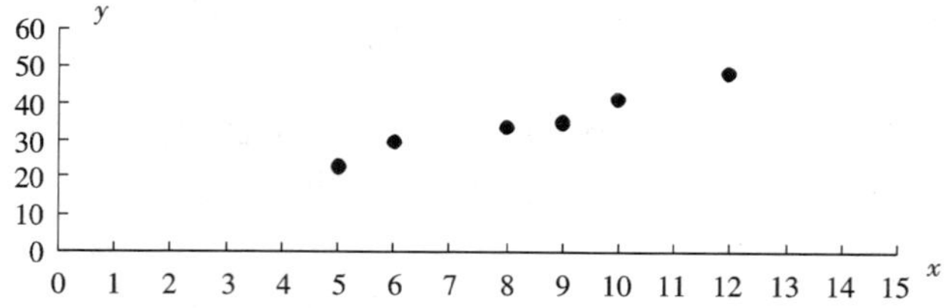

图 10.2　生产性固定资产价值 x 与工业总产值 y 关系的散点图

从图 10.2 中可以看出，工业总产值的大小主要是由生产性固定资产价值变动所决定的。

它们的关系是线性正相关关系。

10.2.3 相关系数

相关表和相关图只能大体上反映变量之间的相关关系和相关方向，但无法确切地表明两个变量之间线性相关的程度。用来反映直线相关关系、相关方向和相关程度的统计分析指标，称为相关系数，统计学中通常用 r 表示。

10.2.3.1 相关系数的计算

相关系数的测定方法有若干种，最简单的一种称为积差法。它直接来源于数理统计中相关系数的定义，公式为

$$r=\frac{\sigma_{xy}^{2}}{\sigma_{x}\sigma_{y}} \tag{10-1}$$

式中 σ_{xy}^{2}——x 与 y 的协方差$\left(\sigma_{xy}^{2}=\frac{\sum(x-\bar{x})(y-\bar{y})}{n}\right)$；

σ_{x}——x 的标准差$\left(\sigma_{x}=\sqrt{\frac{\sum(x-\bar{x})^{2}}{n}}\right)$；

σ_{y}——y 的标准差$\left(\sigma_{y}=\sqrt{\frac{\sum(y-\bar{y})^{2}}{n}}\right)$。

所以相关系数可表现为如下形式：

$$r=\frac{\sum(x-\bar{x})(y-\bar{y})}{\sqrt{\sum(x-\bar{x})^{2}\sum(y-\bar{y})^{2}}} \tag{10-2}$$

上式计算时使用了 $\bar{x}$ 和 $\bar{y}$，并且需要计算每一个标志值与其算术平均数的离差，这样既烦琐又影响准确性。在实际问题中，可对上式进行推演，得出根据原始变量值计算相关系数的简化公式

$$r=\frac{n\sum xy-\left(\sum x\right)\left(\sum y\right)}{\sqrt{n\sum x^{2}-\left(\sum x\right)^{2}}\sqrt{n\sum y^{2}-\left(\sum y\right)^{2}}} \tag{10-3}$$

10.2.3.2 相关系数的意义

相关系数是直线相关条件下说明两个现象之间相关关系密切程度的统计分析指标。

相关系数的取值范围，是在 -1 和 $+1$ 之间，即 $-1\leqslant r\leqslant 1$。现将相关系数的性质归纳如下。

①当 $|r|=1$ 时，x 与 y 变量为完全线性相关，x 与 y 之间存在着确定的函数关系。

②当 $0<|r|<1$ 时，表示式 x 与 y 存在着一定的线性相关。$|r|$ 的值愈大，愈接近于 1，表示 x 与 y 直线相关程度愈高；反之，$|r|$ 的值愈小，愈接近于 0，表示 x 与 y 直线相关程度愈低。通常判断的标准是，$|r|<0.3$ 称为不相关，$0.3\leqslant|r|<0.5$ 称为低度相关，$0.5\leqslant|r|<0.8$ 称为显著相关或中度相关，$0.8\leqslant|r|<1$ 称为高度相关，$|r|=1$ 称为完全相关。

③当 $r>0$ 时，表示 x 与 y 为正相关；当 $r<0$ 时，表示 x 与 y 为负相关。

④$r=0$ 时，表示 y 的变化与 x 无关，即 x 与 y 完全没有直线相关关系。

【例 10－2】 某市八家企业生产某种产品的月产量与生产费用的资料及相关系数的计算如表 10.5 所示。

表 10.5 某种产品的月产量与生产费用相关系数计算表

企业编号	月产量 x（千吨）	生产费用 y（万元）	x^2	y^2	xy
1	1.2	62	1.44	3 844	74.4
2	2.0	86	4.00	7 396	172.0
3	3.1	80	9.61	6 400	248.0
4	3.8	110	14.44	12 100	418.0
5	5.0	115	25.00	13 225	575.0
6	6.1	132	37.21	17 424	805.2
7	7.2	135	51.84	18 225	972.0
8	8.0	160	64.00	25 600	1 280.0
合计	36.4	880	207.54	104 214	4 544.6

根据上表的数据可计算相关系数

$$r=\frac{n\sum xy-(\sum x)(\sum y)}{\sqrt{n\sum x^2-(\sum x)^2}\sqrt{n\sum y^2-(\sum y)^2}}$$

$$=\frac{8\times 4\,544.6-36.4\times 880}{\sqrt{8\times 207.54-36.4^2}\sqrt{8\times 104\,214-880^2}}=0.97$$

计算结果表明，该产品的月产量与生产费用之间存在着高度的正相关关系。

10.3 回归分析

10.3.1 回归分析的意义

10.3.1.1 回归分析的意义

相关关系说明现象间有无关系及关系的密切程度，但它不能说明一个现象发生一定量的变化时，另一个变量将会发生多大的变化。也就是说，它不能说明两个变量之间的一般数量关系值。

回归分析是指对具有相关关系的现象，根据其关系形态，选择一个合适的数学模型（称为回归方程式），用来近似地表示变量间的平均变化关系的一种统计分析方法。它实际上是使相关现象间不确定、不规则的数量关系一般化、规则化的一种方法。采用的方法是配合直线或曲线，用直线或曲线来代表现象之间的一般数量关系。这条直线或曲线叫回归直线或回归曲线，它们的方程式叫直线回归方程或曲线回归方程。

10.3.1.2 回归分析与相关分析的关系

1. 回归分析与相关分析的区别

首先，相关分析所研究的两个变量是对等关系；回归分析所研究的两个变量不是对等关系，必须根据研究目的，先确定其中一个是自变量，另一个是因变量。

其次，对两个变量 x 和 y 来说，相关分析只能计算出一个相关系数，计算中改变 x 和 y 的地位并不影响相关系数的数值；而回归分析对于因果关系不甚明确或可以互为自变量的两变量，可以求出 y 倚 x 的回归方程，也可以求出 x 倚 y 的回归方程。方程的意义不同，所以只能由自变量来估计因变量，不允许由因变量来推测自变量。

再次，相关分析中两变量可以都是随机变量，各自接受随机因素的影响；而在回归分析中因变量是随机的变量，自变量是可以控制的变量。

2. 回归分析与相关分析的联系

首先，相关分析是回归分析的基础和前提。如果缺少相关分析，没有从定性上说明现象间是否具有相关关系，没有对相关关系的密切程度作出判断，那么就不能进行回归分析，即便勉强进行了回归分析，也没有实际意义。

其次，回归分析是相关分析的深入和继续。仅仅说明现象间具有密切的相关关系是不够的，只有进行了回归分析，拟合了回归方程，才可能进行回归预测和控制，这样相关分析才有实际意义。总之，只有把两者结合起来，才能达到统计分析的目的。

10.3.2 一元线性回归方程

通过定性分析判断和相关图表、相关系数的结果，判断现象间存在显著直线相关时，可以进行回归分析，即建立回归方程

$$y_c = a + bx$$

式中 y_c——y 的估计值；

a——直线的起点值，数学上称为直线在 y 轴上的截距；

b——当 x 每变动一个单位时，y 平均变动多少，称为回归系数，数学上称为斜率。

a 和 b 都叫作待定参数。一旦解出 a 和 b，表明变量之间一般关系的回归直线就确定下来了。

应用最小平方法原理确定两个待定参数 a 和 b 的数值，配合直线方程，可以使实际值与估计值的离差平方和为最小值，即

$$Q = \sum (y - y_c)^2 = \sum (y - a - bx)^2 = \text{最小值}$$

根据微分学中求极值的原理，分别对 a 和 b 求偏导数，然后令其为零，不难得出下列解 a 和 b 的标准方程组

$$\sum y = na + b\sum x$$

$$\sum xy = a\sum x + b\sum x^2$$

可解得

$$b = \frac{n\sum xy - \sum x \sum y}{n\sum x^2 - \left(\sum x\right)^2} \tag{10-4}$$

$$a = \frac{\sum y}{n} - b \times \frac{\sum x}{n} = \bar{y} - b\bar{x} \tag{10-5}$$

具体求解时,可以直接将数据代入方程组中,也可以利用 a、b 解出表达式,都很方便。

【例 10 - 3】 现仍根据表 10.5 某市的 8 家企业生产某种产品的月产量与生产费用的资料,进行回归分析。

$$b=\frac{n\sum xy-\sum x\sum y}{n\sum x^2-\left(\sum x\right)^2}=\frac{8\times 4\ 544.6-36.4\times 880}{8\times 207.54-36.4^2}=12.896$$

$$a=\frac{\sum y}{n}-b\times\frac{\sum x}{n}=\frac{880}{8}-12.896\times\frac{36.4}{8}=51.323$$

将 a、b 的值代入回归方程得

$$y_c=51.323+12.896x$$

如果其他条件相对稳定,则可以根据回归方程进行推算和预测。例如,某企业产品的月产量为 7.8 千吨,则生产费用可能为

$$y_c=51.323+12.896\times 7.8=151.912(\text{万元})$$

10.3.3 估计标准误差

估计标准误差是用来说明回归方程代表性大小的统计指标,其计算原理与标准差基本相同。若估计标准误差小,表明回归方程准确度高,代表性大;反之,估计不够准确,代表性就小。估计标准误差定义公式为

$$S_y=\sqrt{\frac{\sum(y-y_c)^2}{n-2}} \tag{10-6}$$

【例 10 - 4】 仍用前例资料来说明估计标准误差的计算方法,具体过程如表 10.6 所示。

表 10.6 估计标准误差计算表

企业编号	x	y	$y_c=51.323+12.896x$	$(y-y_c)$	$(y-y_c)^2$
1	1.2	62	66.798	-4.798	23.020
2	2.0	86	77.115	8.885	78.943
3	3.1	80	91.301	-11.301	127.713
4	3.8	110	100.328	-0.328	0.108
5	5.0	115	115.803	-0.803	0.645
6	6.1	132	129.987	2.011	4.044
7	7.2	135	144.174	-9.174	84.164
8	8.0	160	154.491	5.509	30.349
合计	36.4	880	—	—	348.986

把计算结果代入式(10 - 6)即得

$$S_y=\sqrt{\frac{\sum(y-y_c)^2}{n-2}}=\sqrt{\frac{348.986}{8-2}}=7.663(\text{万元})$$

结果表明估计标准误差是 7.663 万元,这是就平均来说的,离差有正有负,平均起来等于

7.663 万元。

当实际观察值很多且数值较大时，根据上述公式计算估计标准误差十分麻烦，若改用以下简化式则简化很多。

$$S_y = \sqrt{\frac{\sum y^2 - a\sum y - b\sum xy}{n-2}} \tag{10-7}$$

它是根据定义公式推导出来的简化公式。证明从略。

10.3.4 一元非线性回归方程

在观察或试验取得的资料中可看到现象之间的关系可能十分复杂，以致不能用线性方程来表现。在这种情况下，就需要根据关系的性质，用不同的非线性方程描述。

在建立非线性回归方程时，最主要的问题是确定关系的类型和形式，这需要具备关于研究问题的专业知识，并通过对观察资料进行分析和比较，特别是通过散点图的分布形状和特点，结合一些已知函数的图形，选择合适的公式。回归方程确定之后，进一步的任务还是求方程中的参数值。这时常用的方法仍然是最小平方法，计算步骤和直线方程大体相似，但在形式上和计算上则比较复杂，因为对不同的曲线形式就有不同的公式。

下面根据样本资料，并就统计中常用的指数曲线方程说明其研究步骤和方法。

【例 10-5】 某市 12 个同类企业的月产量与单位产品成本的资料如表 10.7 所示。

表 10.7 某市 12 个同类企业的月产量与单位产品成本资料统计表

企业编号	月产量 x(吨)	单位产品成本 y(元)
1	10	160
2	16	151
3	20	114
4	25	128
5	31	85
6	36	91
7	40	75
8	45	76
9	51	66
10	56	60
11	60	61
12	65	60

从表 10.7 资料中可以看出月产量与单位产品成本之间存在一定的依存关系。因为资料表明，随着产量的逐渐增多，单位产品成本有随之而逐渐降低的趋势。但这里也可以看出，单位产品成本的降低程度并不是随 x 的增加而均等地变化。如把 x 与 y 两个数列来比较，在开始时，x 每增加一个单位时，y 降低得很多，随后 x 的值继续增加，y 也有所降低，但和开始阶段比较降低程度不同。它表现为：开始降低得多，后来则逐渐减少。这种情况从图 10.3 中看得

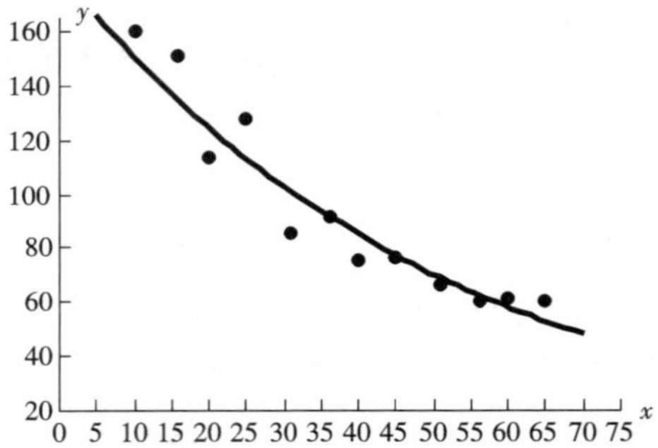

图 10.3　12 个同类企业的月产量与单位产品成本散点图和回归曲线图

比较明显。

从图中观察点的分布来看,适合指数函数曲线

$$y = ab^x (b > 0)$$

式中有两个待定参数 a 和 b,自变量 x 是参数 b 的指数。当 $b > 1$ 时,为递增曲线;当 $0 < b < 1$ 时,为递减曲线。

现在仍以 y_c 代表估计值,则回归方程是

$$y_c = ab^x$$

对上式的两端取对数,得

$$\lg y_c = \lg a + x\lg b$$

若令 $y'_c = \lg y_c, a' = \lg a, b' = \lg b$,则上述指数方程变为

$$y'_c = a' + b'x$$

可见,经过代换之后转化为线性回归方程的形式,就可以按照前面求线性回归方程参数的方法求得 a'和 b'。根据最小平方法原理,a'和 b'应满足下列标准方程组

$$\begin{cases} na' + b'\sum x = \sum y' \\ a'\sum x + b'\sum x^2 = \sum xy' \end{cases} \qquad (10-8)$$

其中,$y' = \lg y$。

解标准方程组可以得到 a'和 b',再根据 $a' = \lg a$ 和 $b' = \lg b$,便可以求出 a 和 b 的值。

【例 10-6】　根据表 10.7 的资料,对该市 12 个同类企业的月产量和单位产品成本进行回归分析,其具体计算过程如表 10.8 所示。

表 10.8　12 个同类企业的月产量与单位产品回归分析及系数计算表

企业编号	x	y	x^2	$y' = \lg y$	xy'	$y'_c = \lg y_c$	y_c
—	(1)	(2)	(3)	(4)	(5)	(6)	(7)
1	10	160	100	2.204	22.042	2.178 003	150.661 9
2	16	151	256	2.179	34.864	2.128 153	134.323 7

续表

企业编号	x	y	x^2	$y'=\lg y$	xy'	$y'_c=\lg y_c$	y_c
3	20	114	400	2.057	41.138	2.094 919	124.488 2
4	25	128	625	2.107	52.680	2.053 377	113.077 6
5	31	85	961	1.929	59.812	2.003 526	100.815 2
6	36	91	1 296	1.959	70.525	1.961 984	91.618 6
7	40	75	1 600	1.875	75.002	1.928 750	84.869 2
8	45	76	2 025	1.881	84.636	1.887 208	77.127 2
9	51	66	2 601	1.820	92.797	1.837 357	68.763 4
10	56	60	3 136	1.778	99.576	1.795 815	62.490 6
11	60	61	3 600	1.785	107.119	1.762 581	57.887 0
12	65	60	4 225	1.778	115.580	1.721 039	52.602 5
合 计	455	1 127	20 825	23.352	855.771	23.352 712	—

将表10.8计算得到的数据代入方程组,得

$$\begin{cases}12a'+455b'=23.352\\455a'+20\ 825b'=855.771\end{cases}$$

解得

$$a'=\lg a=2.261\ 09$$

$$b'=\lg b=-0.008\ 31$$

则

$$y'_c=a'+b'x=2.261\ 09-0.008\ 31x$$

这是一个直线方程,把 x 的值代入上式即可得出 y'_c 的各值,见表10.8中的第6栏。从表中数值可以看出:当 x 增加时,y'_c 随之而有减少的趋势。

现在分别求 a'和 b'的反对数,得出

$$a=182.43$$

$$b=0.981$$

于是指数曲线回归方程为

$$y_c=ab^x=182.43\times0.981^x$$

表10.8中第(7)栏就是与 x 相对应的 y_c的数值。根据这一方程所画的图形就是图10.3中间的曲线,这条曲线反映了单位产品成本随产量的增长而逐渐降低的趋势。

【本章小结】

本章主要内容分为三大部分,用模块表示如下:

相关关系的概念、函数关系的概念及两者的关系，相关分析的概念、主要内容及方法 ⇒ 相关关系的图、表显示和相关系数的计算应用 ⇒ 一元线性回归方程的建立，估计标准误差的计算，一元非线性回归方程的建立

相关分析就是研究两个或两个以上变量之间确实存在但又不完全确定的随机关系的统计分析方法，相关关系是相关分析的研究对象，而函数关系则是相关分析的工具。要注意相关关系与函数关系的区别和联系。相关关系的种类有：单相关和复相关，其中单相关是基础；在线性相关和非线性相关中，线性相关是基本的相关关系；相关分析的主要对象是不完全相关关系。

判别现象之间是否具有相关关系的方法有相关表、相关图和相关系数。相关系数的计算是在线性单相关条件下，说明两个现象之间相关关系密切程度的统计分析指标。现象间存在显著线性相关时，可以进行回归分析，即建立简单线性回归方程 $y_c = a + bx$。应用最小平方法原理可确定两个待定参数 a 和 b 的值。估计标准误差是用来说明回归方程代表性大小的统计指标。若估计标准误差小，表明回归方程准确度高，代表性大。

【阅读专栏 12】 对象之间有相关关系即为因果关系吗？

在相关关系中，变量之间的联系有两种情况：一是变量之间存在着一定的因果关系，这时，起影响作用的变量是“因”，称为自变量，用 x 表示；由于受到自变量的影响而发生变动的变量是“果”，称为因变量，用 y 表示。如在施肥量与亩产量之间，施肥量就是自变量，亩产量即为因变量，一般耕地的亩产量随着施肥量的变动而变动。二是变量之间虽存在相互联系但并不存在明显的因果关系。如城镇居民收入水平与工业总产值之间存在着一定的联系，但难以判断，哪一个是“因”，哪一个是“果”，即二者之间难以区别哪一个是自变量，哪一个是因变量。在这种情况下，决定的主要标准应是研究的目的，如在研究城镇居民收入水平与工业总产值之间的关系时，若是为了分析工业总产值对城镇居民收入水平的影响，则可把工业总产值设为自变量，城镇居民收入水平设为因变量；反之，若是为了分析城镇居民收入水平对工业总产值的影响，则可以把城镇居民收入水平设为自变量，工业总产值设为因变量。一般来说，城镇居民收入与工业总产值之间有相互影响关系，城镇居民收入水平提高，将提高居民的消费水平，从而扩大工业品的市场规模，促进工业生产；而工业总产值提高，可以扩大就业水平，从而提高城镇居民收入水平。从逻辑上来说，统计关系式本身不可能意味着任何因果关系，要谈因果关系必须诉诸先验的或理论上的思考。

【思考与练习】

一、判断题

1. 正相关指的是两个变量之间的变动方向都是上升的。（　　）
2. 相关系数是测定变量之间相关密切程度的唯一方法。（　　）
3. 在回归方程中被预测或解释的变量称为因变量。（　　）

4. 甲产品产量与单位成本的相关系数是 -0.89。乙产品单位成本与利润率的相关系数是 -0.93。因此,甲比乙的相关程度高。(　　)

5. 回归分析和相关分析一样,所分析的两个变量都一定是随机变量。(　　)

6. 相关系数 r 是在曲线相关条件下,说明两个现象之间相关关系密切程度的统计分析指标。(　　)

7. 回归分析中,对于没有明显因果关系的两个变量可以求得两个回归方程。(　　)

8. 估计标准误差指的就是实际值 y 与估计值 y_c 的平均误差程度。(　　)

9. 一个回归方程只能作一种推算,即给出自变量的数值估计因变量的可能值。(　　)

10. 产量增加,则单位产品成本降低。这种相关关系属于正相关。(　　)

二、单项选择题

1. 当自变量的数值确定后,因变量的数值也随之完全确定,这种关系属于(　　)。

A. 相关关系　　B. 函数关系　　C. 回归关系　　D. 随机关系

2. 测定变量之间相关密切程度的代表性指标是(　　)。

A. 估计标准误差　　B. 两个变量的协方差

C. 相关系数　　D. 两个变量的标准差

3. 现象之间的相互关系可以归纳为两种类型,即(　　)。

A. 相关关系和函数关系　　B. 相关关系和因果关系

C. 相关关系和随机关系　　D. 函数关系和因果关系

4. 相关系数的取值范围是(　　)。

A. $0 \leq r \leq 1$　　B. $-1 < r < 1$　　C. $-1 \leq r \leq 1$　　D. $-1 \leq r \leq 0$

5. 在价格不变的条件下,商品销售额与销售量之间存在着(　　)。

A. 不完全的依存关系　　B. 不完全的随机关系

C. 完全的随机关系　　D. 完全的依存关系

6. 下列(　　)变量之间的相关程度高。

A. 商品销售额与商品销售量的相关系数是 0.9

B. 商品销售额与商业利润率的相关系数是 0.84

C. 平均流通费用率与商业利润率的相关系数是 -0.94

D. 商品销售价格与销售量的相关系数是 -0.91

7. 回归分析中的两个变量(　　)。

A. 都是随机变量　　B. 关系是对等的

C. 都是给定的量　　D. 一个是自变量,一个是因变量

8. 配合回归方程对资料的要求是(　　)。

A. 因变量是给定的数值,自变量是随机的　　B. 自变量是给定的数值,因变量是随机的

C. 自变量和因变量都是随机的　　D. 自变量和因变量都不是随机的

9. 估计标准误差说明回归直线的代表性,因此(　　)。

A. 估计标准误差数值越大,说明回归直线的代表性越大

B. 估计标准误差数值越大,说明回归直线的代表性越小

C. 估计标准误差数值越小,说明回归直线的代表性越小

D. 估计标准误差数值越小,说明回归直线的实用价值小

10. 在回归直线方程 $y_c=a+bx$ 中,回归系数 b 表示(　　)。

A. 当 $x=0$ 时 y 的期望值　　B. x 变动一个单位时 y 的变动总额

C. y 变动一个单位时 x 的平均变动量　　D. x 变动一个单位时 y 的平均变动量

三、多项选择题

1. 测定现象之间有无相关关系的方法是(　　)。

A. 编制相关表　　B. 绘制相关图

C. 对客观现象做定性分析　　D. 计算估计标准误差

E. 配合回归方程

2. 直线回归分析中(　　)。

A. 自变量是可控制量,因变量是随机的　　B. 两个变量不是对等的关系

C. 利用一个回归方程,两个变量可以互相推算

D. 根据回归系数可以判定相关的方向

E. 对于没有明显关系的两变量可求得两个回归方程

3. 下列属于正相关的现象是(　　)。

A. 家庭收入越多,其消费支出也越多

B. 某产品产量随工人劳动生产率的提高而增加

C. 流通费用率随商品销售额的增加而减少

D. 生产单位产品所耗工时随劳动生产率的提高而减少

E. 产品产量随生产用固定资产价值的减少而减少

4. 进行相关分析时按相关的程度可分为(　　)。

A. 完全相关　　B. 不完全相关　　C. 线性相关　　D. 非线性相关

E. 不相关

5. 计算相关系数时(　　)。

A. 相关的两个变量都是随机的　　B. 相关的两个变量是对等的关系

C. 相关的两个变量一个是随机的,一个是可控制的量

D. 相关系数有正负号,可判断相关的方向

E. 可以计算出自变量和因变量两个相关系数

6. 可用来判断现象之间相关方向的指标有(　　)。

A. 估计标准误差　　B. 相关系数　　C. 回归系数　　D. 两个变量的协方差

E. 两个变量的标准差

7. 直线回归方程 $y_c=a+bx$ 中的 b 称为回归系数,回归系数的作用是(　　)。

A. 可确定两变量之间因果的数量关系　　B. 可确定两变量的相关方向

C. 可确定两变量相关的密切程度

D. 可确定因变量的实际值与估计值的变异程度

E. 可确定当自变量增加一个单位时,因变量的平均增加值

8. 工人的工资(元)依劳动生产率(千元)的回归方程为 $y_c = 10 + 70x$,这意味着(　　)。

A. 如果劳动生产率等于1 000元,则工人工资为70元

B. 如果劳动生产率每增加1 000元,则工人的工资平均提高70元

C. 如果劳动生产率每增加1 000元,则工人工资增加80元

D. 如果劳动生产率等于1 000元,则工人工资为80元

E. 如果劳动生产率每下降1 000元,则工人工资平均减少70元

9. 在回归分析中,就两个相关变量 x 与 y 而言,变量 y 倚变量 x 的回归和变量 x 倚变量 y 的回归所得的两个回归方程是不同的,这种不同表现在(　　)。

A. 方程中参数估计的方法不同

B. 方程中参数的数值不同

C. 参数表示的实际意义不同

D. 估计标准误差的计算方法不同

E. 估计标准误差的数值不同

10. 估计标准误差是反映(　　)。

A. 回归方程代表性大小的指标

B. 估计值与实际值平均误差程度

C. 自变量和因变量离差程度的指标

D. 因变量估计值的可靠程度的指标

E. 回归方程实用价值大小的指标

四、计算题

1. 已知资料如表10.9所示。

表10.9　两变量资料统计情况

x	25	18	32	27	21	35	28	30
y	16	11	20	17	15	26	32	20

要求:

(1)计算相关系数。

(2)配置 y 对 x 的回归直线方程(以 x 为自变量),说明回归系数的含义。

(3)配置 x 对 y 的回归直线方程(以 y 为自变量),说明回归系数的含义。

2. 检查五位同学高等数学的学习时间和学习成绩,资料如表10.10所示。

表10.10　学习时间与学习成绩相关和回归分析资料情况

学习时间(小时)	学习成绩(分)
4	40
6	60
7	50
10	70
13	90

要求：

(1)配置学习成绩对学习时间的直线回归方程。

(2)计算估计标准误差。

(3)计算学习时间与学习成绩之间的相关系数。

3. 根据某地区历年人均月收入(元)与商品销售额(万元)的资料计算的有关数据如下(x代表人均月收入,y代表销售额)：

$$n=9,\sum x=546,\sum y=260,\sum x^2=34\ 362,\sum xy=16\ 918$$

计算：

(1)建立以商品销售额为因变量的直线回归方程,并解释回归系数的含义。

(2)若2017年人均月收入为800元,试推算该年商品销售额。

实践应用训练

第1章　总论

一、实训主题

在日常统计业务中正确鉴别和使用统计学的几个基本概念。

二、实训目标

(1)能够根据所研究的统计业务的内容和研究目的,准确划定业务中所涉及的统计基本概念。

(2)在研究目的、业务内容(研究对象)发生改变时,能够准确变换统计基本概念的角色。

三、实训要求

(1)实训前在理解的基础上牢记各统计学基本概念的定义和特点。

(2)明确每种统计基本概念的使用条件以及它们之间的联系和区别。

(3)在处理统计业务时要以全局的、系统的、相对的眼光看待问题,切勿断章取义,盲目划定统计基本概念。

四、实训内容

(1)列举实表1.1中各项统计业务的研究对象、总体单位、指标(2个)、数量标志(3个)、品质标志(3个)。

实表1.1　统计中几个基本概念的应用统计表

业务内容	研究对象	总体单位	指标	数量标志	品质标志
了解全校各班级基本情况					
统计某班级全体学生情况					
调查某市全年发生的交通肇事情况					
调查某企业生产设备情况					
调查某市工业企业情况					
从全市抽取10家医院,调查了解全市医院医疗设备的使用情况					
抽查某工业企业连续生产的某种产品的产量					
对全国人口进行普查					

(2)某高校每年新生入学时都要进行一次针对入学新生的心理、思想、家庭结构、家庭经济状况等方面的综合调查,目的是要了解学生对新环境的适应情况,以便采取有效措施让入学

新生尽快适应大学生活环境。

①请列出此项业务所涉及的总体、总体单位、指标及各类标志。

②请提出你对此项统计业务的具体调查研究思路，并指出在调查研究过程中将要运用哪些统计研究方法。

第2章　统计调查

一、实训主题

编写调查方案。

二、实训目标

(1)掌握统计调查方案包括的内容，能够编写统计调查方案。

(2)熟练掌握调查表、调查问卷的构成及种类，能够正确、规范地编制调查表。

(3)熟练掌握利用计算机进行文本编辑、表格制作、排版打印等基本操作。

三、实训要求

(1)编写的调查方案内容要完整，调查项目要符合实际，具有可操作性。

(2)设计的调查表、调查问卷要科学、合理、规范。

(3)将设计好的调查方案、调查表和调查问卷在计算机上排版打印。

四、实训内容

从下面四题中任选一题编写调查方案，并设计与之相配套的调查表或调查问卷。

(1)农村义务教育情况调查方案；

(2)农村医疗改革情况调查方案；

(3)大学生消费情况调查方案；

(4)某地区高职高专院校毕业生就业情况调查方案。

第3章　统计整理

一、实训主题

用Excel对数据进行统计分组整理。

二、实训目标

(1)能够在Excel上安装“分析工具库”。

(2)能够熟练使用Excel中的函数法和直方图工具法进行统计分组和编制频数。

(3)能够利用Excel绘制各种形式的统计图。

三、实训要求

(1)实训前要复习Excel的基本操作方法。

(2)熟练掌握本章的相关理论知识。

(3)认真总结案例演示过程，上机独立完成实训内容。

四、案例演示与实训内容

(一)案例演示

1. 在 Excel 上安装“分析工具库”

利用 Excel 进行数据分析时经常要用到 Excel 提供的数据分析工具库,但在默认情况下 Excel 并没有安装该工具库。因此,在对各项数据进行分析操作之前首先介绍如何安装和启动数据分析工具库。具体步骤如下。

第一步:启动 Microsoft Excel,单击“工具”菜单下选择“加载宏”,如实图 3.1 所示。

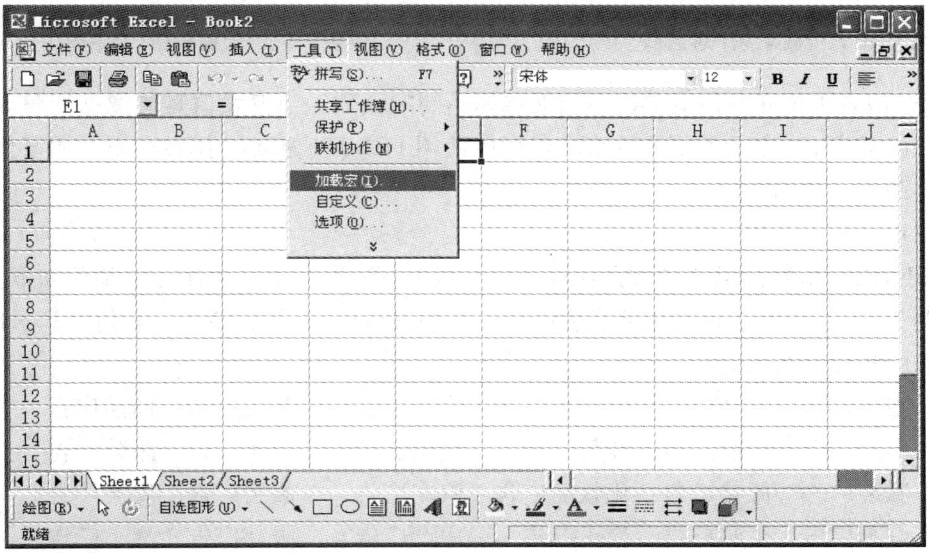

实图 3.1 启动“加载宏”菜单命令

第二步:在弹出的“加载宏”对话框中选择“分析工具库”复选项,单击确定,“工具”菜单中就多了“数据分析”选项。这意味着将全部的统计分析工具安装完毕,如实图 3.2 所示。注意:如果“加载宏”对话框中没有“分析工具库”,请单击“浏览”按钮,定位到“分析工具库”加载宏文件“Analys32. xll”所在的驱动器和文件夹(通常位于“Microsoft Office\\Office\\Library\\Analysis”文件夹中);如果没有找到该文件,应运行“安装”程序。

第三步:启动数据分析工具,单击“工具”,选择“数据分析”选项,在弹出的“数据分析”复选框中选择要使用的分析工具,如实图 3.3 所示。

对原始数据的整理主要根据统计分析的目的对数据进行分组、编制频数分布表以及绘制统计图等。

2. 用 Excel 进行统计分组和编制频数分布表

用 Excel 进行统计分组和编制频数分布表有两种方法:①函数法;②利用数据分析中的“直方图”工具法。下面配合案例逐一进行介绍。

1. 函数法

在 Excel 中利用函数进行统计分组和编制频数分布表可利用 COUNTIF( )、FREQUENCY

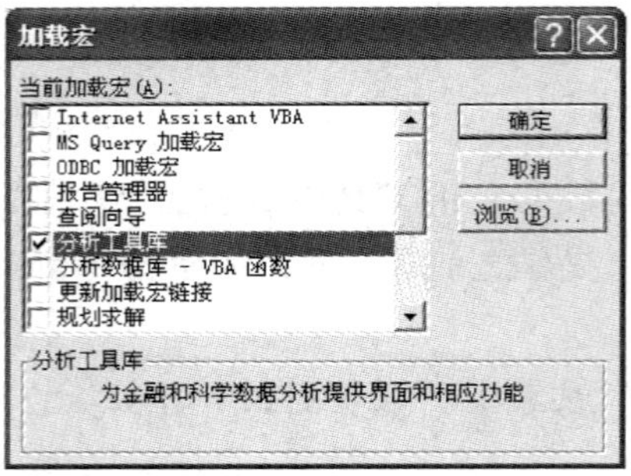

实图 3.2 “加载宏”对话框

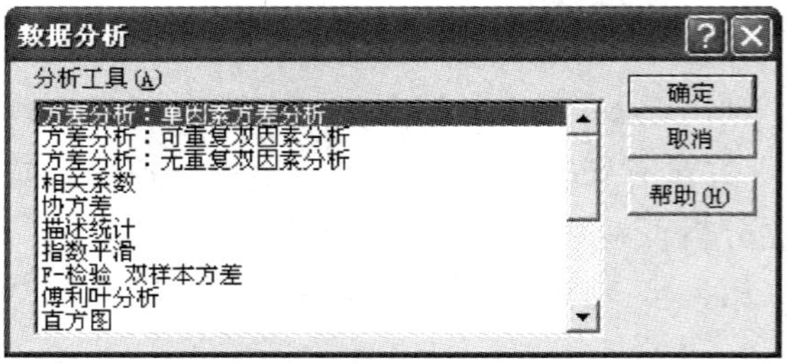

实图 3.3 “数据分析”对话框

( )等函数，但要根据变量值的类型不同而选择不同的函数。当变量值是离散型变量时应使用COUNTIF( )函数；当变量值是连续型变量时应使用 FREQUENCY( )函数。下面用案例演示具体介绍这两个函数的用法。

1) COUNTIF( )函数

COUNTIF( )函数的语法构成是：COUNTIF(区域，条件)。具体使用方法举例如下。

案例 3-1 对 48 名消费者所喜爱的广告类型进行调查，数据如下。请利用 Excel 编制此调查数据的频数分布表。

商品广告	房产广告	化妆品广告	汽车广告	服装广告	商品广告
房产广告	商品广告	商品广告	化妆品广告	汽车广告	服装广告
服装广告	服装广告	化妆品广告	汽车广告	服装广告	房产广告
汽车广告	服装广告	汽车广告	房产广告	服装广告	汽车广告
商品广告	房产广告	化妆品广告	汽车广告	服装广告	商品广告
房产广告	商品广告	商品广告	化妆品广告	汽车广告	服装广告
服装广告	服装广告	化妆品广告	汽车广告	服装广告	房产广告
汽车广告	服装广告	汽车广告	房产广告	服装广告	汽车广告

具体步骤如下。

第一步：将数据输入 Excel 工作表，观察数据的类型个数，在工作表的空余位置列出各组名称，如实图 3.4 所示。

第二步：在 E2 单元格中输入函数“= COUNTIF($A$1:$B$49,D2)”并回车，如实图 3.5 所示。

第三步：采用拖拉单元格复制方式，在 E3 至 E6 单元格内复制公式，完成频数分布表的编制，如实图 3.6 所示。

案例 3-2 某企业连续 24 个月的产品销售额数据如下。试以间隔 10 万元将这些数据分组，并编制频数分布表。

60	69	67	77	87	89	90	67	88	77	93	96
68	64	76	87	97	90	60	78	82	99	67	87

第一步：将数据输入工作表，并观察在间隔 10 万元的情况下所分的组数及每组上限，并在

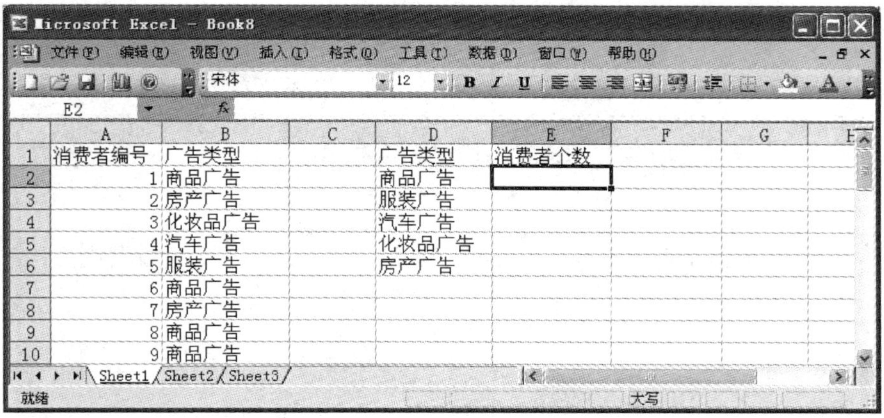

实图 3.4 在工作表中输入调查数据

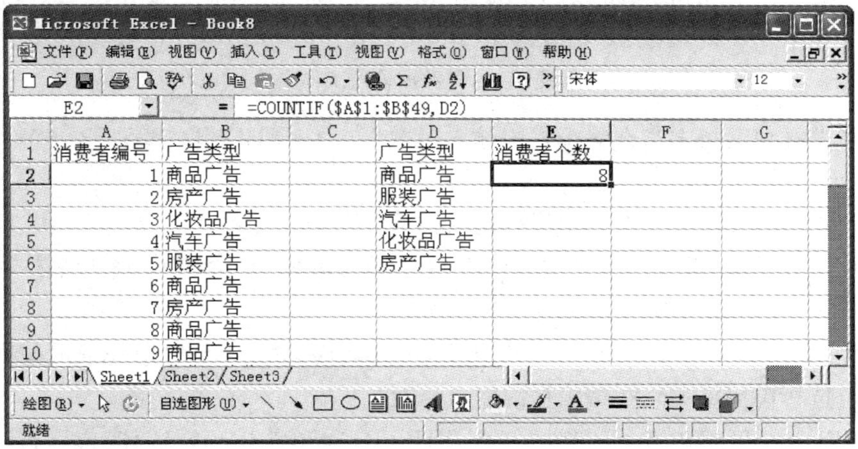

实图 3.5 输入公式

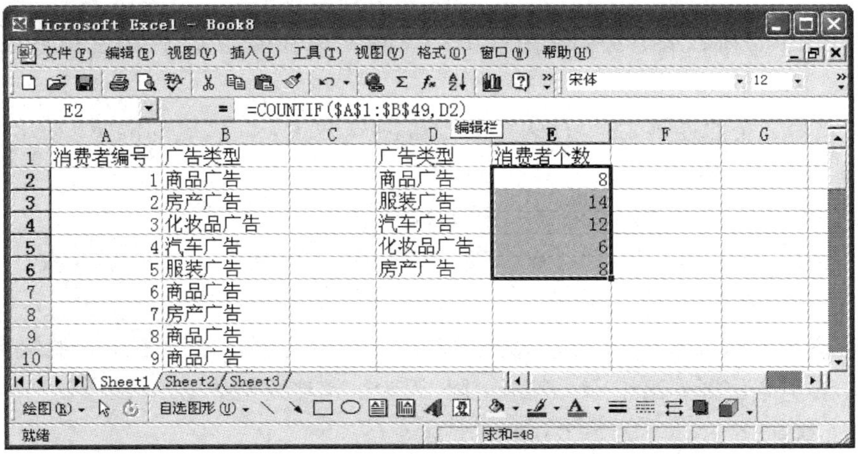

实图 3.6 在 E3 至 E6 单元格内复制公式

工作表空余位置列出组别及各组上限,因为这是连续型数据,所以还要列出每组范围,如实图3.7所示。

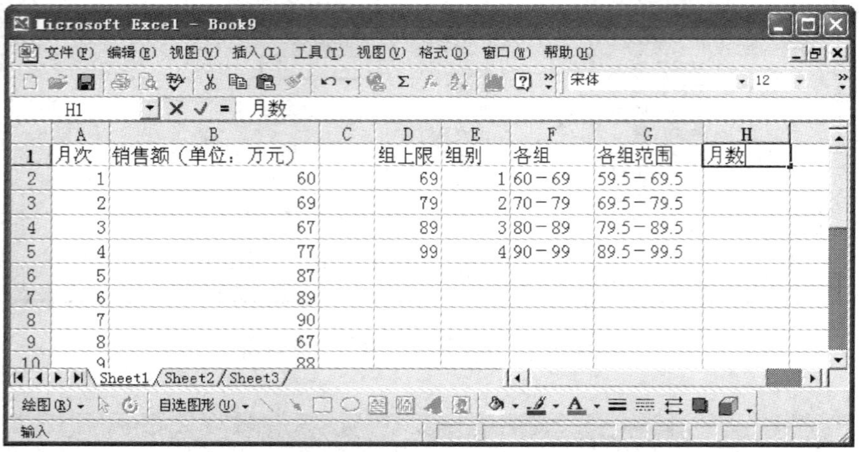

实图3.7　将数据输入工作表

第二步:选择单元格H2,在编辑栏内输入函数“=COUNTIF(B2:B25,″<=69″)”,完成后按回车键。

第三步:选择单元格H3,在编辑栏内输入函数

“=COUNTIF(B2:B25,″<=79″)-COUNTIF(B2:B25,″<=69″)”,完成后按回车键。

第四步:选择单元格H4,在编辑栏内输入函数

“=COUNTIF(B2:B25,″<=89″)-COUNTIF(B2:B25,″<=79″)”,完成后按回车键。

第五步:选择单元格H5,在编辑栏内输入函数

“=COUNTIF(B3:B26,″<=89″)-COUNTIF(B3:B26,″<=79″)”,完成后按回车键。

如实图3.7所示。

2)FREQUENCY()函数

FREQUENCY()函数的语法构成是:FREQUENCY F(数据数组,间隔区域数组)。具体使用方法举例如下。

案例3-3　某企业连续24个月的产品销售额数据如下。试以间隔10万元将这些数据分组,并编制频数分布表。

60	69	67	77	87	89	90	67	88	77	93	96
68	64	76	87	97	90	60	78	82	99	67	87

具体操作步骤如下。

第一步:将数据输入Excel工作表,并观察在间隔10万元的情况下所分的组数及每组上限,并在工作表空余位置列出组别及各组上限,因为这是连续型数据,所以还要列出每组范围,如实图3.7所示。

第二步:选择单元格H2区域,并在单元格H2区域内输入函数“=FREQUENCY(B2:B25,D2:D5)”。

第三步：选择单元格 H3 区域，并在单元格 H3 区域内输入函数“ = FREQUENCY(B2:B25，D3:D5) - FREQUENCY(B2:B25，D2:D5)”，完成后按回车键。以此重复完成单元格 H4、H5 的操作，如实图 3.8 所示。

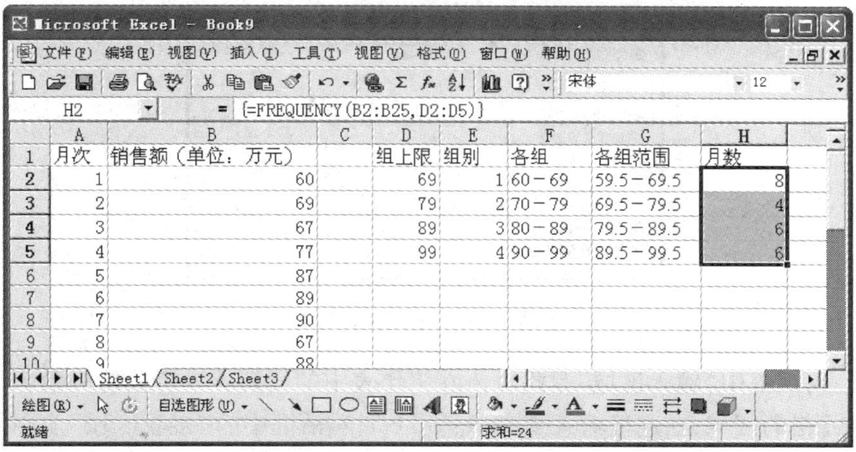

	A	B	C	D	E	F	G	H
1	月次	销售额（单位：万元）		组上限	组别	各组	各组范围	月数
2	1	60		69	1	60－69	59.5－69.5	8
3	2	69		79	2	70－79	69.5－79.5	4
4	3	67		89	3	80－89	79.5－89.5	6
5	4	77		99	4	90－99	89.5－99.5	6
6	5	87						
7	6	89						
8	7	90						
9	8	67						
10	9	88						

实图 3.8　在单元格中输入函数求频数分布表

2. 利用数据分析中的“直方图”工具法

案例 3 - 4　下面给出某企业 50 名工人的月生产产品的数量资料，要求用 Excel 进行分组，并绘制直方图。

146	176	198	227	298	137	173	194	222	267
140	175	196	224	281	126	163	188	210	255
135	122	100	170	160	153	191	184	180	219
218	201	203	260	243	229	126	116	112	142
154	157	186	183	181	209	207	203	252	162

具体操作步骤如下。

第一步：将 50 名工人的月生产产品的数量资料输入工作表，如实图 3.9 所示。

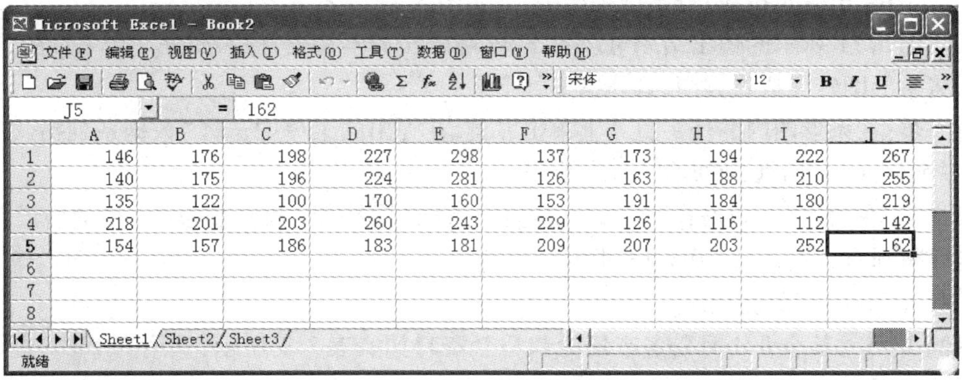

	A	B	C	D	E	F	G	H	I	J
1	146	176	198	227	298	137	173	194	222	267
2	140	175	196	224	281	126	163	188	210	255
3	135	122	100	170	160	153	191	184	180	219
4	218	201	203	260	243	229	126	116	112	142
5	154	157	186	183	181	209	207	203	252	162

实图 3.9　工人月产量资料

第二步：在“工具”菜单中选择“数据分析”选项，在弹出的“数据分析”复选框内选择“直方图”，单击确定打开“直方图”对话框，如实图 3.10 所示。

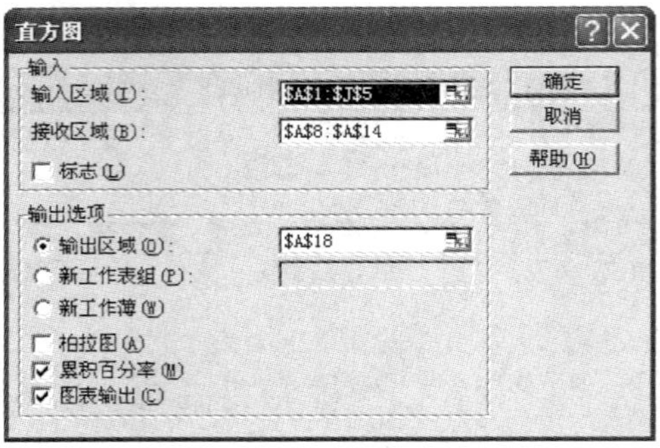

实图 3.10　直方图对话框

第三步：对话框中“输入区域”是指输入在工作表中的所有要进行分组的数据的起始单元格到终止单元格的区域，在这里输入 $A$1：$J$5；对话框中的“接收区域”实际是指被分成的各组变量值所在的区域，但软件只能接受每一组的上限值。在本案例中把被分成的各组变量值的上限 130、160、190、220、250、280、310 排列到 A8：A14 单元格内，因此在接收区域输入 $A$8：$A$14。当在工作表中输入了标志名称时，要选标志选框，本例数据输入工作表时没输标志名称，故不选该项。

第四步：选择输出选项，在“输出选项”框内选择“输出区域”选项，则将分组结果输出到当前工作表的指定区域；选择“新工作表组”，将分组结果输出到当前工作簿中插入的新的工作表中；选择“新工作簿”，将分组结果输出到另一新建的工作簿的指定工作表中。因为事先不知道输出区域的具体范围大小，因此，在这里选择指定“输出区域”，在“输出区域”填充框中输入 $A$18。

第五步：选择图形输出形式。选择“柏拉图”，可得到按降序排列的直方图；选择“累计百分率”，系统将在直方图上添加累积频率折线图；选择“图表输出”，可直接得到直方图。这里选择了“累计百分率”和“图表输出”复选框。

第六步：单击确定按钮，输出分组结果，如实图 3.11 所示。

从实图 3.11 所示的输出结果可以看出，实际输出的不是直方图，而是一个条形图，在这里要必须将条形图转变成直方图，具体操作如下。

第一步：在条形图内的任一直条上单击右键，在弹出的菜单中选择“数据系列格式”，弹出“数据系列格式”对话框，如实图 3.12 所示。

第二步：在“数据系列格式”对话框中选择“选项”标签，将“间距宽度”一栏的值设为 0，单击确定可得到直方图，如实图 3.13 所示。

3. 利用 Excel 绘制统计图

案例 3－5　某企业 4 月份各市场的销售额资料如实表 3.1 所示，试用 Excel 对此数据资料绘制统计图。

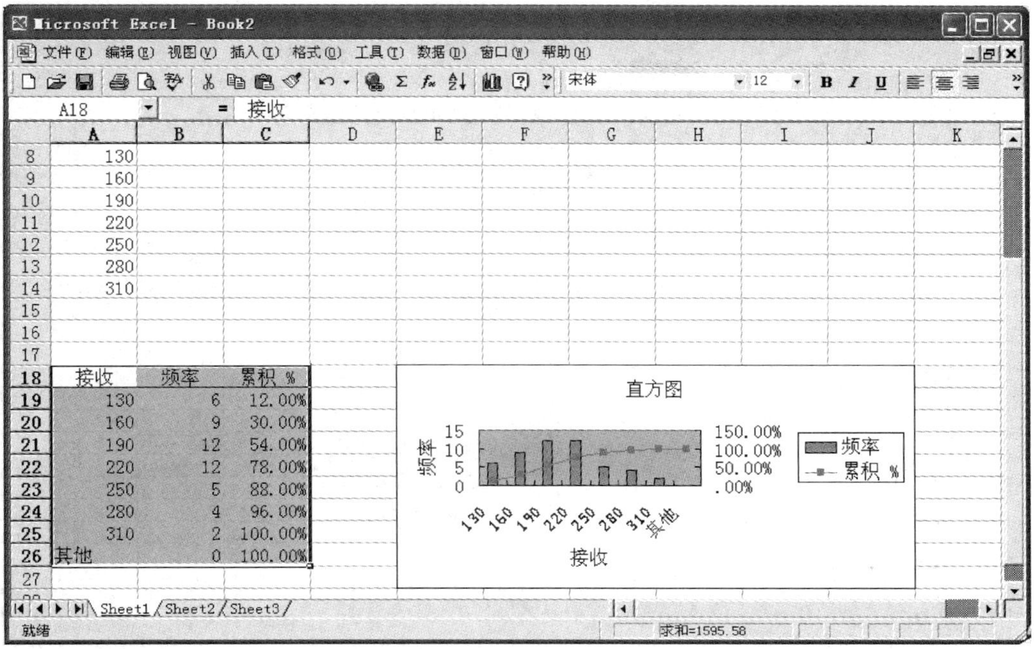

实图 3.11　频数分布和直方图

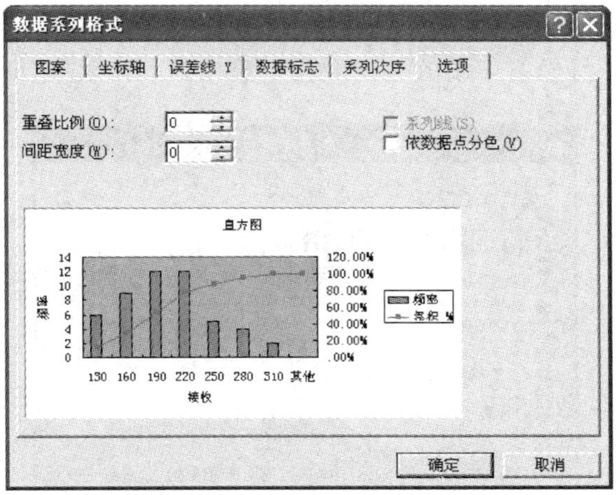

实图 3.12　数据系列格式对话框

实表 3.1　某企业 4 月份各市场的销售额资料统计表

市场	销售额(万元)	比重(%)
上海	208	29
北京	189	26.7
内蒙古	10	14.1
石家庄	110	16.1
山西	100	14.1
合计	707	100

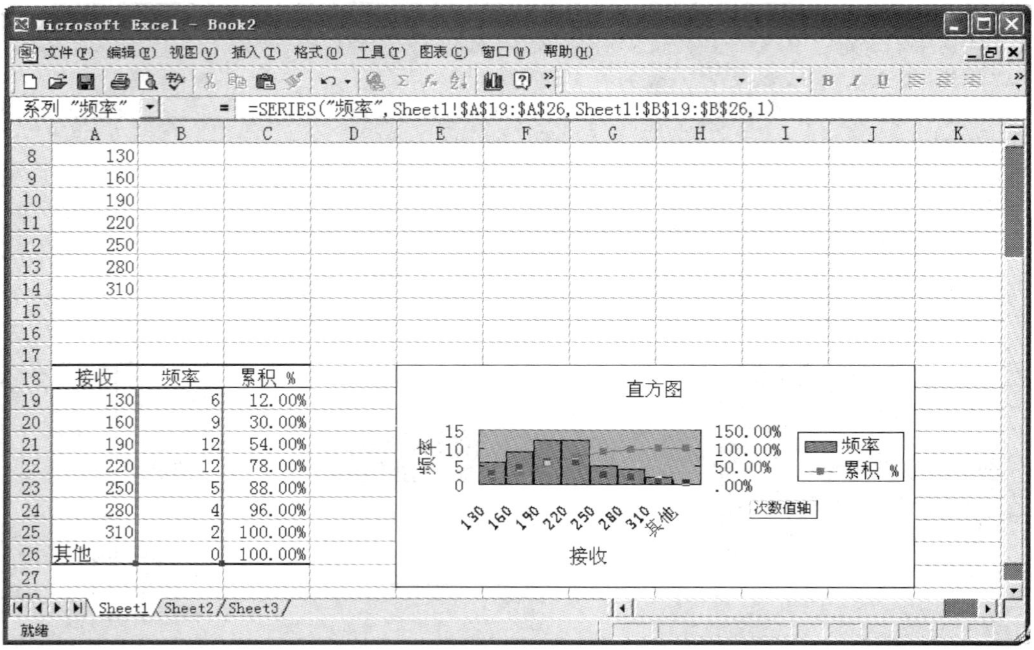

实图 3.13 调整后的直方图

具体操作步骤及方法如下。

第一步:将某企业 4 月份各市场的销售额资料输入到工作表中,如实图 3.14 所示。

实图 3.14 某企业 4 月份各市场的销售额资料

第二步:选中当前工作表的任一单元格,单击“插入”菜单选择“图表”选项,弹出“图表向导”的“图表类型”对话框,如实图 3.15 所示。

第三步:在“图表类型”中列出各种统计图形式,根据分析目的选择不同的类型绘制出不同形式的统计图。这里选择“柱形图”后单击下一步,弹出“图表向导”的“图表数据源”对话

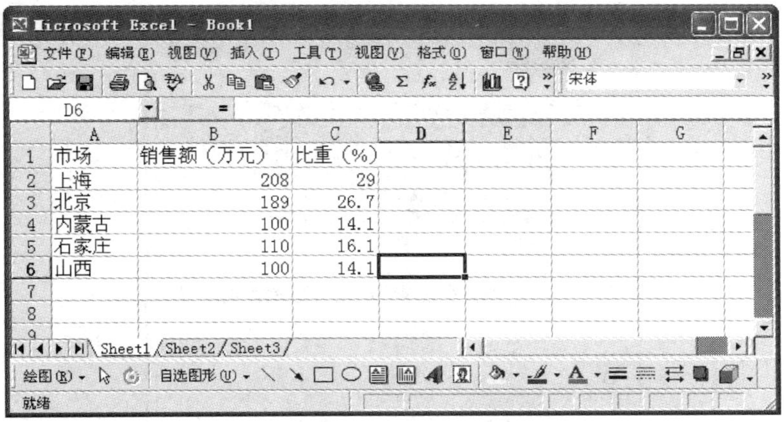

实图 3.15　图表类型对话框

框，如实图 3.16 所示。

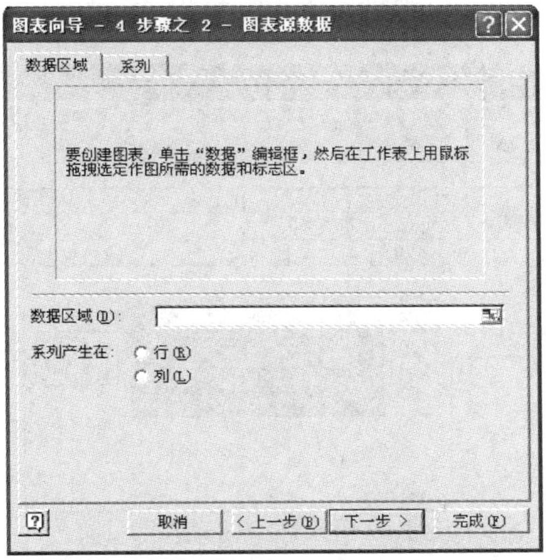

实图 3.16　图表数据源对话框

第四步：在弹出的"图表数据源"中的"数据区域"填充栏内输入要分析研究的数据区域，这里输入" =Sheet1！ $A$2：$C$6"，如实图 3.17 所示。

第五步：单击"完成"按钮，完成统计图的绘制，如实图 3.18 所示。

（二）实训内容

某班 40 名学生统计学考试成绩分别为：

57　89　49　84　86　87　75　73　72　68　75　82　97　81

67　81　54　79　87　95　76　71　60　90　65　76　72　70

86　85　89　89　64　57　83　81　78　87　72　61

学校规定：60 分以下为不及格，60 ~ 70 分为及格，70 ~ 80 分为中，80 ~ 90 分为良，90 ~ 100

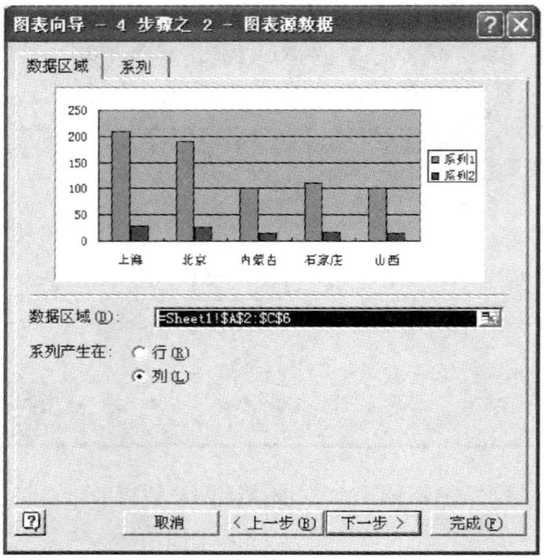

实图 3.17　输入数据区域

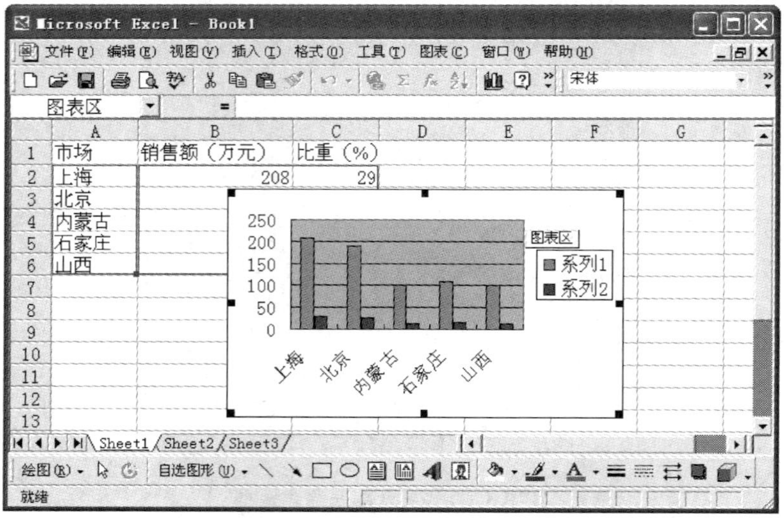

实图 3.18　柱形统计图

分为优。

(1)用 FREQUENCY( )函数对上述数据编制频数分布表。

(2)试用 Excel 进行分组并绘制柏拉直方图,输出到新工作簿中,保存文件名为 X. BcJ。

(3)对分组后的资料绘制饼形统计图。

第4章　总量指标和相对指标

一、实训主题

用 Excel 计算相对指标。

二、实训目标

(1)能合理地利用 Excel 作为计算相对指标的工具。

(2)能熟练掌握在 Excel 中快速输入数据的技巧。

三、实训要求

(1)熟练掌握各种相对指标的计算原理。

(2)在 Excel 中熟练掌握快速输入公式及用鼠标拖拉复制公式的技巧。

四、案例演示与实训内容

(一)案例演示

案例 4－1　已知2004年甲城镇有人口80万人,比乙城镇多20万人,预计2005年该城镇(甲城镇)全部产业税收收入将达到1.2亿元,又已知2000—2005年该城镇(甲城镇)第一产业、第二产业、第三产业的税收收入数据如实表4.1所示。

实表4.1　2000—2005年甲城镇第一产业、第二产业、第三产业税收收入统计表

产业类型	税收收入(万元)					
	2000	2001	2002	2003	2004	2005
第一产业	3 000	3 100	3 300	3 400	4 000	4 500
第二产业	2 000	3 000	3 500	4 000	4 500	5 000
第三产业	1 000	1 200	2 000	3 000	3 800	4 000

试用 Excel 计算如下相对指标:

(1)2004年甲城镇第一产业税收收入的结构相对指标;

(2)2003年甲城镇第一产业税收与第二产业税收的比例相对指标;

(3)2004年甲城镇人口与乙城镇人口的比较相对指标;

(4)2001—2005年产业税收总额的各期动态相对指标;

(5)2004年甲城镇三个产业人均税收总额的强度相对指标;

(6)2005年甲城镇三个产业税收总额的计划完成相对指标。

具体操作步骤如下。

第一步:将相关数据输入到 Excel 工作表,并在当前工作表的适当空白位置输入将要计算的相对指标名称,如实图4.1所示。

第二步:计算相对指标,计算结果如实图4.2所示。

(1)计算2004年甲城镇第一产业税收收入的结构相对指标:选定单元格 B2:D2 区域,单击菜单栏“自动求和”按钮,采用拖拉鼠标方式复制公式到 E2:E7,得出各年度产业税收总额,

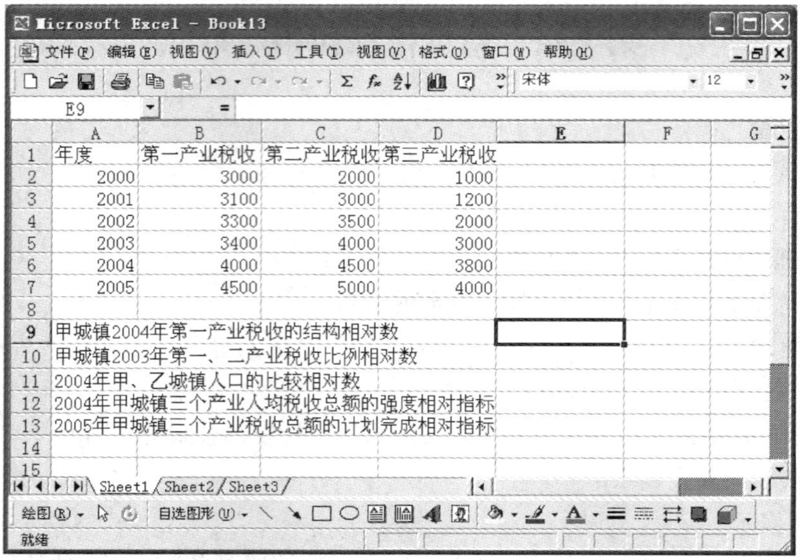

年度	第一产业税收	第二产业税收	第三产业税收
2000	3000	2000	1000
2001	3100	3000	1200
2002	3300	3500	2000
2003	3400	4000	3000
2004	4000	4500	3800
2005	4500	5000	4000
甲城镇2004年第一产业税收的结构相对数			
甲城镇2003年第一、二产业税收比例相对数			
2004年甲、乙城镇人口的比较相对数			
2004年甲城镇三个产业人均税收总额的强度相对指标			
2005年甲城镇三个产业税收总额的计划完成相对指标			

实图 4.1　在 Excel 工作表中输入相关数据资料

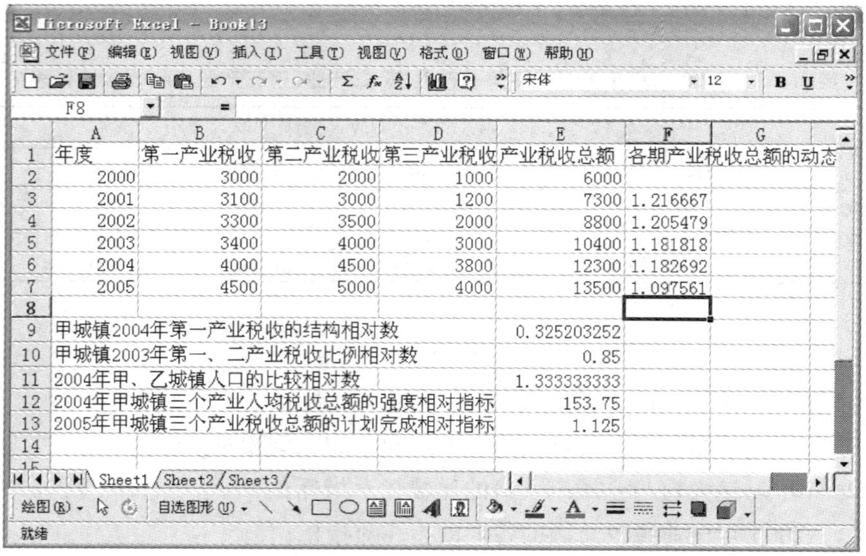

年度	第一产业税收	第二产业税收	第三产业税收	产业税收总额	各期产业税收总额的动态
2000	3000	2000	1000	6000	
2001	3100	3000	1200	7300	1.216667
2002	3300	3500	2000	8800	1.205479
2003	3400	4000	3000	10400	1.181818
2004	4000	4500	3800	12300	1.182692
2005	4500	5000	4000	13500	1.097561
甲城镇2004年第一产业税收的结构相对数				0.325203252	
甲城镇2003年第一、二产业税收比例相对数				0.85	
2004年甲、乙城镇人口的比较相对数				1.333333333	
2004年甲城镇三个产业人均税收总额的强度相对指标				153.75	
2005年甲城镇三个产业税收总额的计划完成相对指标				1.125	

实图 4.2　相对指标计算结果

单击 E9 单元格并输入公式“ = B6/E6”回车，得出结构相对指标为 0.325 203 252。

（2）计算 2003 年甲城镇第一产业税收与第二产业税收的比例相对指标：单击 E10 单元格输入公式“ = B5/C5”回车，得出比例相对指标为 0.85。

（3）计算 2004 年甲城镇人口与乙城镇人口的比较相对指标：单击 E11 单元格输入“ = 80/(80 - 20)”回车，得比较相对指标为 1.333。

（4）计算 2001—2005 年产业税收总额的各期动态相对指标：选定 F2 单元格并输入公式

"=E3/E2"回车,采用拖拉鼠标的方式复制公式到 F2:F7 区域,即可得到各期产业税收总额的动态相对指标。

(5)2004 年甲城镇三个产业人均税收总额的强度相对指标:选定 E12 单元格并输入"=E6/80"回车,得出人均税收总额的强度相对指标为 153.75 元/人。

(6)计算 2005 年甲城镇三个产业税收总额的计划完成相对指标:选定 E13 单元格并输入"=E7/12 000"回车,得出计划完成相对指标为 1.125。

(二)实训内容

自由上机,用 Excel 辅助完成第 4 章"思考与练习"中给出的计算相对指标的习题。

第 5 章　平均指标和变异指标

一、实训主题

用 Excel 计算描述统计量。

二、实训目标

(1)在 Excel 上能够熟练利用函数法和"描述统计"工具法计算描述统计量。

(2)通过本次实训能达到举一反三的目的,能在 Excel 中掌握多种输入函数的方法。

(3)熟练记忆每一个拼写形式运用方法。

三、实训要求

(1)实训前要复习 Excel 的函数和公式的输入方法。

(2)熟练掌握本章的相关理论知识。

(3)认真总结案例演示过程,上机独立完成实训内容。

四、案例演示与实训内容

(一)案例演示

常用的描述统计量有众数、中位数、算术平均数、调和平均数、几何平均数、全距、标准差、方差、标准差系数等。用 Excel 计算描述统计量有两种方式,一是利用函数计算,二是描述统计工具计算。下面配合案例对这两种方式下描述统计量的计算方法逐一进行介绍。

1. 用函数法计算描述统计量

1)利用 MODE( )函数计算众数

案例 5-1　为了解某企业职工的工资情况,随机抽取 20 人调查,月工资数据资料如下:

1 650	1 430	1 060	1 140	1 550	1 430	1 590	1 580	1 700	1 580
1 470	1 660	1 570	1 840	1 740	1 330	1 560	1 350	1 660	1 250

试用 Excel 提供的 MODE( )函数计算上述数据资料的众数。

具体方法如下。

第一步:将 20 个人的工资数据输入工作表 A1:A20 单元格中。

第二步:在当前工作表上选中任一空白单元格并输入函数"=MODE(A1:A20)",如实图 5.1 所示。

第三步:回车后即可得众数为 1 430。

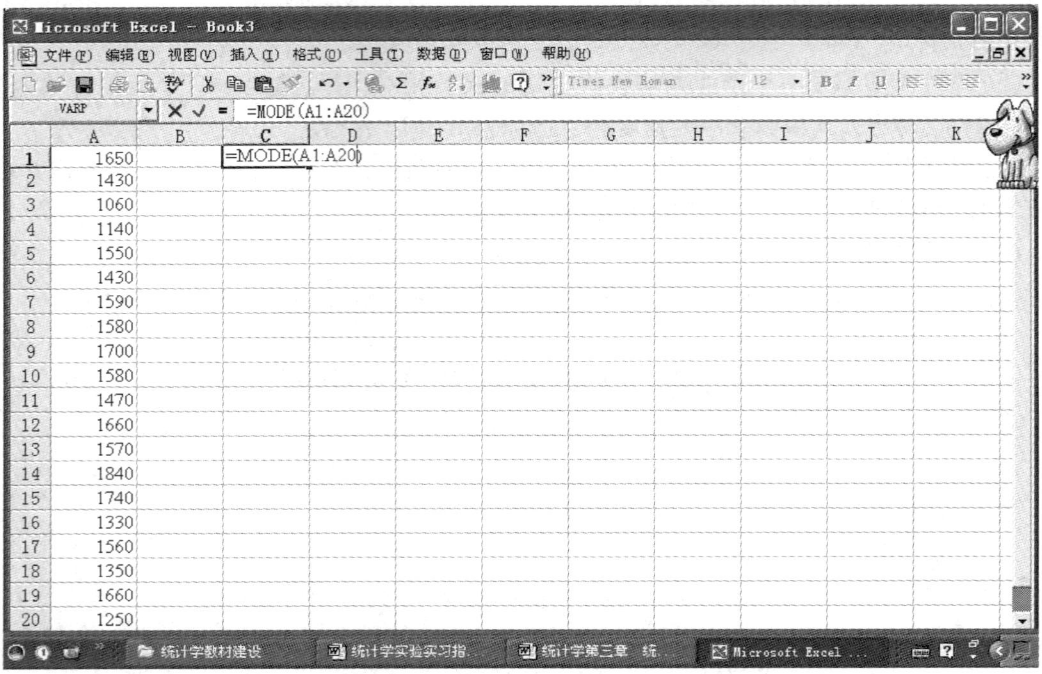

实图 5.1　对 20 名职工工资求众数

2)利用 MEDIAN( )函数计算中位数

案例 5-2　试用 Excel 提供的 MEDIAN( )函数对案例 5-1 中的数据资料计算中位数,具体方法如下。

第一步:将 20 个人的工资数据输入工作表 A1:A20 单元格中。

第二步:在当前工作表上选中任一空白单元格并输入函数"=MEDIAN(A1:A20)",如实图 5.2 所示。

第三步:回车后得中位数为 1 565。

3)利用 AVERAGE( )函数计算算术平均数

计算方法与计算众数的方法相似,仍采用案例 5-1 的资料来说明:将 20 名职工工资输入工作表后,在当前工作表任选一空白单元格,输入"=AVERAGE(A1:A20)",回车后得算术平均数为 1 507。

另外,还可以用同样的方法利用 HARMEAN( )函数计算调和平均数,利用 GEOMEAN( )函数计算几何平均数。计算过程从略。

4)利用 STDEV( )函数计算标准差

计算方法与计算众数的方法相似,仍采用案例 5-1 的资料来说明:将 20 名职工工资输入工作表后,在当前工作表任选一空白单元格,输入"=STDEV(A1:A20)",回车后得标准差为 200.738 1。

2. 用"描述统计"工具计算描述统计量

案例 5-3　试用 Excel 提供的"描述统计"工具对案例 5-1 中的数据资料计算描述统计

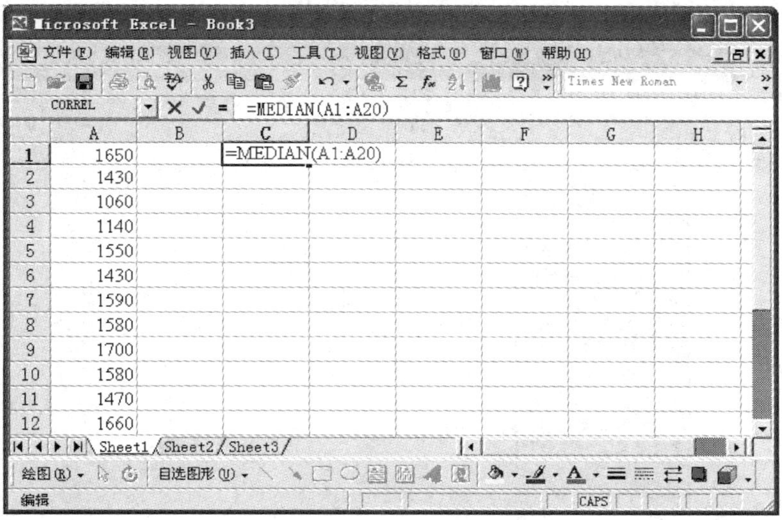

实图 5.2　对 20 名职工工资求中位数

量。

具体方法如下。

第一步:将 20 名职工工资数据输入工作表,在"工具"菜单中选择"数据分析"选项,从弹出的对话框中选择"描述统计",按确定后打开"描述统计"对话框,如实图 5.3 所示。

第二步:在输入区域中输入 $A$1:$A$30;在"分组方式"选择框中选择"逐列",因为数据在工作表中是以列的形式输入的。如果在输入数据时第一行输入了标志名称,要选择"标志位于第一行",这里不选。在输出选项中选择"输出区域"并输入 $C$1,剩余复选框可根据需要选定。若选择汇总统计,可给出一系列描述统计量;若选择平均数置信度,会给出用样本平均数估计总体平均数的置信区间;第 K 大值和第 K 小值会给出样本中第 K 个大值和第 K 个小值。这里选择"汇总统计","平均数置信度"输入 95%,"第 K 大值"和"第 K 小值"均设为 1。

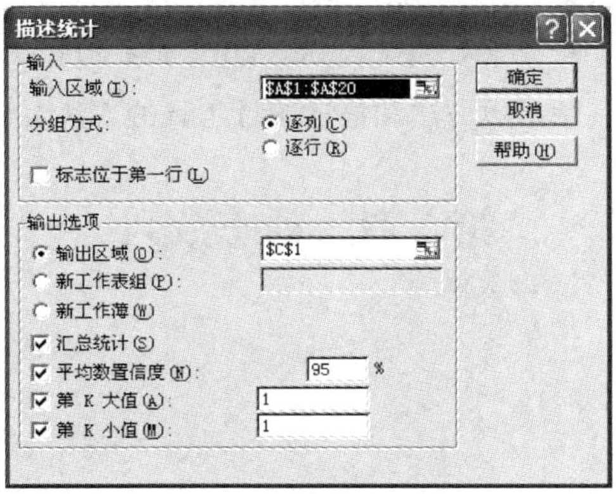

实图 5.3　描述统计对话框

第三步:单击确定,得出计算结果,如实图 5.4 所示。

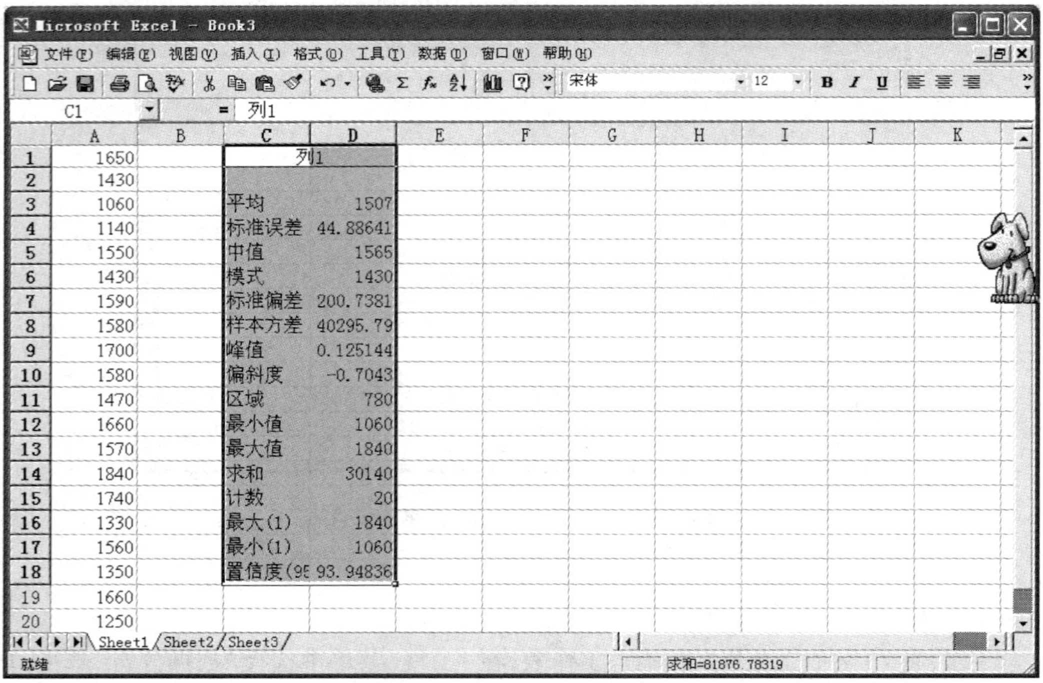

实图 5.4　描述统计输出结果

计算结果中:"平均"指样本均值;"标准误差"指样本平均数的标准差;"中值"即中位数;"模式"指众数;"标准偏差"指样本标准差,自由度为 $n-1$;"峰值"即峰度系数;"偏斜度"即偏度系数;"区域"实际上是极差或全距。

(二)实训内容

对某企业 30 个工人完成劳动定额的情况进行调查,得原始资料如下(%):

98	81	95	84	93	86	91	102	100	103
105	100	104	108	107	108	106	109	112	114
109	117	125	115	120	119	118	116	129	113

要求:在 Excel 中分别利用函数方法和描述统计工具的方法对该资料计算描述统计量。

第 6 章　动态数列

一、实训主题

用 Excel 进行动态数列分析。

二、实训目标

(1)在 Excel 上能够熟练掌握公式的编制和输入方法。

(2)能在 Excel 上单独完成实训内容和日常统计业务分析。

三、实训要求

(1)熟练掌握本章的相关理论知识,特别要能准确地编写有关计算公式。

(2)能够在 Excel 中提取数据表格和分析图形。

(3)认真总结案例演示过程,上机独立完成实训内容。

四、案例演示与实训内容

(一)案例演示

1. 用 Excel 计算增长量和平均增长量

案例 6-1 某企业 1999—2005 年年产品销售额资料如实表 6.1 所示,试用 Excel 对此数据资料计算逐期增长量、累计增长量和平均增长量。

实表 6.1 某企业 1999—2005 年年产品销售额资料统计表

年份	产品销售额(万元)
1999	179
2000	208
2001	211
2002	200
2003	190
2004	289
2005	398

具体计算步骤如下。

第一步:将数据资料输入工作表,如实图 6.1 所示,在 A 列输入年份,在 B 列输入产品销售额。

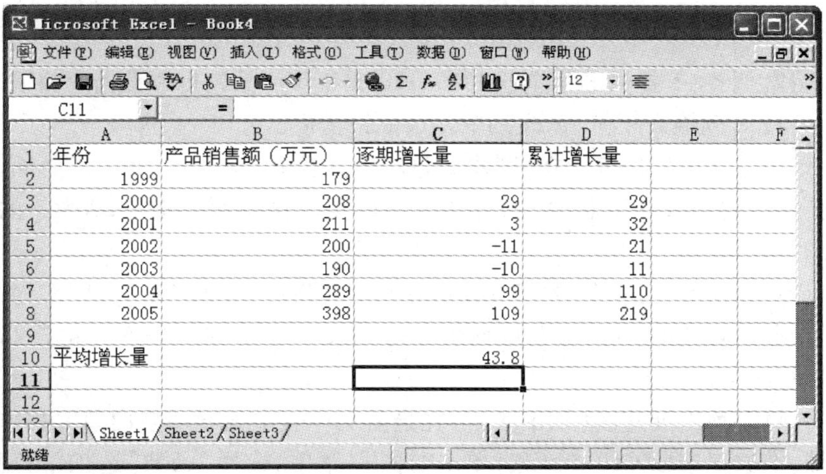

实图 6.1 用 Excel 计算增长量和平均增长量资料及结果

第二步:计算逐期增长量。在 C3 单元格中输入公式"=B3-B2"后回车,并用鼠标拖曳方式将公式复制到 C3:C8 区域,松开鼠标后即得出该企业 1999—2005 年的产品销售额逐期增长量计算结果。

第三步:计算累计增长量。在 D3 单元格中输入公式“ = B3 - $B$2”后回车,并用鼠标拖曳方式将公式复制到 D3:D8 区域,松开鼠标后即得出该企业 1999—2005 年的产品销售额累计增长量计算结果。

第四步:计算平均增长量(水平法)。在当前工作表中任选一空白单元格作为平均增长量的输出区域,这里选取 C10 单元格并输入公式“ = (B8 - B2)/5”后回车,即得出该企业 1999—2005 年的产品销售额平均增长量的计算结果。

2. 用 Excel 计算发展速度和平均发展速度

案例 6 - 2　试利用 Excel 对案例 6 - 1 提供的数据资料计算定基发展速度、环比发展速度和平均发展速度。具体方法如下。

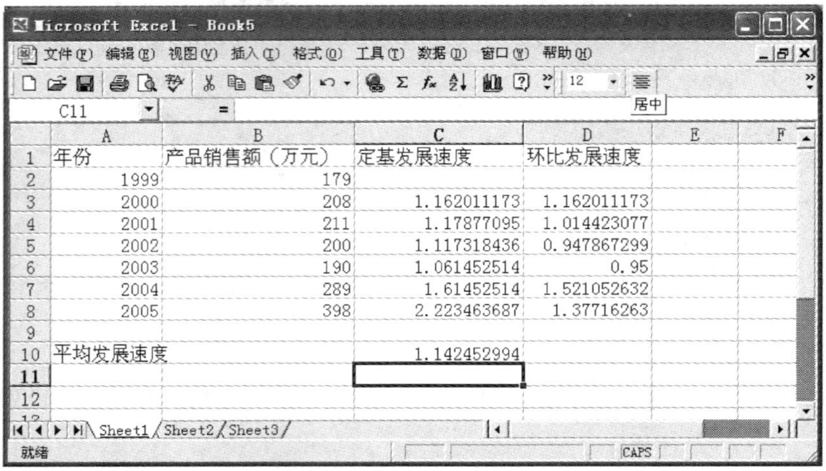

	A	B	C	D	E	F
1	年份	产品销售额(万元)	定基发展速度	环比发展速度		
2	1999	179				
3	2000	208	1.162011173	1.162011173		
4	2001	211	1.17877095	1.014423077		
5	2002	200	1.117318436	0.947867299		
6	2003	190	1.061452514	0.95		
7	2004	289	1.61452514	1.521052632		
8	2005	398	2.223463687	1.37716263		
9						
10	平均发展速度		1.142452994			
11						
12						

实图 6.2　用 Excel 计算发展速度和平均发展速度资料及结果

第一步:将案例 6 - 1 提供的某企业 1999—2005 年年产品销售额数据资料输入工作表,如实图 6.2 所示,在 A 列输入年份,在 B 列输入产品销售额。

第二步:计算定基发展速度。在 C3 单元格中输入公式“ = B3/ $B$2”后回车,并用鼠标拖曳方式将公式复制到 C3:C8 区域,松开鼠标后即得出该企业 1999—2005 年的产品销售额定基发展速度的计算结果。

第三步:计算环比发展速度。在 D3 单元格中输入公式“ = B3/B2”后回车,并用鼠标拖曳方式将公式复制到 D3:D8 区域,松开鼠标后即得出该企业 1999—2005 年的产品销售额环比发展速度的计算结果。

第四步:计算平均发展速度(水平法)。在当前工作表中任选一空白单元格作为平均增长量的输出区域,在这里选取 C10 单元格,单击“插入”菜单,选择“函数”选项,出现插入函数对话框后,选择 GEOMEAN(返回几何平均值)函数,在数值区域中输入 D3:D8 后单击确定,即得出该企业 1999—2005 年的产品销售额平均发展速度的计算结果。

3. 用 Excel 进行长期趋势分析

长期趋势是指动态数列中某种经济现象在某一个较长时期内持续上升或持续下降发展变

化趋势。长期趋势是受某种固定的、起根本性作用的因素影响的结果。可利用 Excel 进行长期趋势分析的方法很多，在此只介绍移动平均法。下面配合案例叙述这种分析方法的操作步骤。

案例 6－3　某公司 2000—2005 年历年的总产值资料如实表 6.2 所示。

实表 6.2　某公司 2000—2005 年历年的总产值资料统计表　　　（单位：万元）

年度	2000	2001	2002	2003	2004	2005
总产值	145	120	187	230	215	300

试用 Excel 采用移动平均法对此数据进行长期趋势分析，并绘制长期趋势线。

具体操作步骤如下。

第一步：将上述数据输入到 Excel 工作表，如实图 6.3 所示，在 A 列输入年度，在 B 列输入总产值。

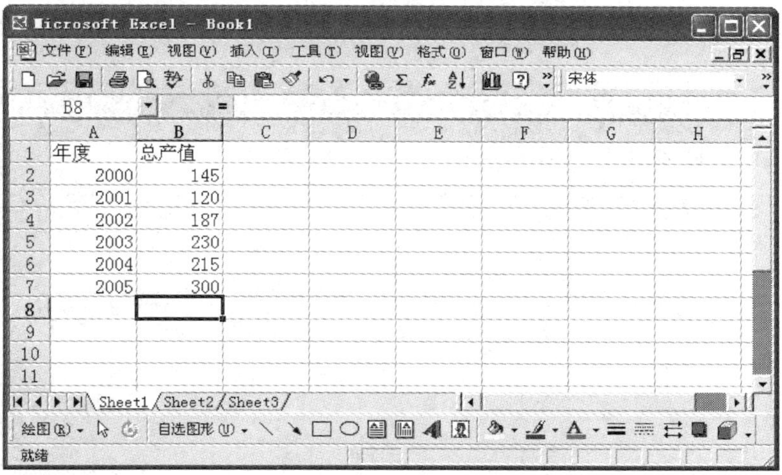

实图 6.3　在工作表中输入数据

第二步：单击“工具”菜单，选择“数据分析”选项，在弹出的“数据分析”对话框中选择“移动平均”后单击确定，如实图 6.4 所示。

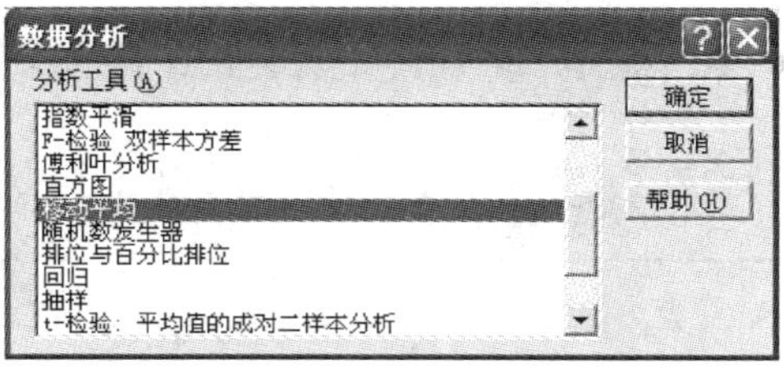

实图 6.4　选择“移动平均”分析工具

第三步：在弹出的“移动平均”对话框中设置各项参数。本案例中，“输入区域”为＄B＄1：＄B＄7，“输出区域”为＄C＄1：＄C＄7。本案例做3项移动平均，“间隔”栏内填3；在工作表输入时第一行输入的是标志名称，故在此选择“标志位于第一行”。本案例最终要求绘制长期趋势线，故选择“图表分析”复选框，如实图6.5所示。

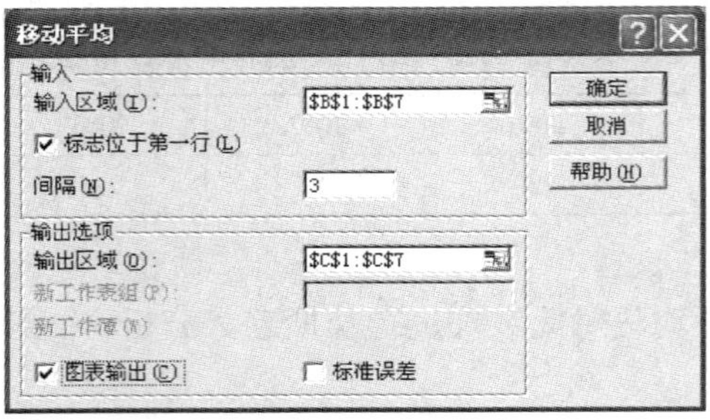

实图6.5　设置“移动平均”对话框内的各项参数

第四步：单击“确定”，得出用移动平均法计算出的3项移动平均数列和长期趋势图，如实图6.6所示。

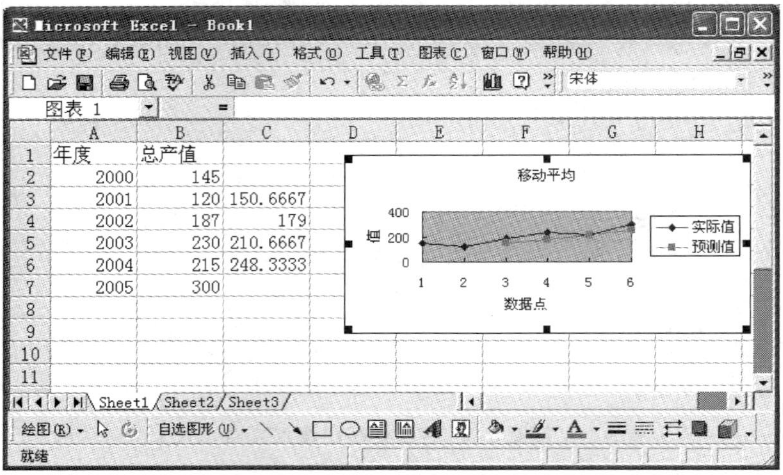

实图6.6　用移动平均法测得的长期趋势线

(二)实训内容

(1)某地区2010—2016年的粮食产量资料如实表6.3所示。

实表6.3　某地区2010—2016年的粮食产量资料统计表

年份	粮食产量(万吨)
2010	96
2011	120
2012	123
2013	150

续表

年份	粮食产量(万吨)
2014	148
2015	100
2016	199
合计	936

试用 Excel 计算逐期增长量、累计增长量、平均增长量、定基发展速度、环比发展速度和平均发展速度。

(2)某公司 2009—2016 年历年各季的产品销售情况资料如实表 6.4 所示(单位:万元)。

实表 6.4　某公司 2009—2016 年历年各季的产品销售情况资料统计表

年度	2009				2010				2011				2012			
季度	1	2	3	4	5	6	7	8	9	10	11	12	13	14	15	16
销售额	20	23	21	27	35	40	38	42	40	49	46	42	50	48	42	49
年度	2013				2014				2015				2016			
季度	17	18	19	20	21	22	23	24	25	26	27	28	29	30	31	32
销售额	30	49	50	48	52	51	55	60	65	40	66	38	66	69	77	85

试用 Excel 作五项移动长期趋势分析,并绘制长期趋势线。

第 7 章　统计指数

一、实训主题

用 Excel 进行指数分析。

二、实训目标

(1)在 Excel 上能够熟练编制指数公式进行表格延展。

(2)能熟练运用 Excel 辅助计算各种指数和进行指数体系的因素分析。

三、实训要求

(1)实训前熟练掌握本章的相关理论知识。

(2)认真总结案例演示过程,上机独立完成实训内容。

四、案例演示与实训内容

(一)案例演示

1. 用 Excel 计算总指数

案例 7-1　已知某企业甲、乙、丙三种产品的生产情况资料如实表 7.1 所示。

实表 7.1　某企业三种产品生产情况资料统计表

产品	计量单位	基期价格	基期产量	报告期价格	报告期产量
甲	件	1 000	90 000	1 100	97 000
乙	条	800	120 000	790	110 000
丙	吨	200	76 000	354	80 000

试以基期价格作为同度量因素，用 Excel 计算生产量总指数。

具体操作步骤如下。

第一步：将数据资料输入 Excel 工作表，并根据计算需要对工作表进行延展，如实图 7.1 所示。

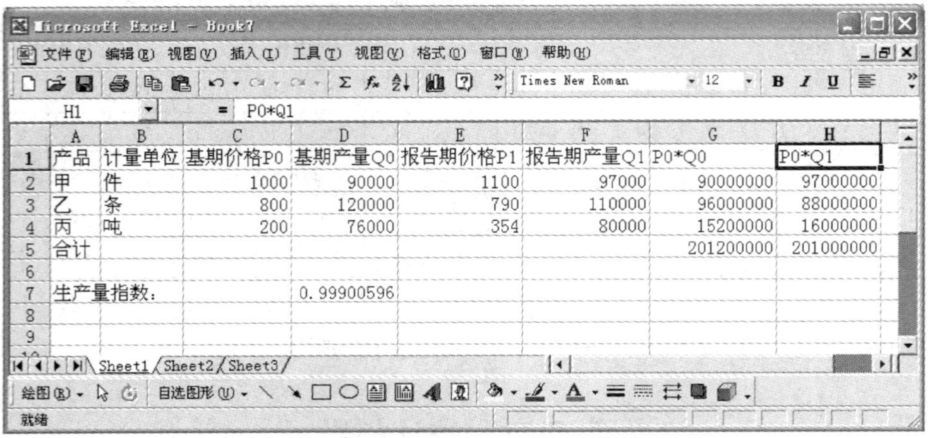

实图 7.1　用 Excel 计算总指数资料及结果

第二步：计算各个 p_0q_0、p_0q_1。在 G2 单元格中输入“ = C2 * D2”并用鼠标拖曳方式将公式复制到 G2:G4 区域；在 H2 单元格中输入“ = C2 * F2”并用鼠标拖曳方式将公式复制到 H2:H4 区域。

第三步：计算 $\sum p_0q_0$ 和 $\sum p_0q_1$。选定 G2:G4 区域，单击工具栏上的“$\sum$ ”按钮，在 G5 出现该列的求和值。选定 H2:H4 区域，单击工具栏上的“$\sum$ ”按钮，在 H5 出现该列的求和值。

第四步：计算生产量综合指数 $k_q = \sum p_0q_1 / \sum p_0q_0$。在 D7 中输入“ = H5/G5”，回车后便可得到生产量总指数。

2. 用 Excel 进行因素分析

案例 7 - 2　某企业三种产品的产量和单位变动成本统计资料如实表 7.2 所示。

实表 7.2　某企业三种产品的产量和单位变动成本资料统计表

产品	单位	产量		单位变动成本(元)	
		基期 q_0	报告期 q_1	基期 p_0	报告期 p_1
甲	条	100	200	20	19
乙	吨	150	230	14	10
丙	斤	180	290	18	22

试用 Excel 分析单位变动成本、产量的变动对总变动成本的影响。

具体步骤如下。

第一步:将数据资料输入到 Excel 工作表格,并根据计算需要作相应的表格延展,如实图 7.2 所示。

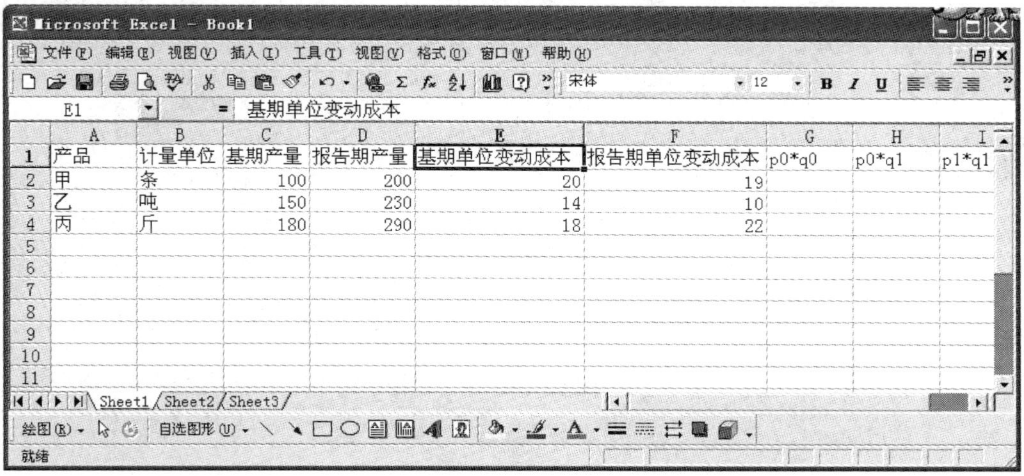

实图 7.2　在 Excel 工作表中输入数据

第二步:计算各个 p_0q_0 和 $\sum p_0q_0$。单击 G2 单元格,输入公式" = C2 * E2 后"后回车,并用鼠标拖拉方式复制公式 G2 到 G4 区域,松开鼠标后便得各个 p_0q_0 值;选中 G2:G4 区域,单击菜单栏"自动求和"按钮便在 G5 单元格内得出 $\sum p_0q_0$ 值。

第三步:计算各个 p_0q_1 和 $\sum p_0q_1$。单击 H2 单元格,输入公式" = E2 * D2"后回车,并用鼠标拖拉方式复制公式 H2 到 H4 区域,松开鼠标后便得各个 p_0q_1 值;选中 H2:H4 区域,单击菜单栏"自动求和"按钮便在 H5 单元格内得出 $\sum p_0q_1$ 值。

第四步:计算各个 p_1q_1 和 $\sum p_1q_1$。单击 I2 单元格,输入公式" = F2 * D2"后回车,并用鼠标拖拉方式复制公式 I3 到 I4 区域,松开鼠标后便得各个 p_1q_1 值;选中 I2:I4 区域,单击菜单栏"自动求和"按钮便在 I5 单元格内得出 $\sum p_1q_1$ 值。

第五步:计算总变动成本指数及总变动成本的变动绝对值即 $\sum p_1q_1/\sum p_0q_0$ 和 $\sum p_1q_1 - \sum p_0q_0$。选中 E7 单元格并输入公式" = I5/G5",回车得总变动成本指数为 1.700 272 48;选中 E8 单元格并输入公式“ = I5 - G5”，回车得总变动成本的变动绝对值为 5 140。

第六步：计算产量指数及产量变动的绝对值即 $p_0q_1/\sum p_0q_0$ 和 $\sum p_0q_1 - \sum p_0q_0$。选中 E9 单元格并输入公式“ = H5/G5”，回车得产量指数为 1.694 822 888；选中 E10 单元格并输入公式“ = H5 - G5”，回车得产量变动的绝对值为 5 100。

第七步：计算单位变动成本指数及单位变动成本的变动绝对值即 $\sum p_1q_1/\sum p_0q_1$ 和 $\sum p_1q_1 - \sum p_0q_1$。选中单元格 E11 并输入公式“ = K5/H5”，回车得单位变动成本指数为 1.003 215 434；选中单元格 E12 并输入公式“ = I5 - H5”，回车得单位变动成本的变动绝对值为 40。实图 7.3 所示为以上指数体系因素分析中的全部计算结果。

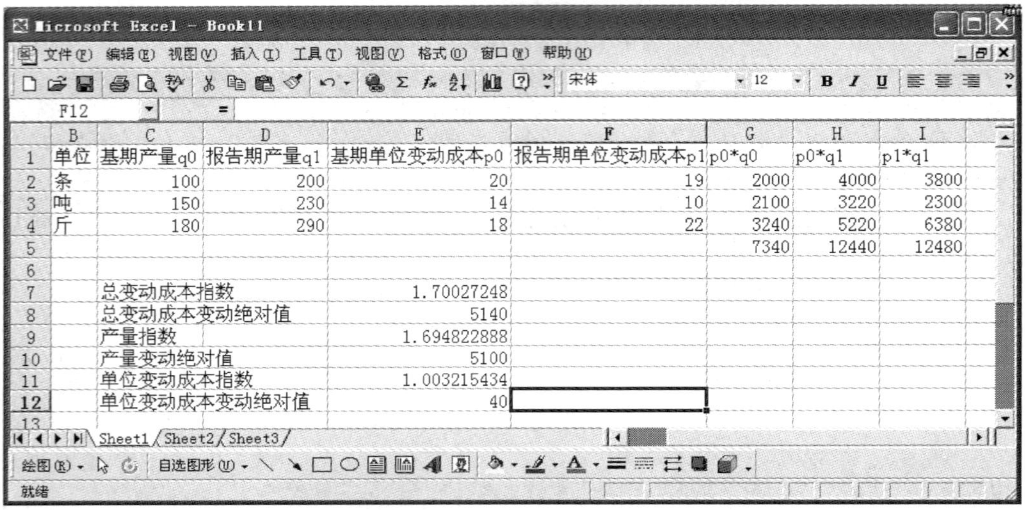

	B	C	D	E	F	G	H	I
1	单位	基期产量q0	报告期产量q1	基期单位变动成本p0	报告期单位变动成本p1	p0*q0	p0*q1	p1*q1
2	条	100	200	20	19	2000	4000	3800
3	吨	150	230	14	10	2100	3220	2300
4	斤	180	290	18	22	3240	5220	6380
5						7340	12440	12480
6								
7		总变动成本指数		1.70027248				
8		总变动成本变动绝对值		5140				
9		产量指数		1.694822888				
10		产量变动绝对值		5100				
11		单位变动成本指数		1.003215434				
12		单位变动成本变动绝对值		40				

实图 7.3　指数体系因素分析计算结果

(二)实训内容

(1)利用案例 7 - 1 提供的相关资料，以生产量平均指数为例，用 Excel 计算加权算术平均指数。

(2)某企业四种产品产量、原材料单价、原材料单耗量的报告期和基期的数据资料如实表 7.3 所示。

实表 7.3　某企业四种产品产量、原材料单价、原材料单耗量的报告期和基期数据资料统计表

产品	单位	产量		原材料单价(元)		原材料单耗量	
		报告期	基期	报告期	基期	报告期	基期
甲	斤	20 000	30 000	1 000	800	15 000	14 300
乙	件	18 900	19 000	800	798	12 000	11 000
丙	件	43 000	40 000	1 001	1 200	38 000	35 000
丁	吨	27 000	30 000	1 005	980	23 000	24 000

试用 Excel 进行指数体系的因素分析。

第 8 章　抽样推断

一、实训主题

用 Excel 进行抽样推断。

二、实训目标

(1)能够将 Excel 中提供的统计推断相关指标与理论中描述的指标概念对应记忆。

(2)在 Excel 上能够熟练利用相关函数法和工具进行统计抽样推断。

(3)能将日常统计抽样推断业务利用 Excel 辅助完成。

三、实训要求

(1)熟练掌握本章的相关理论知识。

(2)认真总结案例演示过程,上机独立完成实训内容。

四、案例演示与实训内容

(一)案例演示

1. 用 Excel 抽样

案例 8－1　假定有 50 个总体单位,试用 Excel 从中随机抽取 10 个总体单位。

具体操作步骤如下。

第一步:首先对所有总体单位进行编号,每个总体单位给一个号,从 1 到 50 个号,并将总体单位的编号输入 Excel 工作表内,如实图 8.1 所示。

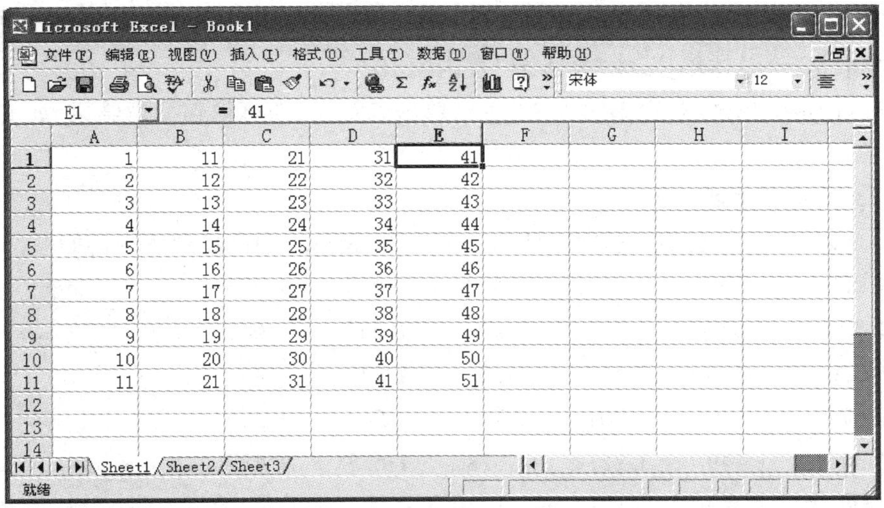

实图 8.1　总体各单位编号表

第二步:单击“工具”菜单,选择“数据分析”选项,在弹出的“数据分析”对话框中选择“抽样”,如实图 8.2 所示。

第三步:单击确定按钮,弹出“抽样”对话框,如实图 8.3 所示。

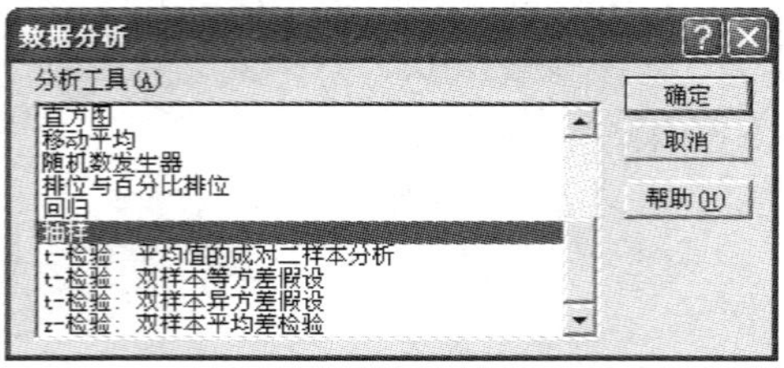

实图 8.2 “数据分析”对话框

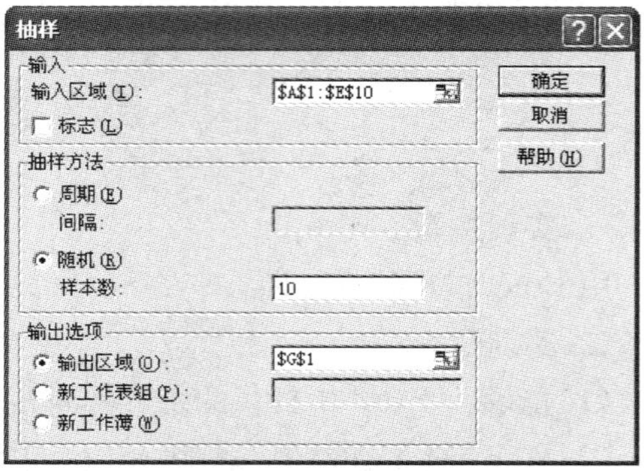

实图 8.3 “抽样”对话框

第四步：在“输入区域”框中输入总体单位编号所在的单元格区域，这里输入 \$A\$1：\$E\$10，系统将从 A 列开始抽取样本，然后按顺序抽取 B 列至 E 列。如果输入区域的第一行或第一列为标志项（横行标题或纵列标题），可单击标志复选框。

第五步：在“抽样方法”项有周期和随机两种抽样模式。“周期”模式是在等距抽样方式下选用。采用“周期”抽样方法，需将总体单位数除以要抽取的样本单位数，求得取样的周期间隔，填入到“间隔”填充栏内。“随机”模式则适用于纯随机抽样、分类抽样、整群抽样和阶段抽样。如果采用纯随机抽样，则在“样本数”填充框中输入要抽取的样本单位数；如果采用分类抽样，必须先将总体单位按某一标志分类编号，然后在每一类别中随机抽取若干单位，此时“样本数”填充框中输入的是从每一类别中抽取的样本单位数；整群抽样也要先将总体单位分类编号，然后按随机原则抽取若干类作为样本，对抽中的类的所有单位全部进行调查，此时“样本数”填充框中输入的是从整群中抽取类别样本数。这里采用随机抽取的方法从 50 个总体单位中抽取 10 个总体单位，故“样本数”栏内填 10。

第六步：指定输出区域，这里输入 \$G\$1，单击确定后，即可得到抽样结果，如实图 8.4 所示。

2. 用 Excel 进行推断分析

案例 8－2　某企业在第三季度中抽取一个月 30 天每天的产品产量资料如下：

1 200	1 400	1 380	1 500	1 450	1 538
1 324	1 332	1 443	1 576	1 667	1 602
1 330	1 430	1 557	1 623	1 230	1 434
1 677	1 645	1 701	1 710	1 544	1 355
1 346	1 449	1 721	1 678	1 623	1 487

试在概率 95% 的保证下，利用 Excel 求 30 天平均产量的估计区间。

具体操作步骤如下。

第一步：将数据输入到 Excel 工作表中 A2：A31 单元格内，并以 C2 为起始位置在 C 列输入相关的样本指标名称，如实图 8.5 所示。

第二步：计算相关指标。

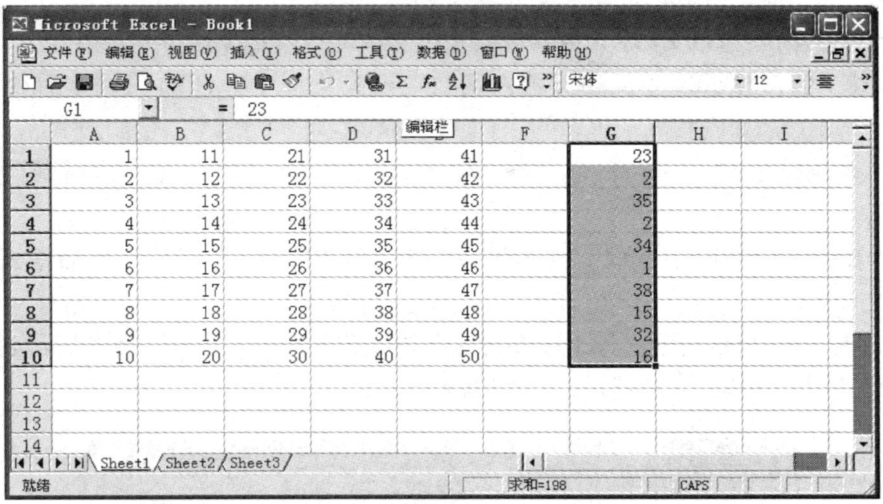

实图 8.4 随机抽样结果

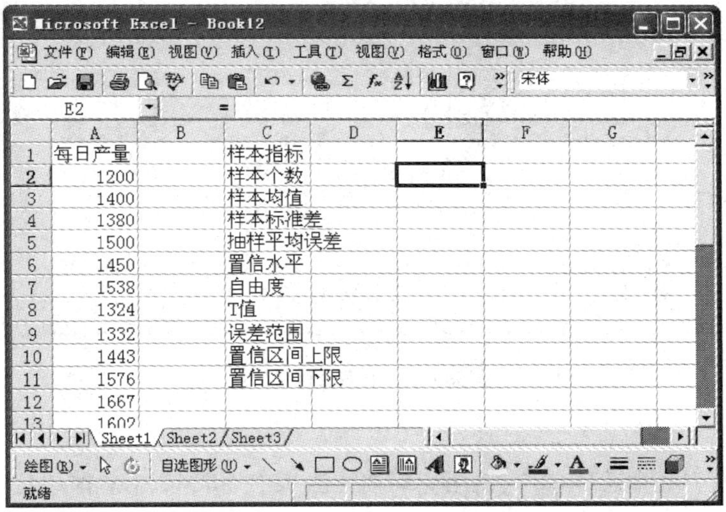

实图 8.5 在 Excel 工作表中输入数据

(1)计算样本个数:选取 E2 单元格并输入函数"=COUNT(A2:A31)",回车后得到样本个数为 30。

(2)计算样本均值:选取 E3 单元格并输入函数"=AVERAGE(A2:A31)",回车后得到样本均值为 1 498.4。

(3)计算样本标准差:选取 E4 单元格并输入函数"=STDEV(A2:A31)",回车后得到样本标准差为 148.111 7。

(4)计算抽样平均误差:选取 E5 单元格并输入公式"=E4/SQRT(E2)",回车后得到抽样平均误差为 27.041 37。

(5)输入置信水平:选取 E6 单元格并输入 95% 。

(6)计算自由度:选取 E7 单元格并输入公式“ = E2 - 1”,回车后得到自由度为 29。

(7)计算 t 值:选取 E8 单元格并输入函数“ = TINV(1 - E6,E7)”,回车后得到 T 值为 2.045 231。

(8)计算误差范围:选取 E9 单元格并输入公式“ = E8 * E5”,回车后得到误差范围为 55.305 85。

(9)计算置信区间上限:选取 E10 单元格并输入公式“ = E3 + E9”,回车后得到置信区间上限为 1 553.706。

(10)计算置信区间下限:选取 E11 单元格并输入公式“ = E3 - E9”,回车后得到置信区间下限为 1 443.094,如实图 8.6 所示,为推断统计结果。

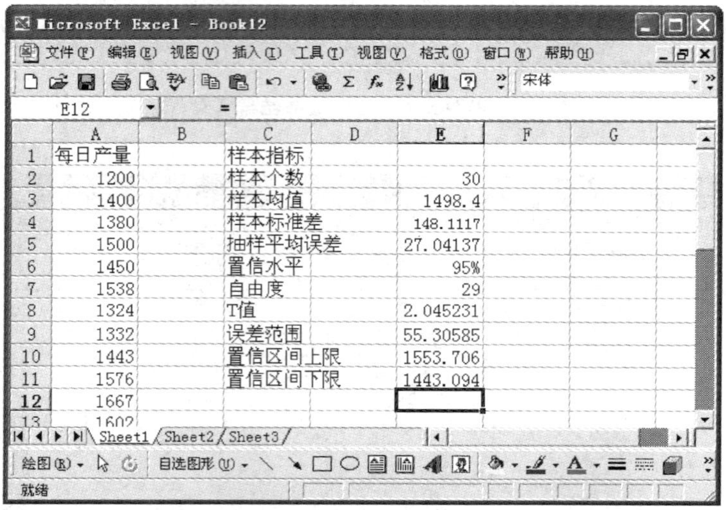

实图 8.6 推断统计结果

(二)实训内容

(1)某总体有 100 个总体单位,试用周期抽样法从中抽取 10 个总体单位。

(2)2005 年抽查某商店连续两个月内每日的产品销售额资料如下(单位:元)。

200	300	240	340	310	210	290	340	390	400
190	300	420	340	340	310	299	480	410	345
430	444	390	689	689	580	599	530	599	388
200	300	240	340	310	210	290	340	390	400
190	300	420	340	340	310	299	480	410	345
430	444	390	689	689	580	599	530	599	388

试在概率 90% 的保证下,利用 Excel 求两个月 60 天平均产品销售额的估计区间。

第 9 章 假设检验

一、实训主题

用 Excel 进行假设检验。

二、实训目标

(1)用 Excel 进行总体均值、比例、方差的的假设检验。

(2)能熟练掌握 Excel 各种统计量的计算及函数公式的计算。

三、实训要求

(1)实训前熟练掌握本章节的相关理论知识。

(2)认真总结案例演示过程,上机独立完成实训内容。

四、案例演示与实训内容

(一)案例演示

1. 总体方差 σ^2 已知且为大样本总体均值的检验

案例 9 - 1 某粮油加工厂引进一自动包装线包装大米,设计规格为每袋大米 10 千克,标准差为 0.6 千克,随机抽取 100 袋大米检验,结果表明,每袋大米重量 9.8 千克,问:当 $\alpha = 0.05$ 时,该生产线的设计规格是否可以接受?

具体操作步骤如下。

第一步:新建工作表如实图 9.1,输入表头“方差已知下总体均值的双侧检验(临界值法)”。

第二步:分别单击 A3、B3、C3、D3、E3 单元格和 A4、B4、C4、D4、E4 单元格,输入已知参数:$n = 100$、$\sigma = 0.6$、$X = 10$、$x = 9.8$、$\alpha = 0.05$。

第三步:分别单击 A5 和 D5 单元格,给出原假设 $H_0:\mu = 10$,给出备择假设 $H_1:\mu \neq 10$。

第四步:运用临界值法进行假设检验。

单击 A7、A8 单元格,在编辑栏 A8 中输入“ = ABS(D4 - C4)/(B4/SQRT(A4))”。完成后回车。得检验统计量 $z = 3.333$。

对于临界值 $z_{\alpha/2}$ 的值,单击 D6 单元格,在编辑栏输入“ = ABS(NORMSINV(E4/2))”。完成后回车。得临界值 $z_{\alpha/2} = 1.959\ 964$。

第五步:在 A11 单元格中,输入“ = IF(A8 < D8,"接受 $H_0:\mu = 10$","接受 $H_1:\mu \neq 10$")”,完成后按回车键,得接受 $H_1:\mu \neq 10$,如实图 9.1 所示。

2. 方差未知下总体均值的双侧检验

案例 9 - 2 已知某系同学统计学课的成绩服从正态分布但方差未知,现从中抽取 16 名学生的成绩,如实表 9.1 所示,试判断能否在 0.05 的显著性水平下认为全系的平均成绩为 80 分?

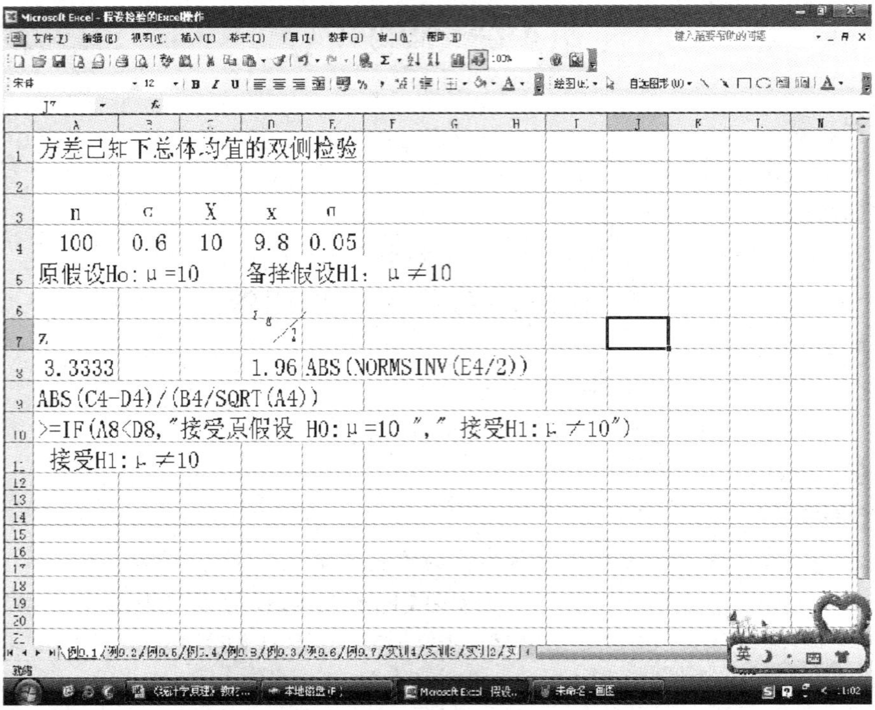

实图 9.1

实表 9.1　16 名学生的统计学成绩

89	75	72	85
90	88	85	78
80	85	84	65
75	82	81	93

具体操作步骤如下。

第一步：新建工作表如实图 9.2，输入表头“方差未知下总体均值的双侧检验（临界值法）”。在下方输入 16 名学生的统计学成绩。

第二步：分别单击 A7、B7、C7、D7、E7 单元格和 A8、B8、C8、D8、E8 单元格，输入已知参数：$n=16$、$x=81.6875$（在 Excel 上可直接计算，利用 AVERAGE 函数在 B8 单元格中输入“=Average(A2:D5)”算得）、$s=7.336836$（在 Excel 上可直接计算，利用 STDEV 函数在 C8 单元格中输入“=STDEV(A2:D5)”算得）、$\alpha=0.05$、$X=80$。

第三步：分别单击 A9 和 D9 单元格，给出原假设 $H_0:\mu=80$，给出备择假设 $H_1:\mu\neq80$。

第四步：运用临界值法进行假设检验。

单击 A12、A13 单元格，在编辑栏 A8 中输入“=ABS(B8－E8)/(C8/SQRT(A8))”。完成后回车。得检验统计量 $t=0.0575$

对于临界值 $t_{\alpha/2}$ 的值，单击 C12 单元格，在编辑栏输入“=TINV(1－D8,A8－1)”。完成后回车。得临界值 $t_{\alpha/2}=2.4899$。

第五步：在 A11 单元格中，输入“ = IF(A12 < C12,"接受 $H_0:\mu=80$"," 备择假设 $H_1:\mu\neq 80$")”完成后按回车键。得接受 $H_1:\mu\neq 80$。如实图 9.2 所示。

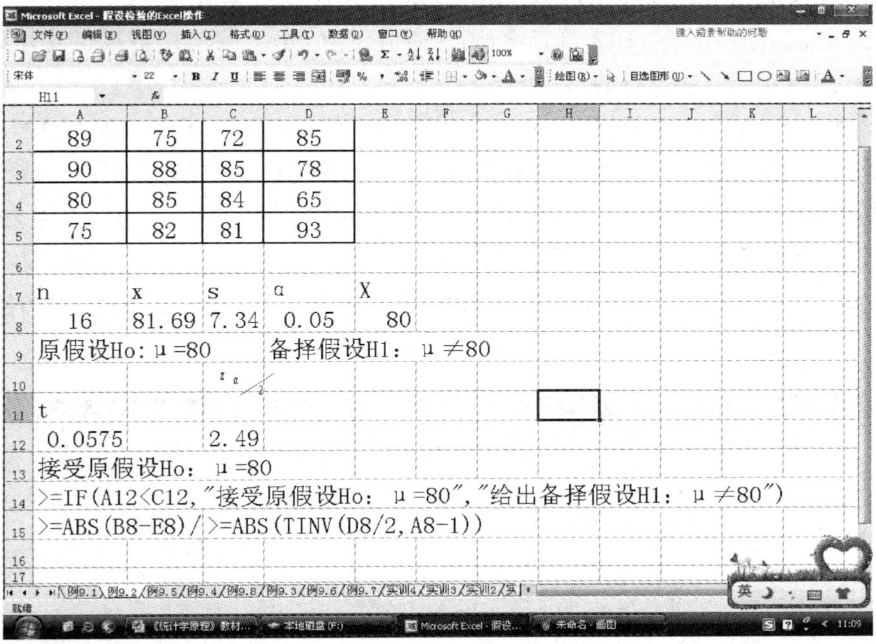

实图 9.2

3. 总体方差未知时对总体均值进行单侧检验的问题

如要检验学生平均每月的饮料消费额是否大于等于 30 元，每户居民平均固定电话费是否小于等于 100 元等等，此类问题的检验均为单侧检验。

实例 9－3　已知每户家庭平均固定电话费服从正态分布，现从中随机抽取 25 户居民家庭平均固定电话费用，如实表 9.2 所示，试采用临界值方法判断能否在 0.01 的显著性水平下认为居民平均固定电话费不超过 80 元。

实表 9.2　25 户居民平均固定电话费用

80	79	80	78	85
85	78	78	69	75
75	68	69	75	69
70	75	78	72	74
59	80	81	83	78

此为方差未知下总体均值的单侧右尾检验问题，可采用临界值法进行检验，具体操作步骤如下。

第一步:新建工作表如实图 9.3 所示,输入表头“方差已知下总体均值的单侧右尾检验”,输入实表 9.2 中 25 户居民平均固定电话费。

第二步:分别单击 A8、B8、C8、A9、B9、C9 单元格,输入已知参数:$n=25$、$\alpha=0.01$、$\mu=80$。

第三步:求样本均值 x,单击 A11 单元格,在编辑栏中输入“ = AVERAGE(A2:E6)”,回车。

第四步,分别单击 B12 和 E12 单元格,给出原假设 $H_0:\mu\leqslant 80$,给出备择假设 $H_1:\mu>80$。

第五步:运用临界值法进行假设检验。

对应 t 的值,单击 A14 单元格,在编辑栏输入“ = (A11 - C9)/(C11/SQRT(A9))”。

对应 t 的值,单击 C14 单元格,在编辑栏输入“ = NINV(1 - B9,A9 - 1)”。

根据临界值法给出检验结论,单击 A15 单元格,在编辑栏中输入“ = IF(A14 > C14,"接受 $H_0:\mu\leqslant 80$","接受备择假设 $H_1:\mu>80$")”,完成后按回车键。

得出结论:接受备择假设 $H_1:\mu>80$,即居民平均固定电话费超过了 80 元。如实图 9.3 所示。

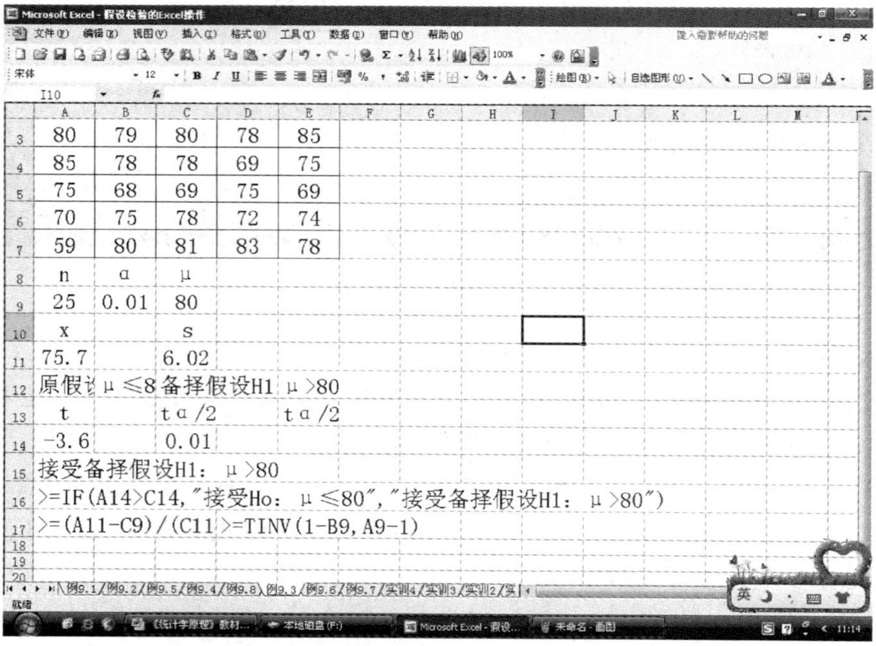

实图 9.3

4. 总体比例的双侧检验

案例 9 - 4 一种以休闲和娱乐为主题的杂志,声称其读者群中有 80% 为女性。为验证这一说法是否属实,某研究部门抽取了由 200 人组成的一个随机样本,发现有 146 个女性经常阅读该杂志。取显著性水平 $\alpha=0.05$,检验该杂志读者群中女性的比例是否为 80%?

具体操作步骤如下。

第一步:新建工作表如实图 9.4 所示,输入表头“总体比例的双侧检验(临界值法)”。

第二步:分别单击 B3、C3、D3、E3 单元格和 B4、C4、D4、E4 单元格,输入已知参数:$p=$

73%、$P=80\%$、$\alpha=0.05$、$n=200$。

第三步：分别单击 B6 和 E6 单元格，给出原假设 $H_0:p=80\%$，给出备择假设 $H_1:p\neq80\%$。

第四步：运用临界值法进行假设检验。

单击 B9、E9 单元格，在编辑栏 B9 中输入“ = ABS(B4 - C4)/SQRT (C4(1 - C4)/E4)”，完成后回车。得检验统计量 $z=2.474\ 874$。

对于临界值 $z_{\alpha/2}$ 的值，单击 E9 单元格，在编辑栏输入“ = ABS(NORMSINV(D4/2))”，完成后回车。得临界值 $z_{\alpha/2}=1.959\ 964$。

第五步：在 A11 单元格中，输入“ = IF(B9 < E9，"接受 $H_0:p=80\%$"，"接受 $H_1:p\neq80\%$")”，完成后按回车键。得接受 $H_1:\mu\neq80\%$。如实图 9.4 所示。

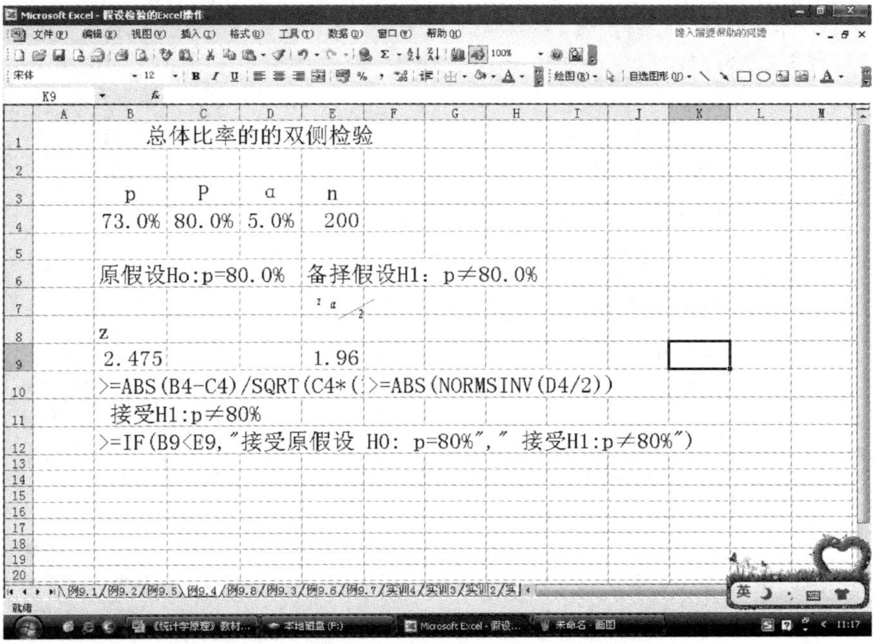

实图 9.4

5. 总体方差的检验

案例 9 - 5　啤酒生产企业采用自动生产线灌装啤酒，每瓶的装填量为 320 mL，但由于受某些不可控因素的影响，每瓶的装填量会有差异。此时，不仅每瓶的平均装填量很重要，装填量的方差同样很重要。如果方差很大，会出现装填量太多或太少的情况，这样要么生产企业亏损，要么消费者不满意。假定生产标准规定每瓶装填量的标准差不应超过或不应低于 4 mL。企业质检部门抽取了 40 瓶啤酒进行检验，得到的样本标准差 s 为 3.8 mL。试以 $\alpha=0.05$ 的显著性水平检验装填量的标准差是否符合要求？

这是对总体的方差进行的单侧右尾检验，运用临界值法进行假设检验。

具体操作步骤如下。

第一步：新建工作表如实图 9.3 所示，输入表头“总体方差的检验”。

第二步：分别单击 A4、B4、C4、D4 单元格和 A5、B5、C5、D5 单元格，输入已知参数：$\alpha=0.05$，$s=3.8$，$\sigma=4$，$n=40$。

第三步：单击 A7、单元格，给出原假设 $H_0:\sigma\leqslant5$ 和备择假设 $H_1:\sigma>5$

第四步：对应 x^2 的值，单击 C9 单元格，在编辑栏输入“=(C4-1)C5^2/C3^2”。

对应的 $t_{\alpha/2}$ 值，单击 C10 单元格，在编辑栏输入“=CHIINV(C2,C4-1)”。

根据临界值法给出检验结论，单击 C12 单元格，在编辑栏中输入“=IF(C9<C10,"接受 $H_0:\sigma\leqslant5$","接受 $H_1:\sigma>5$")”，完成后按回车键。

得到的结论是接受原假设 $H_0:\sigma\leqslant5$，拒绝备择假设 $H_1:\sigma>5$。与前面的计算是一致的。如实图 9.5 所示。

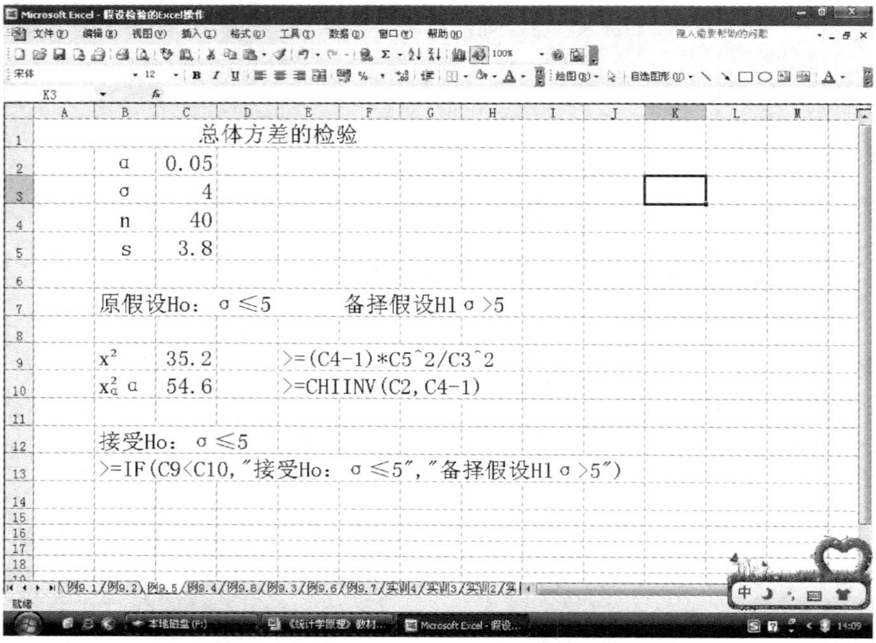

实图 9.5

6. 方差已知下总体均值之差的检验

案例 9-6 某企业为提高产品质量，对部分职工进行第一批培训。为了解培训效果，特从培训的职工中和未经过培训的职工中随机各抽取 10 人，记录其月产量，有关数据见实表 9.2。假设这两组职工的实际产量近视地服从于正态分布，且知其标准差分别为 $\sigma_1=140$，$\sigma_2=170$。

实表 9.3 某企业部分职工月产量对照表

序号	1	2	3	4	5	6	7	8	9	10	平均值
经过培训的职工月产量	2 000	2 140	1 980	2 190	2 100	1 900	2 020	2 100	2 000	2 160	$\bar{x}=2\ 059$
未经过培训的职工月产量	1 803	1 980	2 005	1 900	2 000	2 200	1 600	2 000	1 901	2 001	$\bar{y}=1\ 939$

现要求判断培训对职工产量提高有无显著性影响。

采用临界值法，在方差已知下进行总体均值之差的检验，具体操作步骤如下。

第一步：新建工作表如实图9.6所示，输入表头"方差已知下总体均值之差检验"，输入实表9.3中培训前后职工的月产量。

第二步：分别单击C4、D4、E4、F4单元格和C5、D5、E5、F5，输入已知参数：$n_1=10$、$n_2=10$、$\sigma_1=140$、$\sigma_2=170$。单击C6、D6单元格输入 $\alpha=0.05$。

第三步：求平均值，单击D7单元格，在编辑栏输入"=AVERAGE(A2:J2)"，求得培训前职工月产量的平均值；单击F7单元格，在编辑栏输入"=AVERAGE(A3:J3)"，求得培训后职工月产量的平均值。

第四步：分别单击C8和E8单元格，给出原假设 $H_0:\mu_1\geqslant\mu_2$，备择假设 $H_1:\mu_1<\mu_2$。

第五步：运用临界值法进行假设检验。

对应 z 的值，单击D9单元格，在编辑栏输入"=ABS(D7-F7)/(SQRT(D5^2/D4+F5^2/F4))"。

对应 z_α 的值，单击D10单元格，在编辑栏输入"=NORMSINV(D6/2)"。

根据临界值法给出检验结论，单击C11单元格，在编辑栏中输入"=IF(D9<D10,"接受原假设 $H_0:\mu_1\geqslant\mu_2$","备择假设 $H_1:\mu_1<\mu_2$"")"，完成后按回车键。

得出的结论是：培训对职工产量提高有显著性影响。如实图9.6所示。

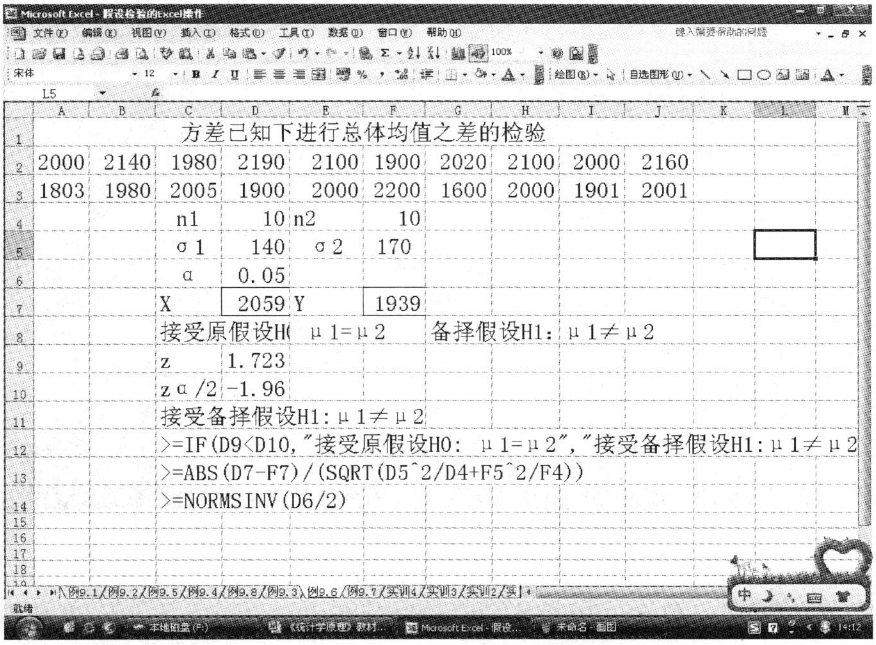

实图9.6

7. 两总体方差未知时的单侧右尾检验

案例9-7 某公司要从A、B两地购进一批原材料。由于距A地较近，在质量相等的情况下将优先考虑从 A 地进货。已知两地材料的强度方差不同，因此分别对 A、B 两地抽取 15 个样本进行检验，对应检验后的强度如实表 9.4 所示，试在 0.05 的显著性水平下判断 A 地强度是否不低于 B 地原材料强度。

实表 9.4　某公司 A、B 两地原材料强度检验结果表

A			B		
230	225	260	350	210	190
200	225	290	320	310	255
320	240	295	265	270	210
275	280	265	350	310	280
240	235	290	290	390	350

具体操作步骤如下。

第一步：新建工作表如实图 9.7 所示，输入表头“t 单侧右检验”。

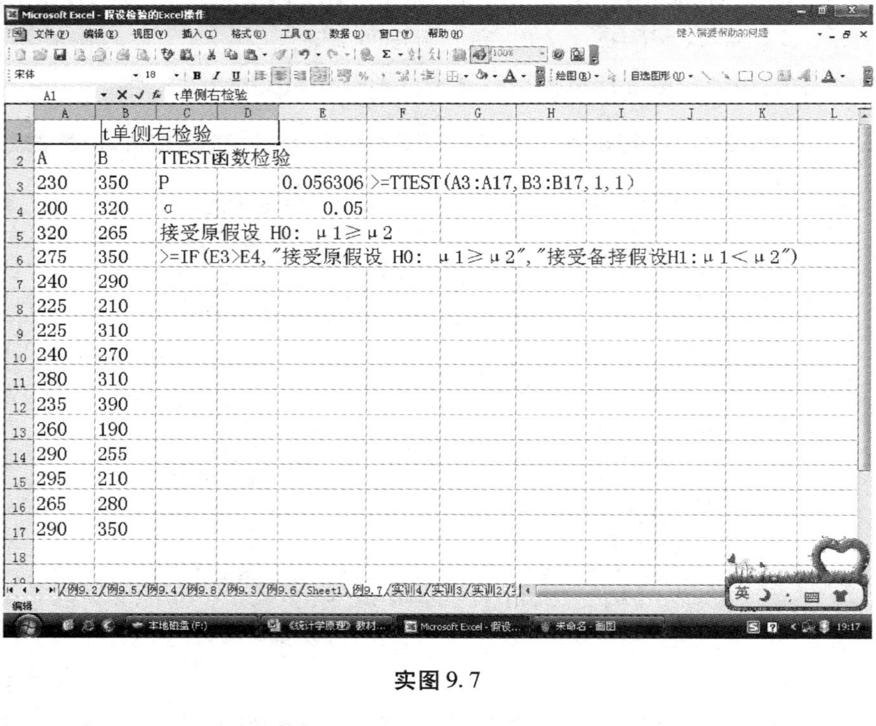

实图 9.7

第二步：分别在 A3：A22 单元格和 B3：B22 单元格中输入实表 9.4 中 A、B 两地原材料强度。

第三步：运用 TTEST 函数给出对应 p 值，单击 E3 单元格，在编辑栏输入“ = TTEST(A3：A17，B3：B17，1，1)”或单击函数里的统计，从统计函数里找到 TTEST 函数，完成后按回车键。

第四步：在 E4 单元格输入 $\alpha=0.05$。

第五步：在 C5 单元格输入“ = IF(E3 > E4,"接受原假设 $H_0:\mu_1 \geqslant \mu_2$","接受备择假设 $H_1:\mu_1 < \mu_2$"”。得出的结论是：接受原假设 $H_0:\mu_1 \geqslant \mu_2$，即 A 地原材料强度不低于 B 地原材料强度，完全可以从 A 地进货。如实图 9.7 所示。

8. 两个总体比例的检验

案例 9 - 8　某企业准备引进一条新的生产线，进行产品生产流程的技术改造，应如何引进以及引进后进行技术改造的程度有多大，是引进之前需确定的问题。为了稳妥地进行，以确保引进成功，企业负责人从技术工人和科研人员中随机分别抽取 50 人和 40 人，支持这一举措的分别为 45 人和 30 人。试问在显著性水平 $\alpha = 0.05$ 时，这两组人员的支持率是否有显著差异？

具体操作步骤如下。

第一步：新建工作表如实图 9.8 所示，输入表头“总体比例的检验”。

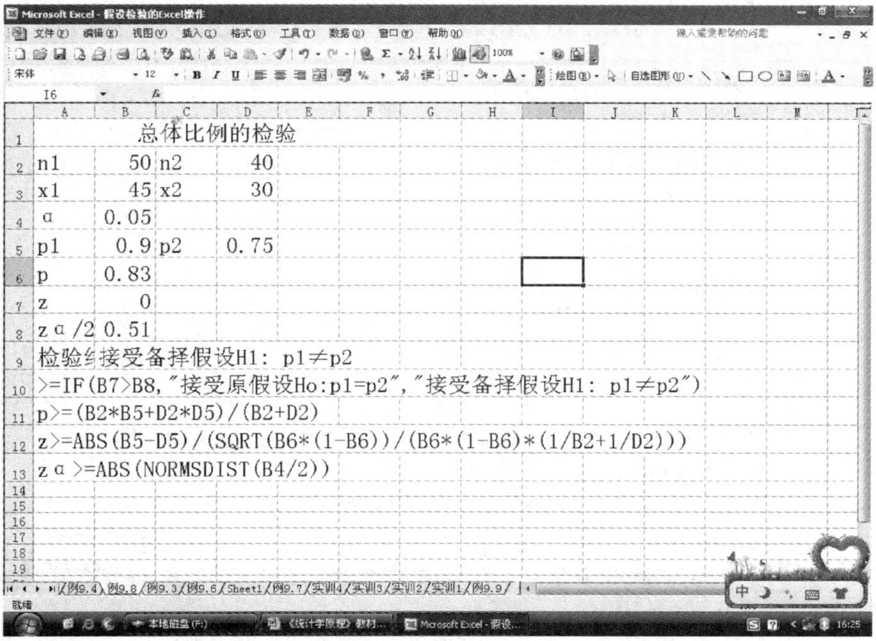

实图 9.8

第二步：分别单击 A2、B2、C2、D2、A3、B3、C3、D3、A4 单元格输入已知参数：$n_1 = 50$，$n_2 = 40$，$x_1 = 45$，$x_2 = 30$，$\alpha = 0.05$。

第三步：求样本比例 p，单击 B5、D5 单元格，在编辑栏中分别输入“ =45/50”和“ =30/40”。

单击 B6 单元格数，输入“ = (B4 * B7 + D4 * D7)/(B4 + D4)”，求得混合比例 p 值。

第四步：运用临界值法进行假设检验。

对应 z 的值，单击 B7 单元格，在编辑栏中输入“ = ABS(B7 - D7)/(SQRT(B8 * (1 - B8))/(B8 * (1 - B8) * (1/B4 + 1/D4)))”。

对应 z_α 的值，单击 B8 单元格，在编辑栏中输入“ = ABS(NORMSDIST(B6/2))”。

根据临界值法给出检验结论，单击 B9 单元格，在编辑栏中输入“ = IF(B9 > B10,"接受原

假设 $H_0:p_1=p_2$","接受备择假设 $H_1:p_1\neq p_2$")",完成后按回车键。

检验结论:接受备择假设 $H_1:p_1\neq p_2$,即两组人员的支持率有显著差异。如实图 9.8 所示。

9. 总体比例之差为常数的检验

案例 9-9　某公司需要对两个地区 A 和 B 中产品的市场占有率状况进行调研,根据随机抽样结果,A 地区销售的 100 件该类产品中,该公司的产品为 41 件,B 地区销售的 150 件该类产品中,该公司的产品为 48 件,能否在 0.01 的显著性水平下认为该产品在 A 地区的市场占有率比 B 地区高 10% 以上?

此题是总体比例之差为常数的单侧左尾检验,具体操作步骤如下。

第一步:新建工作表如实图 9.9 所示,输入表头"总体比例之差为常数的检验"。

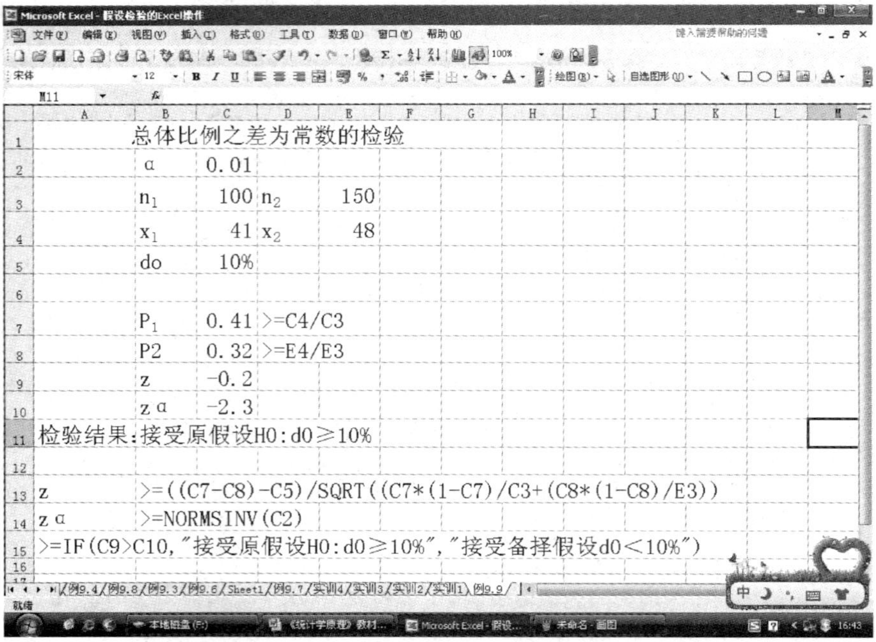

实图 9.9

第二步:分别单击 C2、C3、E3、C4、E4、C5 单元格,输入已知参数:$\alpha=0.01$,$n_1=100$,$n_2=41$,$x_1=150$,$x_2=48$,$d_o=10\%$。

第三步:求样本 1 比例,单击 C7 单元格,在编辑栏中输入"=C4/C3"。

第四步:求样本 2 比例,单击 C8 单元格,在编辑栏中输入"=E4/E3"。

第五步:运用临界值法进行假设检验。

对应 z 的值,单击 C9 单元格,在编辑栏中输入"=((C7-C8)-C5)/SQRT((C7*(1-C7)/C3+(C8*(1-C8)/E3)))。

对应 z_α 的值,单击 C10 单元格,在编辑栏中输入"=NORMSINV(C2)"。

根据临界值法给出检验结论,单击 C11 单元格,在编辑栏中输入"=IF(C9>C10,"接受 $H_0:p_1-p_2\geq 10\%$","接受 $H_1:p_1\text{-}p_2<10\%$")",完成后按回车键。

结论:在0.01的显著性水平下,可以认为该产品在A地区的市场占有率比B地区高10%以上。如实图9.9所示。

(二)实训内容

(1)某快餐连锁店希望检验新的广告活动对销售的影响,因此随机抽取连锁店中的10个店进行广告活动4周。在研究期间,这10个店的平均销售总额为198 000元,标准差为2 000元。若广告前这些店的平均销售总额为188 000元,标准差为1 980元,在0.01的显著性水平下能否断定广告有效?

(2)某制药厂生产某种药品,规定其某药品中某种成分的平均含量为92.5%。现从某批药品中抽取50粒检验,得某种成分的平均含量为93%,问在显著性水平 $\alpha=0.05$ 下,该批药品是否符合规定的质量要求。

(3)某工程需要购进一批钢筋,按照技术要求,对应的强度标准差不超过5时视为合格,材料员随机抽取30个样本,检验后得到样本的标准差为7,试确定在.0.05的显著性水平下能够认为此批钢筋总体不合格(对总体的方差进行单侧右尾检验)?

(4)某大一新生班主任希望能知道来自农村的学生是否比来自城市的学生的成绩高,通过分别从农村学生的档案里抽取30名、从城市学生的档案里抽取27名进行统计,获得以下资料:

城市学生的平均成绩为490分,标准差为30分;农村学生的平均成绩为510分,标准差40分。试在0.05的显著性水平下判断能否认为来自农村的学生比来自城市的学生的成绩高?

实训内容答案

(1)答案如实训图1所示。

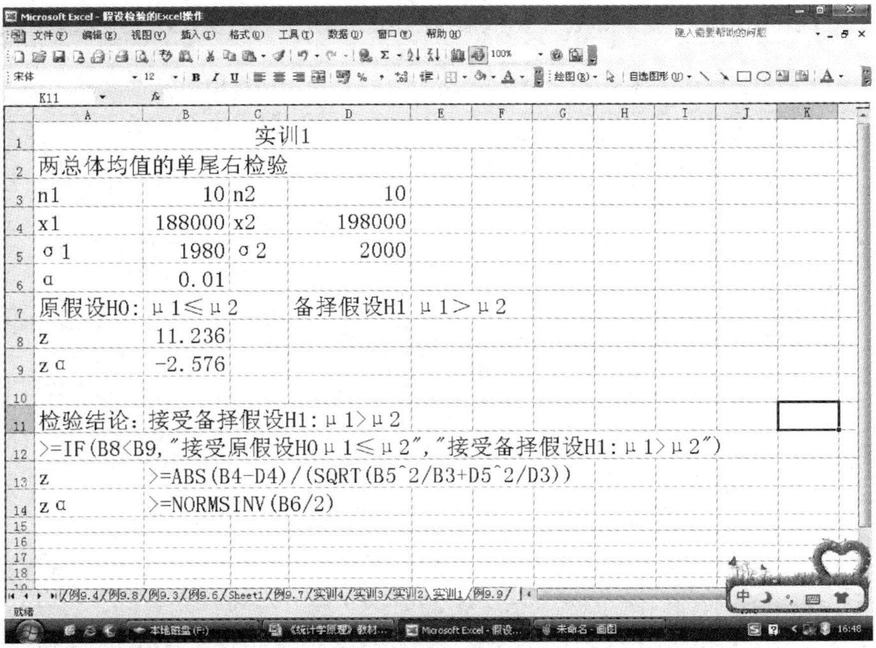

	A	B	C	D	E
1	实训1				
2	两总体均值的单尾右检验				
3	n1	10	n2	10	
4	x1	188000	x2	198000	
5	σ1	1980	σ2	2000	
6	α	0.01			
7	原假设H0:	μ1≤μ2		备择假设H1	μ1>μ2
8	z	11.236			
9	zα	-2.576			
10					
11	检验结论:	接受备择假设H1:μ1>μ2			
12	>=IF(B8<B9,"接受原假设H0 μ1≤μ2","接受备择假设H1:μ1>μ2")				
13	z	>=ABS(B4-D4)/(SQRT(B5^2/B3+D5^2/D3))			
14	zα	>=NORMSINV(B6/2)			

实训图1

(2)答案如实训图 2 所示。

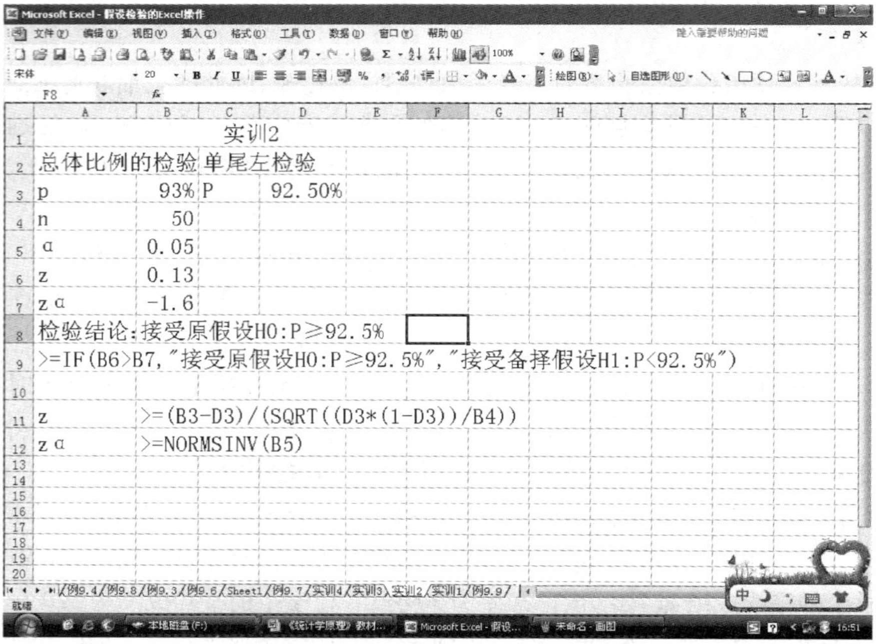

	A	B	C	D
1		实训2		
2	总体比例的检验	单尾左检验		
3	p	93%	P	92.50%
4	n	50		
5	α	0.05		
6	z	0.13		
7	zα	-1.6		
8	检验结论:接受原假设H0:P≥92.5%			
9	>=IF(B6>B7,"接受原假设H0:P≥92.5%","接受备择假设H1:P<92.5%")			
10				
11	z	>=(B3-D3)/(SQRT((D3*(1-D3))/B4))		
12	zα	>=NORMSINV(B5)		

实训图 2

(3)答案如实训图 3 所示。

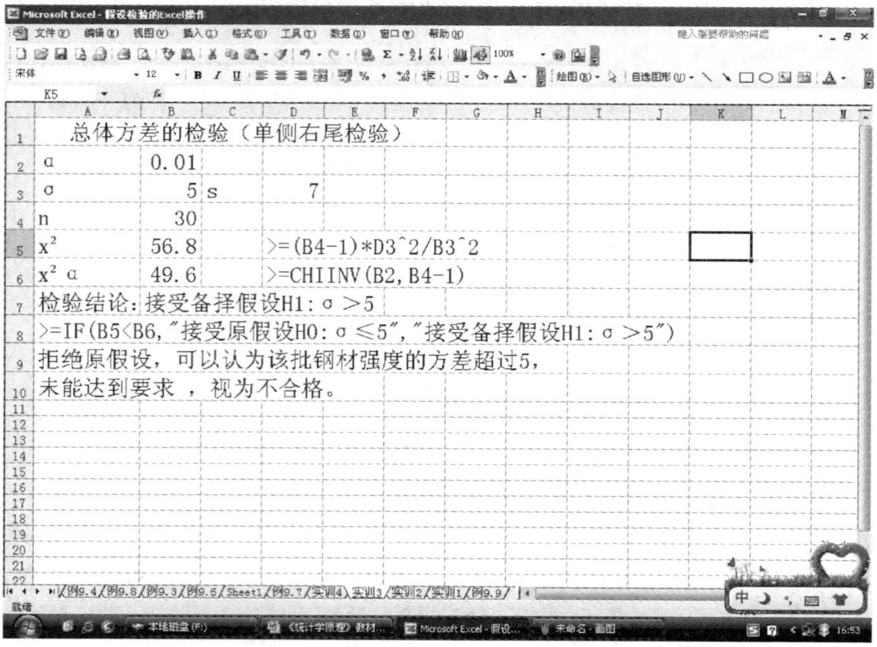

	A	B	C	D
1	总体方差的检验(单侧右尾检验)			
2	α	0.01		
3	σ	5	s	7
4	n	30		
5	x^2	56.8		>=(B4-1)*D3^2/B3^2
6	x^2 α	49.6		>=CHIINV(B2,B4-1)
7	检验结论:接受备择假设H1:σ>5			
8	>=IF(B5<B6,"接受原假设H0:σ≤5","接受备择假设H1:σ>5")			
9	拒绝原假设,可以认为该批钢材强度的方差超过5,			
10	未能达到要求 ,视为不合格。			

实训图 3

(4)答案如实训图 4 所示。

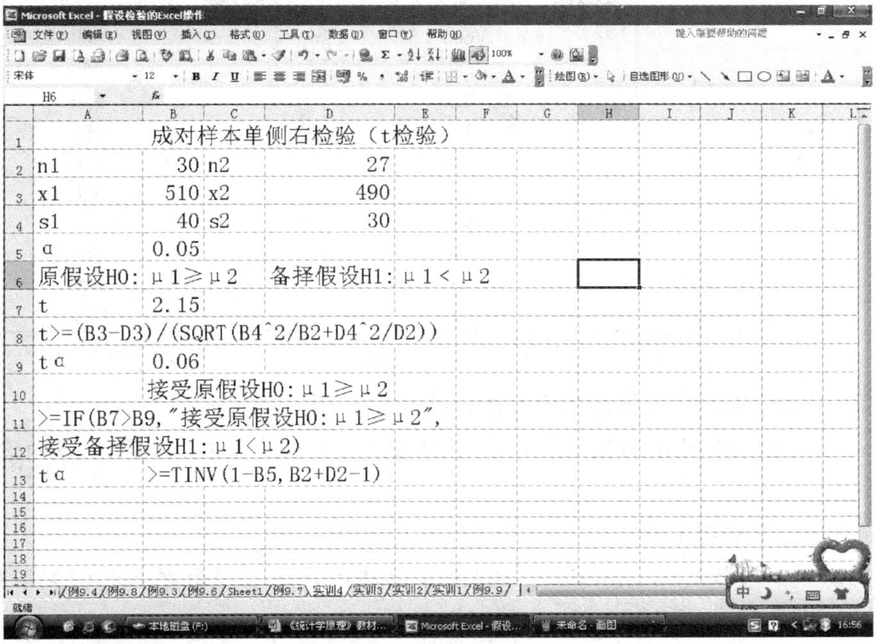

实训图 4

第 10 章　相关与回归分析

一、实训主题

用 Excel 进行相关与回归分析。

二、实训目标

(1)能够熟练运用 Excel 中提供的函数和工具进行相关分析与回归分析。

(2)能够将 Excel 作为辅助工具运用到各种统计预测工作中,提高工作效率。

三、实训要求

(1)实训前要通篇熟练掌握各种统计预测方法的相关理论知识,特别是相关与回归部分。

(2)认真总结案例演示过程,上机独立完成实训内容。

(3)值得注意的是,在利用 Excel 进行统计分析和预测时,计算机只起到定量研究的辅助作用,具体分析和预测结论还要结合 Excel 测定数据来做一些必要的定性研究。

四、案例演示与实训内容

(一)案例演示

案例 9 - 1　某地区 1995—2004 年居民人均劳动收入与购买商品支出情况如实表 10.1 所示。

实表 10.1　某地区 1995—2004 年居民人均劳动收入与购买商品支出情况统计表

年份	劳动收入(元)	购买商品支出(元)
1995	600	400
1996	650	450
1997	720	510
1998	750	600
1999	800	680
2000	810	720
2001	850	780
2002	940	800
2003	1 000	880
2004	1 200	1 000

要求用 Excel 对劳动收入与购买商品支出作相关分析。

用 Excel 进行相关分析的方法有函数法和利用相关分析宏工具法两种。下面借助上述资料对两种方法逐一介绍。

1. 利用函数计算相关系数

Excel 提供了 CORREL( ) 和 PERSON( ) 两个函数计算两个变量之间的相关系数,这两个函数是等价的,在此只介绍 CORREL( ) 函数的使用方法。

第一步:将数据输入 Excel 工作表,如实图 10.1 所示。

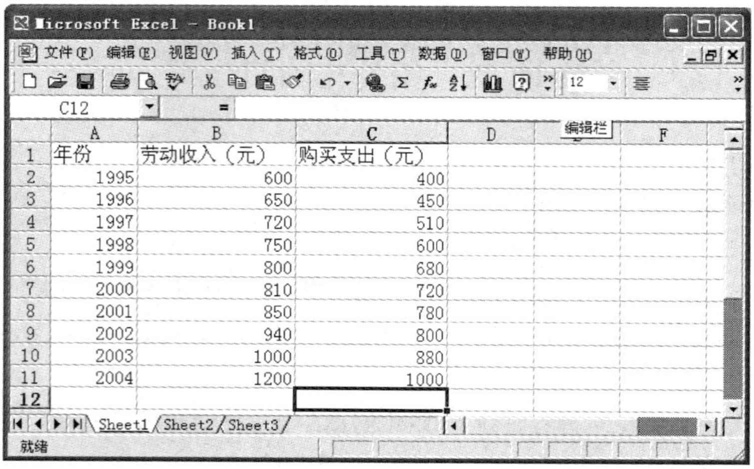

实图 10.1　劳动收入与购买商品支出数据输入

第二步:在当前工作表中任选一空白单元格(在此选择了 E1 单元格),单击“插入”菜单,选择“函数”选项,打开“粘贴函数”对话框,在函数分类中选择“统计”,在函数名中选择 CORREL,单击确定后,出现 CORREL 对话框。

第三步:在 CORREL 对话框 array1 栏内输入 B2:B11,在 array2 栏内输入 C2:C11,此时已在对话框下方显示出计算结果为 0.966 173,如实图 10.2 所示。单击确定后,即可在选定的空白单元格 E1 中显示出相关系数。

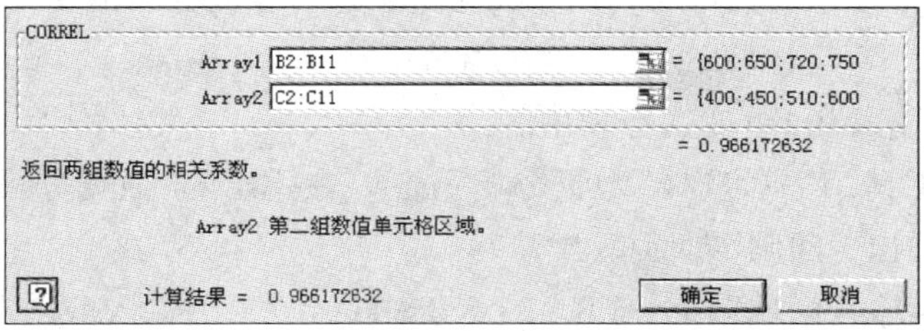

实图 10.2　CORREL 对话框及输入结果

2. 用相关系数宏计算相关系数

第一步:将数据输入到 Excel 工作表中。

第二步:单击“工具”菜单,选择“数据分析”选项,在弹出的“数据分析”选项框中选择“相关系数”选项,单击确定弹出“相关系数”对话框,如实图 10.3 所示。

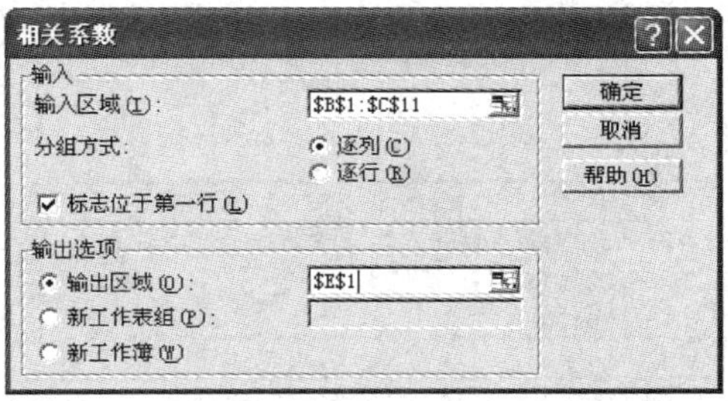

实图 10.3　相关系数对话框

第三步:在“输入区域”输入 $B$1:$C$11,分组方式选择逐列,选择标志位于第一行,在“输出区域”中输入 $E$1,单击确定得输出结果,如实图 10.4 所示。

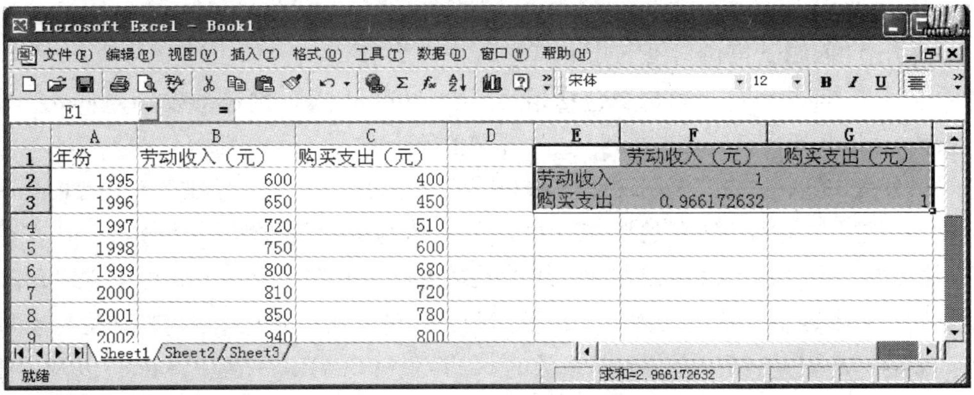

实图 10.4　相关分析输出结果

在上面的输出结果中,劳动收入和购买支出的自相关系数均为 1,劳动收入和购买支出的相关系数为 0.966 172 632,近似值为 0.966 173,和用函数计算的结果完全相同,可以判断劳动收入和购买支出两个因素高度正相关。

用回归分析宏进行回归分析，与利用相关分析宏进行相关分析的用法相似，具体操作步骤如下。

第一步：将数据输入到 Excel 工作表中。

第二步：单击“工具”菜单，选择“数据分析”选项，在弹出的“数据分析”选项框中选择“回归”选项，单击确定弹出“ 回归”对话框。

第三步：在“X 值输入区域”输入 $B$2：$B$11，在“Y 值输入区域”中输入 $C$2：$C$11 ，在输出选项中单击任意空白位置如 E2 或新工作表，然后单击确定输出结果，如实图 10.5 所示相关资料结果。

SUMMARY OUTPUT

回归统计	
Multiple R	0.970068953
R Square	0.941033775
Adjusted R	0.93120607
标准误差	39.82084981
观测值	8

方差分析

	df	SS	MS	F	gnificance F
回归分析	1	151835.7995	151835.8	95.75316	6.554E-05
残差	6	9514.200477	1585.7		
总计	7	161350			

	Coefficients	标准误差	t Stat	P-value	Lower 95%	Upper 95%	下限 95.0%	上限 95.0%
Intercept	-412.2374702	106.1701216	-3.8828	0.008144	-672.0264	-152.4485	-672.026	-152.448542
X Variable	1.346062053	0.137558843	9.785355	6.55E-05	1.00946769	1.6826564	1.009468	1.682656415

实图 10.5

Excel 输出的回归结果包括以下几个部分。

第一部分是“回归统计”，这部分包括相关系数(Multiple R)、判定系数(R Square)、修正后的判定系数(Adjusted R Square)、标准误差、观测值的个数等。

第二部分是“方差分析”，这部分包括自由度(df)，回归平方和、残差平方和、总平方和(SS)、回归和残差的均方(MS)、检验统计量(F)、F 检验的显著性水平(Significance F)。“方差分析”部分的主要作用是对回归方程的线性关系进行显著性检验。下面将作详细介绍。

第三部分是参数估计的有关内容。包括回归方程的截距(Intercept)、斜率(X Variable 1)，截距和斜率的标准误差、用于检验回归系数的 t 统计量(t Stat)、P－值(P-value)以及截距和斜率的置信区间(Lower 95.0% 和 Upper 95.0%)等。

此外，还有“残差分析”部分，这里暂时未给出其输出结果。

(二)实训内容

10 名学生身高和体重的情况如实表 10.2 所示。

实表 10.2　10 名学生身高和体重情况统计表

学生序号	身高(公分)	体重(公斤)
1	150	45
2	181	70
3	170	69
4	167	60
5	177	65
6	180	75
7	165	50
8	144	48
9	159	56
10	175	64

要求用 Excel 对身高和体重作相关和回归分析。

1～10 章参考答案

第1章

一、单项选择题

1. B　2. C　3. D　4. B　5. D　6. B　7. C　8. D　9. B　10. C

二、多项选择题

1. BD　2. CD　3. ACD　4. AB　5. ACD　6. AD　7. CD　8. BD　9. CD　10. ABD

三、简答题

1. 学习统计学至少有三个原因:第一,在日常生活和工作中都要接触统计数据;第二,统计学用来帮助制定和影响生活和工作决策;第三,在生活和工作中随时随地都会面临着决策,统计学帮助人们做出更有效的科学决策。

2. 统计就是统计工作、统计资料和统计学三者互相结合、密切联系形成的有机整体。

统计工作是运用各种统计特有的方法对社会经济现象进行调查研究以认识其本质和规律性的一种认识活动,一般要经过统计设计、统计调查、统计整理和统计分析四个阶段。

3. 标志和指标的区别:指标是说明总体数量特征的,只能用数量表示;标志是说明总体单位特征的。标志既可以用文字表示,也可以用数量表示。标志和指标的联系:①指标是由数量标志汇总得到的;②指标和标志在一定条件下可以互相转化。

4. 反映组成总体的各单位不同的具体表现为变异,如研究企业的职工情况,每一个职工的学历、年龄、工资、工种是不同的,叫变异;一般在数量上的变异为变量,如年龄、工资为变量。变量的具体取值为变量值,如每一个职工的具体年龄、工资。

四、综合题

总体:该家电企业销售的所有手机。总体单位:该家电企业销售的每一部手机。

品质标志:品牌、型号、产地、款型。数量标志:外形尺寸、功能大小。

数量指标:销售量、销售额。质量指标:平均每天销售量、返修率、市场占有率。

第2章

一、单项选择题

1. B　2. C　3. B　4. A　5. C

二、多项选择题

1. BCD　2. ACE　3. ADE　4. CE　5. ADE　6. ABCDE　7. ACE　8. BCDE

三、简答题

1.(1)联系:普查、抽样调查、重点调查、典型调查都属于专门调查组织方式。

(2)区别:普查是全面调查,而抽样调查、重点调查、典型调查均属于非全面调查。

2.普查具有一次性或周期性、统一性和时点性、全面性和准确性的特点。与普查相比,抽样调查具有经济性及时效性强、适用面广等特点。

3.一个完整的统计调查方案应包括的主要内容有:调查目的和调查任务,调查对象和调查单位,调查项目及其呈现,调查时间、期限和方法的确定,统计调查的组织实施计划。

4.所谓调查单位就是指总体单位,在某项调查中登记其具体特征的单位,即调查项目的承担者。所谓调查对象就是根据调查目的和任务所确定的需要进行调查研究的某一社会现象的总体,它是由性质相同的许多个别单位组成的,即调查中指标的承担者。所谓报告单位也称填报单位,是负责向上报告调查内容、提交统计资料的单位。调查单位与报告单位有时一致、有时不一致。

第3章

一、判断题

1.√ 2.× 3.√ 4.√ 5.× 6.× 7.× 8.× 9.× 10.√

二、单项选择题

1.C 2.B 3.C 4.D 5.B 6.B 7.C 8.C 9.B 10.A

三、多项选择题

1.AC 2.BD 3.BCD 4.CDE 5.AD 6.BCE 7.ACDE

四、计算题

1.(1)对原始数据按从小到大的顺序排序

81	84	86	91	93	95	98	100	100	102
103	104	105	106	107	108	108	109	109	112
113	114	115	116	117	118	119	120	125	129

(2)确定组数和组限。组数为$(129-81)\div 10=4.8$,故应为5组,可采取相邻组组限重叠、不含上限的办法确定组限。

(3)分组并编制频数分布数列,结果如下图所示。

次数分布图如下。

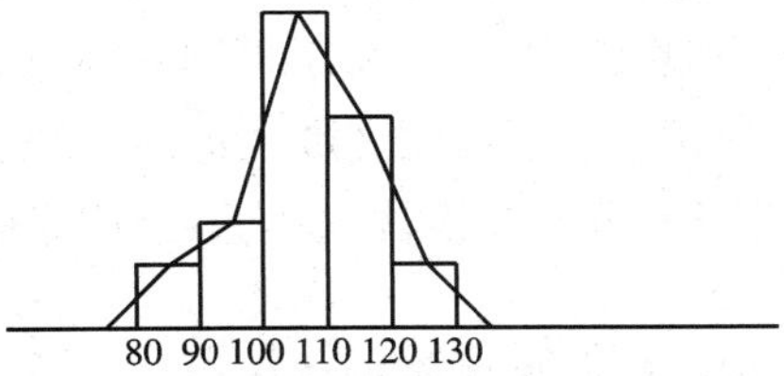

2.(1)40 名学生成绩的统计分布表如下。

按学生成绩分组	考核结果	学生人数(人)	各组学生人数占总人数比重(%)
60 以下	不及格	4	10.0
60～70	及格	6	15.0
70～80	中	12	30.0
80～90	良	15	37.5
90 以上	优	3	7.5
合计	-	40	100.0

(2)分组标志为“成绩”,其类型是按数量标志分组。分组方法是连续变量分组中的等距分组,而且是开口式分组。

第 4 章

一、单项选择题

1.C　2.A　3.D　4.C　5.B　6.A　7.D　8.C　9.C　10.D

二、多项选择题

1.ACE　2.AB　3.ACE　4.ABDE　5.BCE　6.BCD　7.ACD　8.AC　9.ABD　10.BC

三、判断题

1.√　2.√　3.×　4.√　5.×　6.×　7.×　8.×　9.×　10.√

四、简答题

1.总量相对指标是反映社会经济现象发展的总规模、总水平的综合指标。总量指标在社会经济统计中的作用主要表现在:总量指标是认识社会经济现象的起点;总量指标是制定政策、编制计划、进行科学管理的重要依据;总量指标是计算相对指标和平均指标的基础。

2.结构相对指标是以总体总量为比较标准,计算各组总量占总体总量的比重,以此来反映总体内部组成情况的综合指标。例如,女生人数占全班人数的比重。比例相对指标是总体不同部分之间数量对比的相对数,用以分析总体范围内各个局部之间比例关系和协调平衡状态。例如,在社会总产值中,农、轻、重产值的比例关系。比较相对指标是不同单位的同类指标对比而确定的相对数,用以说明同类现象在同一时期内各单位发展的差异程度。例如,甲企业人均工资是乙企业的 1.2 倍。

3.主要区别是:首先,其他各种相对指标都属于同一总体内的数量对比,而强度相对指标除此之外也可以是两种性质不同但又有联系的属于不同总体的总量指标之间的对比。其次,计算结果的表现形式不同。其他相对指标用无名数表示,而强度相对指标主要用有名数表示。第三,当计算强度相对指标的分子和分母互换位置后,会产生正指标和逆指标,而其他指标不存在正、逆指标之分。

4.时期指标是指现象在一定时期内发展所累计达到的总量;时点指标是指现象在某一个时点上的总量。两者的联系是:两种指标都是反映现象发展总量的指标。两者的区别主要有三点:其一,前者的指标数值具有可加性,而后者不具有;其二,前者数值的大小与时间长短有直接关系,而后者没有;其三,前者数值的取得通过经常性调查累计取得,而后者通过一次性调查取得。

六、计算题

1.

2010年该地区城市人口占总人口的比重是:(240/400)×100% =60%

2010年该地区农村人口占总人口的比重是:(160/400)×100% =40%

这两个指标是结构相对指标。

2010年该地区城市人口是农村人口的:(240/160)×100% =150%

这个指标是比例相对指标。

2010年该地区的人口密度是:400/4.4 =90.9人/平方公里

这个指标是强度相对指标。

2.

	上年实际产量(吨)	本年计划		本年实际		本年计划完成程度(%)	本年为上年的(%)
		产量	比重	产量	比重		
甲厂	90	100	20	110	22.1	110	122.2
乙厂	131.3	150	30	151	30.3	100.7	115
丙厂	230	250	50	237	47.6	94.8	103
合计	451.3	500	100	498	100	99.6	110.3

3.2016年单位成本计划数:520-(520×5%)=494(元)

2016年单位成本实际数:520-(520×6%)=489(元)

2016年降低成本计划完成程度:$\frac{489}{494}\times 100\% = 98.99\%$

4.2016年产品销售计划完成程度:$\frac{114\%}{108\%} = 105.6\%$

第5章

一、单项选择题

1.D 2.B 3.A 4.C 5.D 6.A 7.A 8.D 9.A 10.C

二、多项选择题

1.CE 2.ABC 3.ACDE 4.ABCD 5.ADE 6.ABE 7.ADE 8.BCD

三、判断题

1.× 2.√ 3.× 4.√ 5.√ 6.× 7.√ 8.×

四、填空题

1.集中、离中

2. 权衡轻重、各组权数相等的

3. 51. 85%

4. 全距、平均差、标准差、变异系数

5. 算术平均数、调和平均数

6. 57. 1%

五、简答题

1. ①指标含义不同。强度相对指标说明的是某一现象在另一现象中发展的强度、密度或普遍程度;而平均指标说明的是现象发展的一般水平。

②计算方法不同。强度相对指标和平均指标虽然都是两个有联系的总量指标之比,但是,强度相对指标分子与分母的联系只表现为一种经济关系,而平均指标分子与分母的联系是一种内在联系,即分子是标志值的总量,而分母是总体单位的个数,因此,对比结果是对总体各单位某一标志值的平均。

2. 加权算术平均数与加权调和平均数是计算平均指标时常常用到的两个指标。加权算术平均数中的权数一般情况下是资料已经分组得出分配数列的情况下标志值的次数。而加权调和平均数的权数是直接给定的标志总量。在经济统计中,经常因为无法直接得到被平均标志值的相应次数的资料而采用调和算术平均数的形式计算,这时的调和平均数是算术平均数的变形。它仍然依据算术平均数的基本公式计算。它与算术平均数的关系用公式表达如下:

$$H=\frac{\sum m}{\sum \frac{m}{x}}=\frac{\sum xf}{\sum f}=\bar{x}$$

3. 变异指标是反映现象总体中各单位标志值变异程度的指标。以平均指标为基础,结合运用变异指标是统计分析的一个重要方法。变异指标的作用有:反映现象总体各单位变量值分布的离中趋势;说明平均指标代表性的大小;测定现象变动的均匀性或稳定程度。

4. 变异系数是以相对数形式表示的变异指标。它是通过变异指标中的全距、平均差或标准差与平均数对比得到的。常用的是标准差系数。变异系数的应用条件是:当所对比的两个数列的水平高低不同时,就要用变异系数。

5.

(1)70 型号的男衬衫购买人数最少。但不能不生产。原因之一是这部分人群仍占到 10% 以上,其次是商品种类齐全利于吸引消费者。

(2)这组数据的平均数是 74. 46。不可按这个型号生产。因为平均值只是一个一般水平代表值,这个型号在生产的型号中未必存在。如该厂不生产单号的男衬衫。

(3)这组数据的中位数是 76。这种型号的衬衫产量不能占第一位。因为中位数与位置有关系,与购买人数多少没有关系。

(4)这组数据的众数是 76。这种型号的衬衫产量可以占第一位。因为众数就是出现次数最多的型号。既然购买的人多就要满足消费者需求。

六、计算题

1.

(1) $\bar{x}_{乙}=\frac{\sum xf}{\sum f}=\frac{15\times15+25\times38+35\times34+45\times13}{100}=29.5$(件)

$$\sigma_{乙}=\sqrt{\frac{\sum (x-\bar{x})^2 f}{\sum f}}=8.986(件)$$

$$V_{\sigma甲}=\frac{\sigma_{甲}}{\bar{x}_{甲}}\times100\%=\frac{9.6}{36}\times100\%=26.7\%$$

$$V_{\sigma乙}=\frac{\sigma_{乙}}{\bar{x}_{乙}}\times100\%=\frac{8.986}{29.5}\times100\%=30.5\%$$

(2)因为 30.5% >26.7%,所以甲组工人的平均日产量更有代表性。

2.

$$H=\frac{\sum m}{\sum \frac{m}{x}}=\frac{435}{420}=103.75\%$$

3. 以各区人口的比重为权数计算该市居民年人均收入:

$$\bar{x}=\sum x\cdot\frac{f}{\sum f}=1\ 400\times85\%+1\ 380\times15\%=1\ 397(元)$$

4. 平均计划完成程度:

$$平均计划完成程度\ H=\frac{\sum m}{\sum \frac{m}{x}}=\frac{190+250+609}{\frac{190}{0.95}+\frac{250}{1}+\frac{609}{1.05}}=\frac{1\ 049}{1\ 030}=101.84\%$$

$$平均单位成本\ \bar{x}=\frac{\sum xf}{\sum f}=\frac{18\times190+12\times250+15\times609}{190+250+609}=14.83(元/件)$$

5. 甲市场平均价格: $H_{甲}=\frac{\sum m}{\sum \frac{m}{x}}=\frac{5.5}{4}=1.38$(元/斤)

乙市场平均价格: $\bar{x}_{乙}=\frac{\sum xf}{\sum f}=\frac{5.3}{4}=1.33$(元/斤)

6. 设:录用率为 x,报考人数为 f,则录用人数为 xf,那么

$$男性总录用率=\frac{\sum xf}{\sum f}=\frac{123}{600}=20.5\%$$

$$女性总录用率=\frac{\sum xf}{\sum f}=\frac{89}{500}=17.8\%$$

资料显示,女性各组录用率均高于男性,但总录用率却低于男性,这是因为平均数的大小不仅受各组变量值大小的影响,而且受权数的影响。这里,报考人数的多少对总录用率起了权衡轻重的作用。

第6章

一、判断题

1. √　2. ×　3. √　4. ×　5. ×　6. √　7. √　8. √　9. ×　10. ×　11. ×　12. √　13. ×

二、单项选择题

1. B　2. C　3. A　4. D　5. C　6. B　7. C　8. A　9. C　10. D　11. A

三、多项选择题

1. ABCD　2. BCDE　3. ABCD　4. ABD　5. ABCD　6. AC　7. ABCD

四、计算题

1. 根据题意列表如下：

日期	1月1日	1月14日	1月22日	1月31日
直接生产工人(人)	450	443	452	436
非直接生产工人(人)	150	143	143	140
合计	600	586	595	576

此表含有两个动态数列，属于间隔不等的连续时点数列，需用加权算术平均的方法计算动态平均数。

1月份该厂非直接生产人员的平均人数：

$$\bar{a}=\frac{\sum at}{\sum t}=\frac{150\times13+143\times8+143\times9}{31}=\frac{4\ 381}{31}=142(\text{人})$$

1月份该厂直接生产人员的平均人数：

$$\bar{a}=\frac{\sum at}{\sum t}=\frac{450\times13+443\times8+452\times9}{31}=\frac{13\ 462}{31}=435(\text{人})$$

1月份该厂全部职工平均人数：

$$\frac{\sum at}{\sum t}=\frac{600\times13+586\times8+595\times9}{31}=\frac{18\ 419}{31}=595(\text{人})$$

2. 此数列为间隔相等的时点数列，需用“首末折半法”计算动态平均数。

该商店第一季度的平均商品库存额：

$$\bar{a}=\frac{\frac{a_1}{2}+a_2+a_3+\cdots+\frac{a_n}{2}}{n-1}=\frac{\frac{39}{2}+41+43+\frac{45}{2}}{4-1}=42(\text{万元})$$

该商店全年的平均商品库存额

$$\bar{a}=\frac{\frac{a_1}{2}+a_2+a_3+\cdots+\frac{a_n}{2}}{n-1}=\frac{\frac{39}{2}+41+43+45+49+46+56+60+57+54+51+45+\frac{40}{2}}{13-1}$$

$=49$(万元)

3. (1)某企业2016年第二季度劳动生产率情况如下:

某企业2016年第二季度劳动生产率情况

月份	4	5	6
劳动生产率(百元/人)	5.92	7.85	8.67

(2)第二季度的月平均劳动生产率:

$$\frac{\text{第二季度月平均产值}}{\text{第二季度的月平均人数}}=\frac{(302+420+490)/3}{\left(\frac{50}{2}+52+55+\frac{58}{2}\right)/3}=7.53(\text{百元/人})$$

(3)第二季度平均劳动生产率:

$$\frac{\text{第二季度产值}}{\text{第二季度的月平均人数}}=\frac{302+420+490}{\left(\frac{50}{2}+52+55+\frac{58}{2}\right)/3}=22.59\ (\text{百元/人})$$

4.

年份		2012	2013	2014	2015	2016
产品产量(万吨)		340	410	431	458	482
增长量(万吨)	逐期	—	70	21	27	24
	累计	—	70	91	118	142
发展速度(%)	定基	—	120.59	126.77	134.71	141.77
	环比	—	120.59	105.12	106.27	105.24
增长速度(%)	定基	—	20.59	26.77	34.71	41.77
	环比	—	20.59	5.12	6.27	5.24
增长1%的绝对值(万吨)		—	3.40	4.10	4.31	4.58

2012年到2016年期间该企业产品产量的平均发展水平:

$(340+410+431+458+482)/5=424.2$(万吨)

2012年到2016年期间该企业产品产量的平均发展速度

$$\sqrt[n]{\frac{a_n}{a_0}}=\sqrt[4]{1.4177}=109.12\%$$

2012年到2016年期间该企业产品产量的平均增长速度:平均发展速度 $-1=9.12\%$

对表中数字写出下列各种关系。

(1)发展速度与增长速度的关系:增长速度 = 发展速度 − 1

(2)定基发展速度与环比发展速度的关系：定基发展速度 = 环比发展速度的连乘积

(3)增长1%的绝对值与前期发展水平的关系：增长1%的绝对值 = 前期发展水平/100

(4)增长量、增长速度与增长1%绝对值的关系：增长1%绝对值 = 逐期增长量/环比增长速度

(5)逐期增长量与累计增长量的关系：累计增长量 = 逐期增长量之和

(6)平均发展速度与环比发展速度的关系：平均发展速度 = $n\prod$ 环比发展速度

(7)平均发展速度与平均增长速度的关系：平均增长速度 = 平均发展速度 − 1

5.

年份	2009	2010	2011	2012	2013	2014	2015	2016
t	1	2	3	4	5	6	7	8
产品产量(万吨)	375	480	581	674	795	902	1 009	1 115

半数平均法：

设趋势直线方程为：$y_t = a + bt$　　利用 $\sum (y - y_t) = 0 \Rightarrow \bar{y} - a - b\bar{t} = 0$

$\bar{t}_1 = (1+2+3+4)/4 = 2.5$　　$\bar{y}_1 = (375+480+581+674)/4 = 527.5$

$\bar{t}_2 = (5+6+7+8)/4 = 6.5$　　$\bar{y}_2 = (795+902+1\ 009+1\ 115)/4 = 955.25$

代入方程得：$\begin{cases}527.5 - a - 2.5b = 0\\955.25 - a - 6.5b = 0\end{cases}$　　解得：$\begin{cases}a = 408.68\\b = 47.53\end{cases}$

即得趋势直线方程：$y_t = 408.68 + 47.53t$

当预测2017年的产品产量 $y_{10} = 408.68 + 47.53 \times 10 = 883.98$(万吨)

最小二乘法：

设趋势直线方程为：$y_t = a + bt$　利用 $\sum (y - y_t)^2 = 0 \Rightarrow a$、$b$ 参数公式：

$$b = \frac{n\sum ty - \sum t \sum y}{n\sum t^2 - \left(\sum t\right)^2} = \frac{8 \times 31\ 144 - 36 \times 5\ 931}{8 \times 204 - 36^2} = \frac{35\ 636}{336} = 106.06$$

$$a = \bar{y} - b\bar{t} = \frac{5\ 931}{8} - 106.06 \times \frac{36}{8} = 264.11$$

即得趋势直线方程：$y_t = 264.11 + 106.06t$

当预测2017年的产品产量 $y_{10} = 264.11 + 106.06 \times 10 = 1\ 324.71$(万吨)

用图表示如下：

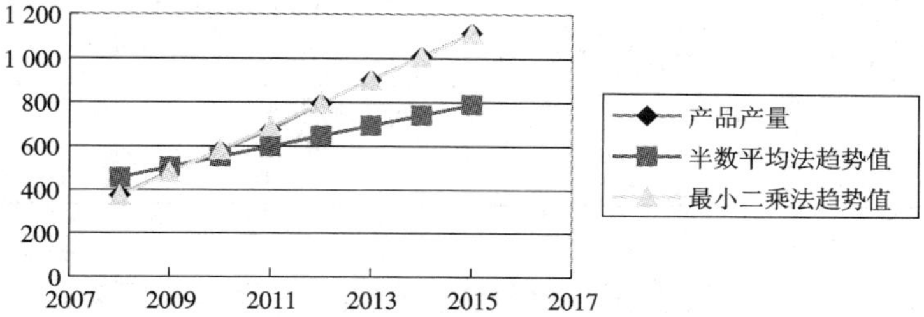

6. 某企业某产品历年各月的销售量资料如下。

计算结果见下表：

时间	1	2	3	4	5	6	7	8	9	10	11	12	合计
2014	45. 0	40. 0	35. 0	31. 0	32. 0	37. 0	60. 0	77. 0	82. 0	73. 0	47. 0	43. 0	602
2015	60	45	41	36	40	45	68	85	90	79	55	51	695
2016	67	53	47	45	49	53	77	93	99	91	67	63	804
合计	172	138	123	112	121	135	205	255	271	243	169	157	2 101
同月平均	57. 3	46. 0	41. 0	37. 3	40. 3	45. 0	68. 3	85. 0	90. 3	81. 0	56. 3	52. 3	58. 4
季节指数	98. 24	78. 82	70. 25	63. 97	69. 11	77. 11	117. 09	145. 64	154. 78	138. 79	95. 95	89. 67	1 199. 42
修正季节指数	98. 29	78. 86	70. 28	64. 00	69. 143	77. 17	117. 15	145. 71	154. 76	138. 86	96. 99	89. 71	1 200. 00

修正系数：1 200/1 199. 42 = 1. 000 48

预测该年 10 月份的商品销售量：

$(92+98)/(145.71+154.76)\times 138.86=87.81$（千克）

预测该年 11 月份的商品销售量：

$(92+98)/(145.71+154.76)\times 96.99=61.33$（千克）

第 7 章

一、单项选择题

1. C　2. A　3. D　4. B　5. D　6. A　7. C　8. A　9. B　10. C　11. D　12. B

二、多项选择题

1. ACD　2. BCD　3. ACE　4. BCD　5. ABC　6. CD　7. ABC　8. BC　9. ABCD
10. ABCDE　11. ABC

三、判断题

1. √　2. √　3. ×　4. ×　5. √　6. √　7. √　8. ×　9. ×　10. √

四、计算题

1.（1）每种产品的个体成本指数、个体产量指数的计算见下表：

企业名称	单位产品成本(元)		产量(万件)		单位产品个体成本指数(%)	个体产量指数(%)
	基期 z_0	报告期 z_1	基期 q_0	报告期 q_1	$k_z=z_1/z_0$	$k_q=q_1/q_0$
甲	2.5	2.3	15	15.5	92.00	103.33
乙	2.4	2.4	10	12	100.00	120.00
丙	2.2	2.1	10	15	95.45	150.00

(2)三种产品的单位成本指数、总产量指数、总成本指数计算见下表：

企业名称	单位产品成(元)		产量(万件)		总成本(万元)		
	基期 z_0	报告期 z_1	基期 q_0	报告期 q_1	基期 q_0z_0	报告期 q_1z_1	假定 q_1z_0
甲	2.5	2.3	15.0	15.5	37.50	35.65	38.75
乙	2.4	2.4	10.0	12.0	24.00	28.80	28.80
丙	2.2	2.1	10.0	15.0	22.00	31.50	33.00
合计	—	—	—	—	83.50	95.95	100.55

三种产品的单位成本指数：

$K_z=\sum z_1q_1/\sum z_0q_1=95.95/100.55=95.43\%$

单位成本的变动对总成本的影响额 $=\sum z_1q_1-\sum z_0q_1=-4.6$(万元)

(3)三种产品的总产量指数：

$K_q=\sum q_1z_0/\sum q_0z_0=100.55/83.5=120.42\%$

产量的变动对总成本的影响额 $=\sum z_0q_1-\sum z_0q_0=17.05$(万元)

(4)三种产品的总成本指数：$K_{qz}=\sum q_1z_1/\sum q_0z_0=95.95/83.5=114.91\%$

总成本变动的绝对额 $=\sum z_1q_1-\sum z_0q_0=95.95-83.5=12.45$(万元)

2. 某地区收购的三种新鲜水果产品资料如下表：

某地区收购的三种新鲜水果产品收购价格指数(%)计算表

产品名称	报告期		基期		收购价格指数(%)k_p	q_1p_1/k_p
	旺季平均单价(元)p_1	收购额(万元)q_1p_1	旺季平均单价(元)p_0	收购额(万元)q_0p_0		
苹果	2.0	100	1.9	80	105.26	95.00
香蕉	1.6	170	1.5	150	106.67	159.37
芦柑	1.8	200	1.6	180	112.50	177.78
合计	—	470	—	410	—	432.15

(1)该地区收购的三种新鲜水果产品的收购价格指数：

$$K_p=\frac{\sum q_1p_1}{\sum \frac{q_1p_1}{k_p}}=\frac{470}{432.15}=108.76\%$$

由于收购的三种新鲜水果产品价格的提高使农民增加的收益

$$=\sum q_1p_1-\sum \frac{q_1p_1}{k_p}=470.0-432.15=37.85(\text{万元})$$

由于多收购，使该地区的收购额提高的程度

$$=\frac{K_{pq}}{K_p}=\frac{\frac{470}{410}}{108.76\%}=105.40\%$$

$$\text{多支付的数额}=\sum \frac{q_1p_1}{k_p}-\sum q_0p_0=432.15-410=22.15(\text{万元})$$

3. 某商业企业经营的四种产品的销售量和价格指数计算如下表：

商品种类	计量单位	销售量		价格(元)		销售额(元)		
		基期 q_0	报告期 q_1	基期 p_0	报告期 p_1	基期 q_0p_0	报告期 q_1p_1	假定 q_1p_0
甲	件	300	340	9	12	2 700	4 080	3 060
乙	千克	200	150	30	35	6 000	5 250	4 500
丙	千克	400	350	28	35	11 200	12 250	9 800
丁	件	500	540	10	10	5 000	5 400	5 400
合计	—	—	—	—	—	24 900	26 980	22 760

(1)销售额的总变动程度 $K_{pq}=\frac{\sum q_1p_1}{\sum q_0p_0}=\frac{26\,980}{24\,900}=108.35\%$

由于销售额的提高而增加的绝对额 $=\sum q_1p_1-\sum q_0p_0=26\,980-24\,900=2\,080$(元)

(2)各因素分析。

销售量的变动对销售额的影响：

相对数 $K_q=\frac{\sum q_1p_0}{\sum q_0p_0}=\frac{22\,760}{24\,900}=91.41\%$

由于销售量的降低使销售额减少的绝对额 $=\sum q_1p_0-\sum q_0p_0=22\,760-24\,900=-2\,140$(元)

价格的变动对销售额的影响：

相对数 $K_p=\frac{\sum q_1p_1}{\sum q_1p_0}=\frac{26\,980}{22\,760}=118.54\%$

由于价格的提高使销售额增加的绝对额 $=\sum q_1p_1-\sum q_1p_0=26\,980-22\,760=4\,220$(元)

(3)建立对等关系式：

$K_{pq}=K_q\times K_p$ 即：$108.35\%=91.41\%\times 118.54\%$

$$\sum q_1p_1-\sum q_0p_0=(\sum q_1p_0-\sum q_0p_0)+(\sum q_1p_1-\sum q_1p_0)$$

即:2 080(元) = -2 140(元) +4 220(元)

(4)分析总结:该商业企业经营的四种产品的销售额报告期比基期提高了 8.35%,增加的绝对数额为 2 080 元,是由以下两个因素共同作用导致的。其中:由于销售量降低 8.59%,从而使销售额减少的数额为 2 140 元;由于价格提高 18.54%,而使销售额增加的绝对数额为 4 220 元。

4. 某商店经营的三种商品的销售额及价格变动资料如下表:

商品名称	商品销售额(万元)		价格变动率 k_p(%)	q_1p_1/k_p
	基期 q_0p_0	报告期 q_1p_1		
甲	80	82	101	81.19
乙	60	55	97	56.70
丙	120	140	100	140
合计	260	277	——	277.89

(1)商品价格总指数 $K_p = \dfrac{\sum q_1p_1}{\sum \dfrac{q_1p_1}{k_p}} = \dfrac{277}{277.89} = 99.68\%$

由于价格的降低而减少的销售额 = 277 - 277.89 = 0.89(万元)

(2)商品销售量总指数 $K_q = \dfrac{K_{pq}}{K_p} = \dfrac{\dfrac{277}{260}}{99.68\%} = 106.88\%$

由于销售量的增加而使该商店增加的销售额 = $\sum q_1p_0 - \sum q_0p_0$ = 277.89 - 260 = 17.89(元)

5. 某工业企业的统计资料如下表:

产品名称	计量单位	产品产值(万元)		出厂价个体指数 k_p(%)	假定产值 q_1p_1/k_p(万元)	产品产量个体指数 k_q(%)
		基期 q_0p_0	报告期 q_1p_1			
甲	件	500	560	100	560	112
乙	吨	1 000	1 400	103	1 359.22	135.92
丙	台	100	97	98	98.98	98.98
合计	—	1 600	2 057	—	2 018.20	—

(1)该企业三种产品的出厂价总指数:

$$K_p = \frac{\sum q_1p_1}{\sum \dfrac{q_1p_1}{k_p}} = \frac{2\,057}{2\,018.20} = 101.92\%$$

(2)产品产量总指数:

$$K_q = \frac{K_{pq}}{K_p} = \frac{\frac{2\ 057}{1\ 600}}{101.92\%} = 126.14\% \text{或}$$

$$K_q = \frac{\sum k_q p_0 q_0}{\sum p_0 q_0} = \frac{1.12 \times 500 + 1.359\ 2 \times 1\ 000 + 0.989\ 8 \times 100}{1\ 600} = \frac{2\ 018.18}{1\ 600} = 126.14\%$$

(3)出厂价格的变动对总产值的影响额 = $\sum q_1 p_1 - \sum \frac{q_1 p_1}{k_p} = 2\ 057 - 2018.20 = 38.8$（万元）

(4)产品产量变动对总产值影响的绝对额 = $\sum q_1 p_0 - \sum q_0 p_0 = 2\ 018.20 - 1\ 600 = 418.2$（万元）

(5)产品总产值变动的相对数 = $\frac{\sum q_1 p_1}{\sum q_0 p_0} = \frac{2\ 057}{1\ 600} = 128.56\%$

产品总产值变动的绝对数 = $\sum q_1 p_1 - \sum q_0 p_0 = 2\ 057 - 1\ 600 = 457$（万元）

6. 公司所属两个工厂的工人平均工资指数计算表：

企业名称	月工资水平（元）		工人人数（人）		工资总额（万元）		
	基期 x_0	报告期 x_1	基期 f_0	报告期 f_1	基期 $x_0 f_0$	报告期 $x_1 f_1$	假定 $x_0 f_1$
甲	1 200	1 500	220	240	26.4	36.0	28.8
乙	900	1 000	240	500	21.6	50.0	45.0
合计	—	—	460	740	48.0	86.0	73.8

(1)两个企业工人的月工资水平变动对该公司的全体工人平均工资的影响：

相对数：$K_x = \dfrac{\sum x_1 \frac{f_1}{\sum f_1}}{\sum x_0 \frac{f_1}{\sum f_1}} = \dfrac{\frac{860\ 000}{740}}{\frac{738\ 000}{740}} = \dfrac{1\ 162.16}{997.30} = 116.53\%$

绝对数：$\dfrac{\sum x_1 f_1}{\sum f_1} - \dfrac{\sum x_0 f_1}{\sum f_1} = 1\ 162.16 - 997.30 = 164.86$（元）

由于结构的变动对该公司的全体工人平均工资的影响：

相对数：$K_f = \dfrac{\sum x_0 \frac{f_1}{\sum f_1}}{\sum x_0 \frac{f_0}{\sum f_0}} = \dfrac{997.30}{\frac{480\ 000}{460}} = \dfrac{997.30}{1\ 043.48} = 95.58\%$

绝对数：$\dfrac{\sum x_0 f_1}{\sum f_1} - \dfrac{\sum x_0 f_0}{\sum f_0} = 997.30 - 1\ 043.48 = -46.18$（万元）

(2)由于工人人数的变动对工资总额的影响：

相对数：$\sum f_1 / \sum f_0 = 740/460 = 160.87\%$

绝对数：$(\sum f_1 - \sum f_0) \times \bar{x}_0 = (740 - 460) \times 1\ 043.48 = 29.22$(万元)

由于工人月工资水平的变动对工资总额的影响：

相对数：$K_x \dfrac{\sum x_1 \dfrac{f_1}{\sum f_1}}{\sum x_0 \dfrac{f_1}{\sum f_1}} = \dfrac{1\ 162.16}{997.30} = 116.53\%$

绝对数：$\left(\dfrac{\sum x_1 f_1}{\sum f_1} - \dfrac{\sum x_0 f_1}{\sum f_1}\right) \times \sum f_1 = (1\ 162.16 - 997.30) \times 740 = 12.20$(万元)

由于结构的变动对该公司的工资总额的影响：

相对数：$K_f = \dfrac{\sum x_0 \dfrac{f_1}{\sum f_1}}{\sum x_0 \dfrac{f_0}{\sum f_0}} = \dfrac{997.30}{1\ 043.48} = 95.58\%$

绝对数：$\left(\dfrac{\sum x_0 f_1}{\sum f_1} - \dfrac{\sum x_0 f_0}{\sum f_0}\right) \times \sum f_1 = (997.30 - 1\ 043.48) \times 740 = -3.42$(万元)

工资总额的变动：

相对数：$\dfrac{\sum x_1 f_1}{\sum x_0 f_0} = \dfrac{86}{48} = 179.17\%$

绝对数：$\sum x_1 f_1 - \sum x_0 f_0 = 86 - 48 = 38$(万元)

它们之间的关系式：

相对数对等关系式：$\dfrac{\overline{x_1} \sum f_1}{\overline{x_0} \sum f_0} = \dfrac{\sum f_1}{\sum f_0} \times \dfrac{\sum x_0 \dfrac{f_1}{\sum f_1}}{\sum x_0 \dfrac{f_0}{\sum f_0}} \times \dfrac{\sum x_1 \dfrac{f_1}{\sum f_1}}{\sum x_0 \dfrac{f_1}{\sum f_1}}$

即：179.17% = 160.87% × 95.58% × 116.53%

绝对数对等关系式：

$$\bar{x}_1 \sum f_1 - \bar{x}_0 \sum f_0 = (\sum f_1 - \sum f_0)\bar{x}_0 + \left(\frac{\sum x_0 f_1}{\sum f_1} - \frac{\sum x_0 f_0}{\sum f_0}\right) \times \sum f_1 + \left(\frac{\sum x_1 f_1}{\sum f_1} - \frac{\sum x_0 f_1}{\sum f_1}\right) \times \sum f_1$$

即：38 万元 = 29.22 万元 + (−3.42 万元) + 12.20 万元

分析总结：该公司的工资总额报告期比基期提高 79.17%，是由于工人人数的变动使其提高 60.87%、人员结构的变动使其降低 4.42% 及工人月工资水平的变动使其提高 16.53% 共同导致的。该公司的工资总额报告期比基期增加 38 万元，是由于工人人数的变动使其增加 29.22 万元、人员结构的变动使其减少 3.42 万元及由于工人月工资水平的变动使其增加 12.20 万元共同导致的。该公司的工资总额提高得太多，而且主要是由于人数的变动导致的，应进行调查。若调查的结果是由于公司报告期兼并了一个企业，导致人数增加一倍还多，这是正常的，否则，应详细调查其增加如此多的原因。

7. 该地区居民消费价格指数计算如下表：

商品类型	个体指数 k_p(%)	权数 ω	$k_p\omega$(%)
(一)食品类	101.51	44.0	4 466.44
(二)烟酒及用品	102.79	12.0	1 233.48
(三)衣着	102.69	8.0	821.52
(四)家庭设备用品及服务	102.63	7.0	718.41
(五)医疗保健及个人用品	101.30	8.0	810.40
(六)交通和通信	102.94	6.0	617.64
(七)娱乐教育文化用品	107.56	6.0	645.36
(八)居住	101.50	9.0	913.5
合计	—	100	10 226.75

$$\text{该地区居民消费价格指数 } K_p = \frac{\sum k_p\omega}{\sum \omega} = \frac{10\,226.75}{100} = 102.27\%$$

第 8 章

一、判断题

1. × 2. √ 3. × 4. √ 5. √ 6. √ 7. × 8. × 9. √ 10. √

二、单项选择题

1. A 2. B 3. D 4. C 5. C 6. C 7. A 8. D 9. B 10. A

三、多项选择题

1. ABE 2. ACE 3. CDE 4. BD 5. BCD 6. BDE 7. ACDE 8. ACD 9. ABE 10. ADE 11. AD

四、计算题

1. (1) 按重复抽样计算：

$$\mu_p = \sqrt{\frac{p(1-p)}{n}} = \sqrt{\frac{60\%(1-60\%)}{100}} = 4.9\%$$

(2) 按不重复抽样计算：

$$\mu_p = \sqrt{\frac{p(1-p)}{n}\left(1-\frac{n}{N}\right)} = \sqrt{\frac{60\%(1-60\%)}{100}\left(1-\frac{100}{500}\right)} = 4.4\%$$

2. 抽取样本中眼睛近视的学生所占比重 $p=240/400=60\%$，抽样平均误差

$$\mu_p=\sqrt{\frac{p(1-p)}{n}}=\sqrt{\frac{60\%(1-60\%)}{100}}=4.9\%$$，抽样极限误差

$$\Delta_p=t\mu_p=1.96*4.9\%=9.6\%$$

则该校眼睛近视的学生比重为 $60\%-9.6\%\leqslant P\leqslant 60\%+9.6\%$

即 $50.4\%\leqslant P\leqslant 69.6\%$

3. (1)按重复抽样计算：

$$\mu_{\bar{x}}=\sqrt{\frac{\sigma^2}{n}}=\sqrt{\frac{50^2}{100}}=5(\text{元})$$

$$\Delta_{\bar{x}}=t\times\mu_{\bar{x}}=2\times5=10(\text{元})$$

按不重复抽样计算：

$$\mu_{\bar{x}}=\sqrt{\frac{\sigma^2}{n}\cdot\left(1-\frac{n}{N}\right)}=4.74(\text{元})$$

$$\Delta_{\bar{x}}=t\times\mu_{\bar{x}}=2\times4.74=9.48(\text{元})$$

(2)按重复抽样计算：

$\because \bar{x}-\Delta_{\bar{x}}\leqslant\bar{X}\leqslant\bar{x}+\Delta_{\bar{x}}$

故总体指标在：$650-10\leqslant\bar{X}\leqslant 650+10$

即：$640\leqslant\bar{X}\leqslant 660$

∴ 该厂工人的月平均工资在 640 元到 660 元之间。

按不重复抽样计算：

$\because \bar{x}-\Delta_{\bar{x}}\leqslant\bar{X}\leqslant\bar{x}+\Delta_{\bar{x}}$

故总体指标在：$650-9.48\leqslant\bar{X}\leqslant 650+9.48$

即：$640.52\leqslant\bar{X}\leqslant 659.48$

∴ 该厂工人的月平均工资在 641 元到 660 元之间。

4. (1) $n=4\,500\times20\%=900$，$t=2$

$$\bar{x}=\sum x\cdot\frac{f}{\sum f}=3\times8\%+5\times22\%+7\times40\%+9\times25\%+11\times5\%=6.94$$

$$s^2=\sum(x-\bar{x})^2\cdot\frac{f}{\sum f}$$

$$=(3-6.94)^2\times8\%+(5-6.94)^2\times22\%+(7-6.94)^2\times40\%+(9-6.94)^2\times 25\%+(11-6.94)^2\times5\%=3.956\,4$$

按重复抽样计算：

$$\mu_{\bar{x}}=\sqrt{\frac{s^2}{n}}=\sqrt{\frac{3.956\,4}{900}}=0.066$$

$$\Delta_{\bar{x}}=t\times\mu_{\bar{x}}=2\times0.066=0.132$$

$$6.94-0.13\leqslant\bar{X}\leqslant 6.94+0.13$$

故全校学生在校期间平均每人撰写论文在 6.81～7.07 篇之间。

按不重复抽样计算：

$$\mu_{\bar{x}}=\sqrt{\frac{s^2}{n}\left(1-\frac{n}{N}\right)}=\sqrt{\frac{3.9564}{900}(1-20\%)}=0.059$$

$$\Delta_{\bar{x}}=t\times\mu_{\bar{x}}=2\times0.059=0.118$$

$$6.94-0.12\leqslant\bar{X}\leqslant6.94+0.12$$

故全校学生在校期间平均每人撰写论文在6.82～7.06篇之间。

(2) $p=70\%$

按重复抽样计算：

$$\mu_p=\sqrt{\frac{p(1-p)}{n}}=\sqrt{\frac{0.7\times0.3}{900}}=1.528\%$$

$$\Delta_p=t\,\mu_p=2\times1.528\%=3.055\%$$

$$70\%-3.06\%\leqslant P\leqslant70\%+3.06\%$$

故撰写论文在6篇以上的比重在66.94%～73.06%之间。

按不重复抽样计算：

$$\mu_p=\sqrt{\frac{p(1-p)}{n}\left(1-\frac{n}{N}\right)}=\sqrt{\frac{0.7\times0.3}{900}(1-20\%)}=1.366\%$$

$$\Delta_p=t\mu_p=2\times1.366\%=2.732\%$$

$$70\%-2.73\%\leqslant P\leqslant70\%+2.73\%$$

故撰写论文在6篇以上的比重在67.27%～72.73%之间。

5. (1)按重复抽样计算：

$$n=\frac{t^2\sigma^2}{\Delta_x^2}=\frac{2^2\times250^2}{21^2}=566.9(\text{口})$$

按不重复抽样计算：

$$n=\frac{Nt^2\sigma^2}{N\Delta_x^2+t^2\sigma^2}=\frac{2\,500\times2^2\times250^2}{2\,500\times21^2+2^2\times250^2}=462.1(\text{口})$$

即在重复抽样时至少应抽查567口，在不重复抽样时至少应抽查463口。

(2) $\Delta_{\bar{x}}=\frac{2}{3}\times21=14$

按重复抽样计算：

$$n=\frac{t^2\sigma^2}{\Delta_x^2}=\frac{2^2\times250^2}{14^2}=1\,275.5$$

按不重复抽样计算：

$$n=\frac{Nt^2\sigma^2}{N\Delta_x^2+t^2\sigma^2}=\frac{2\,500\times2^2\times250^2}{2\,500\times14^2+2^2\times250^2}=844.6$$

即在重复抽样时至少应抽查1 276口，在不重复抽样时至少应抽查845口。

6. $p=\frac{175}{500}=35\%\quad\because F(t)=95\%\quad\therefore t=1.96$

(1) $\mu_P=\sqrt{\frac{P(1-P)}{n}}=\sqrt{\frac{35\%\times(1-35\%)}{500}}=2.13\%$

$\Delta_p = t\mu_p = 1.96 \times 2.13\% = 4.17\%$

$35\% - 4.17\% \leqslant P \leqslant 35\% + 4.17\%$

故喜欢该节目的观众比重在30.83%～39.17%之间。

(2)若极限误差不超过5%，则

$$t = \frac{\Delta_p}{\mu_p} = \frac{5\%}{2\%} = 2.5 \quad 即\ F(t) = 98.76\%$$

故把握程度为98.76%。

7.(1)样本指标计算表

每包重量(克)	组中值	包数
148—149	148.5	1
149—150	149.5	2
150—151	150.5	18
151—152	151.5	9

$$\bar{x} = \frac{\sum xf}{\sum f} = 150.67(克) \qquad s = \sqrt{\frac{\sum (x-\bar{x})^2 f}{\sum f}} = 0.687(克)$$

$$\mu_{\bar{x}} = \sqrt{\frac{s^2}{n}} = 0.125(克) \qquad \Delta_{\bar{x}} = t\mu_{\bar{x}} = 0.246(克)$$

$\bar{X} = \bar{x} \pm \Delta_{\bar{x}} \quad 150.42 \leqslant \bar{X} \leqslant 150.92$ 符合要求。

(2) $p = 27/30 = 90\%$，$\mu_p = \sqrt{\frac{p(1-p)}{n}} = 5.48\%$

$\Delta_p = t\mu_p = 10.735\%$，$79.27\% \leqslant P \leqslant 100\%$

第9章

一、简答题

1.研究者持怀疑态度予以收集资料证明原来观点的正确性的假设为原假设。由于怀疑原来的结论，总是收集大量数据给予证明。一般用符号H_0表示。与原假设相对立的假设为备择假设。也就是希望接受的结果。一般用符号H_1表示。

2.根据抽样调查资料计算样本的特征值用以估计总体相应的特征值，这样的特征值为样本统计量。采用一定的规则标准化后使其服从一定的统计分布规律。据以检验假设的正确性。这个标准化后的样本统计量为检验统计量。

3.假设检验就是先对总体参数提出某种假设，然后利用足够的样本资料判断原假设是否成立的过程。

4.在假设检验中，为了解总体的某些性质，首先作出某种假设，然后依据一定规则，即小概率原理:小概率事件在一次试验中几乎不会发生。而在取得样本的统计量去检验这种假设是否合理这样一次试验中,小概率事件是很难(或不可能)出现的。如果发生了,我们有理由拒绝原来假设的正确性。经检验后若假设合理就不拒绝这个假设,否则就拒绝这个假设。

假设检验的步骤如下。

(1)提出原假设 H_0和备择假设 H_1。

(2)确定样本统计量及其分布。

(3)选择显著性水平,找出临界值。

(4) 作出决策。通过检验统计量数值和临界值作出比较,以此判断检验的统计量数值落在接受域还是拒绝域。若检验统计量的绝对值小于临界值,则接受原假设。

5. 采用 z 检验的前提条件:总体服从于正态分布,抽取的样本为大样本。

采用 t 检验的前提条件:总体服从于正态分布,抽取的样本为小样本。

二、计算题

1. (1)建立原假设 $H_0:p\geqslant 17\%$

备择假设 $H_1:p<17\%$　属于单侧左检验

$P=115/550=20.91\%$

(2)构建并计算检验统计量

$$z=\frac{p-P}{\sqrt{\frac{p(1-p)}{n}}}=\frac{0.209-0.17}{\sqrt{\frac{0.17(1-0.17)}{550}}}=2.24$$

(3)根据给定的显著性水平 $\alpha=0.05$,查标准正态分布表得临界值为 $z_{\alpha/2}=1.96$。

(4)比较决策。因为 $z=2.44>z_{\alpha/2}=1.96$,所以接受原假设,即该生产商的说法属实。

2. 此为方差未知的小样本检验,因此采用 t 检验。

(1)提出假设:原假设 $H_0:\mu_1=\mu_2$

备择假设 $H_1:\mu_1\neq\mu_2$

$x_1=47.73,x_2=56.5,s_1=4.41,s_2=4.27$

(2)选择检验统计量 $t=\dfrac{(\bar{x}-\bar{y})-(\mu_1-\mu_2)}{\sqrt{\dfrac{{s_1}^2}{n_1}+\dfrac{{s_2}^2}{n_2}}}=\dfrac{47.73-56.5}{\sqrt{\dfrac{4.41^2}{15}+\dfrac{4.27^2}{12}}}=5.23$

(3)在显著性水平 $\alpha=0.05$ 时查自由度为(n_1+n_2-2)的 t 分布表得 $z_{0.05}=1.645$

(4)比较决策。$t=5.23>t_{0.05(25)}=1.708$,所以拒绝原假设 H_0,接受备择假设 H_1,即两种方法的培训效果有差异。

3. (1)依题意建立原假设 $H_o:p_1=p_2$

备择假设 $H_1:p_1\neq p_2$

(2)$n_1=100,p_1=24/100=24\%$; $n_2=95,p_2=39/95=41.05\%$。

计算联合估计值

$$P=\frac{n_1p_1+n_2p_2}{n_1+n_2}=\frac{100\times 0.24+95\times 0.41}{100+95}=32.3\%$$

(3)计算检验统计量

$$z=\frac{(p_1-p_2)-p_1-p_2}{\sqrt{\frac{p(1-p)}{p}+\frac{p(1-p)}{n_2}}}=\frac{0.24-0.41-0}{\sqrt{0.323\times0.677\times\left(\frac{1}{100}+\frac{1}{95}\right)}}=-2.54$$

(4)在当 $\alpha=0.05$ 时,查标准正态分布表得临界值 $z_{0.975}=1.96$,

$|z|=2.54>z_{0.975}=1.96$,拒绝原假设,即男女经理认为自己成功的人数比例有显著差异。

4.(1)依据题意建立原假设 $H_0:\mu_1=500$

备择假设 $H_1:\mu_1\neq500$

(2)计算检验统计量

$$z=\frac{\mu_1-\mu_0}{\frac{\sigma}{\sqrt{n}}}=\frac{502-500}{\frac{6}{\sqrt{100}}}=3.33$$

(3)比较决策。因为:$z=3.33>z_{0.025}=1.96$

所以判断值落在拒绝域,故拒绝原假设。即在 $\alpha=0.05$ 的显著性水平检验该批罐头不符合规定的标准。

5.(1)建立原假设 $H_0:\mu_1\geqslant\mu_2$

备择假设 $H_1:\mu_1<\mu_2$

(2)构建检验统计量 $t=\dfrac{(\bar{x}-\bar{y})-(\mu_1-\mu_2)}{s_w\sqrt{\frac{1}{n_1}+\frac{1}{n_2}}}$

其中 $s_w^2=\dfrac{(n_1-1)s_1{}^2+(n_2-1)s_2{}^2}{n_1+n_2-2}=\dfrac{(80-1)\times120^2+(60-1)\times108^2}{80+60-2}=13\ 230.26$

所以 $t=\dfrac{(\bar{x}-\bar{y})-(\mu_1-\mu_2)}{s_w\sqrt{\frac{1}{n_1}+\frac{1}{n_2}}}=\dfrac{2\ 100-2\ 180}{\sqrt{13\ 230.26\times\left(\frac{1}{80}+\frac{1}{60}\right)}}=-4.07$

(3)在当 $\alpha=0.05$ 时,查自由度为 $(n_1+n_2-2)=138$ 的 t 分布表得临界值 $t_\alpha(138)=1.645$

(4)判断决策。$t=-4.07<t_\alpha=1.645$ 拒绝原假设。即不能由此判断由于改进产品包装而扩大了销售。

6.(1)依题意建立原假设 $H_0:p_1=p_2$

备择假设 $H_1:p_1\neq p_2$

(2)$n_1=100,p_1=5/100=5\%;n_2=120,p_2=7/120=5.83\%$。

计算联合估计值

$$P=\frac{n_1p_1+n_2p_2}{n_1+n_2}=\frac{100\times0.5+120\times0.058\ 3}{100+120}=5.45\%$$

(3)计算检验统计量

$$z=\frac{(p_1-p_2)-p_1-p_2}{\sqrt{\frac{p(1-p)}{n_1}+\frac{p(1-p)}{n_2}}}=\frac{0.05-0.058\ 3-0}{\sqrt{0.054\ 5\times0.945\ 4\times\left(\frac{1}{100}+\frac{1}{120}\right)}}=0.27$$

(4)在 $\alpha=0.05$ 时,查标准正态分布表得临界值 $z_{0.025}=1.96$, $z=0.27<z_{0.025}=1.96$,拒绝原假设,即甲、乙两条流水线的产品次品率有显著差异。

7. (1)提出假设:原假设 $H_0:\mu_1=\mu_2$

备择假设 $H_1:\mu_1\neq\mu_2$

(2)选择检验统计量 $z=\dfrac{(\bar{x}-\bar{y})-(\mu_1-\mu_2)}{\sqrt{\dfrac{\sigma_1^{\ 2}}{n_1}+\dfrac{\sigma_2^{\ 2}}{n_2}}}=\dfrac{2.48-2.55}{\sqrt{\dfrac{0.57^2}{200}+\dfrac{0.48^2}{205}}}=-1.335$

(3)在显著性水平 $\alpha=0.05$ 时查正态分布表得 $z_{0.025}=1.96$

(4)比较决策。$|z|=1.335<z_{0.025}=1.96$,所以接受原假设 H_0。即在 $\alpha=0.05$ 下可以认为使用原料 A 与使用原料 B 生产的产品重量的均值相等。

第10章

一、判断题

1. × 2. × 3. √ 4. × 5. × 6. × 7. √ 8. × 9. √ 10. ×

二、单项选择题

1. B 2. C 3. A 4. C 5. D 6. C 7. D 8. B 9. B 10. D

三、多项选择题

1. ABC 2. ABDE 3. ABE 4. ABE 5. ABD 6. BCD 7. ABE 8. BDE 9. BCE 10. ABDE

四、计算题

1.

编号	x	y	xy	x^2	y^2
1	25	16	400	625	256
2	18	11	198	324	121
3	32	20	640	1 024	400
4	27	17	459	729	289
5	21	15	315	441	225
6	35	26	910	1 225	676
7	28	32	896	784	1 024
8	30	20	600	900	400
合计	216	157	4 418	6 052	3 391

(1)相关系数

$$r=\frac{n\sum xy-\left(\sum x\right)\left(\sum y\right)}{\sqrt{n\sum x^2-\left(\sum x\right)^2}\sqrt{n\sum y^2-\left(\sum y\right)^2}}$$

$$= \frac{8 \times 4\ 418 - 216 \times 157}{\sqrt{8 \times 6\ 052 - 216^2}\sqrt{8 \times 3\ 391 - 157^2}} = 0.685\ 6$$

(2)设 y 对 x 的回归直线方程为：$y_c = a + bx$

$$b = \frac{n\sum xy - \sum x\sum y}{n\sum x^2 - \left(\sum x\right)^2} = \frac{8 \times 4\ 418 - 216 \times 157}{8 \times 6\ 052 - 216^2} = 0.813\ 6$$

$$a = \frac{\sum y}{n} - b \cdot \frac{\sum x}{n} = \bar{y} - b\bar{x} = \frac{157}{8} - 0.813\ 6 \times \frac{216}{8} = -2.34$$

故 y 对 x 的回归直线方程为：$y_c = -2.34 + 0.813\ 6x$

表示 x 每增加 1 个单位，y 平均增加 0.813 6 个单位。

(3)设 x 对 y 的回归直线方程为：$x = a + by$

$$b' = \frac{n\sum yx - \left(\sum y\right)\left(\sum x\right)}{n\sum y^2 - \left(\sum y\right)^2}$$

$$= \frac{8 \times 4\ 418 - 157 \times 216}{8 \times 3\ 391 - 157} = 0.577\ 7$$

$$a' = \bar{x} - b'\bar{y} = \frac{\sum x}{n} - b' \cdot \frac{\sum y}{n}$$

$$= \frac{216}{8} - 0.577\ 7 \times \frac{157}{8} = 15.66$$

故 x 对 y 的回归直线方程为：$x = 15.66 + 0.577\ 7y$

表示 y 每增加 1 个单位，x 平均增加 0.577 7 个单位。

2.

序号	学习时间 x(小时)	学习成绩 y(分)	xy	x	y
1	4	40	160	16	1 600
2	6	60	360	36	3 600
3	7	50	350	49	2 500
4	10	70	700	100	4 900
5	13	90	1 170	169	8 100
合计	40	310	2 740	370	20 700

(1)设 y 对 x 的回归直线方程为：$y_c = a + bx$

$$b = \frac{n\sum xy - \sum x\sum y}{n\sum x^2 - \left(\sum x\right)^2} = \frac{5 \times 2\ 740 - 40 \times 310}{5 \times 370 - 40^2} = 5.2$$

$$a = \frac{\sum y}{n} - b \cdot \frac{\sum x}{n} = \bar{y} - b\bar{x} = 62 - 5.2 \times 8 = 20.4$$

故学习成绩对学习时间的直线回归方程为：$y_c = 20.4 + 5.2x$

(2)计算估计标准误差

$$S_y = \sqrt{\frac{\sum y^2 - a\sum y - b\sum xy}{n-2}} = \sqrt{\frac{20\ 700 - 20.4 \times 310 - 5.2 \times 2\ 740}{5-2}} = 6.53$$

(3)学习时间与学习成绩之间的相关系数为：

$$r = \frac{n\sum xy - (\sum x)(\sum y)}{\sqrt{n\sum x^2 - (\sum x)^2}\sqrt{n\sum y^2 - (\sum y)^2}}$$

$$= \frac{5 \times 2\ 740 - 40 \times 310}{\sqrt{5 \times 370 - 40^2}\sqrt{5 \times 20\ 700 - 310^2}} = 0.955\ 8$$

3.

(1)设 y 对 x 的回归直线方程为：$y_c = a + bx$

$$b = \frac{n\sum xy - \sum x\sum y}{n\sum x^2 - (\sum x)^2} = \frac{9 \times 16\ 918 - 546 \times 260}{9 \times 34\ 362 - 546^2} = 0.92$$

$$a = \frac{\sum y}{n} - b \cdot \frac{\sum x}{n} = \bar{y} - b\bar{x} = -26.92$$

故销售额对人均月收入的直线回归方程为：$y_c = -26.92 + 0.92x$

回归系数的含义为：当人均月收入每增加一元时，商品销售额平均增加 0.92 万元。

(2)预测 2017 年商品销售额：

$$y_c = -26.92 + 0.92 \times 800 = 709.08(\text{万元})$$

附录 1　正态分布概率表

t	$F(t)$	t	$F(t)$	t	$F(t)$	t	$F(t)$
0.00	0.000 0	0.33	0.258 6	0.66	0.490 7	0.99	0.677 8
0.01	0.008 0	0.34	0.266 1	0.67	0.497 1	1.00	0.682 7
0.02	0.016 0	0.35	0.273 7	0.68	0.503 5	1.01	0.687 5
0.03	0.023 9	0.36	0.281 2	0.69	0.509 8	1.02	0.692 3
0.04	0.031 9	0.37	0.288 6	0.70	0.516 1	1.03	0.697 0
0.05	0.039 9	0.38	0.296 1	0.71	0.522 3	1.04	0.701 7
0.06	0.047 8	0.39	0.303 5	0.72	0.528 2	1.05	0.706 3
0.07	0.055 8	0.40	0.310 8	0.73	0.534 6	1.06	0.710 9
0.08	0.063 8	0.41	0.318 2	0.74	0.540 7	1.07	0.715 4
0.09	0.071 7	0.42	0.325 5	0.75	0.546 7	1.08	0.719 9
0.10	0.079 7	0.43	0.332 8	0.76	0.552 7	1.09	0.724 3
0.11	0.087 6	0.44	0.340 1	0.77	0.558 7	1.10	0.728 7
0.12	0.095 5	0.45	0.347 3	0.78	0.564 6	1.11	0.733 0
0.13	0.103 4	0.46	0.354 5	0.79	0.570 5	1.12	0.737 3
0.14	0.111 3	0.47	0.361 6	0.80	0.576 3	1.13	0.741 5
0.15	0.119 2	0.48	0.368 8	0.81	0.582 1	1.14	0.745 7
0.16	0.127 1	0.49	0.375 9	0.82	0.587 8	1.15	0.749 9
0.17	0.135 0	0.50	0.382 9	0.83	0.593 5	1.16	0.754 0
0.18	0.142 8	0.51	0.389 9	0.84	0.599 1	1.17	0.758 0
0.19	0.150 7	0.52	0.396 9	0.85	0.604 7	1.18	0.762 0
0.20	0.158 5	0.53	0.403 9	0.86	0.610 2	1.19	0.766 0
0.21	0.166 3	0.54	0.410 8	0.87	0.61S 7	1.20	0.769 9
0.22	0.174 1	0.55	0.417 7	0.88	0.621 1	1.21	0.773 7
0.23	0.181 9	0.56	0.424 5	0.89	0.626 5	1.22	0.777 5
0.24	0.189 7	0.57	0.431 3	0.90	0.631 9	1.23	0.781 3
0.25	0.197 4	0.58	0.438 1	0.91	0.637 2	1.24	0.785 0
0.26	0.205 1	0.59	0.444 8	0.92	0.642 4	1.25	0.788 7
0.27	0.212 8	0.60	0.451 5	0.93	0.647 6	1.26	0.792 3
0.28	0.220 5	0.16	0.458 1	0.94	0.652 8	1.27	0.795 9
0.29	0.228 2	0.62	0.464 7	0.95	0.657 9	1.28	0.799 5
0.30	0.235 8	0.63	0.471 3	0.96	0.662 9	1.29	0.803 0
0.31	0.243 4	0.64	0.477 8	0.97	0.668 0	1.30	0.806 4
0.32	0.251 0	0.65	0.484 3	0.98	0.672 9	1.31	0.809 8

续表

t	F(t)	t	F(t)	t	F(t)	t	F(t)
1.32	0.813 2	1.65	0.901 1	1.98	0.952 3	2.62	0.991 2
1.33	0.816 5	1.66	0.903 1	1.99	0.953 4	2.64	0.991 7
1.34	0.819 8	1.67	0.905 1	2.00	0.954 5	2.66	0.992 2
1.35	0.823 0	1.68	0.907 0	2.02	0.956 6	2.68	0.992 6
1.36	0.826 2	1.69	0.909 0	2.04	0.958 7	2.70	0.993 1
1.37	0.829 3	1.70	0.910 9	2.06	0.960 6	2.72	0.993 5
1.38	0.832 4	1.71	0.912 7	2.08	0.962 5	2.74	0.993 9
1.39	0.835 5	1.72	0.914 6	2.10	0.964 3	2.76	0.994 2
1.40	0.838 5	1.73	0.916 4	2.12	0.966 0	2.78	0.994 6
1.41	0.841 5	1.74	0.918 1	2.14	0.967 6	2.80	0.994 9
1.42	0.844 4	1.75	0.919 9	2.16	0.969 2	2.82	0.995 2
1.43	0.847 3	1.76	0.921 6	2.18	0.970 7	2.84	0.995 5
1.44	0.850 1	1.77	0.923 3	2.20	0.972 2	2.86	0.995 8
1.45	0.852 9	1.78	0.924 9	2.22	0.973 6	2.88	0.996 0
1.46	0.855 7	1.79	0.926 5	2.24	0.974 9	2.90	0.996 2
1.47	0.858 4	1.80	0.928 1	2.26	0.976 2	2.92	0.996 5
1.48	0.861 1	1.81	0.929 7	2.28	0.977 4	2.94	0.996 7
1.49	0.863 8	1.82	0.931 2	2.30	0.978 6	2.96	0.996 9
1.50	0.866 4	1.83	0.932 8	2.32	0.979 7	2.98	0.997 1
1.51	0.869 0	1.84	0.934 2	2.34	0.980 7	3.00	0.997 3
1.52	0.871 5	1.85	0.935 7	2.36	0.981 7	3.20	0.998 6
1.53	0.874 0	1.86	0.937 1	2.38	0.982 7	3.40	0.999 3
1.54	0.876 4	1.87	0.938 5	2.40	0.983 6	3.60	0.999 68
1.55	0.878 9	1.88	0.931 9	2.42	0.984 5	3.80	0.999 86
1.56	0.881 2	1.89	0.941 2	2.44	0.985 3	4.00	0.999 94
1.57	0.883 6	1.90	0.942 6	2.46	0.986 1	4.50	0.999 993
1.58	0.885 9	1.91	0.943 9	2.48	0.986 9	5.00	0.999 999
1.59	0.888 2	1.92	0.945 1	2.50	0.987 6		
1.60	0.890 4	1.93	0.946 4	2.52	0.988 3		
1.61	0.892 6	1.94	0.947 6	2.54	0.988 9		
1.62	0.894 8	1.95	0.948 8	2.56	0.989 5		
1.63	0.896 9	1.96	0.950 0	2.58	0.990 1		
1.64	0.899 0	1.97	0.951 2	2.60	0.990 7		

附录 2 t 统计量的临界值表

v	$t_{0.100}$	$t_{0.050}$	$t_{0.025}$	$t_{0.010}$	$t_{0.005}$	$t_{0.001}$	$t_{0.0005}$
1	3. 078	6. 314	12. 706	31. 821	63. 657	318. 31	636. 62
2	1. 886	2. 920	4. 303	6. 965	9. 925	22. 326	31. 598
3	1. 638	2. 353	3. 182	4. 541	5. 841	10. 213	12. 924
4	1. 533	2. 132	2. 776	3. 747	4. 604	7. 173	18. 610
5	1. 476	2. 015	2. 571	3. 365	4. 032	5. 893	6. 869
6	1. 440	1. 943	2. 447	3. 143	3. 707	5. 208	5. 959
7	1. 415	1. 895	2. 365	2. 998	3. 499	4. 785	5. 408
8	1. 397	1. 860	2. 306	2. 896	3. 355	4. 501	5. 041
9	1. 383	1. 833	2. 262	2. 821	3. 250	4. 297	4. 781
10	1. 372	1. 812	2. 228	2. 764	3. 169	1 4. 144	4. 587
11	1. 363	1. 796	2. 201	2. 718	3. 106	4. 025	4. 437
12	1. 356	1. 782	2. 179	2. 681	3. 055	3. 930	4. 318
13	1. 350	1. 771	2. 160	2. 650	3. 012	3. 852	4. 221
14	1. 345	1. 761	2. 145	2. 624	2. 977	3. 787	4. 140
15	1. 341	1. 753	2. 131	2. 602	2. 947	3. 733	4. 073
16	1. 337	1. 746	2. 120	2. 583	2. 921	3. 686	4. 015
17	1. 333	1. 740	2. 110	2. 567	2. 898	3. 646	3. 965
18	1. 330	1. 734	2. 101	2. 552	2. 878	3. 610	3. 922
19	1. 328	1. 729	2. 093	2. 539	2. 861	3. 579	3. 883
20	1. 325	1. 725	2. 086	2. 528	2. 845	3. 552	3. 850
21	1. 323	1. 721	2. 080	2. 518	2. 831	3. 505	3. 792
22	1. 321	1. 717	2. 074	2. 508	2. 819	3. 505	3. 792
23	1. 319	1. 714	2. 069	2. 500	2. 807	3. 485	3. 767
24	1. 318	1. 711	2. 064	2. 492	2. 797	3. 467	3. 745
25	1. 316	1. 708	2. 060	2. 485	2. 787	3. 450	3. 725
26	1. 315	1. 706	2. 056	2. 479	2. 779	3. 435	3. 707
27	1. 314	1. 703	2. 052	2. 473	2. 771	3. 421	3. 690
28	1. 313	1. 701	2. 048	2. 467	2. 763	3. 408	3. 674
29	1. 311	1. 699	2. 045	2. 462	2. 756	3. 396	3. 659
30	1. 310	1. 697	2. 042	2. 457	2. 750	3. 385	3. 646

续表

v	$t_{0.100}$	$t_{0.050}$	$t_{0.025}$	$t_{0.010}$	$t_{0.005}$	$t_{0.001}$	$t_{0.0005}$
40	1.303	1.684	2.021	2.423	2.704	3.307	3.551
60	1.296	1.671	2.000	2.390	2.660	3.232	3.460
120	1.289	1.658	1.980	2.358	2.617	3.160	3.373
∞	1.282	1.645	1.960	2.326	2.576	3.090	3.291

附录 3 χ^2 统计量的临界值表

自由度	$\chi^2_{0.995}$	$\chi^2_{0.990}$	$\chi^2_{0.975}$	$\chi^2_{0.950}$	$\chi^2_{0.900}$
1	0.000 039 3	0.000 157 1	0.000 982 1	0.003 932 1	0.015 790 8
2	0.010 025 1	0.020 100 7	0.050 635 6	0.102 587	0.210 720
3	0.071 721 2	0.114 832	0.215 795	0.351 846	0.584 375
4	0.206 990	0.297 110	0.484 419	0.710 721	1.063 623
5	0.411 740	0.554 300	0.831 211	1.145 476	1.610 31
6	0.675 727	0.872 085	1.237 347	1.635 39	2.204 13
7	0.989 265	1.239 043	1.689 87	2.167 35	2.833 11
8	1.344 419	1.646 482	2.179 73	2.732 64	3.489 54
9	1.734 926	2.087 912	2.700 39	3.325 11	4.168 16
10	2.155 85	2.558 21	3.246 97	3.940 30	4.865 18
11	2.603 21	3.053 47	3.815 75	4.574 81	5.577 79
12	3.073 82	3.570 56	4.403 79	5.226 03	6.303 80
13	3.565 03	4.106 91	5.008 74	5.891 86	7.041 50
14	4.074 68	4.660 43	5.628 72	6.570 63	7.789 53
15	4.600 94	5.229 35	6.262 14	7.260 94	8.546 75
16	5.142 24	5.812 21	6.907 66	7.961 64	9.312 23
17	5.697 24	6.407 76	7.564 18	8.671 76	10.085 2
18	6.264 81	7.014 91	8.230 75	9.390 46	10.864 9
19	6.843 98	7.632 73	8.906 55	10.117 0	11.650 9
20	7.433 86	8.260 40	9.590 83	10.850 8	12.442 6
21	8.033 66	8.897 20	10.282 93	11.591 3	13.239 6
22	8.642 72	9.542 49	10.982 3	12.338 0	14.041 5
23	9.260 42	10.195 67	11.688 5	13.090 5	14.847 9
24	9.886 23	10.856 4	12.401 1	13.848 4	15.658 7
25	10.519 7	11.524 0	13.119 7	14.611 4	16.473 4
26	11.160 3	12.198 1	13.843 9	15.379 1	17.291 9
27	11.807 6	12.878 6	14.573 3	16.151 3	18.113 8
28	12.461 3	13.564 8	15.307 9	16.927 9	18.939 2
29	13.121 1	14.256 5	16.047 1	17.708 3	19.767 7
30	13.786 7	14.953 5	16.790 8	18.492 6	20.599 2
40	20.706 5	22.164 3	24.433 1	26.509 3	29.050 5
50	27.990 7	29.706 7	32.357 4	34.764 2	37.688 6
60	35.534 6	37.484 8	40.481 7	43.187 9	46.458 9
70	43.275 2	45.441 8	18.757 6	51.739 3	55.329 0
80	51.172 0	53.540 0	57.153 2	60.391 5	64.277 8
90	59.196 3	61.754 1	65.646 6	69.126 0	73.291 2
100	67.327 6	70.064 8	74.221 9	77.929 5	82.358 1
150	109.142	112.668	117.985	122.692	128.275
200	152.241	156.432	162.728	168.279	174.835
300	240.663	245.972	253.912	260.878	269.068
400	330.903	337.155	346.482	354.641	364.207
500	422.303	429.388	439.936	449.147	459.926

续表

自由度	$\chi^2_{0.100}$	$\chi^2_{0.050}$	$\chi^2_{0.025}$	$\chi^2_{0.010}$	$\chi^2_{0.005}$
1	2.705 54	3.841 46	5.023 899	6.634 90	7.879 44
2	4.605 17	5.991 47	7.377 76	9.210 34	10.596 6
3	6.251 39	7.814 73	9.348 40	11.344 9	12.838 1
4	7.779 44	9.487 73	11.143 3	13.276 7	14.860 2
5	9.236 35	11.070 5	12.832 5	15.086 3	16.749 6
6	10.644 6	12.591 6	14.449 4	16.811 9	18.547 6
7	12.017 0	14.067 1	16.012 8	18.475 3	20.277 7
8	13.361 6	15.507 3	17.534 6	20.090 2	21.955 0
9	14.683 7	16.919 0	19.022 8	21.666 0	23.589 3
10	15.987 1	18.307 0	20.483 1	23.209 3	25.188 2
11	17.275 0	19.675 1	21.920 0	24.725 0	26.756 9
12	18.549 4	21.026 1	23.336 7	26.217 0	28.299 5
13	19.811 9	22.362 1	24.735 6	27.688 3	29.819 4
14	21.064 2	23.684 8	26.119 0	29.141 3	31.319 3
15	22.307 2	24.995 8	27.488 4	30.577 9	32.801 3
16	23.541 8	26.296 2	28.845 4	31.999 9	34.267 2
17	24.769 0	27.587 1	30.191 0	33.408 7	35.718 5
18	25.989 4	28.869 3	31.526 4	34.805 3	37.156 4
19	27.203 6	30.143 5	35.852 3	36.190 8	38.582 2
20	28.412 0	31.410 4	34.169 6	37.566 2	39.996 8
21	29.615 1	32.670 5	35.478 9	38.932 1	41.401 0
22	30.813 3	33.924 4	36.780 7	40.289 4	42.795 6
23	32.006 9	35.172 5	38.075 7	41.638 4	44.181 3
24	33.196 3	36.415 1	39.364 1	42.979 8	45.558 5
25	34.381 6	37.652 5	40.646 5	44.314 1	46.927 8
26	36.563 1	38.885 2	41.923 2	45.641 7	48.289 9
27	36.741 2	40.113 3	43.194 4	46.963 0	49.644 9
28	37.915 9	41.337 2	44.460 7	48.278 2	50.993 3
29	39.087 5	42.556 9	45.722 2	49.587 9	52.335 6
30	40.256 0	43.772 9	46.979 2	50.892 2	53.672 0
40	51.805 0	55.758 5	59.341 7	63.690 7	66.765 9
50	63.167 1	67.504 8	71.420 2	76.153 9	79.490 0
60	74.397 0	79.081 9	83.297 6	88.379 4	91.951 7
70	85.527 1	90.531 2	95.023 1	100.425	104.215
80	96.578 2	101.879	106.629	112.329	116.321
90	107.565	113.145	118.136	124.116	128.299
100	118.498	124.342	129.561	135.807	140.169
150	172.581	179.581	185.800	193.208	198.360
200	226.021	233.994	241.058	249.445	255.264
300	331.789	341.395	349.874	359.906	366.844
400	436.649	447.632	457.306	468.724	479.606
500	540.930	553.127	563.852	576.493	585.207

附录4　随机数字表

03 47 43 73 86	36 96 47 36 61	46 98 63 71 62	33 26 16 80 45	60 11 14 10 95
97 74 24 67 62	42 81 14 57 20	42 53 32 37 32	27 07 36 07 51	24 51 79 89 73
16 76 62 27 66	56 50 26 71 07	32 90 79 78 53	13 55 38 58 59	88 97 54 14 10
12 56 85 99 26	96 96 68 27 31	05 03 72 93 15	57 12 10 14 21	88 26 49 81 76
55 59 56 35 64	33 54 82 46 22	31 62 43 09 90	06 18 44 32 53	23 83 01 30 30
16 22 77 94 39	49 54 43 54 82	17 37 93 23 78	87 35 20 96 43	84 26 34 91 64
84 42 17 53 31	57 24 5S 06 88	77 04 74 47 67	21 76 33 50 25	83 92 12 06 76
63 01 63 78 59	16 95 55 67 19	98 10 50 71 75	12 86 73 58 07	44 39 52 38 79
33 21 12 34 29	78 64 56 07 82	52 42 07 44 38	15 51 00 13 42	99 66 02 79 54
57 60 86 32 44	09 47 27 96 54	49 17 46 09 62	90 52 84 77 27	08 02 73 43 28
18 18 07 92 45	44 17 16 58 09	79 83 86 19 62	06 76 50 01 10	55 23 64 05 05
26 62 38 97 75	84 16 07 44 99	83 11 46 32 24	20 14 85 88 45	10 93 72 88 71
23 42 40 64 74	82 97 77 77 81	07 45 32 14 08	32 98 94 07 72	93 85 79 10 05
52 36 28 19 95	50 92 26 11 97	00 56 76 31 38	80 22 02 53 53	86 60 42 04 53
37 85 94 35 12	83 39 50 08 30	42 34 07 96 88	54 42 06 87 98	35 85 99 48 39
70 29 17 12 13	40 33 20 38 26	13 89 51 03 74	17 76 37 13 04	07 74 21 19 30
56 62 18 37 35	96 83 70 87 75	97 12 25 93 47	70 33 24 03 54	97 77 46 44 80
99 49 57 22 77	88 42 95 45 72	16 64 36 16 00	04 43 18 66 79	94 77 24 21 90
16 08 15 04 72	33 27 14 34 09	45 59 34 68 49	12 72 07 34 45	99 27 72 95 14
31 16 93 32 43	50 27 89 87 19	20 15 37 00 49	52 85 66 60 44	38 68 88 11 80
68 34 30 13 70	55 74 30 77 40	44 22 78 84 26	04 33 46 09 52	68 07 97 06 57
74 57 25 65 76	59 29 97 68 60	71 91 38 07 54	13 58 18 24 76	15 54 55 95 52
27 42 37 86 53	43 55 90 65 72	96 57 69 36 10	96 46 92 42 45	97 60 49 04 91
00 39 68 29 61	66 37 32 20 30	77 84 57 03 29	10 45 65 04 26	11 04 96 67 24
29 94 98 91 24	68 49 69 10 82	53 75 91 93 30	34 55 20 57 27	40 48 73 51 92
16 90 82 66 59	83 62 64 11 12	67 19 00 71 74	60 47 21 29 63	02 02 37 03 31
11 27 94 75 06	06 09 19 74 66	02 94 37 34 02	76 70 90 30 86	38 45 94 30 38
35 24 10 16 20	33 32 51 26 38	79 78 45 04 91	16 92 53 56 16	02 75 50 95 98
33 23 16 86 38	42 38 97 01 50	87 75 66 81 41	40 01 74 91 62	48 51 84 08 32
31 96 25 91 47	96 44 33 49 13	34 86 82 53 91	00 52 43 48 85	27 5S 26 89 62
66 67 40 67 14	64 05 71 95 86	11 05 65 09 68	76 83 20 37 90	57 16 00 11 66
14 90 84 45 11	75 73 88 05 90	52 27 41 14 86	22 98 12 22 08	07 52 74 95 80
68 05 51 18 00	33 96 02 75 19	07 60 62 93 55	59 60 62 93 55	49 37 38 44 S9
20 46 78 73 90	97 51 40 14 02	04 02 33 31 08	39 54 16 49 36	47 95 93 13 30
61 19 58 97 79	15 06 l5 93 20	01 90 10 75 06	40 78 78 89 62	02 67 74 17 33
05 26 98 70 60	22 35 85 15 13	92 03 51 59 77	59 56 78 06 83	52 91 05 70 74
07 97 lO 88 23	09 98 42 99 64	61 71 62 99 15	06 51 29 t6 93	58 05 77 09 51
68 71 86 85 85	54 87 66 47 54	73 32 03 tl 12	44 95 92 63 16	29 56 24 29 48
26 99 61 65 53	58 37 78 80 70	42 10 50 67 42	32 17 55 35 74	94 44 67 16 94
14 65 52 68 75	87 59 36 22 41	26 78 63 06 55	13 08 27 10 50	15 29 39 89 13

续表

17 53 77 58 71	71 41 61 50 72	12 41 94 96 26	14 95 27 36 99	02 96 74 30 83
90 26 59 21 19	23 52 23 33 12	96 93 02 18 39	07 02 18 36 07	25 99 32 70 23
41 23 52 55 99	31 04 49 69 96	10 47 48 45 88	13 41 43 89 20	97 17 14 49 17
90 20 50 81 69	31 99 73 68 68	35 81 38 03 76	24 30 12 48 60	18 99 10 72 34
90 25 38 05 90	94 58 28 41 36	45 37 59 03 09	90 35 57 29 12	82 62 54 65 60
54 50 57 74 37	98 80 33 00 91	09 77 93 19 82	74 94 80 04 04	45 07 31 66 49
85 22 04 39 43	73 81 53 94 79	33 62 46 36 28	08 31 54 46 31	53 94 13 38 47
09 79 13 77 48	73 82 97 22 21	05 03 27 24 83	72 89 44 05 60	35 80 39 94 88
88 75 80 18 14	22 95 75 42 49	39 32 82 22 49	02 48 07 70 37	16 04 61 67 87
90 96 23 70 00	39 00 03 06 90	55 85 78 38 36	94 37 30 69 32	90 89 00 76 33
53 74 23 99 67	61 32 28 69 84	94 62 67 86 24	98 33 41 19 95	47 53 53 38 09
63 38 06 86 54	99 00 65 26 94	02 82 90 23 07	79 62 67 80 60	75 91 12 81 19
35 30 58 21 46	06 72 17 10 94	25 21 31 75 90	49 28 24 00 49	35 65 79 78 07
63 43 36 82 69	65 51 18 37 88	61 38 44 12 45	32 92 35 88 65	54 24 81 85 35
98 25 07 55 26	01 91 82 81 46	74 71 12 94 97	24 02 71 37 07	03 92 18 66 75
02 63 21 17 69	71 50 80 89 56	38 15 70 11 48	43 40 45 86 98	00 83 26 91 03
64 55 22 21 82	48 22 28 06 00	01 54 13 43 91	82 78 12 23 29	06 66 24 12 27
85 07 26 13 89	01 19 07 82 04	59 63 69 36 03	69 11 15 83 80	13 29 54 19 28
58 54 16 24 15	51 54 44 82 00	62 61 65 04 69	38 18 65 18 97	86 72 13 49 21
34 85 27 84 87	61 48 64 56 26	90 18 48 13 26	37 70 15 42 57	65 65 80 39 07
03 92 18 27 46	57 99 16 96 56	30 33 72 85 22	84 64 38 56 93	99 01 30 98 64
62 93 30 27 59	37 75 41 66 48	86 97 80 61 45	23 53 04 01 63	45 76 08 64 27
08 45 93 15 22	60 21 75 46 91	98 77 27 85 42	28 88 61 08 84	69 62 03 42 73
07 08 55 18 40	45 44 75 13 90	94 96 61 02	57 55 66 83 15	73 42 37 11 01
01 85 89 95 66	51 10 19 34 88	15 84 97 19 75	12 76 39 43 78	64 63 91 08 25
72 84 71 14 35	19 11 58 49 26	50 11 17 17 76	86 31 57 20 18	95 69 78 46 45
88 78 28 16 84	13 52 53 94 53	75 45 69 30 96	73 89 65 70 31	99 17 43 48 76
45 17 75 65 57	28 40 19 72 12	25 12 74 75 67	60 40 60 81 19	24 62 01 61 16
96 76 28 12 54	22 01 11 94 25	71 96 16 16 88	68 64 36 74 45	19 59 50 88 92
43 31 67 72 30	24 02 94 08 63	38 32 36 66 02	69 36 38 25 39	48 03 45 15 22
50 44 66 44 21	66 06 58 05 62	68 15 54 35 02	42 35 48 96 32	14 52 41 52 48
22 66 22 15 86	26 63 76 41 99	58 42 36 72 24	58 37 52 18 51	03 37 18 39 11
96 24 40 14 51	23 22 30 88 57	95 67 47 29 83	94 69 40 06 07	18 16 36 78 86
31 73 91 61 19	60 20 72 93 48	98 57 07 23 69	65 95 39 69 58	56 80 30 19 44
78 60 73 99 84	43 89 94 36 35	56 69 47 07 41	90 22 91 07 12	18 35 34 08 72
84 37 90 61 56	70 10 23 98 05	86 11 74 76 60	76 48 45 34 60	01 64 18 39 96
36 67 10 08 23	98 93 35 08 86	99 29 76 29 81	33 34 91 58 93	63 14 52 32 52
07 28 59 07 48	89 64 58 89 75	83 85 62 27 89	30 14 78 56 27	86 63 59 80 02
10 15 83 87 60	79 24 31 66 56	21 48 24 06 93	91 98 94 05 49	01 47 59 38 00
55 19 68 97 65	03 73 52 16 56	00 53 55 90 27	33 42 29 38 87	22 13 88 83 34

续表

53 81 29 13 39	35 01 20 71 34	62 33 74 82 14	53 73 19 09 03	56 54 29 56 93
51 86 32 68 92	33 98 74 66 99	40 14 71 94 58	45 94 19 38 81	14 44 99 81 07
35 91 70 29 13	80 03 54 07 27	96 94 78 32 66	50 95 52 74 33	13 80 55 62 54
37 71 67 95 13	20 02 44 95 94	64 85 04 05 72	01 32 90 76 14	53 89 74 60 41
93 66 13 83 27	92 79 64 64 72	28 54 96 53 84	48 14 52 98 94	56 07 93 89 30
02 96 08 45 65	13 05 00 41 84	93 07 54 72 59	21 45 57 09 77	19 48 56 27 41
49 83 43 48 35	82 88 33 69 96	72 36 04 19 76	49 45 15 18 60	82 11 08 95 97
84 60 71 62 46	40 80 81 30 37	34 39 23 05 38	25 15 35 71 30	88 12 57 21 77
18 17 30 88 71	44 91 14 88 47	89 23 30 63 15	56 34 20 47 89	99 82 93 24 98
79 69 10 61 78	71 32 76 95 62	87 00 22 58 40	92 54 01 75 25	43 11 71 99 31
75 93 36 57 83	56 20 14 82 11	74 21 97 90 65	96 42 68 63 86	74 54 13 26 94
38 30 92 29 03	06 28 81 39 38	62 25 06 84 63	61 29 08 93 67	04 32 92 08 09
51 29 50 10 34	31 57 75 95 80	51 97 02 74 77	76 15 48 49 44	18 55 63 77 09
21 31 38 86 24	37 79 81 53 74	73 24 16 10 33	52 83 90 94 76	70 47 14 54 36
29 01 23 87 88	58 02 39 37 67	42 10 14 20 92	16 55 23 42 45	54 96 09 11 06
95 33 95 22 00	18 74 72 00 18	38 79 58 69 32	81 76 80 26 92	82 80 84 25 39
90 84 60 79 80	24 36 59 87 38	82 07 53 89 35	96 35 23 79 18	05 98 90 07 35
46 40 62 98 82	54 97 20 56 95	15 74 80 08 32	16 46 70 50 80	67 72 16 42 79
20 31 89 03 43	38 46 82 68 72	32 14 82 99 70	80 60 47 18 97	63 49 30 21 30
71 59 73 05 50	08 22 23 71 77	90 01 93 20 49	82 96 59 26 94	66 39 67 98 60

附录5 累计法查对表

递增速度 累计法查对表 间隔期1~5年

平均每年增长%	各年发展水平总和为基期的%				
	1年	2年	3年	4年	5年
0.1	100.10	200.30	300.60	401.00	501.50
0.2	100.20	200.60	301.20	402.00	503.00
0.3	100.30	200.90	301.80	403.00	504.50
0.4	100.40	201.20	302.40	404.00	506.01
0.5	100.50	201.50	303.01	405.03	507.56
0.6	100.60	201.80	303.61	406.03	509.06
0.7	100.70	202.10	303.21	407.03	510.57
0.8	100.80	202.41	304.84	408.07	512.14
0.9	100.90	202.71	305.44	409.09	513.67
1.0	101.00	203.01	306.04	410.10	515.20
1.1	101.10	203.31	306.64	411.11	516.73
1.2	101.20	203.61	307.25	412.13	518.27
1.3	101.30	203.92	307.87	413.17	519.84
1.4	101.40	204.22	308.48	414.20	521.40
1.5	101.50	204.52	309.09	415.23	522.96
1.6	101.60	204.83	309.71	416.27	524.53
1.7	101.70	205.13	310.32	417.30	526.10
1.8	101.80	205.43	310.93	418.33	527.66
1.9	101.90	205.74	311.55	419.37	529.24
2.0	102.00	206.04	312.16	400.40	530.80
2.1	102.10	206.34	312.77	421.44	532.39
2.2	102.20	206.65	313.40	422.50	534.00
2.3	102.30	206.95	314.01	423.53	535.57
2.4	102.40	207.26	314.64	424.60	537.20
2.5	102.50	207.56	315.25	425.63	538.77

续表

平均每年增长%	各年发展水平总和为基期的%				
	1 年	2 年	3 年	4 年	5 年
2. 6	102. 60	207. 87	315. 88	426. 70	540. 40
2. 7	102. 70	208. 17	316. 49	427. 73	541. 97
2. 8	102. 80	208. 48	317. 12	428. 80	543. 61
2. 9	102. 90	208. 78	317. 73	429. 84	545. 20
3. 0	103. 00	209. 09	318. 36	430. 91	546. 84
3. 1	103. 10	209. 40	319. 00	432. 00	548. 50
3. 2	103. 20	209. 70	319. 61	433. 04	550. 10
3. 3	103. 30	210. 01	320. 24	434. 11	551. 74
3. 4	103. 40	210. 32	320. 88	435. 20	553. 41
3. 5	103. 50	210. 62	321. 49	436. 24	555. 01
3. 6	103. 60	210. 93	322. 12	437. 31	556. 65
3. 7	103. 70	211. 24	322. 76	438. 41	558. 34
3. 8	103. 80	211. 54	323. 37	439. 45	559. 94
3. 9	103. 90	211. 85	324. 01	440. 54	561. 61
4. 0	104. 00	212. 16	324. 65	441. 64	563. 31
4. 1	104. 10	212. 47	325. 28	442. 72	564. 98
4. 2	104. 20	212. 78	325. 92	443. 81	566. 65
4. 3	104. 30	213. 08	326. 54	444. 88	568. 31
4. 4	104. 40	213. 39	327. 18	445. 98	570. 01
4. 5	104. 50	213. 70	327. 81	447. 05	571. 66
4. 6	104. 60	214. 1	328. 45	448. 15	573. 36
4. 7	104. 70	214. 32	329. 09	449. 25	575. 06
4. 8	104. 80	214. 63	329. 73	450. 35	576. 76
4. 9	104. 90	214. 94	330. 37	451. 46	578. 48
5. 0	105. 00	215. 25	331. 01	452. 56	580. 19
5. 1	105. 10	215. 56	331. 65	453. 66	581. 89
5. 2	105. 20	215. 87	332. 29	454. 76	583. 60
5. 3	105. 30	216. 18	332. 94	455. 89	585. 36
5. 4	105. 40	216. 49	333. 58	456. 99	587. 06
5. 5	105. 50	216. 80	334. 22	458. 10	588. 79

续表

平均每年增长%	各年发展水平总和为基期的%				
	1 年	2 年	3 年	4 年	5 年
5.6	105.60	217.11	334.86	459.29	590.50
5.7	105.70	217.42	335.51	460.33	592.26
5.8	105.80	217.74	336.17	461.47	594.04
5.9	105.90	218.05	336.82	462.60	595.80
6.0	106.00	218.36	337.46	463.71	597.54
6.1	106.10	218.67	338.11	464.84	599.30
6.2	106.20	218.98	338.75	465.95	601.04
6.3	106.30	219.30	339.42	467.11	602.84
6.4	106.40	219.61	340.07	468.24	604.61
6.5	106.50	219.92	340.71	469.35	606.35
6.6	106.60	220.24	341.38	470.52	608.18
6.7	106.70	220.55	342.03	471.65	609.95
6.8	106.80	220.86	342.68	472.78	611.73
6.9	106.90	221.18	343.35	473.95	613.56
7.0	107.00	221.49	343.99	475.07	615.33
7.1	107.10	221.80	344.64	476.20	617.10
7.2	107.20	222.12	345.31	477.37	618.94
7.3	107.30	Z12.43	345.96	478.51	620.74
7.4	107.40	222.75	346.64	479.70	622.61
7.5	107.50	223.06	347.29	480.84	624.41
7.6	107.60	223.38	347.96	482.01	626.25
7.7	107.70	223.69	348.61	483.15	628.05
7.8	107.80	224.01	349.28	484.32	629.89
7.9	107.90	224.32	349.94	485.48	631.73
8.0	108.00	224.64	350.61	468.66	633.59
8.1	108.10	224.96	351.29	487.85	635.47
8.2	108.20	225.27	351.94	489.00	637.30
8.3	108.30	225.59	352.62	490.19	639.18
8.4	108.40	225.91	353.29	491.37	641.05
8.5	108.50	226.22	353.95	492.54	642.91

续表

平均每年增长%	各年发展水平总和为基期的%				
	1 年	2 年	3 年	4 年	5 年
8. 6	108. 60	226. 54	354. 62	493. 71	644. 76
8. 7	108. 70	226. 86	355. 30	494. 91	646. 167
8. 8	108. 80	227. 17	355. 96	496. 08	648. 53
8. 9	108. 90	227. 49	356. 63	497. 26	650. 41
9. 0	109. 00	227. 81	357. 31	498. 47	652. 33
9. 1	109. 10	228. 13	357. 99	499. 67	654. 24
9. 2	109. 20	228. 45	358. 67	500. 87	656. 15
9. 3	109. 30	228. 76	359. 33	502. 04	658. 02
9. 4	109. 40	229. 08	360. 01	503. 25	659. 95
9. 5	109. 50	229. 40	360. 69	504. 45	611. 87
9. 6	109. 60	229. 72	361. 37	505. 66	663. 80
9. 7	109. 70	230. 04	362. 05	506. 86	665. 72
9. 8	109. 80	230. 36	362. 73	508. 07	667. 65
9. 9	109. 90	230. 68	363. 42	509. 30	669. 62
10. 0	110. 00	231. 00	364. 10	510. 51	671. 56
10. 1	110. 10	231. 32	364. 78	511. 72	673. 50
10. 2	110. 20	231. 64	365. 47	512. 95	675. 47
10. 3	110. 30	231. 96	366. 15	514. 16	677. 42
10. 4	110. 40	232. 28	366. 84	515. 39	679. 39
10. 5	110. 50	232. 60	367. 52	516. 61	681. 35
10. 6	110. 60	232. 92	368. 21	517. 84	683. 33
10. 7	110. 70	233. 24	368. 89	519. 05	685. 28
10. 8	110. 80	233. 57	369. 60	520. 32	687. 32
10. 9	110. 90	233. 89	370. 29	521. 56	689. 32
11. 0	111. 00	234. 21	370. 97	522. 77	691. 27
11. 1	111. 10	234. 53	371. 66	524. 01	693. 27
11. 2	111. 20	234. 85	372. 35	525. 25	695. 27
11. 3	111. 30	235. 18	373. 06	526. 52	697. 32
11. 4	111. 40	235. 50	373. 75	527. 76	699. 33
11. 5	111. 50	235. 82	374. 44	529. 00	701. 33

参 考 文 献

[1] 李心愉. 应用经济统计学[M]. 北京：北京大学出版社,2004.

[2] 梁前德. 基础统计[M]. 北京：高等教育出版社,2001.

[3] 李洁明,祁新娥. 经济统计学简明教程[M]. 上海：复旦大学出版社,2008.

[4] 肖淑芳,李慧云. 管理统计学基础[M]. 北京：北京理工大学出版社,2002.

[5] 黄林,陈斌. 现代统计学原理[M]. 广州：暨南大学出版社,2005.

[6] 栗方忠. 统计学原理[M]. 大连：东北财经大学出版社,2004.

[7] 大卫・R. 安德森,丹尼斯・J. 司威尼,托马斯・A. 威廉姆斯. 商务与经济统计学精要[M]. 陆成来,胡成秀,译. 大连：东北财经大学出版社,2000.

[8] 中国机械工业教育协会. 统计学及统计实务[M]. 北京：机械工业出版社,2001.

[9] 刘建萍,董启民,黄思霞,等. 统计学原理学习指导[M]. 北京：学苑出版社,1997.

[10] 黄良文,陈仁恩. 统计学原理[M]. 北京：中央广播电视大学出版社,2000.

[11] 黄良文,姚学志. 社会经济统计学原理[M]. 北京：中国统计出版社,2001.

[12] 秦海金,张建国. 统计学原理[M]. 北京：中国商业出版社,2003.

[13] S. 韦斯柏格. 应用线性回归[M]. 王静龙,梁小筠,李宝慧,译. 北京：中国统计出版社,1998.

[14] 栗方忠. 统计学原理[M]. 大连：东北财经大学出版社,2001.

[15] 阮红伟,初蓓. 统计学基础[M]. 北京:电子工业出版社,2005.

[16] 周荣辅,刘新建. 统计学原理[M]. 北京:北京工业大学出版社,2006.

[17] 陈在余,陶应虎. 统计学原理与实务[M]. 北京:清华大学出版社,2009.

[18] 娄庆松. 统计学原理[M]. 北京：高等教育出版社,1995.

[19] 荣钦科技,杨志波. Excel 2003 在统计学中的应用[M]. 北京：电子工业出版社,2005.

[20] 贾俊平. 统计学[M]. 北京：清华大学出版社,2006.

[21] 卫海英. 应用统计学[M]. 广州：暨南大学出版社,2003.

[22] 李朋. Excel 统计分析[M]. 北京：科学出版社,2006.